Kamper/Wulf (Hrsg.)
Das Schicksal der Liebe

Zu diesem Buch

Liebe zielt auf Dauer und erleidet Zeitlichkeit. In ihrem Willen zu mehr Leben sprengt sie augenblicklich die Grenzen der Individuen und berührt den Tod. Noch in der Antike als Wahrheit gedacht, erfolgt ihr Rückruf in die Institution der Ehe unter dem Christentum. Den Faden der Wahrheit wieder aufnehmend, freilich unter anderem Blickwinkel, stellt sich die höfische Liebe im Mittelalter als eine die Geschlechterdifferenz und damit auch gerade die Frau achtende Liebe dar. Dies gilt noch beim französischen Frühsozialisten, in der Projektion der Liebe auf gesellschaftliche Verhältnisse als „Kompaß der Bestimmung". Ihren Ausgang im Unbewußten bewahrt sie schließlich in ihrer Darstellung im Surrealismus, aber auch im Wahnsinn, der zu dem Traum die unmittelbarste Beziehung eingeht.

Um dem »Schicksal der Liebe« seine Sprache zu entlocken, beziehen sich die Autorinnen und Autoren dieses Buches auf Zeugnisse in der antiken Philosophie und Mythologie, der höfischen Liebe im Mittelalter und auf Darstellungen der Liebesliteratur der vergangenen Jahrhunderte bis heute.

Dietmar Kamper und
Christoph Wulf (Hrsg.)

Das Schicksal der Liebe

QUADRIGA

CIP-Titelaufnahme der Deutschen Bibliothek

Das Schicksal der Liebe / Dietmar Kamper u. Christoph Wulff (Hrsg.). – Weinheim ; Berlin : Quadriga, 1988
ISBN 3-88679-171-8
NE: Kamper, Dietmar [Hrsg.]

Gesamtherstellung: Druckhaus Beltz, 6944 Hemsbach
Lektorat: Claus Koch
Herstellung: Jürgen Reverey
Umschlaggestaltung: Manfred Manke
Printed in Germany
ISBN 3-88679-171-8

Inhalt

Dietmar Kamper, Christoph Wulf

Von Liebe sprechen. Zur Einleitung.

Wer heute von Liebe und Erotik sprechen will, gerät in eigenartige Schwierigkeiten, weshalb viele hier zu schweigen vorziehen. Der Hauptgrund liegt nicht darin, daß dergleichen modisch zersetzt wäre. Vielmehr haftet dem Reden eine Zwiespältigkeit an, die man nicht los wird, auch nicht durch Banalisierung oder Enigmatisierung. Liebe ist das Thema, für das jeder sich einzig kompetent hält und das – wahrscheinlich deshalb – von leeren Allgemeinheiten und Klischees geradezu starrt. Als ein Verlag vor einigen Jahren eine Anthologie erotischer Intimität herausgeben wollte und wache Zeitgenossen um Beispiele bat, war das Ergebnis niederschmetternd. Sogar bei einem ausgewählten Kreis erwies sich das vermeintlich Eigenste als klischiertes Allgemeines, das insgesamt peinlich wirkte.

Eine Rundfunkumfrage ergab kürzlich, daß die Liebe nach oder gerade wegen der »sexuellen Emanzipation« auch für den Durchschnittsbürger ein irritierendes Thema bleibt. Was dabei auffiel, war der frappante Umstand, daß die Liebe »jenseits von Sex und Pornographie« fast geschlechtslos geworden ist. Es scheint nur noch darum zu gehen, daß ein anderer da ist, daß er seine Anwesenheit anbietet eher wie eine Freundin oder wie ein Freund. Liebe wird offenbar zu einer Abbitte an den Anderen und zum Eingeständnis, daß die herkömmlichen Wege der Annäherung insbesondere über Träume und Sehnsüchte projektiv verbaut sind. Das Imaginäre, früher der hauptsächliche Partner des Eros, ist zur Falle geworden.

In soziologischer Hinsicht ist längst klar, daß der Zerfall der kulturell determinierten Einheiten: Sippe, Clan, Familie, in immer kleinere Partikel auch vor der traditionellen Liebesbeziehung nicht haltgemacht hat. Dabei ist deren Funktion vorübergehend außerordentlich hochgespielt worden: als könnten zwei in gegenseitiger Heilserwartung das leisten, was in den großen Einheiten nicht mehr möglich ist. Um so tiefer gerät inzwischen die Niederlage. Kaum eine Beziehung scheint noch zu halten, was sie versprach. Wenn dieser Zerfall des Intimen Ähnlichkeit mit einer gebremsten Kettenreaktion der atomaren Prozesse hat, dann wird er auch das Individuum selbst erreichen und zum »Dividuum« machen. Vielleicht besteht die gegenwärtige Verzweiflung der Paare gerade darin, daß die beteiligten Individuen subkutan sich auflösen?

Das sind Gründe genug, das Thema in genauer Rücksicht und behutsamer Vorsicht noch einmal aufzugreifen. Nach Lage der Dinge kann das nur in vielfältiger Perspektive geschehen. Eine Darstellung aus einem Guß wäre – wie die aktuellen Monographien zeigen – unangebracht, bliebe einseitig, ginge am Thema vorbei. Insofern ist ein Sammelband – gesetzt, er überspringt nicht Wichtiges – die adäquate Form.

Angesichts dieser Situation ist es kaum gerechtfertigt, von *einem* als »Liebe« bezeichneten Gefühl auszugehen. Angemessener ist die Rede von vielen unterschiedlichen Gefühlen der Liebe. Zu leicht wird Liebe als ein die Mannigfaltigkeit reduzierender Begriff verwendet, der je nach historischem Zeitpunkt und gesellschaftlichem Kontext Unterschiedliches bedeutet. Seit den Anfängen der Geschichte ist »Liebe« als Erlebnis des Mangels und der Fülle Thema des Sprechens. Liebe und Sprache verweisen aufeinander. Im Verlauf der Geschichte bilden sich mehrere die Gefühle der Menschen bestimmende »Rhetoriken« der Liebe heraus. Die umfangreiche Liebesliteratur ist dafür ein wichtiger Ort; an ihm verbinden sich Sprache und Begehren zu immer neuen Formen.

Liebe verweist auf das geschlechtliche Verlangen, ohne sich darin zu erschöpfen. Sie sucht Lust und mündet häufig in Leid; sie zielt auf Dauer und erleidet ihre Zeitlichkeit. In ihrem Willen zu »mehr« Leben sprengt sie die Grenzen der Individuen und berührt den Tod. Liebe sucht den Anderen, ohne ihn aushalten zu können. Sie ist Ereignis und Nicht-Ereignis in einem und nur paradoxal erfahrbar. Je mehr von ihr erwartet wird, desto stärker enttäuscht sie. Ihr Versprechen, Antinomien zu versöhnen, kann sie nicht halten. Trennungen und Widersprüche sind endgültig und nur scheinbar überwindbar. Je mehr sich Imagination und Begehren stimulieren, desto unentrinnbarer werden die Verstrickungen. Liebe wird zum Schicksal; es widerfährt einem, so sehr man ihm handelnd zu entkommen versucht. Die Vielfalt der Liebe zeigt sich – dem historischen Blick, doch nicht diesem allein; es bedarf neuer Zugänge zu diesem Thema. Liebe ist kein isolierbarer »Gegenstand«; sie ist eine Kraft, die vielfältig gebrochen, verdichtet und verschoben in fast allen Bereichen menschlicher Kultur wirkt. Nicht immer sind die erotischen Verbindungen sichtbar. In Gebieten, wie sie durch folgende Begriffe gedeutet werden, werden sie erkennbar: Sprache, Bild, Mythos, Geschlecht, Geld, Zeit, Tod – der Andere, das Schöne, das Selbst, die Gemeinschaft – Chiffren für die labyrinthischen Verflechtungen der erotischen Energien.

In der Strukturierung der Materialien zu diesem Band schwebte uns zunächst eine horizontale und eine vertikale Achse vor, deren Anordnung ein Kreuz ergibt. Im Verlaufe der Arbeit jedoch verschob sich die Aufmerksamkeit von den Schnittlinien zu den Feldern, deren Folge das Ende wieder an den Anfang zurückbindet: Öffnungen, Rückgänge, Erweiterungen, Überschreitungen. Sowohl dem ganzen Umlauf als auch den einzelnen Beiträgen merkt man jedoch jederzeit den Zuschnitt an: Fragmentierung statt Behauptung des Feldes; Kritik *und* Hochschätzung; indirekte Annäherung in der Mischung von heiterer Erinnerung und Melancholie. In einer ersten Begegnung sollen daher Zugänge und *Öffnungen* gesucht werden, mit deren Hilfe sich die Komplexität des Themas erschließt.

Was einem in der Liebe widerfährt und wie dieses Erlebnis zu verstehen ist, gehört zu den immer wiederkehrenden beunruhigenden Fragen historischer Anthropologie. Im platonischen Mythos von der zerschnittenen Kugelgestalt des Menschen, in der sokratischen Deutung der Liebe als dem Verlangen nach Unsterblichkeit, den frühen Schriften zur Konstitution des Subjekts ist die Liebe Thema. Vom Christentum wird sie schon bald unter dem Gesichtspunkt ihrer Institutionalisierbarkeit in der Ehe behandelt. Als leidenschaftliche Liebe widersetzt sie sich diesem Versuch und besteht auf ihrem Schicksalscharakter. Nicht durch die Vereinigung, sondern durch die Trennung von der Geliebten entsteht das leidenschaftliche Gefühl. Freiwilligkeit und Ausschließlichkeit sind ihre Voraussetzungen. Leidenschaftliche Liebe ist prinzipiell nicht zu befriedigen. Erfunden wird diese Form der Liebe und die sie erst ermöglichende Rhetorik in der höfischen Welt des 12. Jahrhunderts. Ihre Wirkungen reichen bis in die Gegenwart. In ihrem Zentrum steht weniger das konkrete Du als der imaginäre Andere, der Ausdruck einer nicht erreichbaren Einheit ist. Das Wesen der Liebe tritt dadurch in Erscheinung, daß man von ihr erzählt. Wie von ihr gesprochen wird, bestimmt die Art und Weise, wie sie erlebt wird. Wie die Liebe ist das Sprechen über die Liebe unendlich. Es verbirgt und erhält sie eben dadurch; es umkreist ihr Geheimnis unaufhörlich, ohne es erfassen oder von ihm ablassen zu können und verführt durch seine Versprechungen, ohne Erfüllung sichern zu können; es verweist auf eine Leere, der es zugleich sich verdankt.

Die Liebe ist das Ergebnis bestimmter kultureller Bedingungen, sie ist von den Mythen und rhetorischen Formen einer Gesellschaft abhängig und wird sozial kontrolliert. Eng mit dem Geschlechtstrieb verbunden, dient sie dem Willen zum Fortleben. Sie ist eine produktive Kraft, die den Menschen zu dem macht, was er ist. Die mit ihr verschränkten Sexualinstinkte müssen sozial kanalisiert werden. Die Liebe wird in das umfängliche System der Tauschökonomie integriert, ohne jedoch ausschließlich durch die gesellschaftlichen Tauschprozesse bestimmt zu werden. Jede Liebesleidenschaft hat eine sich der Formung durch die Gesellschaft widersetzende asoziale Seite. Im Rahmen heutiger Familienorganisation bestimmt die Liebe die Freiheit der Wahl. Man (er-)wählt seine Liebespartner und Ehepartner. Selbst im Alltag der Liebe spielt der Wunsch, mit Hilfe des Anderen von seiner Individualität und den damit verbundenen Zwängen der Vereinzelung befreit zu werden, eine entscheidende Rolle. Erlösungs- und Überlebenswünsche werden wirksam und binden die individuellen Erlebnisse an kollektive Mythen. Die Mythisierung der Liebesbeziehung ist unausweichlich. In ihr mischen sich religiöse, ethische und ästhetische Elemente, die eine Mythenkritik zwar bewußt machen, nicht jedoch auflösen kann. Vielleicht läßt sich die in der leidenschaftlichen Liebe gesuchte Wiederverzauberung als Versuch begreifen, ekstatische, in archaischen Gesellschaften noch institutionalisierte Erfahrungen zu machen.

Die Geschichte der Liebe enthält viele verborgene Seiten. So ist es erforderlich, auch die andere Geschichte der Liebe zu erzählen, die mit dem Wahnsinn, dem Traum, dem »Geist der Schwere«, der Reise nach innen verbunden ist, die eine Geschichte der Rückkehr ohne Ende ist. Odysseus und Christus kehren beide noch heim; heute ist der Ort der Heimkehr endgültig verloren. Der Narzißmus macht es deutlich: Das Subjekt löscht sich aus, weil es sich nicht gewinnen kann. Die einzige Chance gegen den »implosiven Narzißmus« ist das »endgültige Fremdwerden der entfremdeten Welt«.

Wer verstehen will, was ihm in der Liebe widerfährt, der muß zu *Rückgängen* in die Geschichte bereit sein. Was von anderen Entwicklungen überlagert heute nur bruchstückhaft in den Blick gerät, läßt sich an anderen Orten, zu anderen Zeiten oft besser begreifen. Bereits in den antiken Geschichten und Mythen finden sich Hinweise auf vergessene Zusammenhänge, z.B. auf die Verbindung von Koitus und Grab, die das Schicksal der Liebe ausmacht. Daher setzt die Vergöttlichung der Liebe die Totenhochzeit voraus und ist die Geschichte der Liebe die Geschichte eines Opfers und als solche mit den Kulten des Todes und der Fruchtbarkeit verbunden. Nie ist der Liebeszauber frei von den schon in Mythos und Literatur thematisierten Zusammenhängen. Auch der mittelalterliche Rosenroman unterstreicht die Unwiderstehlichkeit der Liebesmacht. Sie erscheint als Flucht aus der Gegenwart in Vergangenheit und Zukunft, aus einer objektiven Zeit in die subjektive Erfüllung. Verbot und Heimlichkeit werden als Voraussetzungen der Leidenschaftlichkeit der Liebe sichtbar. Als »locus amoenus« wird der Garten zum Ort des Verlangens und der Lust. Seit Vergil ist er nicht mehr die Begegnungsstätte zwischen Göttern und Menschen, sondern nur noch der Liebesort der Menschen. Liebe und Leid, Wahnsinn und Tod sind hier dicht beieinander. Selbst in der Oper werden die alten Topoi von der Lust und dem Leid der Liebe wieder aufgegriffen. »Der sangesfreudige Lustgarten, den die ‹Finta giardiniera› melodramatisiert, ist ein Qualgarten«. Die Verwirrungen der Liebe erscheinen unüberwindlich. Erst im Verlauf des Spiels klären sie sich zu einem glücklichen Ende.

Mehr noch als Freundschaft, Ehrgeiz und Familialismus bestimmt die Liebe das Schicksal des Menschen. Für Fourier ist sie die »vollkommene göttliche Leidenschaft«. Als wichtigste Leidenschaft des Menschen formt sie die Gesamtheit der gesellschaftlichen

Produktion und des sozialen Lebens. Liebe ist an Freiheit und Freiwilligkeit gebunden; daher fordert sie eine Kritik der Ehe. Sie wendet sich gegen die Isolierung des Liebespaares als Schicksal der Liebe und setzt auf die Leidenschaft und die Auflösung der Einheit des Liebesgefühls im Interesse der Mannigfaltigkeit. Orgie und Manie erscheinen als unendlich große und unendlich kleine Ausdrucksformen der Liebe. Von der Liebe ausgehend – und nicht gegen sie – erfolgt die Vergesellschaftung des Menschen.

Die bisherigen Rückgänge in die Geschichte der Liebe bedürfen der *Erweiterung:* Inzest, Masochismus, Verklärung sind u. a. weitere notwendige Perspektiven des Themas. Zu den in der Romantik wichtig werdenden Themen gehört der Inzest, insbesondere die Geschwisterliebe, die bereits in Goethes »Wilhelm Meisters Lehrjahre« im Liebesverhältnis zwischen Wilhelm und Marianne sich niederschlägt. Mit Hilfe psychoanalytischer Kategorien läßt sich die Eigenart inzestuöser Liebesbeziehungen herausarbeiten. Das Vorhandensein eines »geschädigten Dritten« und die Anziehung durch die sexuell anrüchige und zudem mit Eifersucht überschüttete Frau gehören zu den Bedingungen dieser Konstellation. In Goethes Roman ändern sie sich erst allmählich und machen die Liebe zu Nathalie möglich. Das romantische Interesse an inzestuösen Beziehungen ist mit der Entwicklung der Liebesheirat eng verbunden; in deren Zentrum steht nun die freie Partnerwahl und die an sie geknüpfte Erwartung des Liebesglücks in der Ehe. In der freien Partnerwahl können die Bindungen an Eltern und Geschwister die Partner-Wahl bestimmen. Jeder ist für seine Wahl und damit für sein Liebesglück bzw. Liebesunglück verantwortlich. Die inzestuöse Liebeswahl ist nach Freud die »erste und regelmäßige«. Infolge der Inzestschranke wird sie jedoch später in der Regel korrigiert. Die Familie muß den in ihr erzeugten Konflikt auch in ihren eigenen Grenzen bearbeiten.

Das Liebesleiden, das der eine vermeiden will, sucht der andere in der Hoffnung, mit Hilfe der Lust der Mutter die eigene Maskulinität vollends zu vernichten. Hierauf richtet sich das masochistische Liebesverlangen. Ziel ist die nur bei einer vollständigen Selbstvernichtung mögliche Triebbefriedigung ohne Rest. Daher gehen Tod und Folter hier eine so enge Verbindung mit der

Lust ein. Qual–Lust bzw. Liebesqual ist das unauflösbare Paradox, in dessen Rahmen die ödipale Rivalitätssituation wiederholt wird. So kann dem Masochisten der Ehebruch des Partners als das einzig Lustvolle an der Ehe erscheinen. Doch der Versuch, das Leiden durch das Leiden zu heilen, schlägt fehl. Die Grenzüberschreitung vom Schmerz zur Lust und von der Lust zum Schmerz gelingt zwar, doch es erfolgt keine Heilung der ursprünglichen Verletzung. Die Liebe lebt vom Nicht-Gesagten. Ohne eine Liebesliteratur gäbe es sie jedoch nicht. Sie ist eine Vereinigung der Union und der Nicht-Union zwischen dem Verlangen und dem Mythos. Sie reicht von den poetischen Momenten des Verliebtseins zu ihrer prosaischen Institutionalisierung in der Ehe. Sie nimmt uns in Besitz und wird als Besessenheit erlebt.

Die Liebe verführt uns dazu, uns auf ihre Mythen einzulassen. Wenn wir diese jedoch als solche erkennen, verlieren sie ihre Faszination. Wir stehen außerhalb ihrer, außerhalb der Liebe – mit distanzierendem Blick.

Zweifellos ist die Liebe eine Zentralmacht des Schicksals. Sie führt uns dazu, aus den vielen das eine Ich auszuwählen und uns auf dieses zu konzentrieren, so daß sich kein anderes Ich mehr an seine Stelle setzen kann. Die Leidenschaften zwischen Mann und Frau sind eng mit den Praktiken des Erwählens verbunden, die zur Konzentration der Werte auf *einen* Menschen führen. In diesem Prozeß findet eine unumkehrbare Individualisierung statt; seine Auswahlpraktiken erinnern an die Orakelauslegung früherer Zeiten. Die Surrealisten wußten, daß in der Liebe die Beseitigung des Sozius nicht möglich ist. In der Liebe sind nie zwei, sondern stets drei anwesend. Der dritte bietet gegen die bedrohliche Nähe des Anderen Schutz. Das Paradox der Situation liegt in der Unmöglichkeit der Zweiheit und im Verbot der Dreiheit als Fatamorgana der Individualisierung. Da die Liebe – wenn überhaupt – nur zu zweit möglich ist, aber noch immer in der Liebesbeziehung das Geschlecht der Frau durch das Geschlecht des Mannes bevormundet wird, kann sie nicht gelingen. Am Anfang des Geschlechterverhältnisses stand der Frauenraub, der die Frau aus der Genealogie der Mutter herauslöste und in die des Mannes eingliederte. Diesem Gewaltakt folgte der Ausschluß der Tochter, ihre Einsperrung und der Versuch, über die Liebe die Gleichheit zwischen den Geschlechtern wiederherzustellen.

Die Geschichte der Liebe ist eine Geschichte der Überschreitungen. Die Liebe ist kein abgegrenzter Bereich, kein Gegenstand der Analyse. Einer solchen Betrachtungsweise entzieht sie sich sofort. Sie kann nicht lokalisiert oder ontologisiert werden. Versuche, sie zu verorten, sind bestenfalls vorläufig und schlagen fehl. Vielleicht wird die Liebe nur erfahrbar, wenn sie nicht selbst Thema ist, sondern im Gespräch und in der Behandlung eines Themas zur Entfaltung kommt? Von einigen dieser *Überschreitungen* der Liebe wird im abschließenden Teil die Rede sein.

Seit Platon überschneidet sich die Frage nach der Wahrheit der Liebe mit der nach der Liebe der Wahrheit. Die Liebeswahrheit erscheint als der Ort höchster Wahrheitsliebe. Schon früh galt es, die Wahrheit der Liebe von der falschen Liebe abzugrenzen. Einmal kann die Wahrheit ein Bestandteil der Liebe sein und die Liebe ein Bestandteil der Wahrheit, so daß wie in Platons Phaidros Wahrheitssuche und Liebe verschmelzen. Dann ist ein Verhältnis von Wahrheit und Liebe denkbar, in dem, wie bei Descartes, die Empfindungen ersterer unter dic wissenschaftlichen Prinzipien der empirischen Wissenschaften und ihres Wahrheitsbegriffs untergeordnet werden. Und schließlich läßt sich am Beispiel Wittgensteins und seiner Zurückweisung der Annahme einer Privatsprache das Ende der Unterordnung der Liebe unter die Wahrheit zeigen. In allen drei Beispielen wird das Verhältnis von Liebe und Wahrheit unterschiedlich bestimmt. Freigesetzt wird die Liebe von der Wahrheitsfrage erst bei Wittgenstein. Bei Sokrates wird die Frage nach der Wahrheit durch die Liebe zu einem anderen Menschen erregt. Im Anblick der hiesigen Schönheit kommt es zur Erinnerung der wahren Schönheit.

Schönheit und Wahrheit hängen eng zusammen. Erkenntnis ist das Resultat eines Ver-Suchens. Dieses erfolgt nur, wenn es zu einer Versuchung kommt. Erkannt wird der Geschmack des Erkennenden und das, worauf sich die Versuchung richtet. Der heilige Antonius schmeckt die Dinge nicht mehr; sein Gang in die Wüste markiert die Trennung zwischen Subjekt und Objekt und die Isolierung des Subjekts. Wüste und Zelle schützen vor direktem sinnlichen Kontakt. Eine neue Beziehung des Menschen zu sich selbst kündigt sich an: Der auf Erkenntnis gerichtete Blick sieht von der Erkenntnis des eigenen Opfers ab. Es entsteht eine unsterbliche Liebe zu sich selbst. Athanasius entwickelt hierfür das Modell weiter: Seine Liebe zum Vorbild des Antonius wird zur Liebe seines Ichbildes. Doch die Liebe ist unglücklich; sie lebt von der Trennung; glückt die Vereinigung, stiehlt sie sich davon. In Hieronymus Boschs Bild vom heiligen Antonius tritt an »die Stelle der Versuchung als Zusammenspiel von Schmecken/Erkenntnis/Opfer« die zu bekämpfende sexuelle Versuchung, das Zusammenspiel von Liebe, Wahrheit und sexueller Produktionsenergie. Mit der Einbeziehung der Geschichtlichkeit in die heilige Liebe wird diese verallgemeinerungsfähig. Der Geschmack an der Liebe läßt Bosch vor der sexuellen Versuchung erschauern. Bosch umgeht die Versuchung der sexuellen Lust, nicht jedoch die der Liebe und ihres Geschmacks.

Die Liebe bewirkt die Versinnlichung der »rein-geistigen Dinge«. Sie zeigt sich als Liebe zur Schönheit und als Sehnsucht nach Unsterblichkeit. Sie erscheint als Vergnügen am Reden, am Diskurs, am Zeichen. Als solche verlangt sie die Zurückhaltung affektiver Ausbrüche. Liebe ist Kampf »um ein liebevolles Zeichen«. Eros ist nicht nur Name für einen Mangel und ein Bedürfnis, sondern auch die Bezeichnung für eine »überströmende Kraft«, die den Menschen zum Göttlichen hintreibt. Liebe wirkt als ästhetische Kraft, als eine »Lust der Zeichen«, in die sich erst später ein reflektierendes Begehren nach den Bedeutungen verfängt. Das sich im Schönen erlebende Begehren strömt über und sucht einen Ausdruck. Erst im Gefühl des Schönen wird es uns bewußt. Im Erlebnis der Zeitlichkeit des Wunsches, die sich als Lust am Schönen zeigt, wird eine neue Zeiterfahrung gemacht. Hier hat »die interesselose Liebe« zum Schönen ihren Ort, der frei von Schuld und Gesetz ist.

Obwohl Liebe und Kunst, Leidenschaft und ästhetische Erfahrung sich überschneiden, unterscheiden sie sich voneinander. Liebe ist die Sehnsucht nach der Erfahrung des Anderen und damit nach einem Ausweg aus der Einsamkeit. Die Erfahrungen der Liebe können sehr unterschiedlich sein. Ihnen gemeinsam ist der Bezug zum Anderen und der so gegebene sprachliche Charakter dieser Beziehung, der die Tendenz unterstützt, das Anderssein des Anderen zu tolerieren. Demgegenüber werden die nicht nutzorientierten Formen der Sprache seit einigen Jahrhunderten als »Kunst« bezeichnet. Unter historischem Gesichtspunkt fällt auf: Etwa zur gleichen Zeit wurde Kunst als Kunst und Liebe als Liebe »erfunden«. Die klassische Kunst hat in ihrem Zentrum die Repräsentation, in der eine »realistische« und eine »idealistische« Tendenz in Spannung liegen. Ein zeitloser »Außer-Sinn« entreißt z. B. das Bild der Venus von Velázquez dem gebräuchlichen Sinn. Das zeitgenössische Denken zerstört die geläufigen Formen des Sehens. Die Kunst nimmt dem Betrachter und dem Gegenstand ihre greifbare Identität. Kunst und Liebe lassen sich durch kein Wissen, keine Ordnung bezwingen; sie verweisen auf etwas dem Menschen Unverfügbares.

Bretons Nadja verdeutlicht diese Erfahrung: Nadja ist eine faszinierende Frauengestalt, die durch das Labyrinth des Textes irrt. Ihre im ersten Satz bereits gestellte Frage: »Wer bin ich?« stellt den Bezug zu Rimbauds berühmter Behauptung her: »Ich ist ein anderer«. Sie ist Ausdruck der Suche nach dem Ich als »Gegenstand ästhetischer Wahrnehmung«. »Grenzöffnungen« werden gesucht. Bei der ersten Begegnung lächelt Nadja. In der Beschreibung dieses Lächelns wird das berühmte Lächeln von Dantes Beatrice nachgezeichnet; Nadjas Irrgang durch den Text verbindet viele Elemente. Sie wird zu einer »âme errante« und muß als solche ins Irrenhaus, den Gegenort des Lebens. Die Erscheinungen der Liebe und der Schönheit vergehen. Wie Beatrice muß Nadja sterben, damit etwas Neues entsteht.

Robert Musils Tagebuchnotiz, daß die große Begegnung mit einer Frau nicht in die reale Welt, sondern in die Welt der Bilder gehört, muß man mit Lacans Feststellung zusammen hören, daß man den Anderen im Imaginären nicht antrifft. Dies wäre heute ein Ausdruck für das Dilemma der Liebe. Es sind immer die Prozeduren des Zufalls, die die Imagination provozieren, eine Erinnerung an etwas, das nie geschah, in Szene zu setzen. Dem suchen die Individuen sich zu unterwerfen, so gut sie können. Was aber nicht aufgeht, ist die Versöhnung mit der Realität. Alle großen Liebesbeziehungen, von denen man weiß, sind gescheitert. Ihre Größe scheint geradezu im nachträglichen Scheitern begründet. Von daher bekommt die Liebe jenen tragischen Umriß, den Lacan formuliert, wenn er schreibt: il n'y a pas de rapport sexuel.

Dieser Satz widerstreitet bewußt dem Augenschein, überhaupt der verbreiteten Macht des Imaginären. Vielleicht verdankt er sich sogar einer Verschärfung der Lage, die durch jenes zum Bildwerden der Welt bedingt ist, das auch als Mediatisierung, besser als Mediensucht der Leidenschaft für die fabrizierten Bilder beschrieben wird. Diesem zunächst schleichenden, nun galoppierenden Prozeß zufolge nimmt die Gewalt des Imaginären in dem Maße zu, wie die Macht der symbolischen Ordnung, des Symbolischen, d.h. der Sprache nachläßt.

Von Liebe sprechen ist also ein Versuch, die aktuellen Verwirrungen aufzulösen, die im Umfeld des vorrückenden Imaginären sich ausbreiten. Der Versuch besteht – daran sei noch einmal erinnert – in der Intention, sich vom Mediengeschwätz abzustoßen. Sprache als mündliche hat allemal noch die Verbindung zu einer tragischen Erfahrung und sei sie auch nur präsent im Schmerz der Unentscheidbarkeit der Dinge. Deshalb ist dieser Band auch eine Hommage an die Literatur, die als letzte die Spur der verlöschenden Liebe festhielt. Die Liebe als Liebe und die Literatur als Literatur sind am Ende des Mittelalters »erfunden« worden, um gegen die restlose Nützlichkeit der Welt Protest einzulegen. Mit Rücksicht auf die hier dargelegten Materialien kann man festhalten: Der Protest blieb nicht ganz ohne Erfolg.

I

Öffnungen

Christoph Wulf

Der Andere in der Liebe

Der Mythos

Seit die Götter die Kugelgestalt des Menschen zerschnitten haben und dieser sein Leben als Mann und Frau fristen muß, sind die Menschen bestrebt, aus »zweien einer zu werden«. Dieses auf die Herstellung ihres ursprünglichen Zustandes gerichtete, ihre Kräfte absorbierende Verlangen nennen sie Liebe. Bereits in diesem Mythos des platonischen Symposions wird deutlich: Ursprung der Liebe ist der Mangel. Es fehlt etwas, das man einst besessen zu haben glaubt, und von dem man meint, es wieder besitzen zu müssen, um die verlorene Unversehrbarkeit wiederzuerlangen, etwas, das jenseits von einem selbst ist und das gerade deswegen die Bedingung dieses Selbstseins ist. Darauf richtet sich der himmlische Eros, der die wahre Liebe, die mehr als die bloße Lust ist, bewirkt und der dazu führt, in dem Anderen neben seinem Körper sein Wesen und seine Seele zu lieben. Diesem Mythos zufolge ist der Andere der fehlende Teil, der auf die verlorene androgyne Einheit verweist, die jedoch mehr ist als die Summe der beiden Teile. Die Androgynität ist der gemeinsame Bezugspunkt der beiden Geschlechter. Sie verbindet beide und weist ihnen zugleich ihren Ort und ihre Differenz an.

Sokrates verfolgt die von Pausanias gelegte Spur und radikalisiert die Suche. Nach seiner Auffassung ist das Andere der Liebe umfassender als der Andere, den Pausanias vor Augen hat. Das Andere der Liebe ist das Streben nach Unsterblichkeit. Es zielt darauf, den fundamentalen Mangel der Sterblichkeit zu überwinden. Vier Wege erscheinen dazu möglich: der erste besteht in der Liebe zum schönen Körper eines anderen; auf ihm soll Unsterblichkeit durch Fortpflanzung erreicht werden. Der zweite Weg führt zur Liebe der schönen Seele, die den Menschen richtig handeln läßt und deren Schönheit größer als die des Leibes ist. Auf dem dritten gewinnt der Mensch vom erkennenden Menschen unabhängige,

Unveränderlichkeit beanspruchende Erkenntnisse. Der vierte Weg schließlich führt zur Erkenntnis des reinen Schönen, das unvergänglich und dessen Wahrheitsgehalt göttlicher Natur ist. Sokrates begreift also die Liebe als eine die Leidenschaft für einen anderen Menschen transzendierende Macht, die den Menschen auf mehreren Wegen an der Unsterblichkeit teilhaben läßt. Die Liebe zum anderen Menschen wird von der Liebe zum Anderen überlagert. Sie ist der Ort, an dem das Andere des Menschen greifbar wird, das die Bedingung des einzelnen als Subjekt ist. Diese Situation konstituiert den Menschen als Subjekt mit seinen Sehnsüchten und Hoffnungen, aber auch mit seinem Schmerz, seiner Unvollkommenheit und seiner Hinfälligkeit.

Die Konstituierung des Subjekts

Bereits in der Antike bildet sich das Subjekt dadurch, daß es sich zu sich selbst verhält. In diesem Prozeß verwendet es klar umrissene Wissensbestände, Regelsysteme und Praktiken in bestimmten Formen der Reflexion und des Handelns. Auch der begehrende Mensch ist das Produkt des Verhältnisses des Menschen zu sich selbst. Im Unterschied zum vernunftzentrierten Subjekt wird er problematisiert, zum Adressaten moralischer Vorstellungen und ethischer Reflexionen gemacht. Mit der Problematisierung von Lust und Liebe mit Hilfe der Techniken der Selbstkonstituierung entsteht das Subjekt und mit ihm der aus diesem ausgeschlossene Andere. Je mehr die Konstituierung des Subjekts fortschreitet und dieses dabei zur inneren und äußeren Natur in Distanz gerät, desto umfangreicher wird der Bereich des Ausgeschlossenen. Je stärker die Logozentrierung, desto größer die Unterdrückung der Natur und ihrer Triebkräfte. Die Freiheit des Subjekts gegenüber seiner »inneren« und der »äußeren« Natur ist das Ergebnis eines Gewaltverhältnisses, das mit den wachsenden Mitteln der Selbstkontrolle den Menschen den von ihm kontrollierten Lebensbereichen entfremdet.

Selbst Träume werden, wenn sie sexuelle Inhalte haben, einem Norm- und Regelsystem unterworfen, das einige Träume zuläßt, andere untersagt und wieder andere als widernatürlich ausschließt. Nach dem Traum des Artemidor sind dem Manne sexuelle Kontakte mit der Ehefrau, der Geliebten, der Prostituierten, mit anderen Männern erlaubt und die Masturbation gestattet. Gegen das Gesetz verstoßen der Inzest, gegen die Natur der Cunnilingus und die Fellatio, aber auch Positionen a tergo und Beziehungen zwischen Frauen. Entscheidend war: Der freie Mann durfte nicht Objekt, sondern mußte Subjekt der Liebe sein. Objekte der Liebe waren Frauen, Knaben oder Sklaven. Ihnen war es erlaubt, passiv zu sein, ohne daß ihre Passivität als unmoralisch gegolten hätte. Der freie Mann mußte hingegen der Begehrende sein, der die Hingabe forderte und erreichte. Weniger wichtig war es, auf welches Geschlecht sich sein Begehren richtete. Männer und Frauen kamen durchaus in Frage. In den Liebesangelegenheiten wurde weniger nach Geschlechtern als nach Aktivitäts- und Passivitätsgraden unterschieden. Den Untersuchungen Paul Veynes zufolge galt die besondere Wertschätzung der Aktivität auch noch für Teile der römischen Antike.

Wenn diese Deutung von Veyne, Foucault und anderen stimmt, dann war in der Antike für den freien Mann die Passivität in den Liebesdingen das Andere der Liebe, das dem begehrenden Mann schlecht anstand. Wie kam es jedoch zu dieser Abwertung der Passivität? Lassen sich Beziehungen zu dem Kampf um die Durchsetzung der männlichen Ordnung gegenüber der weiblichen entdecken? Spiegeln sich in diesen Mühen der Zentrierung auf die Aktivität die Anstrengungen der Konstituierung des Subjekts, dessen Vernunftsaktivitäten die Welt ordnen und den Menschen beheimaten sollen? Endlich nicht mehr Objekt, Opfer der Natur sein müssen, sondern fähig werden, die Natur zu erkennen und zu kontrollieren, war das Ziel der Entwicklung. Vielleicht vertrug diese allmähliche Selbstermächtigung des Subjekts es nicht, im Bereich der Liebe mit ihrem soeben überwundenen Anderen konfrontiert zu werden? Möglicherweise mußte man es daher aus sich auslagern und dem Objekt des Liebesbegehrens zuschreiben. Für diese Deutung spricht, daß in der griechischen Antike in den Liebesangelegenheiten die sinnliche, den Menschen überwältigende Leidenschaft wenig geschätzt wird; denn sie unterwirft ihn der

Natur und macht ihn abhängig, so daß er – ein Opfer seiner Leidenschaft – die Freiheit aktiver Liebesentscheidungen verliert. Daher wird in den Liebesdingen schon bald die Beherrschung (enkrateia) zur Aufgabe, die als Voraussetzung der Besonnenheit (sophrosyne) gilt. Mit dem Anspruch auf eine vernunftgeleitete Lebensführung tritt dieser Begriff ins Zentrum der Konstituierung des Subjekts. Von hier ist es nicht mehr weit zu den asketischen Zügen der Stoa, die für die christliche Liebesordnung so wichtig werden.

Die Ehe

Im Verlauf des Hellenismus ändert sich die Vorstellung von der Liebe. Während die Knabenliebe bzw. die Liebe zwischen Männern, die im 4. Jh. vor Christi Geburt noch als rein, wahr und seelenbezogen galt, allmählich an Wichtigkeit verliert, scheint die Ehe an Bedeutung zu gewinnen. Lange hatte die Ehe als ein Zweckbündnis gegolten, dessen Aufgabe darin bestand, die Legitimität der Nachkommen zu sichern. Während der Frau zur Gewährleistung der Legitimität der Nachkommen die sexuelle Treue oblag, suchte und fand der Mann die Erfüllung in den Liebesangelegenheiten außerhalb der Ehe. Der Pseudo-Demosthenes brachte diesen Unterschied deutlich auf den Begriff: »Die Kurtisanen haben wir für die Lust; die Konkubinen für die alltäglichen Annehmlichkeiten; die Ehefrauen, um legitime Nachkommen und eine treue Vorsteherin des Hauses zu haben.« Im Verlauf der ersten beiden Jahrhunderte vor Christi Geburt gewinnt die Ehe an Bedeutung und wird zu einer öffentlichen Institution. Ihre Aufwertung geht auf den Einfluß der Stoiker zurück, die den spezifischen Charakter dieser eine sexuelle Lebens- und Wohngemeinschaft bildenden Institution und die Bedeutung der affektiven Bindungen zwischen Mann und Frau für die Erhaltung der Gemeinschaft herausstellen. Bereits im 2. Jh. nach Christi Geburt bildete sich eine Programmatik der Ehe heraus, von der man lange dachte, sie sei die Folge des Christentums, die aber nach neueren

Studien auf den Einfluß der Stoiker zurückging. Sie fordert den Verzicht auf Geschlechtsverkehr außerhalb der Ehe. Es zeichnen sich Grundzüge einer Ethik ab, die das Christentum unter den Vorstellungen von Enthaltsamkeit, ehelicher Treue und Ablehnung der Knabenliebe weiterentwickeln wird.

Wo die christlichen Liebes- und Ehevorstellungen stoisches Gedankengut aufgreifen und weiterentwickeln, lassen sich Foucault zufolge im Vergleich zur heidnischen Antike vier Unterscheidungsmerkmale angeben, die das Verhältnis des Christentums zur Liebe und zur Sexualität bestimmen:

- Der Wert des Liebesakts ist verschieden. Während das Christentum ihn in Zusammenhang mit dem Sündenfall und dem Bösen bringt, war er in der griechischen Antike etwas Positives.
- Im Unterschied zu antiken Vorstellungen war die christliche Ehe monogam und vom vorehelichen Ideal der Jungfräulichkeit beeinflußt. Ziel der ehelichen Gemeinschaft war vor allem die Erzeugung von Nachkommen; diesem dienten die eheliche Liebe und die Sexualität.
- Das Christentum lehnt die bei den Griechen geschätzte und bei den Römern tolerierte männliche Homosexualität ab.
- Im Unterschied zur Antike erhalten die rigorose Abstinenz, die dauerhafte Keuschheit und die Jungfräulichkeit einen hohen spirituellen und moralischen Wert.

Das Christentum sah in der Ehe den Weg, auf dem der Mensch Herr seiner Begierden und Leidenschaften werden konnte. Dem Apostel Paulus ist sie das Mittel, Hurer, Ehebrecher, Weichlinge, homosexuelle Männer zu verurteilen und zugelassene von verbotenen Leidenschaften zu unterscheiden. Der Hauptzweck der Ehe besteht darin, das Begehren zu kanalisieren. Männer und Frauen sind in gleicher Weise dazu verpflichtet, einander sexuelle Bedürfnisse zu erfüllen. Sogar vom wechselseitigen Recht auf den Körper des Anderen ist die Rede. »Erunt duo in carne una« kennzeichnet die christliche Abwandlung des platonischen Mythos vom Kugelmenschen. In der ehelichen Verbindung von Mann und Frau wird die Möglichkeit gesehen, den von jedem Menschen allein gefühlten Mangel zu überwinden. Die Ehe soll als Garant einer dauerhaften

Vereinigung mit dem entbehrten Anderen dienen. Ihre Aufwertung zielt darauf, daß der Liebespartner nicht mehr außerhalb ihrer gesucht werden soll. Die Verwirklichung dieses Gebots ließ jedoch lange auf sich warten. Zu groß waren die Unterschiede zwischen ehelicher Liebe und außerehelichen Liebesangelegenheiten. Während die eheliche Liebe auf Dauer angelegt war, war die außereheliche Liebe gerade durch ihre schnelle Bewegung, ihre momentane Leidenschaft und ihren Wechsel bestimmt. Offensichtliche Unvereinbarkeiten!

Wie entstand nun im Verlauf der historischen Entwicklung die *monogame, unauflösliche Ehe,* die so viele Jahrhunderte die Norm bildete? Trotz erster Ansätze in der Antike wird sie erst von der erstarkenden Kirche im Mittelalter durchgesetzt. Galt in Rom und noch im karolingischen Reich die Heirat als eine wesentlich private Angelegenheit, mit der Familien bestimmte Interessen verbanden, so entstand in der Kirche allmählich ein anderes Ehemodell, das im 13. Jh. den Status eines Sakraments erhielt. Waren schon Ehe und eheliche Liebe nicht vermeidbar, so sollten sie im Dienste der Kirche stehen. Die Unauflöslichkeit der Ehe entsprach der Unauflöslichkeit der Bindung zwischen Christus und seiner Kirche. Die »stabilitas« wurde zum Garanten der mittelalterlichen Gesellschaftsordnung. Nach den Untersuchungen von Ariès begünstigten die gesellschaftlichen Bedingungen in den ländlichen Gemeinschaften die Durchsetzung dieses Ehemodells. In der Verlagerung der Eheschließung aus dem Privathaus vor die Kirche und schließlich im 13. und 14. Jh. in die Kirche kommt die Verstärkung des Zugriffs der Kirche auf die Ehe augenfällig zum Ausdruck.

Zweifellos ist die monogame und unauflösliche Ehe die wichtigste Institution der Domestizierung und Disziplinierung der menschlichen Triebe. Mit ihrer Hilfe trifft die christliche Repression das Paar und die Liebe. Die Ehe erscheint weniger als Vergnügen, denn als Notwendigkeit. Sie ächtet die leidenschaftliche Liebe und wird lediglich als eine notwendige Bedingung menschlichen Lebens zugelassen. Sie ist der Ort, an dem auch das Begehren nach dem Tod des Anderen seinen Platz hat: der Wunsch, ihn als Subjekt zu unterdrücken, um ihn sich anzueignen oder einzuverleiben. Doch: »Wenn der andere getötet wird, wird damit nicht die Begierde vernichtet? Denn Begierde gibt es nur dort, wo der eine vom anderen begehrt wird. Weil sie Begierde nach Begierde ist, hat die Begierde die Gewalt unter Kontrolle. Sie ist die Begierde nach dem Anderen. Begierde nach dem begehrenden Subjekt, und nicht die Bemächtigung eines toten Körpers« (Métral).

Die leidenschaftliche Liebe

Platon und Christus haben die Liebe je auf ihre Weise erfunden. Die Homosexualität des ersteren und die seltsame Geschlechtsneutralität des letzteren haben zweifellos Einfluß auf die jeweiligen Liebeskonzeptionen gehabt. In der höfischen Erotik des 10.–12. Jh. wird eine neue Liebeskonzeption, der »amour passion« erfunden. Sie ist eine heterosexuelle Liebe und gibt vor allem den Frauen in der Mann-Frau-Beziehung eine anerkannte Macht. Sie definiert sich als rein. Obwohl sie auf seiten der nichtadeligen Troubadoure mit der Überschreitung der Ehegrenze spielt, ist der Verzicht auf diese Überschreitung eine ihrer Voraussetzungen. In ihrem Rahmen entsteht eine Erotik des Blicks, der Sprache, der Berührung. Die Dichter finden an der Verdrängung ihres Wunsches nach sinnlicher Befriedigung Gefallen. Sie preisen das Verbot und mit ihm die Idee der reinen Liebe (fin amours), einen Weg zwischen Imagination und Realität. Man will nicht den schnöden Ehebruch, sondern die reine Liebe zwischen Mann und Frau, auch wenn sie nicht realisierbar ist.

Der Liebende verzehrt sich in Sehnsucht nach der Angebeteten, ohne sie erreichen zu können, da er von ihr immer wieder auf Distanz gehalten wird. Alles ist erlaubt, was das Begehren der Liebenden anstachelt, ohne es zu befriedigen. Verherrlichung der unglücklichen, ewig unbefriedigten Liebe. Als Vasall seiner »donnoi« ist der Troubadour mit ihr durch die Gesetze der cortezia verbunden, die Demut, Lauterkeit, Achtung und Treue gegenüber der Geliebten und den Verzicht auf körperliche Liebe beinhalten. Unter der prinzipiellen Unerfüllbarkeit seines Verlangens leidet der Liebende, ohne sich jedoch seines Leidens entledigen zu können. Man liebt ausdauernd, treu, ohne Hoffnung und bescheidet sich mit dem Leid, das die Liebe einem zufügt. Man verehrt und vergöttert die Geliebte, deren Schönheit durch die Liebe ins Unermeßliche steigt.

Die Leidenschaft der Liebe entsteht durch die Trennung von der Geliebten und durch die Keuschheit, »l'amor mou castitaz«. Ein Überschuß an Begehren bildet sich. Der Liebende liebt die Liebe, nicht die Geliebte, sondern ihre Funktion für das Entflammen seiner eigenen Gefühle.

Die Liebe ist eine Wunde, die dem Liebenden unaufhörlich Schmerzen bereitet, die er wollüstig genießt, als wisse er, daß das Begehren niemals Befriedigung findet, also nur die Möglichkeit besteht, es auszuhalten, umzulenken oder zu ersticken.

Im Liebeskodex des Andreas Capellanus aus dem 12. Jahrhundert werden Grundsätze aufgestellt, die den Typus der leidenschaftlichen Liebe im höfischen Kontext ausmachen. Danach darf Liebe nicht an die Ehe gebunden sein. Vielmehr entfaltet sie sich erst außerhalb der Zwänge und Sicherheiten der Ehe, zumal sie auf ihre sinnliche Erfüllung verzichtet und darin die Bedingung ihrer Möglichkeit liegt.

Freiwilligkeit und Ausschließlichkeit sind die Fundamente der Liebe: Was ein Liebender dem anderen mit Gewalt raubt, ist kein Genuß. Liebkosungen kann der Liebende nur von der Geliebten begehren, denn niemand kann zweifach lieben. Doch ist die Liebe wandelbar. Sie kann jederzeit abnehmen oder zunehmen. Neue Liebe vertreibt die alte. Eine erlöschende Liebe verglüht rasch und flammt selten wieder auf.

Liebe kann sich nur bei Hoffnung auf Gegenliebe entfalten. Leichter Erfolg raubt ihr den Reiz, Hindernisse geben ihr Wert. Die Liebe erfüllt den Liebenden vollständig. Sie macht ihn zaghaft, läßt ihn wenig schlafen und essen. Alles, was der Liebende tut, endet mit dem Gedanken an die Geliebte und der Beschäftigung mit ihrem Bild. Es gefällt dem Liebenden nur das, was der Geliebten auch gefiele. Der Liebende wird des Genusses der Geliebten nicht satt.

Die Leidenschaft dieser Liebe lebt vom Verbot der Erfüllung, von der Unüberschreitbarkeit der Grenze zwischen dem Begehren und der körperlichen Vereinigung. Das Verbot sichert die überragende Stellung der Geliebten, indem es bewirkt, daß sich alle

Begierde des Liebenden auf sie richtet. Sie oder keine! Vergeblich wehrt sich der leidenschaftlich Liebende gegen die Macht, die das Begehren über ihn hat. Ihr ist er ausgeliefert; sie bestimmt sein Handeln. Ihn erfaßt die Liebe; er ist ihr Objekt und damit das Opfer der Geliebten. Sie hat die Macht; er ist der Abhängige. Sie läßt ihn seine Unterlegenheit und damit ihre Überlegenheit spüren und vermittelt ihm das Wissen, daß der Liebende weniger geliebt wird als er liebt. Vergeblich das Verlangen nach der Gegenwart der Geliebten mit den quälenden Bildern sehnsüchtiger Vereinigung. Die Abwesenheit der Geliebten ist das konstitutive Element der Liebe. Sie läßt sie als Produkt der Imagination in Erscheinung treten, als Macht des Imaginären. Im Diskurs der Liebe wird die abwesende Geliebte zur anwesenden, angesprochenen. Ihre reale Anwesenheit läßt der imaginären Geliebten keinen Raum.

Die Liebe gilt einer imaginären Geliebten, die keine Antwort zu geben und die Sehnsucht des Liebenden nicht zu erfüllen vermag. Und die Geliebte ist fern, schweigt. Ihr Schweigen erhöht sie, macht sie überlegen und rätselhaft und produziert den geschätzten Diskurs des Liebenden, die sich wiederholenden Beschwörungen und Beteuerungen, mit denen er versucht, etwas zu erfassen, was sich nicht greifen läßt, sondern sich dem Zugriff entzieht. Doch wer flieht? Der Liebende vor der Geliebten oder die Geliebte vor dem Liebenden? Ist es nicht der Liebende, der sich unaufhörlich verändert, während die Geliebte als unveränderliches Bild seines Verlangens verharrt? Wo ist der Ort der Geliebten? Ist sie nicht ortlos im Imaginären, für den Liebenden nicht lokalisierbar? Von dieser Nicht-Lokalisierbarkeit der Geliebten geht ihre Faszination aus. Nicht eine Qualität der Geliebten, sondern die Einmaligkeit der Beziehung zwischen dem Liebenden und der Geliebten schafft die Faszination, die von magischer Unwiderstehlichkeit für den Liebenden ist. Sie regt den Liebenden zu immer neuen Worten an, als könnten diese ihm helfen, sich von der Macht der Geliebten zu befreien. So wäre der Diskurs der Liebe ein Versuch, die Unversehrtheit des Liebenden, das Anderssein der Geliebten, ihre Unbegreifbarkeit auszuhalten. In diesem Anderssein der Geliebten liegt die Faszination; sie produziert immer wieder neue Bilder der Geliebten. In der Liebe haben die Bilder der Geliebten das letzte

Wort. Sie zeigen sich der Sprache überlegen, die vergeblich versucht, sie einzufangen, um dem Liebenden die Freiheit wiederzugeben. Die Bilder reichen dazu nicht; sie quälen den Liebenden, lenken sein Begehren ins Imaginäre, setzen ihn dort gefangen, schaffen seinen Wahn. Sie sind der Widerspruch, die abwesende Anwesenheit, gegen die die Sprache vergeblich kämpft.

Die Geliebte besitzen – unmöglich. Sie vagabundiert in den Bildern des Liebenden, ziellos, ortlos. Sich mit der Geliebten vereinigen bedeutet das Ende der Bilder und damit der Liebe – das Opfer des Imaginären, das der Lust des Körpers gebracht wird.

Die Geliebte ist dem Liebenden nicht schuldig, was dieser erwartet. Sie ist anders. Sie ist das ganz Andere und hierin dem Liebenden fremd. Mit Hilfe der vom Liebenden entworfenen Bilder der Geliebten setzt diese sich im Imaginären des Liebenden fest und füllt dort seit frühester Jugend rudimentär vorhandene Bilder mit Leben.

Kein Gefühl, also auch nicht die Liebe, ist ohne Anleitung. Katharer und Troubadoure zeigen, wo das Begehren liegt und welche Formen und Gestalten es findet. Wie das Heilige bedarf das Begehren der Anleitung durch Bilder und Normen.

Als Ausweg aus der Liebesverirrung bleibt nur der Rückzug, die Trennung – der Diskurs der Liebe oder der Tod – der des Liebenden oder der Geliebten. Sicherer ist der Tod des Liebenden.

Die höfische Liebe hat eine Aufwertung der Frau bewirkt, die zum bestimmenden Subjekt in Liebesangelegenheiten stilisiert wird. Zwar ist sie der Bezugspunkt des männlichen Begehrens, doch ist sie als solcher sprechendes und handelndes Subjekt. Eine Gleichheit, wenn nicht gar Überlegenheit der Frau in den Liebesangelegenheiten kündigt sich an. Als Begründung für die Liebe dient die Vollkommenheit des Anderen. Durch die Liebe zu der vollkommenen Frau hat der Mann an ihrer Perfektion teil, d.h. er kann selbst vollkommen werden.

Dies ist die eine Deutung. Eine andere sieht gerade in der glühenden Verehrung der Frau einen Prozeß, in dem der Liebende von der geliebten Person abstrahiert. Die konkrete Frau kommt ihm nicht in den Blick. Angebetet wird ein idealisiertes Bild, das entsteht, weil der Liebende mehr an seiner Ekstase als an den

Empfindungen der Frau interessiert ist. So ehrt er notwendigerweise die Frau. Er ist gar nicht offen für ihre Regungen, ihre Wünsche und ihr Begehren. Radikalisiert man diese Interpretation, so kann man in dieser Form der leidenschaftlichen Liebe sogar eine Steigerung der männlichen Selbstliebe entdecken, da sie dazu führt, die Wirklichkeit der Frau der Anbetung ihres Bildes zuliebe zu übersehen. Dann kann man diese Form der Liebe auch als Kompensation männlicher Schuldgefühle infolge der Unterdrückung der Frau begreifen und die Idealisierung der Frau durch die entstehende Liebesrhetorik als eine neue Form der Aneignung der Frau durch den Mann und als Hinweis auf ihre abermalige Entwertung deuten.

Beide Interpretationen schließen sich nicht aus. Die Aufwertung der Frau in dem neuen Liebescode kann durchaus mit einer Abwertung in anderen Bereichen einhergehen. In jedem Fall entsteht mit der neuen Sprache der Liebe ein Code, der die Gefühle der Menschen und ihr Verhalten normiert und der dazu führt, das, was sprachlich in einer bestimmten Weise ausgedrückt wird, auch zu empfinden und in der Liebe zu leben.

Der Andere

Mit dem »amour passion« entsteht die moderne Konzeption der Liebe. Während diese zur Zeit der Troubadoure noch als unrealisierbar galt, macht sich die Moderne daran, sie zu verwirklichen. Im 18. Jh. erscheint diese Form der Liebe erlern- und realisierbar. Liebe wird als der Kampf begriffen, der die Eroberung der Frau zum Ziel hat, der sich der Liebende bereits unterworfen hat. Sie wird als begehrte Krankheit, als erwünschtes Leid bezeichnet. Wie die Vernunft, beansprucht sie den Status einer universellen Voraussetzung des Menschseins. Da ihre Logik nicht die Logik der Vernunft ist, läßt sie sich nur in paradoxaler Weise erfassen. Versuche, die Liebe durch Transformation in Freundschaft zu »entschärfen«, schlagen fehl, die romantische Vorstellung von der freundschaftlichen Verbindung der Seelen desgleichen. Mit der Zunahme der Individualisierung im 18. und 19. Jh. wird die Liebe zu einem Gut wie andere Güter. Im 19. Jh. wird die »leidenschaftliche Liebe« allmählich zur bestimmenden Grundlage der Ehe. Liebe wird als Kraft und Medium der Selbstbildung begriffen. Mit dem Glück des Anderen will der Liebende sein eigenes Glück finden. Man will das Gefühl, das aus der Liebe um der Liebe willen besteht, genießen. Die Liebe wird voraussetzungslos und zugleich in hohem Maße selbstreflexiv und selbstreferentiell. Die Eheschließung wird der Dynamik der Liebe überlassen. Die Liebesehe soll die Momenthaftigkeit und die fehlende Kontinuität der leidenschaftlichen Liebe überwinden. Das Mittel dazu ist die Einbeziehung der Sexualität in die Liebe.

Mit dieser Entwicklung wird der Andere zum Thema der Liebe, allerdings in durchaus ambivalenter Form. Mal erscheint er als ihr Zentrum, mal als eine aus ihr ausgeschlossene Größe. Besonders im sexuellen Diskurs der Gegenwart verliert der Andere seinen Platz. Im Mittelpunkt steht hier das Funktionieren der Körper, ihrer Organe und die Perfektionierung wechselseitiger Lust. Gesucht wird die Gleichheit, die Entsprechung im Sexuellen wie im Alltagsleben. Der gemeinsame Orgasmus wird zum Anzeichen für das Gelingen der Liebe. Nicht gefragt sind die Irritationen durch den Anderen, die Vergeblichkeit der Versuche, ihn zu verstehen, ihn sich durch Assimilation an Bekanntes vertraut und ihn durch Kolonialisierung des Fremden verfügbar zu machen.

Die Erfahrung des Anderen ist die des partiellen Verzichts auf sich selbst. Das Ich wird sich fremd und sich selbst zu einem Anderen. Im engsten Zusammenleben wird die Gegenwart der Liebe zu einer Modalität der Abwesenheit. Liebe macht den Liebenden zum Gefangenen eines Abwesenden. Sie führt zur Bestimmung des Liebenden durch den Anderen, der als solcher innerhalb und außerhalb des Liebenden ist. Dieser kann sich an den Anderen verlieren und sich dadurch fremd werden. Dieses Sich-selbst-fremd-Werden ist das Schicksal der Individuen, zwischen denen das Ausmaß der Fremdheit wächst. Obwohl diese Erfahrung das Ich von seinen Anfängen an begleitet und erst seine Freiheit ermöglicht, steigert sie sich heute in einer Situation der transzendentalen Obdachlosigkeit beträchtlich.

Die Fremdheit des Anderen ist eine Herausforderung: Sie produziert Unsicherheit. Sie verlangt Sprache, Übersetzung des Unbekannten in Bekanntes. Sie ist nicht unmittelbar, sondern nur mit Hilfe von Symbolen zugänglich. Das Unsagbare entzieht sich der

Annäherung, des verortenden Zugriffs und bleibt vorsprachlich, unsprachlich und daher geheimnisvoll. Hier zeigt sich die Ambivalenz des anziehenden und zugleich abstoßenden Fremden.

Die Erfahrung des Anderen ist Ausdruck der nicht erreichbaren Einheit von Ich und Du. Keiner der Liebenden gehört sich oder dem Du. Die wechselseitige Unverfügbarkeit ist die Voraussetzung der Liebe. Oft weiß der Andere mehr von dem Liebenden als dieser von sich und umgekehrt. Dazu müssen Ich und Du ein gemeinsames Anderes haben. Das Andere erinnert an die Notwendigkeit der Selbsttranszendierung und an die Grenzen dieses Prozesses.

Die Erfahrung des Anderen in der Liebe verweist auf die mimetische Aneignung der jeweiligen Geschlechterrolle durch die

Identifizierung mit dem Vater oder der Mutter. Mit der Entwicklung der eigenen Geschlechterrolle wird zugleich die des andersgeschlechtlichen Elternteils angeeignet. Letzterer bestimmt als Anderes auch die eigene Geschlechterrolle. Das heißt, ohne eine imaginäre Identifikation mit der Mutter bzw. dem Vater als dem Vertreter des anderen Geschlechts kann eine Entwicklung als Junge bzw. Mädchen nicht gelingen.

In der Liebe ist der Andere als Bezugsperson abwesend und als Angesprochener anwesend. Er kann für mich nur »Du« werden, wenn er »Ich« ist und wenn wir beide ein Ereignis werden. Doch vielleicht existiert dieses nur im Noch-nicht und fordert so zur Fiktion heraus. Dann bestünde die Spannung in der Liebe darin, daß jeder sich seinen Geliebten schafft, ohne dessen Andersartigkeit aushalten zu können. Stendhal hat die Entstehung der Liebe mit Hilfe der Einbildungskraft mit den Salzkristallen verglichen, die sich zeigen, wenn man einen entlaubten Zweig in den Schacht eines Salzbergwerkes wirft und ihn nach einigen Monaten wieder herausholt. Wie die Kristalle den Zweig vervollkommnen, so verschönt die Phantasie die geliebte Person. Liebe ist danach vor allem ein Produkt des Liebenden. Das Andere der geliebten Person gerät hierbei kaum in den Blick, zumal seine Abwesenheit der Phantasietätigkeit des Liebenden alle Möglichkeiten läßt, die seine Anwesenheit einschränken würde. Die so beschreibbare Liebe verfehlt den Anderen. Dieser entgeht ihr in der Ausdehnung der Empfindungen und in der Phantasietätigkeit des Liebenden. Er wird überdeckt und gerät so nicht in den Blick. Der Andere wird nicht um seiner selbst willen geliebt. Stattdessen wird er mit vielen Eigenschaften belegt und verliert die für ihn charakteristische Unqualifizierbarkeit. Der Andere wird zum Bild gemacht, das mit vielen Farbflecken ausgemalt wird, in denen sich seine Andersartigkeit auflöst. Wie für Zwanghafte das Bild die Sache selbst ersetzt, so ersetzt das Bild des Anderen diesen selbst.

Nur an der kleinen störenden Stelle an der Hand, am Arm oder im Gesicht des Anderen wird die Differenz zwischen ihm und seinem Bild erfahren. Irritation und Störung, die den Raum des Anderen auftut. Hier wird die Opferung des Imaginären erforderlich. Der Versuch, die störende Stelle zu übersehen, führt zur

Selbsttäuschung, die sich meistens erst in der Nachträglichkeit der Reflexion, in der Anamnese der Liebe zeigt. Der Verzicht auf die imaginäre Auflösung des Anderen ist die einzige Alternative. Den Anderen nicht haben wollen, zur Selbstbegrenzung bereit sein, der Sehnsucht nach Totalität entsagen, um dem Anderen zu genügen und um ihm die Möglichkeit zu geben, den Liebenden in Widerspruch mit sich selbst zu versetzen, ist die einzige Alternative.

Wie das Bewußtsein Intentionalität ist und sich nicht in der Subjekt-Objekt-Spaltung fassen läßt, ist auch die Liebe Intentionalität und hat als solche keinen Inhalt. Der Andere der Liebe ist das Andere nicht in bezug auf den einen, sondern ist sich selbst der Andere, während der eine für sich der eine bleibt. So gesehen kann der Andere nicht Gegenstand eines Bedürfnisses sein; denn sonst könnte das Subjekt, das eine Bewegung zum Anderen macht, in seiner Aneignung die Erfüllung finden. Doch dann verlöre in dieser Bewegung der Andere seine Andersheit. Er wäre nicht mehr der unendliche Bezugspunkt des Begehrens.

In der Liebe wird der Andere im Antlitz der geliebten Person erfahren. In ihm finden sich die Bestimmungen des Unendlichen wieder. Das Antlitz ist Ausdruck; es ist selbstbedeutend. Der Andere ist selbst und nicht durch den Bezug auf ein System. Im Antlitz ist dies erfahrbar. Es läßt sich nicht entziffern, nicht erinnern. Immer wieder zieht es den Blick auf sich, den es vergeblich zu fassen und zu assimilieren versucht. Das Antlitz entzieht sich der Bestimmung und bleibt rätselhaft. Lévinas spricht von seiner allem Ausdruck vorausgehenden, sich jeder Deutung widersetzenden Nacktheit. Sie fordert auf, verlangt Zuwendung, Sorge und Verantwortung. Sie lenkt den Liebenden von sich ab, steigert seine Liebe und verhindert Gleichgültigkeit. Das nackte Antlitz verführt und lädt zu einem Risiko ein, auf das der Liebende sich einlassen muß und dem er nicht entkommen kann. Es verlangt Aufmerksamkeit, ohne sich zu erschließen. Hier liegt die Unendlichkeit des Begehrens und Leidens, die Platon in den Mythos vom Kugelmenschen gefaßt hat und deren Begrenzung im Verlauf der Geschichte der Liebe immer wieder mit wechselndem Erfolg versucht wurde.

Literatur

Ariès, Ph., Béjin, A., Foucault, M. u.a.: Die Masken des Begehrens und die Metamorphosen der Sinnlichkeit. Zur Geschichte der Sexualität im Abendland. Frankfurt/M. 1984.

Barthes, Roland: Fragmente einer Sprache der Liebe. Frankfurt/M. 1984.

Finkielkraut, A.: La sagesse de l'amour, Editions Gallimard, Paris 1984.

Flandrin, J.-L.: Le sexe et l'occident. Evolution des attitudes et des comportements. Paris 1981.

Foucault, M.: Der Gebrauch der Lüste. Frankfurt/M. 1986.

ders.: Die Sorge um sich. Frankfurt/M. 1986.

Grimal, P.: L'amour à Rome. Paris 1979.

Heinrichs, H.-J. (Hrsg.): Das Fremde verstehen. Gespräche über Alltag, Normalität und Anormalität. Frankfurt/M./Paris 1982.

Houque, P.: Eve, Eros, Elohim. La femme, l'érotisme, le sacré. Paris 1982.

Kampits, P.: Gabriel Marcels Philosophie der zweiten Person. Wien/München 1975.

Kristeva, J.: Histoires d'amour. Paris 1983.

Lévinas, E.: Die Spur des Anderen. Freiburg/München 1983.

Luhmann, N.: Liebe als Passion. Zur Codierung von Intimität. Frankfurt/M. 1982.

Métral, M.-O.: Die Ehe. Analyse einer Institution. Frankfurt/M. 1981.

Richard, G.: Histoire de l'amour en France. Édition J.-C. Lattès. Paris 1985.

Simmel G.: Schriften zur Philosophie und Soziologie der Geschlechter. Frankfurt/M. 1985.

Sturm, H. (Hrsg.): Jahrbuch für Ästhetik. Aachen 1985.

Todorov, T.: Die Eroberung Amerikas, Frankfurt/M. 1985.

Wulf, Ch. (Hrsg.): Lust und Liebe. Wandlungen der Sexualität. München/Zürich 1985.

Thomas Jung

Die Versprechungen der Liebe

»Jede Liebe aber gewinnt auch, wenn sie minutiös erzählt wird, den Wert eines Exempels« (Fr. Truffaut)

Das Gastmahl und die Liebe

Was die Liebe sei, ist immer schon jenseits der Wahrheit, die zu haben oder festzustellen ist; sie entzieht sich dem, was die Rede als Wahrheit zu fixieren sucht. Seit Platons Gastmahl, dem ersten Versuch, die Liebe in rationale Argumentationen zu überführen, ist sie Gegenstand und Thema eines unentwegten »Berichtens«, das durch seine Wiederholungen und Weitererzählungen den Diskurs der Liebe am Leben erhält. Die Liebe ist die Erzählung, die weitergegeben wird, ohne dadurch jemals ein Mehr an Evidenz, an Klarheit zu gewinnen. Allein die Tatsache, daß sie erzählt wird, daß von ihr aufs immer neue »berichtet« werden kann, verleiht ihr jene Diskursivität, die es erlaubt, gewisse Erfahrungen, die ihren Namen angenommen haben, als besondere, unabschließbare und »einmalige« Erfahrungen zu kennzeichnen. Es sind Erfahrungen, die nicht ohne weiteres distinkter Natur sind und trotzdem alle Einheitlichkeit, alle Gleichförmigkeit vermissen lassen. Es ist so, als habe die Erzählbarkeit der Liebe eine Unerschöpflichkeit, einen diskursiven Überschuß, der alle Erfahrungen der Liebe verdächtig erscheinen läßt, die Liebe nicht erreicht, sie nicht erfüllt zu haben. Indem ihre Erzählung immer schon ihrer Erfahrbarkeit voraus ist, wirkt die Liebe wie ein Gerücht, wie ein Versprechen, das durch seine Kolportage erst seine Wirklichkeit stiftet. Das, was man unter dem Namen Liebe als eigene Wirklichkeit darstellt, geht nicht aus ihr als einem ersten, ursächlichen Faktum hervor, sondern ist immer schon sprachliche Aneignung, possessive Codierung dessen, was die Erzählung als Wirklichkeit der Liebe bereithält. Genaugenommen gibt es keine Tatsache der

Liebe, die ihrem Wesen, ihrer Idee oder was immer gleichkäme, sondern immer nur Erzählungen von gewissen Erfahrungen, die den Bericht, die Erzählung der Liebe fortschreiben. Ähnlich dem Gerücht wirkt die Liebe dadurch, daß sie Folgen zeigt, ohne daß diese ihre Gründe und Ursachen in der Realität selber hätten. Einzig das Funktionieren dieses Ablaufs, das das Gerücht am Leben hält, ist das, was man als Wirklichkeit der Liebe bzw. ihrer Erzählung bezeichnen kann.

Man muß feststellen, daß Platons Gastmahl zuallererst ein Gerücht, eine Fama behandelt, die in Form einer Erzählung in die Welt gesetzt wird. Alle Versuche, dieses Gerücht »Liebe« einer Beweisführung, einer Logik von Indizien überantworten zu wollen, scheitern, müssen scheitern, da seine Urheberschaft jenseits aller diskursiven Rekonstruktionen liegt. Nicht bei einer Person, die Zeugnis ablegen könnte, nicht in der rhetorischen Ordnung der Redenden selbst, nimmt das Gerücht seinen Ausgangsort, sondern bereits vor der Erzählung, die den Diskurs der Liebe im Gastmahl ermöglicht. Alle Einlassungen zum Eros sind Berichte davon, daß es die Liebe gibt, daß nur ihr Wesen durch jede Art ihrer Erzählbarkeit anders erscheint und damit verdunkelt wird. Der schraubenähnliche Diskurs, der die Liebe zur Signifikanz, zur Eindeutigkeit überreden will, endet dort, wo das Denk- wie Aussagbare – Resultat aller vorheriger diskursiven Schritte – auf die Ebene berichteter Erzählung wieder zurückgreifen muß. Zwar stellt die sokratische Rhetorik den Gipfel aller Anstrengungen dar, Liebe aussagbar zu machen, jedoch zeigt sich, daß der Eros, die Liebe, gerade in den Aporien steckt, die jede vernunftgeleitete Rede übrigläßt. Das Mysterium, soll es annähernd zur Sprache kommen, muß selbst durch eine Erzählung vertreten sein, um jede aporetische Rede als »halbe Wahrheit« zu überführen.

Bei einer genauen Lektüre wird somit offenkundig, was Platons Gastmahl vorführt: Der Diskurs über die Liebe ist ein *unendlicher*, da sein Gegentand aus einer Erzählung herrührt, auf die sich zwar jede diskursive Rede einlassen, die sie aber nicht zu erklären vermag. Der Verweis, daß die sokratische Weisheit an der mythischen Weisheit der Diotima ihr Ende findet, zeigt, daß die Erzählung von der Liebe mit den Konklusionen des Verstandes nicht zu erschließen ist. Hierin liegt die Unabschließbarkeit jeder Rede zur Liebe, daß sie ihren Ausgangspunkt nicht bei sich selber hat, sondern bei einer Erzählung, die auf ein anderes verweist, das nicht der Ordnung diskursiver Praktiken angehört. Zugleich muß man davor warnen, die Liebe als die mythische Wahrheit der Diotima anzusehen. Der Diskurs der Liebe ist kein mythischer, denn das Mysterium der Liebe, das der Name Diotima *vertritt,* ist im Gastmahl selbst nur als Form eines sokratischen Berichtes vorhanden. Die offene Struktur der sokratischen Liebesrede, die Schließung der aporetischen Löcher, von denen sie ihren Ausgang nimmt, gelingt nur durch eine Anleihe, eine Einfügung, in der von einem *anderen* Wissen als dem des sokratischen *erzählt* wird.

Was sich hier in der sokratischen Rede ausspricht, ist die vernunftbestimmte Rede zur Liebe, die mit einem anderen Wissen zur Liebe ergänzt ist, und das wie eine Überlieferung, ein Mythos, von Erzählung zu Erzählung *weitergegeben* wird.

Man kommt nicht umhin, in der sokratischen Erosrede Bruch und Kontinuität gleichermaßen festzustellen: Einerseits Kontinuität der Weisheit, daß die Liebe nur kolportiert werden kann, um als das zu funktionieren, was ihre Wirkungen zeitigt. Andererseits Bruch, Diskontinuität, als die Liebe in den Diskurs der Vernunft gezogen wird, um durch seine Sprache, die Erzählung der Liebe als das Aporetische schlechthin auszuweisen, das *nur so* die Legitimität der Erzählung vom Anderen diskursiver Vernunft aufrechterhält. Keineswegs wird die Liebe durch beides erledigt, sondern eher zur Dauerhaftigkeit verdammt.

Wenn also das Gerücht, die Kolportage, der Rede zur Liebe voraus ist, wenn die sokratische Erzählung bereits ein weitergegebenes Wissen ist, das nicht nur eine Wiederholung, eine Bestätigung des bereits Gewußten ist – platonische Anamnesis, die ein Gewußtes hebt –, welches Wissen ist es dann, das der Erzählung von der Liebe zugrundeliegt? Alle im Gastmahlgespräch gewonnenen Aporien kulminieren und brechen sich zugleich in der sokratischen Rede. Das sokratische Wissen führt vor, inwieweit die Liebe sich unbeantwortet klären läßt; es zeigt – in der Fortführung der Rede Agathons – die Grenze dessen, was in der diskursiven Rede zur Liebe berührbar ist, ohne sie selbst zur Sprache bringen zu können.

Die Überwindung aller Aporien dieses Wissens liegt nun nicht einfach im simplen Übergang zu einer mythischen Rede vom Eros, um damit einen anderen Liebesdiskurs als ergänzende Wahrheit zum eigenen Wissen einzuführen, sondern im Bruch, im Wechsel zu einem anderen, neuen Wissen, das anderen Ursprungs ist, als die sokratische Rede insgesamt weismacht. Daß Sokrates eine Erzählung namens »Diotima« einführt, ist nicht eine Ergänzung von Mythos und Logos, von kosmogonischem und rationalem Wissen, das im Eros die Verwirklichung des »philosophos« chiffriert, sondern tiefergehend der Bruch mit dem eigenen Wissen, die Umkehr von diesem zu einem Wissen, dessen Corpus und Evidenz aus anderer Quelle stammt als der diskursiver Ordnung. Man muß verstehen, daß etwas passiert sein muß, daß alle sokratische Vernunft sich einer Belehrung unterzog, um einem anderen, neuem Wissen Platz zu machen. Die Erzählung der »Diotima«, die Sokrates wie eine Kolportage weitergibt, muß mehr enthalten, muß ungleich schwerwiegender sein, damit Doxa und sokratische Skepsis aufgegeben werden können. Das Wissen, dessen sich Sokrates in Form einer Erzählung bedient, reicht in eine tiefere, eine unmittelbarere Schicht, als die, die *jede Rede* vom Eros preisgibt. Dieses »andere« Wissen, das nur durch Einweihung erworben werden kann, setzt im Ursprung die reine Teilhabe voraus, um als Wissen der Liebe erzählt werden zu können. Die Belehrung, die dieses Wissen nach sich zieht, liegt gerade in der Übernahme jenes Geheimnisses, das da lautet: Die Erzählung von der Liebe liebt es, ihren Gegenstand zu verbergen, um ihre Macht zu erhalten.

Um für ein solches Wissen belehrt zu werden, bedarf es eben der Aufgabe dessen, was das diskursive Wissen bereithält. Die Aufhebung des sokratischen Wissens, seine Umkehr zur mythischen Rede von der Liebe, beruht ja nicht auf einer Gläubigkeit der mythischen Erzählung, sondern auf der Einweihung in das Geheimnis, das allein nur durch Teilhaben erworben wird. Gerade in der *Aufgabe* des bisher Gewußten, öffnet sich das Wissen, um belehrt zu werden für die Empfängnis neuen, anderen Wissens, das durch die Kolportagen der Liebe zwar geahnt, nie aber diskursiv erschlossen werden kann. Dieses Wissen, das den sokratischen Bericht namens »Diotima« wie eine durch die Erzählung verschwiegene Liason umwittert, ist selbst im Gastmahl nicht unmittelbar, da es der Logik diskursiver Rede nicht zugänglich ist. Man kann annehmen, daß die sokratische Rede eine gläubige Rede ist, da sie von einem impliziten Wissen getragen wird, das das diskursive Wissen souverän mit einer Erzählung überwältigt. Es ist nicht verkehrt, hierin das allgemeine Delirium aller Redner zu vermuten, mit dem das Gastmahl endet.

Die Belehrung der Diotima, die Sokrates übernimmt, ist eine Zweifache, die dem Doppelspiel, dem Diphtong der Liebes-Rede entspricht: Kolportage eines Geheimnisses zu bleiben, das nur durch Teilhabe zum Wissen führt, und obskures Objekt zu sein, das das Wissen zum Überschreiten seines diskursiven Corpus zwingt.

Die Einweihung der Diotima ist nicht bloß reine Liebesdidaktik, weise Belehrung der Frau, daß das Wissen des Mysteriums Liebe zuallererst darin besteht, im entscheidenden Moment den Diskurs der Liebe abzubrechen, um die Liebe zu *erfahren*. Zugleich zielt die Einweihung auf ein Mehr, das darin besteht, daß die Liebe nicht ausgesprochen werden darf, um ihr die Kraft eines Objekts des Überschreitens zu bewahren. Nur indem die Liebe ein Geheimnis ist, bleibt sie Fama und Objekt, das das diskursive Wissen für eine Überschreitung öffnet: Hin zu einem Wissen, zu einer Lehre, die das Sein des Menschen von dem her bestimmt, was die Liebe verspricht und ihre Erzählung umkreist: Auf-Gabe!

Daß das durchdeklinierte Wissen im Gastmahl zur Aufgabe gezwungen wird, ist bereits behauptet worden. Die Wirkung des allgemeinen Rausches, der das Gastmahl begleitet, mag in der Tat die Ordnung des Liebesdiskurses außer Kraft setzen, um alles bisherige Wissen durch eine Verwirrung der Sinne zu decodieren. Gleichzeitig enthält die Aufgabe aber mehr; denn das Sprechen über die Liebe zieht ein Ver-Sprechen nach, indem die Spur eines anderen Wissens vom Sein sich als Gabe dieses Ver-Sprechens vorzeichnet. Daß nur Erzählungen Versprechen kundtun, die über ihren diskursiven Gebrauch hinausgehen, liegt in ihrer Natur und weist sie als ein apokryphes Sprechen aus, das immer noch ein Mehr bietet, als die »halbe Wahrheit« diskursiver Ordnung.

Platons Dialoge und Erzählungen werden nur noch in spitzfingrigen, philologischen Textrezeptionen als Lehrschriften, die es zu schulmeistern und kritisieren gilt, betrachtet. Neben der Behauptung, daß sie primär literarischen Charakters sind, gilt auch die Überzeugung, daß diese narrativen Lehrstücke überwiegend didaktischer Natur sind.

Man mag den didaktischen Kern im offenkundigen Exempel vermuten: die Idee des Schönen begründet die arete des Guten, um damit eine Idealität zu stiften, die die Liebe, den Eros prätentiös beschlagnahmt, moralischer Zweck zu sein. Dies wäre vermutlich jene sokratische Vernunft, die in der Disputation des Gastmahls durchgängig bis zur Spitze getrieben wird. Hingegen mag ein anderer Sinn in jener Dimension sokratischer Rede liegen, in der sie anderer Natur verdächtigt wird:

> »Und dies habe ich gleich zuerst noch übergangen, daß auch seine Reden jenen aufzuschließenden Silenen äußerst ähnlich sind. Denn wenn einer des Sokrates Reden anhören will, so werden sie ihm anfangs ganz lächerlich vorkommen, in solche Worte und Redensarten sind sie äußerlich eingehüllt, wie in das Fell eines frechen Satyrs... Wenn sie aber einer geöffnet sieht und inwendig hineintritt: so wird er zuerst finden, daß diese Reden allein inwendig Vernunft haben...«

Jene »inwendige Vernunft«, die nicht aus dem Exerzitium diskursiver Überredungen folgt, ist nun nicht der Tugend anzurechnen, die das Tugendhafte als Haftung der Vernunft deklariert. Sie ist mehr der Liebe, ihrem Schicksal der Entzweiung auf der Spur, um diese Spur selbst hervorzubringen.

Der Rausch, die Macht, die durch die Erzählung »Diotima« gestiftet wird, verspricht jene »inwendige Vernunft«, die nur jeder Dichtung freigegeben ist: die Sünde der Entzweiung aufzugeben. Daß der Eros ein Zwischen sei, das die Entzweiung revidiert, mag zwar unbegriffene Strafe sein, ist aber bar jeder platonischen Idealität die einzige Erzählung des Menschen, die ein anderes Sein als Versprechen aufscheinen läßt: Versprechen eines Seins des Menschen, das die Routine seines Leidens unterbricht.

Die Versprechung des Anders-Seins

Es geht nun darum, dieses Versprechen auszuloten, um jenes mögliche Sein des Menschen, das nur durch die Erzählung der Liebe existiert, zu kennzeichnen. Was also ist dieses Versprechen, wie zeigt es sich und in welchen Formen und Umkehrungen durchbricht es das, was alle gewöhnliche Seinserfahrungen zusammenhält?

Zunächst ist dieses Versprechen ein »Mehr«, ein Überfluß, den die alltägliche Lebenserfahrung nicht zuläßt. Dieses mag an der Liebe selbst liegen, daß ihre Wirkung in einem Rausch, in einer gesteigerten Gefühlsintensität liegt. Ein solches Phänomen, das die Psychologie der Liebe aufklärt, reduziert jedoch dieses »Mehr« auf ein rein quantitatives Moment, als sei die Liebe in einer Ökonomie des Seelenlebens zu erfassen. Die Liebe ist so der Mehrzins, das Agio, das die Schuldverschreibung des durch Kultivierung gebändigten Lebenseros zurückzahlt. In ihr ist die Überschreitung ein »Mehr« im Sinne aufgesparter Vitalität, die in Momenten, die als Liebeserfahrungen bezeichnet werden, in Formen der Liebeskultur ausbricht. Um dieses »Mehr«, das G. Simmel als ein »Mehr als Leben« gekennzeichnet hat und das als eine tragische Seinsweise der Liebe dennoch den Gesetzen des Lebens unterliegt, geht es nicht. Vielmehr geht es um das transzendierende Moment, das im »Mehr als« ausgesprochen wird, und das als ein Überschreiten zu einer »anderen Ordnung« selbst noch von G. Simmel gesehen wird. Jedoch verbleibt dieses Überschreiten bei G. Simmel in der Teleologie des Lebens selbst, als Form ideeller Überproduktionen aus sich selbst, um so den Geist als antinomisches Prinzip zur Vitalität zu demonstrieren. Dies ist dann auch die Tragik der Liebe, daß ihre »andere Ordnung« ein »Gegenweltliches« oder »Überweltliches« ist, das der Versündigung am vitalen Leben anheimfällt. Gleichwohl verdeckt diese Sichtweise, die die Liebe mit ideeller Überhöhung ausstattet, daß dieses behauptete »Mehr« auch anderes sein kann als der Höhenzug im Überweltlichen. Wird das Überschreiten nicht als eine Dichotomie von »Oben« und »Unten«, als ein »Überstieg jenseits aller Wurzelhaftigkeit« gesehen, so kann aus ihm ein anderes abgeleitet werden. Überschreiten heißt auch, das was überschritten wird, aufzugeben, weil ein Anderes, noch Fremdes, wenn es erfahren werden will, dies verlangt. Insofern ist dieses »Mehr« ein Nicht-Mehr, das dem Überschrittenen gilt, da es das ganz Andere, das durch die Liebe aufscheint, nicht zuläßt. Gerade die Vemehrung des Lebensmoments, das die Liebe inszeniert, erzeugt ein Überschreiten, das das Überschrittene losläßt, aufgibt, um so zuallererst erst für ein Anderes des Lebens empfänglich zu sein. Damit ist die Liebe kein »Gegen-« oder »Überweltliches«, die im Widerspruch zur Gesetzlichkeit des Lebens steht, um ein ideelles Mehr-Sein zu produzieren. Dies wäre in der Tat die Tragik, die jede Überhöhung als ein ideelles »Loslösen-wollen« vom Dasein kennzeichnet. Dieses Andere jedoch, das als eine Vermehrung, eine Intensivierung des Lebens erscheint, ist eine Erfahrung des Seins, die jede Überhöhung, jedes in ihm versuchte Überweltliche aufgibt, um so ein Nicht-Mehr, ein Aufgeben zuzulassen, welches das Dasein des Menschen von seinem fanatischen Mehr-Sein reinigt. Insofern ist dieses Andere, das durch die Liebe versprochen wird, innerweltlich und das Moment der Überschreitung eher ein Anders-Sein denn ein Mehr-Sein. Daß die Liebe ein »Mehr des Lebens« offenbart – wie G. Simmel der vitalen Lebensdynamik unterstellt, – heißt nicht ein Mehr-Sein zu attestieren. Das Versprechen, das die Erzählung der Liebe suggeriert, berichtet auch von einem Anders-Sein, das der Mensch dem Leben immer noch schuldig ist, damit es nicht an den Überhöhungen des Menschen zugrundegeht. Daß das Sein des Menschen eben von anderen Erzählungen als der der Liebe gefangengehalten wird, dies verschafft ihr gerade den Ruf ein »Mehr als Leben« zu sein, da in ihr das Leben als ein Anders-Sein erfahren wird, dem die Vernunft bisherigen Lebens nicht entspricht. Das Leben »sein-zu-lassen«, das Mehr-Sein aufzugeben, das verspricht eine Erzählung, die sich Liebe nennt und die zeitweilig ins Leben einbricht, um dieses Anders-Sein aufblitzen zu lassen, damit der Zwang, das Leben übersteigen zu wollen, ad absurdum geführt wird. Gerade die Vermehrung des Lebens, der Lebenserfahrung, die die Erzählung der Liebe verspricht, ist die Macht, mit der sich die Liebe diese Einbrüche in den fortschreitenden Zwang des »Mehr-Seins-als« verschafft.

Raum, Zeit, der Andere

Was sind nun die Versprechungen der Liebe im einzelnen? Was kehren sie um, was lösen sie auf, so daß das Sein des Menschen als ein anderes erfahrbar wird und der Sinn bisherigen Seins vom fortgesetzten »Mehr-Sein« gereinigt werden kann? Versprechungen also, die aus der erlebbaren Fülle der Liebesaugenblicke stammen und die in ihren Intensitäten, ihren ausstrahlenden Souveränitäten, jeden egoistischen Modus des Habens als leer und mangelhaft desavouieren. Die Verführungen, die durch diese Versprechungen der Liebe funktionieren, liegen gerade in jener Wiedergewinnung einer Daseins-Fülle, die nicht durch eine vernünftige Ökonomie des »Wollens«, wohl aber durch eine Unvernunft des »Sein-Lassens« zu erreichen ist.

Zunächst ist da der Raum, in dem sich die Liebe ereignet, den sie auf *ihre Weise* ausfüllt und neu erfahren läßt. Gemeinhin ist der Raum eine Form, in die der Mensch sein Dasein »bodenständig« exkulpiert. Daß der Mensch Dasein *hat,* muß er dem Raum als Existenzgrundlage entnehmen. Erst dann wird Raum zur Räumlichkeit menschlichen Daseins, wenn das, was die physikalische Ordnung als Existenzfläche aufweist, in Boden, Platz oder was immer Ort des Menschen sein mag, verwandelt ist. Insofern ist Raum nicht einfach nur vorhanden, sondern existiert nur in Form einer möglichen Beziehung zum menschlichen Dasein, wenn es entweder Raum hervorbringt oder aber Raum »sein läßt«.

Gerade das, was der Mensch – Geheimnis eines morphologischen Bildes – verräumlicht, d.h. als Ort konkreter menschlicher Existenz hervor*sucht,* bestimmt im tiefsten sein Sein, da das Wesen des Menschen von seiner stetigen »Unräumlichkeit« gekennzeichnet ist. Ein »In-der-Welt-Sein« des Menschen ist nur insofern vorstellbar, als der Mensch nur Raum haben kann, wenn er sich diesen selbst verschafft, diesen nach seiner Ordnung der Natur abringt und zu »seinem« Ort umorganisiert. Die Wesensbestimmung der Räumlichkeit ist in dem Sinne anthropomorph, als in ihr menschliche Ordnung und Daseinszweck im Raum projiziert und am Raum exemplifiziert werden. Der geschichtliche Modus dieser anthropomorphen Gleichung ist dann dieses wirksame Gesetz, wonach der Mensch sich mehr und mehr Platz einräumt und sein Dasein als ein fortschreitendes »Aufräumen« deklariert. Der Versuch des Menschen ins Bodenlose ein Fundament seines Daseins zu legen, ein Achsenkreuz von Horizontale und Vertikale als menschliche Wohnstätte im freien Raum zu implantieren, dimensioniert diesen auf menschliche Maßstäbe. Bezogen auf den Raum wird damit aber das Sein des Menschen so verräumlicht, daß Raumerfahrungen nur noch in der Art eines »Raum-Habens« sinnvoll sind. Ein Anderes, ein Fremdes des Raumes, in der der Raum mehr ist als seine Verräumlichung, als seine anthropomorphe Annektion, ist somit nicht möglich.

Erst durch die Liebe, die nichts haben will, die sich des Raumes nur bedient, um sich in ihm wie in einem heiligen Ort zu ereignen, wird diese zerstörerische Praxis der Verräumlichung aufgehoben und geändert. Eine Änderung, die den Raum mit der Liebe eins werden läßt, die den Ort des Geschehens der Liebe mit Magie erfüllt, um ihn so zu bewahren, damit sich in ihm Liebe wieder und wieder ereignen kann. In gewisser Weise gleicht diese sakrale Bestimmung, die den Raum unberührt läßt, jenen Liebeserinnerungen, die mit bestimmten Orten oder Plätzen verbunden sind, an denen die Liebe sich ereignet hat. Die Unzerstörbarkeit dieser geheimen Orte, auch wenn sie realiter nicht mehr existieren, liegt gerade darin, daß sie – abseits jeder geographischen Wahrheit – für die betreffenden Menschen zum alleinigen, exklusiven Zentrum der Welt werden.

Die Zentrierung der Bedeutung des Raumes auf einen Ort, indem dieser quasi zur biographischen Mitte der Lebenszeit wird, läuft aller Teleologie fortschreitender Verräumlichung entgegen. Indem alle Lebensintensität gerade nur an einem Ort sich ereignet, wird die in diesem Ereignis erlebte Raumerfahrung zum universellen Wert. Die Erfahrung auf engstem, kleinstem Raum ein Mehr an Sein gespürt zu haben, führt dazu, aller menschlichen Teleologie abzuschwören. Daß man in der Liebe Zeit und Raum vergißt, heißt nichts anderes, als daß der Raum kein Boden ist, der bestellt und gesichert werden muß, sondern zuallererst Ort, Mitte, von dem man verführt wird, wenn man alle Orientierungen aufgibt: Hierzu muß der Raum Sein-gelassen-werden.

Mit dem Raum, den die Liebe magisch erfüllt, um in seinem Inneren ein Interieur der Unzerstörbarkeit zu errichten, ist auch die Zeit gegeben, die das Ereignis der Liebe unmittelbar selbst betrifft. Dieses Ereignis unterbricht nicht etwa die Zeit, setzt ihren Strom nicht jäh aus, wie man meinen möchte, sondern verwandelt das, was man als Zeitlichkeitsstruktur der Zeit anerkennt. Es geht nicht darum, das Wesensmoment der Plötzlichkeit, jene eruptive Dimension der Zeit, in der sie sich wie in einem Schock punktuell zusammenzieht, an der Liebe zu demonstrieren. Vielmehr verwandelt die Liebe die Zeit, ihre inneren Strukturformen als Ganzes; sie entkräftet die zentralen Modi, die seit den Bekenntnissen des Augustinus als Bestimmung subjektiver, erlebbarer Zeit angenommen werden. Danach ist diese Zeit jeweils ein Gleiten von Augenblick zu Augenblick, in denen ihre Modi – genannt Gegenwart, Vergangenheit und Zukunft – sich zwar verschränken, zugleich aber deutlich voneinander abzuheben sind. Was als erlebter Augenblick, was als Zeitlichkeitsstruktur jeweiliger Gegenwärtigkeit erscheint, heißt für die Dimension der Zukunft Erwartung, für diejenige der Gegenwart Anschauung, also Bezug zur unmittelbaren Evidenz der Welt, und für diejenige der Vergangenheit Erinnerung. In diesen Zeitformen, die nicht als Teile, sondern als jeweilige Dimensionen zu begreifen sind, drückt sich das Verhältnis des Menschen zur Zeit, also seine Zeitlichkeit aus. Mit ihnen strukturiert er den Verlauf seines Daseins, bindet er das Gleiten von Augenblick zu Augenblick in eine Erfahrungsstruktur, die es ihm erlaubt zur Zeit eine gewisse Souveränität, eine gewisse Bemächtigung zu bekommen. Was zu erinnern, was zu erwarten und was als Gegenwart festzustellen ist, bleibt so in der Erfahrung handhabbar, verfügbar. Keine andere Erfahrungsform, es sei denn, sie wäre deviant, unterbricht oder setzt diese Zeitlichkeitsbindung außer Kraft. Eine ersichtliche Fatalität ergibt sich nun dadurch, daß die Augenblicksbestimmung, also jenes Moment der Gegenwärtigkeit von Zeit, durch die Strukturformen der Vergangenheit und der Zukunft belastet ist. Man kann auch sagen, daß der erlebte Augenblick, die eigentliche Präsenz der Gegenwart, ihre ganze, unausdehnbare Fülle, eine Gewichtung erhält, in der die Zeit, ihre Zeitlichkeit wie ein Gefängnis wirkt. Vergangenheit und Zukunft lasten wie ein unerträgliches Gewicht auf dem, was man ein Sein für den Augenblick nennen könnte. Im eigentlichen Sinne ist so der Augenblick nie frei, da sich in ihm immer zugleich die vor- und zurückweisenden Dimensionen wie eine okkupierende Macht ausbreiten. Erinnerung und Erwartung formen die erlebte Gegenwart in ein sorgendes Verhältnis zur Zeit um.

Eine extreme Beschwerung des Augenblicks vollzieht die Existenzphilosophie, indem sie die Zeitlichkeit primär von der Endlichkeitserfahrung des Menschen her bestimmt. Damit steht jede Gegenwärtigkeit unter der existentiellen Spannung einer Unbedingbarkeit, mit der so etwas wie eine existentielle Sinngebung begründet wird. Vergehende Zeit, Wahrung des Augenblicks sind so mit einem Absoluten, einem tranzendenten Anspruch überladen, daß alle Fülle, alle Annehmbarkeit des erlebten Augenblicks zugunsten eines traurigen Existenzwillens aufgehoben ist.

Dagegen zielt die Liebe auf ein Sein für und ein Sein im Augenblick. In ihr sind die Dimensionen der Zeitlichkeitsformen wirkungslos; sie sind aufgelöst zugunsten eines Zaubers von Gegenwärtigkeit, in der die Zeit anspruchslos vergehen kann. Im Augenblick der erlebten Liebe verliert die Vergangenheit, was sie war, setzt die Gegenwart aus, mit dem, was sie zu fordern scheint und gerinnt die Zukunft zu dem, was in der Liebe allein zählt: ein Nievergehen des Augenblicks.

In der Liebe, in ihrem Ereignis ist die Zeit das, was sie im Innersten als Seinsdimension beherbergt: reine Gegenwärtigkeit, volle Präsenz des Augenblicks, in dem alle Zeitlichkeit vom Verhältnis zum Dasein des Menschen befreit ist und zu dem man in der Form des Liebesversprechens »Jetzt« sagt.

Was ist nun der Andere im Feld der Liebe? In der Parabel der Androgynität, die der Aristophanes im Symposion kreiert, geht der Andere aus der Sünde der Zweiheit hervor, deren vorgängige Natur jedoch eine Einheit verkörpert, die die Liebe posthum wiederherzustellen hat. Der Andere ist im Grunde von seiner Natur her unterschiedslos, differenzlos zu dem was Ich und Anderer als Einheitlichkeit umgreift. Der Andere in seiner substantiellen Differenz ist so nicht denkbar, da er nur aus einer Zweiheit resultiert, deren Teilung aus Identischem herrührt.

Nach G. Simmel ist die Liebe diejenige schöpferische Kraft, die den Anderen jedoch als Anderen erschafft, um ihn in der Gestalt des/der Geliebten als »einzigartigen« Menschen erscheinen zu lassen. Im Sinne einer Neuschöpfung ist der Andere nicht mehr nur ein Fremd-Ich, das dem Selbst als Material, als eine vorausgehende Fremderfahrung die Subjektivierung erlaubt. Vielmehr stiftet die Liebe ein »Mehr« am Anderen, indem er aus der Sphäre des Gegenüber heraustritt, um Subjekt zu sein, das dem Ich seine selbst- und objektsetzende Intentionalität raubt. Der Andere enthält mehr, um nur alter ego zu sein; er habitualisiert eine absolute Eigenheit, eine individuelle Fülle, die nicht auf dem Felde personaler Vereinnahmungen verordnet werden kann. Das Ich wird ob dieser Fülle, dieses Überschusses insofern dezentriert, entsubjektiviert als der Andere durch dieses Mehr ein Anderes repräsentiert, das nicht durch mich, auf meine Welt zu bestimmen ist. Insofern durchstößt dieses Andere wie ein bohrendes Rätsel die Peripherien des Ichs, um den Grund, das selbstbezügliche Selbst aufzulösen. Erst dadurch, daß der Andere ein Nicht-Ich als Anderes verkörpert, gewinnt er jene Faszination, die als Sehnsucht der Liebe aufbricht und so beschrieben wird. Warum nun ist dieses Andere am Anderen dasjenige, was fasziniert? Was ist seine Macht, die als Macht der Liebe codiert ist und warum kann das Andere nicht nur ein Fremdes bleiben, das als ein unentwegtes Gegenüber nur die Grenze zum Ich kennzeichnet?

Für M. Buber ist gerade die Qualität des Anderen, daß er als ein Du für ein Ich möglich ist. Erst durch dieses wechselseitige Du-Werden ist die Voraussetzung gegeben, um die selbstische Verstrikkung des Menschen zu lösen. Mit dem Du ist für M. Buber das andere Sein gegeben, welches erst das eigene Sein ermöglicht. Indem aber der Andere die Vollmacht des Du ist, aus dem das Ich in seinem eigenlichen Sein entschlüpft, ist der Andere nicht nur eine Totalität der 2. Person, sondern er verliert seine Qualität des Anderen am Anderen. Mit M. Buber ist der Andere entweder reines Du oder objekthaftes Es; jenseits dieser Teilung ist ein Anderssein am Anderen nicht denkbar. Das, was das Du am Ich *anspricht,* ist zwar die Auflösung seiner solipsistischen Einsamkeit, seiner ich-gefangenen Distanziertheit, gewinnt aber keine eigene Qualität. Du und

Ich verkommen zu einer Verschmelzung, in der das Andere des Anderen sich zur bloßen Urheberschaft eines wahren, weil egolosen Selbsts reduziert. Dieses Beziehungsselbst, dessen glühende Zusammenballung aus einem umgreifenden Zwischen resultiert, läßt in dieser amorphen Figur des Zwischen kein Anderssein zu; es ist ähnlich total wie die Hegelsche Anerkennungslogik.

Die Liebe aber setzt gerade die Differenz als Differenz voraus; sie ereignet sich gerade durch die Andersheit des Anderen. Indem sie – in der Form imaginativer Zuschreibungen – den Anderen als Anderen kreiert, ermöglicht sie eine real-irreale Präsenz des Anderen, die nicht unter Verlust der Liebe aufgegeben werden kann; sie erzeugt permanent reine Andersheit, die nicht zu okkupieren ist. Indem die Liebe reine Andersheit ermöglicht, kommt ihr die Macht zu, das Selbst als etwas Inferiores zu negieren: Darin erkennt sich das Selbst als der Mangel schlechthin, aus dem es sich unentwegt und unabschließbar konstituiert. Die leise Ahnung, die die Liebe bereithält, beruht eben in jener Öffnung des Selbst, in der der gewaltsame Selbstverschluß des Subjekts am Anderssein des Anderen erkannt wird.

Man kann nicht umhin, in der Liebe eine ontologische Qualität zu sehen, die jedoch in Form eines bloßen Versprechens ein Anders-Sein des Menschen anzeigt. Wenn es zutrifft, daß nach W. Schapp das Sein des Menschen nichts anderes ist als ein unentwegtes In-Geschichten-Verstricktsein, so ist die Liebe diejenige Geschichte, die in Form von Versprechungen erzählt wird. Geglaubt werden diese Versprechungen allemal, da ihr zentrales Geheimnis nicht durch eine Grammatik des Sagens codiert ist, sondern nur in einer Notation des Herzens. Die jedoch ist nicht als Tatsache zu haben.

Literatur

1 Platon: Symposium, Sämtliche Werke 2, S. 204–250, Hamburg: Rowohlt 1977[16].

2 G. Simmel: Fragmente über die Liebe, in: Das Individuum und die Freiheit-Essays, Berlin: Wagenbach 1984[1].

3 G. Marcel: Die Menschenwürde und ihr existentieller Grund, Frankfurt/M.: J. Knecht 1965[1].

4 P. Ricoeur/G. Marcel: Gespräche, Frankfurt/M.: J. Knecht 1970[1].

5 G. Belanger: Über das Unbehagen des Menschen, Liebe als Selbstverwirklichung nach G. Marcel, Limburg: Lahn-Verlag 1969[1].

6 M. Buber: Ich und Du, Heidelberg: Lambert 1983[11].

7 M. Buber: Urdistanz und Beziehung, Beiträge zu einer philosophischen Anthropologie I, Heidelberg: Lambert 1978[4].

8 F. Levinas: Die Spur des Anderen, Untersuchungen zur Phänomenologie und Sozialphilosophie, Freiburg: Alber 1982[1].

9 F. Levinas: Die Zeit und der Andere, Hamburg: Meiner 1984[1].

10 A. Camus: Jenseits des Nihilismus, in: Der Mensch in der Revolte, S. 244–248, Hamburg: Rowohlt 1969.

11 W. Schapp: In Geschichten verstrickt, Zum Sein von Mensch und Ding, Frankfurt/M.:Klostermann 1985[3].

Patrick Tacussel

Die Liebe und ihre soziale Kontrolle

Die der Welt der Sinnlichkeit durch die industrielle Warengesellschaft gestellte Herausforderung hat dem Liebesproblem eine immer wieder durch die Entwicklung der Humanwissenschaften formulierte Dringlichkeit verliehen. Der geheiligten Vernunft eine sichere Beherrschung unserer affektiven Beziehungen zuzuerkennen, läuft darauf hinaus, das Mysterium der Welt unserer intersubjektiven Beziehungen in die Grenzen der sozialen Entzauberung einzuschließen. Gleichwohl können wir in der Überschreitung dieser Grenzen ein Suchen nach dem Anderen und einem Anderswo erkennen, in dem die Energie des Individuums auf den gemeinschaftlichen Körper treffen wird. Denn die Liebe,welche Epoche auch immer man sich ansieht, zeugt von einer verborgenen Dynamik der kollektiven Verbindungen angesichts der Regeln und Gewohnheiten, die sie zu bevormunden oder zu vernichten trachten. Während sich eine durch die vertragliche Stabilität des Tausches gebildete geschichtliche Oberfläche organisiert, ein überschaubarer Raum, in dem das Menschliche sich die Zeit aneignet, die es in der Ware akkumuliert hat, können wir ein verborgenes Territorium ausmachen, das von sämtlichen kulturellen Vermittlungen durchzogen, aber wahrlich nicht auf ihre Ausprägungen reduzierbar ist. Es läßt sich mühelos behaupten, daß man neben dem Produktionsrhythmus andere Schwingungen im Inneren derselben Gemeinschaft erkennen kann. Beide vereinen sich in jenem Bündel von Zwängen, das auf ihrer unsichtbaren Bewegung ruht; und zwar derart, daß ein Teil des für eine objektive Übereinkunft mobilisierten Willens manchmal verloren geht, sich in eine nicht vorherbestimmte Richtung abzweigen wird. Der Arbeitsplatz zum Beispiel – offiziell ein Ort der zeitlichen Gestik beruflicher Kompetenzen – beinhaltet in diskreter Weise auch einen Raum der Sympathie, des Hasses und der Verführung, eine leidenschaftliche Interaktion, deren Bedeutung die Handelnden mehr oder weniger konfus erahnen. Es bleibt, ob man nun dem Glauben an den unveränderlichen Charakter der menschlichen Natur beipflichtet oder nicht, berechtigt, vermittels der aktiven kulturellen Abwandlungen eine Kartographie der Gefühle zu entwerfen, die von jenen mit kommunizierbaren Bedeutungen versehen wird.

Liebe und Sozialisation

Diese Einleitung führt zu einer sozio-anthropologischen Annäherung an das Liebesverhalten. Wir entdecken einerseits in ihm ein soziales und in den Lektürerastern der quantitativen Analyse nur schwer verständliches Phänomen. Andererseits umgeht die intellektuelle Gewohnheit – die den verliebten Schwung stets auf einen psychologischen Zustand reduzieren möchte – implizit die in allen menschlichen Situationen wirkenden Verflechtungen der kollektiven Mentalitäten, der Kodierungen und Schwerfälligkeiten. Diese Tendenz ist in der wissenschaftlichen Erforschung des Liebeszustandes vorherrschend geblieben, obwohl die literarischen Werke fast immer den in der Gemeinschaft wirkenden Konflikt beschreiben, der die Leidenschaften den religiösen und ethischen Normen entgegensetzt. Von Tristan und Isolde bis hin zu »Dallas«, en passant auch bei den Liebenden von Verona oder bei Madame Bovary, läuft das Szenario auf die entsetzliche Qual der Liebenden hinaus, die sich an den Felsküsten der den sozialen Kontinent schützenden Vernunft stoßen; offensichtlich entgeht nur das trivial Romanhafte – das der photographischen Illustrationen oder das der Krankenschwesterromane – dem tragischen Dilemma, das man in der abendländischen Liebesliteratur findet. Der unglückliche Ausgang der Intrigen ist also unausweichlich, sobald ein Werk zeigt, wie die Gefühle sich in den Etappen ihrer Verwirklichung an den Grenzen der allgemeinen Gewalt, der sie unterliegen, abquälen. Und die Trägheit der Erzählung verbindet sich vollständig mit der moralischen Geduld, die die Personen leitet. Dieses Textgenre würde gewiß eine besondere Untersuchung verdienen, doch diese Vertiefung würde uns zu weit von unserem Vorhaben abbringen. Wir werden also zunächst einige theoretische Überlegungen darstellen, in denen die Liebe in den Rang eines Objekts des wissenschaftlichen Wissens aufgestiegen ist, ohne zugleich ihre rätselhafte Macht einzubüßen.

Die sexuelle Enttäuschung und die amouröse Anpassung: Im Freudschen Denken hängt der Liebeszustand vom libidinösen Motor ab, der das psychische Leben antreibt. Überdies ist die Libido eine weite und synthetische Bestimmung der Liebe; sie stammt aus der Sexualität, verbindet die Zärtlichkeit und die Sinnlichkeit, da sie beim »normalen« Erwachsenen die Liebe mit der Genitalität verbinden wird. Seit Freud weiß man, daß diese Energie das Subjekt selbst besetzen (der Narzißmus) oder sich auf ein Objekt des äußeren Verlangens, ein personifiziertes Objekt richten kann. Daher unterscheidet der Begründer der Psychoanalyse deutlich die allgemeine, sensuelle Liebe von der affektiven Liebe im eigenlichen Sinn. Bei der ersteren ist das Individuum vom Objekt seines Verlangens unabhängig geworden, denn es sucht nach einer unmittelbaren Sexualbefriedigung. Sobald diese erreicht ist, verschwindet das Liebesverhältnis fast vollständig. Die Einfachheit diese Situation jedenfalls setzt sich den Risiken der Zeit aus, da nichts mit Gewißheit darauf hinweist, daß das nunmehr befriedigte Bedürfnis sich später nicht aufs Neue melden wird. Freud erklärte so die Stabilität oder das Gleichgewicht, das wir in unserer Existenz durch die Permananz des Sexualobjekts unabhängig vom Erwachen unserer Sexualbedürfnisse zu erreichen streben.

Vermittels der Erinnerung an eine potentiell stets erneuerbare Wollust also webt sich der sentimentale Faden, der die verschiedenen Lustpartner vereint.

Um zu begreifen, wie die Zärtlichkeit die eheliche Harmonie beherrscht, postuliert Freud gleichermaßen die Wiederkehr libidinaler und seit dem Ende der frühesten Kindheit verdrängter Tendenzen. Sobald die Sexualtriebe, die das Kleinkind auf sein erstes Liebesobjekt, die Eltern richtet, verdrängt sind, bleibt es mit ihnen in Verbindungen, die als »zärtliche« qualifiziert werden. Die Zärtlichkeit erscheint also wie eine ursprüngliche Reminiszenz, wie ein im Gedächtnis behaltenes glückliches Wohlbefinden, das zugleich vorüber ist und in den Alltagsgesten unablässig aktualisiert wird. Im Verlauf der Jugend, dann im Erwachsenenalter kann das Individuum derart die Erfahrung seiner in den verliebten Verhaltensweisen wiedergefundenen Kindheit machen, sei es, daß es seine eigenen Einstellungen infantilisiert, sei es, daß es ein infantiles Bild auf das geliebte Wesen projiziert. Freud bemerkt: »Es ist bekannt, daß im Unbewußten die früheren ‹sinnlichen› Strebungen mehr oder minder stark erhalten bleiben, so daß die ursprüngliche Vollströmung in gewissem Sinne weiterbesteht.«[1] Wenn die erste Motivation des Liebesstrebens in der Befriedigung eines Sexualwunsches gesucht werden muß, erlaubt die post-sexuelle Enttäuschung des verwirklichten Verlangens, die Dauerhaftigkeit des Gefühls zu etablieren, durch das wir noch immer mit dem Objekt unserer Lüste verbunden sind.

Wenn die Liebe in allen Zivilisationen eine so außerordentliche kulturelle Bedeutung erfahren hat, muß man darin ein äußerst konkretes Beispiel der Einrichtung der Kultur erblicken, nämlich die sozialisierte Entsagung gegenüber dem Lustprinzip, die vernünftige Umleitung der Sexualinstinkte. Es gibt in dieser Analyse Freuds einen anderen interessanten Aspekt: er betrifft die Überbewertung des geliebten Objekts. Sobald dieses tatsächlich nicht mehr am sexuellen Nutzen, den es sichert, gemessen wird, muß es seinen bevorzugten Platz innerhalb dieses neuen affektiven Gleichgewichts an die Idealisierung seiner Eigenschaften abtreten. Diese Transzendenz des Wesens ist eine mythische Verkleinerung der Persönlichkeit, die sich jeder Kritik entzogen sieht, zumal diese Idealisierung Freud zufolge nur eine Übertragung des eigenen Ichs des Subjekts auf das Objekt darstellt.

In gewisser Weise verkörpert dieses die Vollkommenheiten, die Fehler, die Wünsche des Liebenden. Es gibt folglich eine Transmutation der Materialität der Sexuallust, woraus folgt, »daß das Objekt seiner seelischen Vorzüge wegen auch sinnlich geliebt wird, während umgekehrt erst das sinnliche Wohlgefallen ihm diese Vorzüge verliehen haben mag.«[2] Wenn der Liebende sich ganz den Extremen seiner Leidenschaft überläßt, wird sein Ichideal sozusagen vom Objekt seiner Liebe besetzt. Während eines wichtigen Stadiums dieser affektiven Phase kann man auf Wahl begründete Koinzidenzen gegenseitiger Ergänzungen beobachten: so wird eine energische Frau den Weg zum Herzen eines schwächlichen und zögernden Mannes finden, eine offenherzige Person wird eine dauerhafte Beziehung zu einer diskreten Gattin eingehen. Ferenczi, den Freud diesbezüglich zitiert, wird von Introjektion oder Einfühlung* sprechen, Identifikation mit dem anderen oder Empathie – und er erkennt in diesem Prozeß ein alltägliches Ferment des Selbstbewußtseins inmitten der gewöhnlichen Erfahrung unserer Beziehung zum anderen.[3] Auf einer paroxytischen Ebene schlägt Freud eine Parallele zwischen der Verliebtheit und der Hypnose vor, d. h. eine das Bewußtsein verändernde Parenthese. Die unkritische Überbewertung desjenigen oder derjenigen, den (die) man liebt, führt den Liebenden auf die Bahnen einer gewollten Unterwerfung; er verwandelt sich also während der Dauer einer Halluzination in den durch das einzige Objekts, das seine Aufmerksamkeit hervorruft, faszinierten Blick. Dieser Vergleich ist nicht uninteressant, wenn man mit Freud hinzufügt, daß die Liebesbeziehung eine Interpenetration mit starker psychischer Intensität einschließt, analog zu derjenigen etwa, die sich zwischen dem Hypnotiseur und seinem Protagonisten einstellt. Und dieser psychischen Spannung gelingt es, im einen wie im anderen Fall den Raum der kollektiven Bewegung zu zweit abzuschließen, ihn in eine Szene zusammenzuziehen, die offensichtlich vor jedem Zeitverschleiß geschützt ist. Völlig zu recht bemerkt Freud den mystischen Charakter der Hypnose, wie er – man hat das oft wiederholt – der Liebe eignet. Die Kommunion, die der Mystiker mit Gott oder dem Absoluten sucht, ist ein Versuch des Bewußtseins, die irdischen Hindernisse zu beseitigen, die es von der unbeweglichen Ewigkeit trennen, in der es sich in der wiedererlangten Vollkommenheit seiner Essenz spiegeln könnte.

Freud besteht also, um hier zusammenzufassen, auf der Tatsache, daß die Liebe ein wesentlicher Bestandteil der Gemeinschaftlichkeit ist. Weil sie aus einer kulturellen Umlenkung der sexuellen libidinalen Triebe hervorgeht, substituiert sie dem ungewissen und unvollendeten Ziel der fleischlichen Wollust die Einrichtung dauer-

* Anm. d. Übers.: Original in deutsch.

hafter Verbindungen. Wenn die Zärtlichkeit die Fortsetzung der sinnlichen Übereinstimmung mit anderen Mitteln ist, schafft die Liebe diese interpersonale Abhängigkeit, die den innersten Kern der Gesellschaftlichkeit bildet.

Die Liebe als Produktion: In seiner *Metaphysik der Geschlechtsliebe* hat Schopenhauer[4] verschiedene Hinweise formuliert, die man später in der psychoanalytischen Untersuchung des Liebeseffekts wiederfinden wird. Seine Behauptung ist mit der Freuds identisch: »Denn alle Verliebtheit, wie ätherisch sie sich auch gebärden mag, wurzelt allein im Geschlechtstriebe, ja ist durchaus nur ein näher bestimmter, spezialisierter, wohl gar im strengsten Sinn individualisierter Geschlechtstrieb.«[5] Die Abstufungen des Liebesgefühls und seine Unterschiedlichkeit haben ihm zufolge an der mehr oder weniger ausgeprägten Individualisierung der Wahl Anteil. Hinsichtlich der Intensität der Liebe suggeriert der Philosoph, daß sie aus der Selbstbehauptung des mächtigen Willens des einzelnen inmitten des Willens der Gattung resultiert. Die Korrespondenz des einzelnen und des Ganzen geht aus der Begegnung zwischen der Essenz – die Verwirklichung des Instinkts in der glücklichen Wahl des Verlangens – und der Existenz hervor, die im Liebesakt die potentielle Entstehung künftiger Generationen verdeckt.

Tatsächlich lädt Schopenhauer ein, über die zivilisatorische Reichweite des Liebeselans nachzudenken, nicht in der Gegenwärtigkeit einer Zärtlichkeitsbeziehung zwischen Sexualpartnern, sondern in der Transformation des individuellen Leben-Wollens, das sich im Bewußtsein duch den Sexualinstinkt ausdrückt, in dem Willen, zu zweit andere menschliche Wesen zu zeugen, die durch sie dazu bestimmt sind, an ihrer statt zu überleben. Die Liebe, so scheint der Philosoph zu sagen, ist die antizipierende Bewußtseinsenergie par excellence, die Kraft, dank derer es die Hindernisse überwindet, die die Gegenwart dem Leben-Wollen entgegenstellt, indem es hier und jetzt die bereits vorhandenen Residuen der Zukunft aufdeckt. Anläßlich einer Untersuchung über das gesellschaftliche Imaginäre habe ich vorgeschlagen, von emotionaler Ungleichzeitigkeit zu sprechen: die Gesamtheit all dieser Erfahrungen, in denen das Bewußtsein der Menschen sich durch eine augenblickhafte Emotion leiten läßt, die stark genug ist, die zeitliche Linearität zu durchbrechen.[6]

Das Erstaunen des Sammlers, das Gedenken, die Rückkehr zu den Orten des Unglücks oder der Freude, der sinnlose Hang des Kriminellen, in die Umgebung seiner Taten zurückzukehren, all diese Haltungen zeigen, daß unser Bewußtsein eine Gewaltbeziehung zu den Abfolgen der Zeit unterhält. In dieser Beziehung neigen die sinnlichen Eindrücke dazu, eine phänomenale Gestalt anzunehmen. Wie Freud betont auch Schopenhauer, daß jeder das verlangt, was ihm fehlt, doch er bemerkt feinsinnig: »Was nun aber zuletzt zwei Individuen verschiedenen Geschlechts mit solcher Gewalt ausschließlich zueinander zieht, ist der in der ganzen Gattung sich darstellende Wille zum Leben, der hier eine seinen Zwecken entsprechende Objektivation seines Wesens antizipiert in dem Individuo, welches jene beiden zeugen können.«[7]

Man wird dieses Thema der »zeugenden Liebe« in der Mitte dieses Jahrhunderts in den Arbeiten eines aus der Frankfurter Schule hervorgegangenen Theoretikers wiederfinden. Im Gegensatz zu Freud betrachtet E. Fromm die Liebe nicht als Konkretisierung eines neurotischen Zustands; er sieht in ihr eine emotionale Stütze, die dem Individuum in seinem Willen, sein Leben inmitten seiner sozialen Umgebung zu verwirklichen, zum Gleichgewicht verhilft. Die Liebe bildet hier eine Aktivität und ihre zeugende Natur zeigt sich in der Aufmerksamkeit, der Verantwortlichkeit, dem Bewußtsein und dem Respekt. Weil sie ihre leidenschaftliche Kraft verliert, ist die Liebe in gewisser Weise die Begründerin der kollektiven Solidarität. In der Übereinstimmung mit dem anderen bejaht das Individuum die Entwicklung seiner Persönlichkeit in Kommunion mit anderen.[8]

Das Zentrum dieser zuweilen vereinfachten Anschauung der Liebe ist in der psychoanalytischen Ethik des »positivistischen Revisionismus« Fromms, Horneys und Sullivans zu suchen.

Das Projekt dieser Autoren besteht darin, bestimmte Freudsche Begriffe zu entsexualisieren: die Verdrängung, den Inzest, den Sadismus, den Narzißmus usw. In seinem Werk *Der moderne Mensch und seine Zukunft*[9] bemüht sich E. Fromm um eine Verallgemeinerung des Begriffs der Verdrängung; künftig verweist dieser auf irrationale Leidenschaften und unterdrückte Gefühle, auf das Liebesstreben und auf die unerreichbar gewordene Produktivität. Der libidinale Inhalt ist aufgelöst; und die Gegenüberstellung von Sexuellem und Sozialem, auf der Freud noch bestand, dient nicht mehr als erklärender Gegensatz der Verdrängung. H. Marcuse wird eine nuancenlose Kritik dieser Position entwickeln: es gibt keine glückliche Liebe in einer unglücklichen Welt. Im Rahmen des bestehenden gesellschaftlichen Systems bleibt die Affirmation der Liebe illusorisch. Diesbezüglich unterstreicht Marcuse den grundlegenden Widerspruch des »psychoanalytischen Revisionismus«: »Fromm ruft all die altehrwürdigen Werte der idealistischen Ethik wieder ins Leben, als hätte noch nie jemand ihre konformistischen und repressiven Züge aufgewiesen. Er spricht von der produktiven Verwirklichung der Persönlichkeit, von Fürsorge, Verantwortung und Respekt vor den Mitmenschen, von produktiver Liebe und Glück – als könnte der Mensch tatsächlich all das in einer Gesellschaft ausüben, die Fromm selbst als völlig ‹entfremdet›

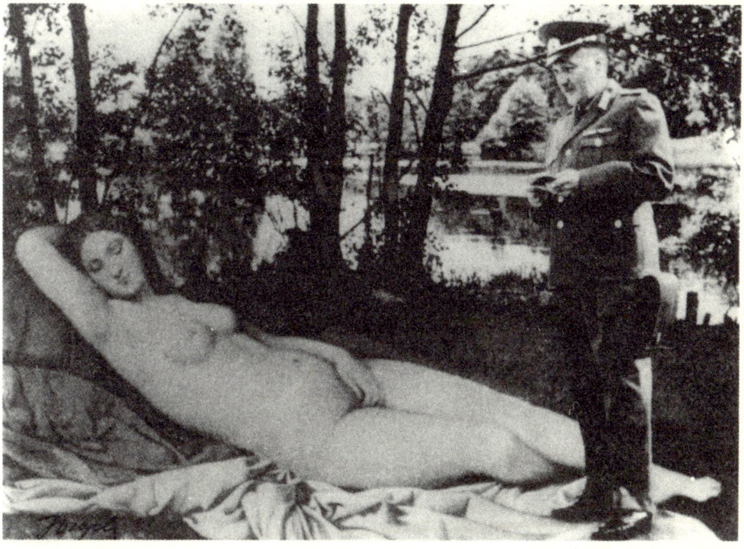

und von den Konsum-Beziehungen des ‹Marktes› beherrscht, darstellt – und dabei geistig gesund und voller ‹Wohlgefühl› bleiben«.[10] Die Einkreisung der Tauschbeziehungen durch die Marktgesetze wird zum Axiom einer Soziologie der Liebe, in der die Zeit zugunsten der sozialen Oberfläche verschwindet.

Der gemeinsame Nenner der psychoanalytischen Liebesanschauung, der orthodox freudianischen oder der revidierten der amerikanischen Schule, bleibt diese Verwertung der Sexualinstinkte als soziale Integration. Ob es sich nun um die Reproduktion stabiler affektiver Verbindungen handelt, die unverzichtbar sind für die Sozialisation des Individuums, oder um die entschlossen prometheische Perspektive der Selbsterschaffung, die an praktischen Zielen ausgerichtet ist: stets sind wir mit einer rationalen Ökonomie des Instinktlebens konfrontiert. Die Zeit wird als eine mögliche Einlösung dessen wahrgenommen, was die Vergangenheit mit ihrem Gewicht an Regressionen und ausgebliebenen Befriedigungen nicht bieten konnte. Jede Periode unserer gefühlsmäßigen Existenz wird zu einer Etappe in den Fortschritten der Persönlichkeit. Dieser Ökonomismus, der den Aufschwung der Affekte auf die Verrechnung libidinaler Verausgabung zurückführt, zeigt, wie das produktivistische Ideal die Formen des Durchdenkens der intimsten Erfahrung der Andersheit präformiert hat. Laplanche und Pontalis haben diesen Einfluß in ihrem *Vokabular der Psychoanalyse* aufgezeigt: »Über das ganze Freudsche Werk hinweg finden sich ökonomische Betrachtungen: es kann für ihn keine vollständige Beschreibung eines psychischen Vorgangs geben, solange die Ökonomie der Besetzungen nicht bestimmt werden kann.«[11]

Die einzige, auf dieser wissenschaftstheoretischen Grundlage zukünftig anerkannte Zeitlichkeit der Liebe ist die der Kumulierung der Emotionen, eine Zeitlichkeit, die für eine Ausrichtung an der Befriedigung eines Bedürnisses empfänglich bleibt. Die »Entzauberung« der Welt durch die zunehmend größere Rationalisierung des Wissens erreicht hier ihren äußersten Punkt.

Die leidenschaftliche Ökonomie: Der soziologische Reduktionismus hat in der Erbschaft der beiden hier wieder versöhnten Autoren Freud und Fromm ein ergiebiges Terrain für seine Arbeiten gefunden. Die Einlassungen R.F. Winch's können als exemplarische Verdeutlichung dieser Tendenz dienen. Der Autor schlägt eine

Theorie der »komplementären Bedürfnisse« vor, derzufolge die Liebe in der Verwirklichung dieser Bedürfnisse ihren Ursprung hat. Das Liebesgefühl bezeichne so die Anziehung eines Wesens durch denjenigen oder diejenige, der oder die bestimmte Bedürfnisse dieses Wesens befriedigt habe oder es zukünftig vermöge. In diesem Sinn gibt es in der anfänglichen Emotion eine Positivität, die sich zur Liebesleidenschaft entwickelt. Das Emotionale jedenfalls zeigt die Bewußtseinsveränderung an; im Bewußtsein machen wir die Erfahrung der Erwartung, d.h. des Risikos, der Hoffnung oder der Illusion, der von unseren Bedürfnissen unterschiedenen Befriedigung. Diese Hypothese kann man selbstverständlich unterschreiben. Es bleibt gleichwohl schwierig, sich der von Winch oder von Ktsanes und Ktsanes[12] entworfenen Systematik anzuschießen.

Während die Liebe ein emotionaler Zustand ist, der der Konkretisierung eines Verlangens vorausgeht oder sie begleitet, schreibt sich ihnen zufolge die Orientierung der Emotionen in ein hinreichend offenes »Feld von Wahlmöglichkeiten« ein. Die Dialektik dieses Feldes wird durchdrungen von der sozialen Homogamie der Liebeswahl, während die Orientierung der Liebesemotion einen heterogenen Charakter aufweise. Auf der psychologischen Ebene würde der Liebeselan sich zwischen Individuen zeigen, die unterschiedliche Bedürfnisse aufwiesen, oder zwischen Leuten, die ähnliche, in ihrer Intensität jedoch unterschiedliche Wünsche ausbildeten.

Bei F.M. Blau und seiner Analyse des Liebesmarktes sehen wir ein theoretisches Vorgehen sich abzeichnen, in dem der symbolische Tausch und das affektive Spiel jede Unabhängigkeit verlieren und sich durch die sozioökonomische Infrastruktur des Warentausches bestimmt, lesen lassen. Diese Art epistemologischer Geläufigkeiten, die zum skrupellosen Import der heuristischen Werkzeuge der politischen Ökonomie führen, um den unterschiedlichen Horizont sozialer Beziehungen zu beschreiben, hat in Frankreich besonders durch die Arbeiten Pierre Bourdieus[13] Schule gemacht. Blau befragt überhaupt nicht die einzigartige Stellung, die die Liebe innehat. Ihm zufolge handelt es sich um ein Gut und als solches bekommt es seinen eigenen Wert. Indem er dieses Schema mit seinen ökonomischen Begriffen der Seltenheit und der Bedürfnisse übernimmt, betrachtet er die Liebe schlußendlich wie einen ständig in Metamorphose begriffenen Gebrauchswert, oder anders gesagt, wie einen Tauschwert.

Diese Theorie postuliert eine strenge Homologie zwischen den Strukturen des ökonomischen Lebens und den Formen der menschlichen Interaktion. Die sozialen Beziehungen nehmen infolgedessen den Aspekt ökonomischer Transaktionen an, deren Zusammenhalt durch die ständige Suche nach Gewinn und Vorteilen gesichert wird. Es ist dennoch befriedigend festzustellen, daß Blau schließlich den homologischen Zwang relativiert, indem er bemerkt, daß im Unterschied zu ökonomischen Beziehungen die soziale Transaktion einen großen Anteil an Zufälligkeit und Unbestimmtheit aufweist, und daß die Rechte und Pflichten der Partner ihrerseits auch nicht deutlich spezifiziert sind. Die Liebe hängt also von einer unsichtbaren Strategie ab, die auf der Verlangsamung der Zeit basiert, auf der Überbietung der zwischen den Liebenden ausgetauschten Gratifikationen. Wir finden hier die idealtypische Figur des symbolischen Tausches wieder, in der Gabe und Gegen-Gabe niemals proportional sind, sondern gleichbedeutend werden mit der subjektiven Einschätzung der zirkulierenden Werte. Blau spricht von »auftauchenden Eigenschaften« und dieser Ausdruck ist keineswegs weit von dem entfernt, was Francesco Alberoni in seinem Buch *Verliebt sein und lieben* den »Entstehungszustand« nennt.[14] Das Gleichgewicht der kollektiven Bewegung zu zweit, die die Liebe darstellt, beruht auf der Ungleichheit des Engagements der Beteiligten. Blau erklärt die Situation sehr gut: »(...) jedes Individuum bietet dem anderen Vergünstigungen, nicht um im Tausch entsprechende äußere Vorteile zu gewinnen, sondern um sein eigenes Engagement auszudrücken und zu sichern und das Engagement des anderen zu befördern«.[15]

Das Thema der ökonomischen Analogie in der Wahrnehmung der Liebesbeziehungen hatte Charles Fourier schon als Basis seiner kritischen Intuition der Zivilisation und seiner Vorstellung der phalansterischen Harmonie gedient. Der Handel nimmt in der industriellen Entwicklung die gleiche Funktion wie die Ehe im Liebesabenteuer ein. Der grenzenlose Aufflug der Leidenschaften wird ihm zufolge durch den Warencharakter des Tausches behindert. Denn dieser macht ursprünglich unterschiedliche Gewohnheiten äquivalent und bezahlbar. Und dies in einer Weise, daß die Prostitution in den modernen Gesellschaften das implizite Gesetz des Gefühlslebens wird, ebenso wie sie das Ideal der freien und interesselosen Liebe erzeugt oder besser: reaktiviert. Fourier erklärt, warum die Prostitution als öffentliche Form der Sexualität einem Jenseits der Warendimension der Liebe zustrebt. Sie drückt nämlich die individuelle Potentialität des Verlangens aus, eine Kollektivität der Wollust zu finden, die leicht erreichbar ist, welches auch immer die Eigenschaften oder Fehler des Individuums seien. Die Prostitution ist also nicht das Falschgeld des Gefühls, vor allem nicht in einer Welt, die von der ständigen Einlösung einer verstümmelten Gefühlsexistenz beherrscht wird. Was das 19. Jahrhundert von Fourier bis zu Baudelaire in den literarischen und philosophischen Werken durchscheinen läßt, ist das Auftauchen städtischer Massen und die Veränderung der sozialen Stellung der Frau in den großen Städten. Walter Benjamin wird erhellende Beobachtungen über die großstädtische Moderne vortragen. »Eines der Arkana, die der Prostitution erst mit der Großstadt zugefallen sind, ist die Masse. Die Prostitution eröffnet die Möglichkeit einer mythischen Kommunion mit der Masse.«[16] Als guter Kenner des Werkes Fouriers und der utopistischen Literatur dieser Epoche ignoriert Benjamin nicht die Rolle des Geldes in der fourieristischen Liebesauffassung. Indem er die Ambivalenz des Geldes in affektiven Beziehungen zu Protokoll nimmt, wollte Fourier dem doppelten Charakter des Geldes seine ganze Wirksamkeit verleihen. Wenn das Geld vergöttert worden ist, dann auch in Anbetracht seiner unbestreitbaren Funktion als allgemeines Äquivalent; im oft bewegten und brutalen Universum der Leidenschaften kann der Gleichgültigkeits- und Warenwert des Geldes in den Dienst der Übereinstimmung von Ungleichheiten und Unvollkommenheiten gestellt werden. Eher als das Geld im Namen der Hexereien eines fiktiven Vergleichs, den es zwischen den unvergleichlichen Gütern vornimmt, zu verneinen, sollten wir, so behauptet Fourier, die soziale Dynamik des verallgemeinerten Tausches, die von der allgegenwärtigen Äquivalenznatur des Geldes unablösbar ist, spielen lassen. Dann werden die Liebe und das Geld in einer glücklichen

Ehe leben: sie werden Verbindungen schaffen und diese werden sich in einer universellen Prostitution unendlich ausweiten.

Die a-soziale Welt der Leidenschaft

Zahlreiche Theorien der Liebe leihen dem ökonomischen, industriellen und kapitalistischen Modell eine Sprache und verschaffen ihm Kohärenz. Fourier ist in diesem Panorama allerdings eine Ausnahme, weil er die Pseudo-Transparenz dieses Systems verwischt, indem er eine Sinnentstellung dieser grundlegenden Elemente (der Familie, der Heirat, des Geldes etc.) betreibt. Doch in all diesen Fällen bleibt die Liebe der entscheidende Sozialisationsbereich. In der von der Arbeitsideologie beherrschten Gesellschaft wirkt sie an der Verankerung des Individuums vermittels der Stabilisierung der Gefühlsbindungen mit; in der radikalen Utopie richtet sie sich nach dem Wechsel der Rollen, nach dem spielerischen Mechanismus der Assoziation der Arbeitenden. In diesen intellektuellen Konstruktionen spielt die Zeit eine geringe, das Gedächtnis eine noch geringere Rolle. Für die »realistischen« Beobachter der leidenschaftlichen Ökonomie schließt die Liebe die Dauer in den sozialen Raum ihrer Verwirklichung ein. Die psychische Energie und das Emotionale werden im Orgasmus und seiner Perspektive eines außerhalb der sexuellen Befriedigung kalkulierten Glücks verbraucht. Bezüglich der alternativen Utopie sind sie vor allem zeitlos. In dem weiten Feld polygamer Verbindungen löst die Zeit sich auf: die Rotation der Lüste ersetzt die zugleich räumlichen und zeitlichen Markierungen. Das Verlangen erhält sich nun in der Vervielfachung und die Gefühle schreiben sich in den Rahmen einer anthropo-kosmischen Mathematik ein. So kann sich bei Fourier ein Paar nur dann bilden, wenn es schon vierzigmal getrennt worden ist. Man kann jedenfalls sagen, daß die Originalität des sozialen Denkens im 19. Jahrhundert, sei es nun konservativ (im Positivismus) oder kritisch (Fourier, Prosper Enfantin) orientiert, darin bestand, durch den triumphierenden Maschinismus und das Umsichgreifen der Warenhaftigkeit hindurch einen Kult der Liebe zu errichten. Wir werden auf diese Besonderheit später zurückkommen.

Ein romantischer Funktionalismus. Der Titel für diese Entwicklung ist weniger paradox als es scheint, weil man »romantisch« jenes affektive Substrat nennt, auf dem die monogame Ehe aufruht. Die Liebe tritt in diesem Zusammenhang als essentieller Wert auf, der zugleich die Sexualität, die Ehe und die Gründung einer Familie bestimmt. Wenn die Liebe eine Beziehung eröffnet, ist es sozusagen normal, daß sie im Leben des Paares weiterbesteht, selbst wenn sie sich ihrer Natur oder Intensität nach ändert. Im Gefolge der Arbeiten Talcott Parsons[17] wird die Liebe bestimmbar durch die Funktion, die sie im sozialen Zusammenhang erfüllt, in dem sie sich entwickelt. Wo es eine hierarchische Abstufung gibt, die die sozialen Beziehungen zuverlässig integriert, wohnt man einer Begrenzung der Liebesfreiheit zwischen den Individuen bei. Dennoch muß man bemerken, daß die Sexualität, die hinter dem Gefühlsleben steht, hier Gegenstand einer Kontrolle wird, die für die Kontinuität einer politischen und/oder ökonomischen Herrschaft erforderlich ist. Max Weber hat hierüber bereits ausgeführt, daß die Heirat zwischen Brüdern und Schwestern oder zwischen Verwandten eine Einrichtung sei, die normalerweise nur in Familien von gleichem sozialem Rang, besonders in königlichen Familien gestattet sei. Sie ziele auf die Konzentration der ökonomischen Mittel, die die Macht des Hauses absichern, und auf die Elimination der Kämpfe politischer Natur zwischen den Prätendenten, schließlich auch auf die Überwachung der Blutreinheit. Die Liebe und die Sexualität erreichen ihren aktiven Stellenwert in der Ökonomie, die traditionellerweise auf das *oikou nomos* verweist, d.h. auf das Gesetz des Hauses. Die Liebe als sexuelle muß absterben, den Tod der Subjekte aus Fleisch und Blut als ihre Träger transzendieren. Dieser für den Schutz des elterlichen Erbteils funktionale Aspekt des Gefühls betrifft aber nicht allein die herrschenden Schichten der sozialen Pyramide, wie Max Weber glaubte. Die *ousia* bezeichnete bei den Griechen in allen Schichten das Sperma und das Kapital, und die endogame Ökonomie, der Inzest, verdeckte, worauf Philippe Simmonnot hinweist, in den ersten Jahrhunderten unserer

Zeitrechnung ein in den Spitzen wie ebenso an der Basis der Gesellschaft bestehendes System. Außerdem begegnet man noch heute einer abgemilderten Form dieser Gewohnheit an den südlichen Stränden des Mittelmeeres. Oft bleibt die Verbindung mit einer Kusine väterlicherseits bei den bedürftigsten Teilen der Landbevölkerung eine Lösung, die Familiengüter zu retten.[18]

In der von der Kleinfamilie beherrschten zeitgenössischen Gesellschaft antwortet die Liebe auf ein »funktionales Erfordernis«, das in ihr nicht weniger wirksam ist als im oben aufgeführten Fall. Die romantische Liebe, mit den von zwanghaften Traditionen emanzipierten Anziehungen, fördert hier die Kraft der so geknüpften Solidaritäten. So kann die Stabilität des Paares, abgesehen von der ökonomischen wechselseitigen Abhängigkeit der Verbundenen und dem sozialen Druck der äußeren Umgebung, den Angriffen durch den zeitlichen Verschleiß widerstehen. Überdies stellt die Liebesromantik eine imaginäre Schöpfung dar, die die Liebenden in der wechselseitigen Idealisierung ihrer Person und ihrer Beziehung vereint. Sobald die affektive Anziehung sichtbar wird, impliziert sie im Bewußtsein der Partner bereits die Projektion ihrer Dauer, deren Schicksal die Ehe besiegeln wird. Auf der sozialen Ebene funktioniert die antizipierende Vorstellungskraft mittels der Überbewertung dieser auf Wahl begründeten Affinität, die die Individuen angesichts der Umstände und des ihre Begegnungen bestimmenden Zufalls zusammenbringt. Der intimistische Rückzug ins Schnekkenhaus, zu dem die eigenen vier Wände werden, hat schließlich den alltäglichen Heroismus einer Existenz abgelöst, die mit der zuweilen chaotischen und mühsamen Bewegung der bürgerlichen Gesellschaft konfrontiert ist. Spuren dieser operationalen Romantik findet man in der Vorstellung wieder, die K. Marx und F. Engels sich vom Liebesleben und der Familie gebildet haben.

In einem Kapitel über die Liebe setzt sich Marx in der Schrift *Heilige Familie*[19] mit den Linkshegelianern, besonders mit Herrn Edgar (Edgar Bauer, Bruder von Bruno Bauer) auseinander. Man sieht Marx in dieser Schrift die Rechte der Liebe angesichts einer Kritik verteidigen, die sie in abstrakte Gedanken auflöste. Der vergeblichen Spekulation des Herrn Edgar setzt Marx die tatsächliche Realität der Affektivität entgegen: »Die Leidenschaft der Liebe ist des Interesses einer *inneren* Entwickelung unfähig, weil sie nicht a priori konstruiert werden kann, weil ihre Entwickelung eine wirkliche ist, die in der Sinnenwelt und zwischen wirklichen Individuen vorgeht«.[20] Bezüglich der sentimentalen Natur der Eheverbindungen wagt Marx sich nicht soweit vor wie Fourier. Der Taktik der vom Erträumer der Harmonie gepriesenen Subversion in kleinen Schritten zieht er eine schwerfällige Denunziation der Heuchelei vor: die bourgeoise Liebe ist nur die Sklaverei der Frau in der offiziellen oder inoffiziellen Prostitution. Das *Kommunistische Manifest* wagt sich nicht über die klassische Mißbilligung der Inauthentizität der sozialen Beziehungen – denen der Liebe – in der bürgerlichen Gesellschaft hinaus. Der humoristischen Milde, mit der Fourier die betrogenen Ehemänner behandelt, zieht Marx die Strenge des moralistischen Kritikers vor und macht sich zum Apologeten einer Aufrichtigkeit der Gefühle, die auf die Beseitigung der entfremdeten Produktionsbeziehungen folgen müsse.[21] Alles in allem gelangt Engels zu der einzig möglichen Schlußfolgerung aus den Prämissen Marxens über den Begriff der Liebe. Die Liebesleidenschaft hat nicht nur keinen anderen Ausweg als die schließlich angemessene Monogamie; sie wird vielmehr auch erst »vollständig verwirklicht sein«[22], wenn sie zu dieser Form des Sexuallebens gefunden hat, die ein fortschrittliches Ereignis der affektiven Solidarität darstelle. Zur Zeit bleibt die Familie für den Proletarier ein friedvoller Hafen, der bevorzugte Ort seiner Ruhe und seiner Freuden, an dem er den erforderlichen Mut für jenen Kampf finden wird, der sein Auftrag in der Klassengesellschaft ist. Das Bild der Abgeschlossenheit ist völlig zutreffend, um die sozialistische Liebe zu kennzeichnen – die ihre exzessiven Propagandisten in einem Realismus gleichen Namens finden wird.

Die zyklische Ewigkeit der Liebe. Der romantische Funktionalismus stellt die soziologische Übersetzung der ethischen Dimension, die G.W.F. Hegel der Familie zuerkennt, und der pädagogischen Kraft der Erlösung des Individuums durch die Liebe dar, die am sozialen Gleichgewicht des Menschlichen ihren Anteil hat (vgl. J.J. Rousseaus *Neue Héloise*). Diese Art Wertschätzung führt zu einem kulturellen Verständnis des Liebesphänomens. Auf einer mikrosoziologischen Ebene trägt I. L. Reiss vor, daß das Affinitätsgefühl zwischen zwei Personen aus einer Vertrauenssituation herrührt, in der ein jeder sich selbst offenbart und so seine Abhängigkeit vom anderen begründet. So bildet sich Schritt für Schritt ein »Gewohnheitssystem«, das eine Art dienerschaftlicher Kultur schafft. Das Vertrauen und die Welt der vom Paar angenommenen Gewohnheiten tragen zur Verdichtung der Beziehung bei; Reiss postuliert eine »zyklische Liebestheorie«, die eine Reihe sukzessiver Prozesse umfaßt: von der sentimentalen Affinität zur Offenbarung der Persönlichkeit und von dieser dann zur Befriedigung der Bedürfnisse im Rahmen eines kulturellen, täglich erweiterten Lebenskreises.[23]

Von der Magie der Liebe aus kann man sich ihrem Mysterium nähern. Die von Reiss vorgetragene Vorstellung einer zyklischen Verkettung hängt von einer Suche nach der Verewigung des Verlangens ab, das bestrebt ist, sich in der Ritualisierung eines dienerschaftlichen Lebens zu verwirklichen. Sobald man die Sprache des britischen Soziologen *Raymond Williams*[24] benutzen will, muß man von einer organisierten Sensibilität sprechen, einer »structure of feeling«, dank derer dic Leidenschaft im Gedächtnis und in der Praxis der Liebesgemeinschaft überlebt. Und was Max Horkheimer in dieser Hinsicht unter dem Begriff des »cultural lag« wiederaufnimmt, bestätigt die Beständigkeit zugleich psychologischer und kultureller Züge innerhalb eines Zeit-Raums, in dem die Erscheinungsbedingungen dieser Züge indes verschwunden sind.[25] Eine ganze Reihe von Reziprozitätsverbindungen formt eine bestimmte Mentalität, die die Dauerhaftigkeit der Gefühlsausstattung verstärkt und sichert. Wie im Bild eines auf dem Meer von Unsicherheit schwankenden Bootes widersteht sie den äußeren Elementen und verhärtet sich im Widerstand, den sie dem oft widersprüchlichen Druck der sozialen Umgebung entgegensetzt.

Die Tatsache, daß die Liebe die Erzählung aller uns bekannten Gesellschaften inspiriert, ist ein bekanntes und verständliches kulturelles Phänomen. Wenn das sentimentale Abenteuer im Bewußtsein seiner Protagonisten eine hinreichende Intensität erreicht hat, treibt sie diese zu einer erzählerischen Fassung des von ihnen Gelebten. Die Überbewertung des geliebten Wesens bildet den anfänglichen psychischen Mechanismus der Heiligung der Liebesbeziehung, und die Vorstellung, daß eine so wunderbare Korrespondenz zwischen den Individuen entstehen konnte, und zwar in einer Welt des Berechnens und des Handelns, bildet die Basis dieser gewöhnlichen Wiederverzauberung des alltäglichen Lebens. Der Tod selbst wird transfiguriert, weil er teilhat an der irdischen Reise, die durch die Gewalt der Leidenschaften endlos wird. Aus diesem Grund wird die transzendente Natur der Liebe nur noch selten, auch nicht von materialistischen Denkern, in Zweifel gezogen.

Der emotionale Schock prägt dem Bewußtsein definitive Züge ein, die das Gedächtnis seinerseits nicht nur registriert, sondern auch in den zuweilen unerwarteten Aspekten des gewöhnlichen Lebens wiederbelebt. Dadurch kommt es zu einer mehr oder weniger lebhaften Mythisierung der Herzensbindungen, das Sinnliche verdeckt die Vernunft und die Intellektualität gleicht sich seinerseits dieser Überbewertung ihrer Persönlichkeit an: die Dauer wird so durch die Mythisierung in eine vieldimensionale Zeitlichkeit eingehüllt, deren Schicksal Wagner und Nietzsche in ihrer übermenschlichen Weltanschauung prognostiziert haben. Wir haben jene soziokulturelle Anordnung »metanoisch« genannt, welche die Sinnlichkeit bevorzugt und die vernunftgeleiteten Imperative den ästhetisch-kognitiven, emotionalen Abfolgen der individuellen und/oder kollektiven Psyche unterordnet.[26] Auf diese Weise bestehen Einstellungen oder Ideen fort, die ihre objektiven, materiellen Rechtfertigungen verloren haben, und nehmen aufgrund der gefühlsmäßigen und subjektiven Anziehung, die sie auf die Menschen ausüben, eine dynamische Rolle ein. Man kann allgemein feststellen, daß dem so ist, weil diese Verhaltensweisen und Konzeptionen in einem affektiven und intersubjektiven Kontext entstanden sind.

Die Mythisierung der Liebesordnung ist eine Bewußtseinsschöpfung, durch die das Gefühl in allen Zeitdimensionen vitalisiert wird. Der zeitlichen Linearität, die die Vergangenheit aufhebt und die Dauer einem mehrschnittigen Schema entsprechend unterteilt, setzt die Idealisierung eine Verbindung entgegen, die stets in der Lage ist, das Gegenwärtige zu besetzen. Die

Ewigkeit ist nur die Gegenwart in der Dauer, die aus allen Ablagerungen der Vergangenheiten und den Latenzen der Zukunft gebildet wird, die wiederum dem Augenblicksbewußtsein seine Qualität in der Geschichte des Individuums verleihen; die Intensität des Gelebten nimmt die Form eines Abenteuers an. Das amouröse Heldentum besteht aus der Verwegenheit dieser eigenen Zeitlichkeit, die die Liebenden in der intimen Verbundenheit ihrer Erzählung ausbilden. Die Vergangenheit ist nicht mehr das Verstrichene, sie bleibt in dem lebendig, was geschieht; und die Zukunft ist im Gegenwärtigen bereits im Kommen. Wir sind, mit einem Wort, in einem polyrhythmischen, mentalen Universum, das den Rückzug auf den Ursprung und die Selbst-Projektion in die Zukunft abwandelt; in dieser ewigen Wiederkehr oder »Wieder-Ankunft« erhält die Liebe den Anstrich des Heiligen, der mit dem Göttlichen wettstreitet und Opfer erwartet, die mit denen gewöhnlich den Göttern vorbehaltenen vergleichbar sind.

Die Mythisierung der Liebe hat in der abendländischen Kultur ihren offensichtlichen Ausdruck in den Metamorphosen der sozialen Tragik gefunden, deren archetypische Figuren die Literatur formuliert hat. Das Gelebte unserer Leidenschaft wird so durch die kulturellen Bedeutungen, die ihm zuerkannt werden, geformt. Die soziale Anthropologie konnte aufklären, wie die Verbindung zwischen den kollektiven Repräsentationen der Liebe und den historischen Abwandlungen unserer affektiven Existenz zustandekam.

Mythokritik der Liebe: Der Vorzug, den Engels der Monogamie zuerkennt, wird in seinen Augen durch die Tatsache gerechtfertigt, daß sie zu der einzigen Form der Familienorganisation geführt hat, die für die moderne sexuelle Liebe empfänglich ist. Doch der Autor des Werks *Ursprung der Familie, des Privateigentums und des Staates* fügt ebenfalls hinzu, daß die sexuelle Liebe in der Geschichte des Abendlandes Züge leidenschaftlichen Elans aufweist, die der ehelichen Liebe wenig angemessen sind. Er beruft sich auf das poetische Zeugnis provenzialischer Alba oder deutscher Tagebücher, die den Chevalier in seinem Genuß einer ehebrecherischen Verbindung zeigen, während draußen ein Wächter wacht und ihn mit den ersten Strahlen der Morgenröte benachrichtigt.[27] »Zweitens hat die Geschlechtsliebe einen Grad von Intensität und Dauer, der beiden Teilen Nichtbesitz und Trennung als ein hohes wo nicht das höchste Glück erscheinen läßt; um sich gegenseitig besitzen zu können, spielen sie hohes Spiel, bis zum Einsatz des Lebens, was im Altertum höchstens beim Ehebruch vorkam.«[28]

Der wechselseitige Besitz der Liebenden aneinander ist die Ewigkeitsbedingung ihrer Liebe; es ist also durchaus normal, daß sie ihr Leben auf dem Altar der höchsten Bedeutung darbieten, die ihr Leben bekommen kann. Die Empfindung des Verfließens von Zeit, der Triumph des Todes und der Verlust dessen, was man liebt, all diese Tendenzen, aus denen sich die gefühlsmäßige Gesinnung des Rittertums des Mittelalters zusammensetzte, lassen sich als eine epische Mythisierung der Existenz begreifen, die in der Weise einer irdischen Reise zu einem ewigen Leben wahrgenommen wird.

Denis de Rougemont hat exzellent die Nähe der Liebe (eine Leidenschaft, »die Wirklichkeit wird«) zum Tod (»der Stachel der Sinnlichkeit«) gezeigt.[29]. In diesem grundlegenden Werk über die Liebe und das Abendland enhüllt er uns die mythischen Mittel, mit denen das Liebesleben im Abendland kulturell verarbeitet wird. Die Liebe fügt sich vollkommen in den Mythos ein; und dies aus mehreren Gründen. Einerseits hebt der Mythos eine bestimmte Organisation der sozialen Beziehungen hervor, deren Stabilität jenseits der weltlichen Konfusion und Bewegung er ausdrückt. Andererseits orchestriert er in der symbolischen Erzählung die Kodes und die Regeln der Gemeinschaftlichkeit, die in der Gesellschaft in Kraft sind; dadurch versieht er den gemeinschaftlichen Konsensus mit der Dimension des Heiligen. Und schließlich resultiert die Macht des Mythos aus der Tatsache, daß er oftmals ohne Wissen der Individuen wirksam wird; und diese Notwendigkeit ist um so offensichtlicher, als die mythische Referenz auch verschiedene Aspekte des sozialen oder religiösen Lebens, des affektiven Tausches umfaßt, derer die Gruppe bedarf, um sich zu erhalten... oder auf die man unmöglich verzichten kann.

Wogegen die Vernunft das individuelle Bewußtsein sozial nicht absichern kann, das verhüllt der Mythos in dem Maße, in dem die menschliche Natur es verlangt. Denis de Rougemont enthüllt die grundlegende existentielle Bedeutung des auf die Liebeserfahrung projizierten Mythos: »wir brauchen einen Mythos, um die dunkle und uneingestehbare Tatsache auszudrücken, daß die Leidenschaft mit dem Tod verbunden ist und daß sie für jene, die sich ihren Kräften voll überlassen, die Zerstörung mit sich bringt«[30]. In gewisser Weise erinnert der Mythos an den anti-sozialen Inhalt jeder Leidenschaft, die für das einmal gefundene Gleichgewicht immer gefährlich ist. Man muß jedoch hinzufügen, daß der Mythos, sobald eine Leidenschaft idealisiert wird, die Schaffung einer in der Gemeinschaft kommunizierbaren Bedeutung der Leidenschaft übernimmt. In der romanesken oder poetischen Form des Mythos »sind die Tatsachen nur Bilder oder Projektionen eines Verlangens, Bilder von dem, was sich ihm entgegenstellt, oder von dem, was es verstärken kann oder es einfach dauerhaft macht«[31].

Schließlich bringt uns die Mythenanalyse dazu, unseren Ausgangspunkt umzukehren: weit davon entfernt, an der Sozialisation der Persönlichkeit in eine Gruppe mitzuwirken, vergrößert und verstärkt die Liebe unser Sein in all dem, was es der äußeren Welt entgegensetzt, und treibt die Leidenschaft bis an den äußersten Endpunkt der Gesellschaftlichkeit: den Tod. Denis de Rougemont bestimmt also die Liebesleidenschaft, diese häretische Erfindung des Denkens der Katharrer im 12. Jahrhundert, die sich heute nicht mehr durch die rigiden Regeln der Ritterschaft aufdrängt, auf folgende Weise: »Verlangen nach dem, was uns verletzt und uns durch seinen Triumph vernichtet«[32]. Die verliebte Leidenschaft und die Heirat als der stabilen Institution der Gefühle sind antagonistisch, denn ihre Ursprünge und ihre Absichten schließen einander aus. Der europäische Mythos der Liebe, wie ihn die höfische Literatur entworfen hat, beschönigt die coincidentiae oppositorum von Instinkten/Gesellschaften. In der von der Leidenschaft bestimmten Liebe verläßt das Individuum die gewöhnliche Menschheit und steigt zu einer Übermenschlichkeit auf, die durch die Verneinung sozialen Zwangs ausgezeichnet ist. Das Verlangen gibt sich als Wille aus und der Wille zeigt sich als unmittelbare Verwirklichung des Verlangens. Der Mythos erinnert an die sozialen Hindernisse, denen die leidenschaftliche Negation begegnet, und er versieht die letztere mit der positiven Bedeutung, den

Menschen weit über die Schwerfälligkeiten hinauszuheben, die gesellschaftlich aufgeboten werden, um das Verlangen in einer aseptischen Existenz festzuhalten.

Der mythischen Dreiteilung der Liebe begegnet man auch bei S. Kierkegaard. Die Leidenschaft verweist bei diesem dänischen Philosophen auf das »ästhetische Stadium« des Lebens, während sie am »ethischen Stadium« in der Ehe teilhat, dem letzten Hindernis vor dem »religiösen Stadium«, das die Liebe in die unbewegliche Ewigkeit des Glaubens versetzt.

Konkreter stellt das »ethische Stadium«, von dem Kierkegaard spricht, nichts anderes dar als den Respekt vor der etablierten gesellschaftlichen Ordnung, ohne den die Treuevorstellung, die Unterwerfung unter die dauerhafte Stabilität, sich nicht als geltender Wert behaupten könnte.

In diesem Zusammenhang bemerkt M. Horkheimer, daß der Ehebruch nur eine besondere Form der Revolte des Individuums gegen die Autorität der Familie darstellt. Der Spannungszustand zwischen dem individuellen Verlangen und der sozialen Vernunft, repräsentiert durch die familialen Imperative, läßt sich in widersprüchlichen Typen ausmachen, die aber alle von einer ähnlichen Situation zeugen. Daß Don Juan gegen die repressive Moral ausschließlicher Treue verstößt und Romeo und Julia im Namen dieser Moral aus Liebe sterben: in beiden Fällen stellen das erotische Verlangen und die Liebe aus Leidenschaft Formen eines erneuten Infragestellens der sozialen, moralischen und religiösen Autorität dar. Diese dreizählige Autoritätsstruktur entspricht der dreiteiligen Morphologie des abendländischen Liebesmythos. Über die beiden Erzählungen der Renaissance, *Romeo und Julia* sowie *Don Juan*, schreibt M. Horkheimer: »Beide müßten die schöpferische Kraft, die zugleich körperlich und seelisch ist, umbiegen und allen männlichen Prinzipien entsagen, wollten sie sich unterordnen. Die Kluft zwischen dem Anspruch des Einzelnen auf Glück und dem herrschaftlichen Anspruch der Familie drücken solche Gestalten der Legende aus.«[33] In den literarischen Schöpfungen, die aus der Exaltation der Leidenschaft entstanden sind, kommt die glückliche Liebe nicht vor, denn nur eine *leidenschaftslose*, durch ein ihr zugrundeliegendes soziales Kalkül entzauberte *Liebe*, kann die

Gewaltsamkeit der Emotion und des anfänglichen Verlangens mit den gesellschaftlichen Strukturen versöhnen. Diese Versöhnung führt zum Verlust der affektiven, zunächst verminderten und dann in die Mechanismen der kollektiven Integration eingeschlossenen Intensität.

Die gängige Wiederverzauberung

Die Mythokritik gestattet es, das soziale Phänomen der Liebe aus den beiden reduktionistischen Vorgehensweisen herauszuführen: der psychologischen, die das Subjekt als definitives Spielzeug von Gefühlen konzipiert, die es überwältigen und andererseits der soziologisierenden, also nicht soziologischen, derzufolge die Partner die Vorteile und Unannehmlichkeiten, die aus ihrem wechselseitigen Elan resultieren, bei vollem Bewußtsein abschätzen und dieses schließlich in die daucrhafte und legalisierte Tischgemeinschaft der Ehe überführen. Es gibt jedenfalls soziologische Analysen vom interaktionistischen Typus, wie die von C. L. Kruithof, die den Akzent zugleich auf das Ignorieren und auf die Suche von Gratifikationen setzen. Der emotionale Zustand, den die Liebe darstellt, findet sich so durch die Deutungen und Einstellungen, die daraus hervorgehen, transformiert. Das Verkennen und der erwartete Nachteil sind Kräfte, die die Interpretationen in eine zusehends personalisierte Richtung drängen. Nach C.L. Kruithof sind es diese Variablen, die »das Bild der ‹idealen Person› zeichnen, in das man sich verliebt; andererseits beeinflußen sie die Wahrnehmung des geliebten Wesens«[34].

Man muß darauf hinweisen, daß diese anthropologische Betrachtungsweise die einzige ist, in der sich die Subjektivierung der Gefühlsbeziehung – was wir die gewöhnliche Mythisierung der Liebe nannten – und die umfassende kulturelle Verwurzelung des durch die Leidenschaften ins Schwanken geratenen Universums verbunden finden. Überdies berücksichtigt wohl nur die soziale Anthropologie in ihren Dispositiven der gesellschaftlichen Reproduktion den dysfunktionalen Aspekt der Leidenschaft. Schließlich ist diese Zugangsweise eine der wenigen, die die Heirat in den Zusammenhang der linearen Dauer stellen, d. h. sie wieder als einen klaren Typus der historischen Konzeption der Zeitlichkeit begreifen. Daher ist diese Zugangsweise auch in der Lage, im oft obskuren Getriebe der Polyrhythmik der gelebten Zeit, das in allen Formen sozialer Anziehung, besonders in den intimsten und gewaltsamsten zu beobachtende verliebte Verlangen herauszulesen. Wir glauben daher, daß die Vielheit sozialer Zeiten, die Nicht-Synchronizität zeitlicher Abfolgen im Bewußtsein, dazu beiträgt, jenes affektive Moment der Surrealität hervorzurufen, das in der Liebe gelebt wird. Wir werden also zusammenfassend die Tradition und die Moderne konfrontieren müssen, denn die Stellung der Liebe ist auch eine Art und Weise, den Übergang und die Veränderung einer Gesellschaft zu einer anderen Form des gemeinschaftlichen Konsensus zu begreifen.

In einem ausgezeichneten Artikel, »Les peuples sans amour«, führt Luc de Heusch eine Ethnographie der Liebesleidenschaft ein, in der die Liebesbesessenheit als Leitfaden für eine kulturelle Untersuchung der Liebesmythen dient.

Die anthropologische Hypothese des Autors ist folgende: »Die leidenschaftliche Liebe als kultureller Wert stellt einen Versuch der Wiedereinführung archaischer Ekstasetechniken in die christliche Zivilisation dar, die die Kirche sich stets zu verwenden geweigert hat.«[35]

Die Ekstase des Mystikers und die Verhexung des Besessenen weisen wenigstens zwei gemeinsame Punkte auf. Im einen wie im anderen Fall fühlt sich das Wesen von einer Instanz bemächtigt, die stärker ist als sein Bewußtsein und die es über seine ihm vertrauten Grenzen hinaustreibt. Ferner entgehen deren Verbindungen zu einer transzendenten göttlichen oder dämonischen Macht der institutionellen Verwaltung des Heiligen durch die Kirchen. Das Besessensein ist eine Religion zu zweit, die das Subjekt über die Grenzen der hergebrachten Unterscheidung von Heiligem und Profanem hinausführt, d.h.: das Subjekt findet sich in ein Jenseits der Kultur geworfen und keine Sprache ist in der Lage, diese seine Situation zu vermitteln; daraus folgt das Unzusammenhängende seiner Äußerungen, vergleichbar dem Delirium.

Zudem weist L. de Heusch auf, daß der Mythos der Liebesleidenschaft, dessen Archetypus uns in der Geschichte von *Tristan und Isolde* überliefert ist, sich in einem Zwischenbereich zwischen der »archaischen« und der »historischen« Gesellschaft ansiedelt. Auf der Ebene der eigentlichen Erzählung besteht der Autor zunächst auf der Tatsache, daß Tristan die Frau seines mütterlichen Onkels liebt, d. h. diejenige, die – in zahlreichen traditionellen Gemeinschaften – das Substitut der Mutter verkörpert. In den traditionellen Gesellschaften bildet die Exogamie das Ergebnis einer geduldigen Initiation; in Afrika z. B. sind die Beschneidung, die endgültig die Nabelschnurverbindung zur Mutter trennt, und der Rückzug in den Busch rituelle Etappen der Entfaltung des Sexuallebens. In der Liebesmagie der Trobriander Nordwest-Melanesiens, die durch die Arbeiten von Bronislaw Malinowski bekannt geworden sind, findet man den Liebestrank, der eine bedeutende Rolle spielt. Der mysteriöse Trank ist Mittel zur leidenschaftlichen Verzauberung, die alle sozialen Übereinkünfte zerbricht. Im Trobriandermythos unterliegen der Bruder und die Schwester einer blutschänderischen Anziehung, nachdem die Schwester mit der von ihrem Bruder zubereiteten magischen Mixtur benetzt worden ist. Sie folgt ihm ans Ufer und ins Wasser; und nachdem sie ihr Verlangen sexuell befriedigt haben, treibt sie das Schuldgefühl, vor Hunger und Durst in einer Grotte zu sterben, weit ab von allen Blicken und der Gesellschaft.[36] Der Tod zeigt im Mythos stets die soziale Grenze an, die offiziell die Lust und die Perversität voneinander trennt. Die Flüssigkeit, das Meer und der Liebestrank bilden laut G. Bachelard[37] eine archetypische Figur der »permissiven Sinnlichkeit«; doch sie repräsentiert die infernalische Tiefe der Erotik. Der anti-soziale Inhalt der Leidenschaft findet im Mythos einen angemessenen Ausdruck – in der Gesellschaft muß dieser Ausdruck verweigert werden, weil er den Anforderungen der Kultur und den Regeln der Sozialisation widerspricht. Die Sexualität ist ein alltäglicher Handel mit dem Tod. G. Bataille faßt ihren ambivalenten Zauber zusammen, wenn er schreibt: »Die Chance der Liebenden ist das Böse (das Ungleichgewicht), zu dem die physische Liebe sie zwingt. Sie sind verurteilt, ihre Harmonie endlos zu zerstören, sich in der Nacht zu bekämpfen. Nur um den

Preis eines Kampfes und verwundet wird es ihnen möglich, sich zu vereinen.«[38] In der Transfiguration des Todes durch die Liebe in der Mitte des industriellen und forschrittlichen 19. Jahrhunderts ist der Kult der Leidenschaft entstanden, als verliefe die Verwunderung künftig über die Nostalgie und die Treue zu dem, was nicht mehr ist. Die unmögliche, offizielle Heiligung der Liebesleidenschaft findet eine völlig unerwartete religiöse Anerkennung, während die Rationalisierung der Entzauberung der Welt die Wege bahnt.

Die Mechanismen der amourösen Vorstellungskraft, durch die die Gefühlsbeziehung eine im Bewußtsein der Partner mehr oder weniger ausgeprägte, legendäre Wendung erfährt, sind bis heute weitgehend unbekannt geblieben. Wie in jedem Prozeß der Imagination, spielt die soziale Distanz, d.h. die physische Abwesenheit eine wesentliche Rolle in diesem Szenario. Weil das Objekt der Leidenschaft so außer Reichweite bleibt, läßt es dem Verliebten die Freiheit, es so zu sehen, wie er es sich vorstellt. Paradoxerweise relativiert und erweitert die Beseitigung dieses Abstandes in der Kohabitation und der Organisation dauerhafter Beziehungen die Vorstellungskraft der Liebenden. Man versteht, daß die Vorstellungskraft also zeitlich arbeitet, weil sie unsere Empfindungen des Verfließens der Zeit beschleunigt oder verlangsamt – indem sie die subjektiv verankerten Elemente unserer Vergangenheit oder unserer projektiven Bilder in unserer Wahrnehmung integriert; zuweilen sind die beiden letzteren auch eng vermischt.

In einer Zivilisation, in der die zyklische Zeit, die der Wiederkehr dessen, was gewesen ist, das soziale Leben nicht länger bestimmt, nimmt jeder Verlust eine unersetzbare Bedeutung an, während der Sinn der Existenz approximativ und fast ganz illusorisch wird. Als die Fortschrittsideologie sich der Totalität des Gelebten zu bemächtigen schien, führte sie bei jenen, die in ihr das Heil der Menschheit sahen, sehr seltsame psychische Veränderungen ein.

Mitte des 19. Jahrhunderts hat sich die Liebesphantasmagorie im Kult der entschwundenen geliebten Frau offenbart. Der Begriff der Phantasmagorie, den besonders W. Benjamin benutzt, um einen bestimmten Typus kollektiver Erfahrung, wie er für den siegreichen Kapitalismus und die Moderne charakteristisch geworden ist, zu kennzeichnen, belegt die amouröse Ritualisierung des Todes sehr genau.[39]

Am Anfang erkennt man eine psychologische Evidenz, die G. Danville hervorgehoben hat: das Bild der geliebten Person verschwindet niemals aus dem Kopf des Verliebten, weil alle Gedanken um sie herum kreisen, die Empfindungen erlauben, die Erinnerungen an sie wachzurufen, so daß die Gegenwart des geliebten Wesens die affektive Existenz beherrschen kann, ohne äußerlich vorhanden zu sein.[40] Die Phantasmagorie ist die Kunst, öffentlich Phantome mithilfe optischer Illusionen oder allegorischer Bilder erscheinen zu lassen oder zum Sprechen zu bringen. Sie ist mit den veränderten Bewußtseinszuständen verbunden, mit der Trance, die zuweilen der Erklärung des »Blitzschlags« oder des »Liebesschocks« dient. Ihre deutlichste Wirkung liegt in der Konstruktion einer phantastischen Umgebung, die im Alltagsleben keineswegs selten ist. Das Interieur des Sammlers, der Gang des Flaneurs in der Großstadt, gehorchen, so W. Benjamin, diesem mentalen Panorama. Der Fetischcharakter der Objekte, der Orte und manchmal der Begegnungen mit einer anderen Person hat an der phantastischen Aneignung des Raums und Zeit durch das menschliche Bewußtsein teil; man kennt die methodische Ausarbeitung dieser Perspektive bei André Breton und dem Surrealismus. Bevor ich zwei Beispiele für diese Liebesphantasmagorie des 19. Jahrhunderts vorstelle, möchte ich hervorheben, daß die Phantasmagorie einen geschichtlichen und sozialen Aspekt dessen darstellt, was ich den metanoischen Prozeß genannt habe.[41]

Die Ergebenheit, mit der Auguste Comte der Geliebten begegnet, die seine Gefühle viel zu früh erorbert hat, enthüllt die unübertreffliche Ritualisierung des Gefühlslebens und die notwendige Mythisierung der Liebe in einer Gesellschaft, für die jede Zwecklosigkeit problematisch ist. Von seiner Frau Caroline seit dem 5. August 1842 getrennt, begegnet A. Comte im April 1845 bei seinem Schüler Maximilien Marie der Tochter dieses letzteren, Clotilde de Vaux, dreißig Jahre alt, die von einigen Mißgeschicken gezeichnet ist und jüngst erst mit einem Hochstapler namens Amédée de Vaux verheiratet wurde, der nach Belgien fliehen mußte, als er den öffentlichen Schatz von Méru (Oise) gestohlen hatte, für den er verantwortlich war. Sie lebte arm und kümmerlich in einer Mansardenwohnung. Dieser junge Frau wird der Vater des Positivismus, der Hagiograph der industriellen Welt, am 30. April 1845 den ersten von fünfundneunzig Briefen senden, die zusammen mit den sechsundachtzig Antworten Clotildes den *Volume sacré* bilden werden. In der Errichtung dieses Kults wird auch dieses Werk zu einem Verehrungsobjekt für die Schüler Comtes. Obwohl sie sich weigert, dem ungestümen Drängen ihres Liebhabers nachzugeben, wird dieser ihr dennoch das Verdienst neuer Entwicklungen seiner Philosophie zuerkennen; er schreibt ihr am 26. August desselben Jahres: »Durch Euch und an Eurem Altar betend habe ich mehr als einmal meine besten Eingebungen aufkommen gefühlt«[42]. Der Altar bezeichnet hier das Fauteuil, auf das Clotilde sich während eines Besuchs gesetzt hatte; indem er zu einem Tabuobjekt wurde, wird er auch zu einem Teil der Orchestrierung dieses dienerschaftlichen Fetischismus und für die alltägliche Phantasmagorie unverzichtbar, die die positivistische Religion einführt.

Anfang 1846 scheint es, daß der nervöse Husten Clotildes eine Tuberkulose verbirgt, die künftig ohne Aussicht auf Heilung bleibt. Am 2. April, in den letzten Augenblicken ihres Lebens, schwört A. Comte ihr einen ungewöhnlichen Eid: »Meine Clotilde... Ihr seid verkannt worden... Ich, nur ich vermag euch zu erkennen... Keine Frau wird jemals einen so außergewöhnlichen Platz einnehmen«.[43] Der Philosoph hat Wort gehalten und er, der den Fetischismus als theologisches Stadium, als anfängliche Etappe des Denkens denunzierte, wird ein minutiöses Ritual entwerfen, um jeden Tag dieses unersetzliche Verschwinden zu beschwören.

Nachdem sie am 7. April 1846 auf dem Friedhof Père Lachaise begraben worden ist, wird A. Comte sich allwöchentlich an ihrem Grab einfinden, nicht ohne Regeln für seinen Kult entworfen zu haben. Drei Gebete unterteilen den Tag: von halb sechs bis halb sieben ein vierzigminütiges Gedenken auf den Knien vor dem Altar und ein zwanzigminütiger Herzenserguß. Das Gedenken wird begleitet von der Lektüre einiger Passagen ihrer Briefe, dem Aussprechen von Erinnerungen an dieses außergewöhnliche eine Jahr... Genau um halb elf rezitiert Comte während des Mittagsgebets zwanzig Minuten diesen letzten Brief der Geliebten und küßt ein Medaillon, das eine Haarlocke Clotildes beinhaltet; er murmelt: »Anerkennung, Bedauern, Resignation. Die Unterwerfung ist die Basis der Vervollkommnung«. Das Abendgebet setzte sich aus einem Gedenken von zehn Minuten mit einem »Leitbild des Tages«, einer Rezitation von Maximen auf seinem Bett während fünfzehn Minuten und einer Zusammenfassung von fünf Minuten zusammen, die mit der Devise des Positivismus zu Ende ging: »Für den anderen leben – für das große Wiedersehen leben«. Darüber hinaus begab er sich alljährlich zum Friedhof für eine Heilige-Clotilde und bekannte dort alles, was er in diesem Jahr unter ihrem Einfluß verwirklicht hatte. In all diesen Umständen scheint der Tod keine Herrschaft über die Lebenden mehr auszuüben. Auguste Comte wendet sich an seinen Liebling so natürlich, als lebte er ihm gegenüber in einer unbezweifelbaren Wirklichkeit.

Man kann in der *Metaphysik der Geschlechtsliebe* Schopenhauers eine Erklärung der Liebesnostalgie lesen, die exakt mit den allgemeinen Theorien des Positivismus übereinstimmt. Der Philosoph bemerkt, daß die amouröse Nostalgie das Ergebnis des Nicht-Besitzens einer bestimmten Frau darstelle, ohne die das Subjekt sich als seines Glückes beraubt empfinde, deren unerreichbare Repräsentation sein Bewußtsein ihm dennoch verschaffe. Schopenhauer zufolge liegt es an den Besonderheiten der menschlichen Gattung, die als einzige eine unendliche Geschichte besitzt, daß das Leiden und die Freude eine außergewöhnliche Bedeutung annehmen. Weit davon entfernt, nur die gefühlsmäßige Existenz eines ephemeren Individuums zu betreffen, sind sie »der Seufzer des Geistes der Gattung, welcher hier ein unersetzliches Mittel zu seinen Zwecken zu gewinnen oder zu verlieren sieht und daher tief aufstöhnt«[44].

Erinneren wir uns daran, daß Comte die Menschheit, deren Religion ein Eckpfeiler seines intellektuellen Systems ist, als Generationenabfolge bestimmt: jede Generation überläßt der nachfolgenden mehr als sie von der ihr vorhergehenden erhalten hat. Dieses Verständnis der Liebesnostalgie schreibt sich in seine Theorie der subjektiven Unsterblichkeit ein, dank derer die außergewöhnlichen Persönlichkeiten auf der menschlichen Ebene die Ewigkeit in der Erinnerung an ihre Größe erreichen, die sie im Geist der Lebenden hinterlassen. Die Bemerkung ist interessant, daß der Tod einer

Liebe einen Kult der gefühlsmäßigen Verbundenheit gerade in einer Epoche entstehen läßt, die durch den Glauben an das materielle Glück und die Illusionen des Fortschritts gekennzeichnet ist.

Weniger bekannt als die vorhergehende, aber gleichwohl ebenso bedeutsam ist die sonderbare und durch kryptographische Manuskripte enthüllte Geschichte Henry Legrands. Im affektiven Abenteuer dieser Person finden wir alle Bestandteile eines einem Geheimmilieu entsprechenden, kollektiven Mythisierungsprozesses. An der wirklichen Existenz dieses Individuums gibt es keinen Zweifel; von ihr zeugen z.B. zwei zwischen 1863 und 1868 geschriebene Bände einer *Histoire Générale de Paris*. Offensichtlich ist sein Leben nichts Außergewöhnliches: verheiratet und Vater einer Tochter, hat H. Legrand zwei Architektenstellen bekleidet, zunächst in den Hospizen von Beauvais, dann in Paris, wo er in der Nr. 229 des Boulevard Péreire wohnte, bis er am 16. Juli 1874 in die psychiatrische Anstalt von Ville-Eurard eingeliefert wurde, später dann in die von Naugeat (Limoges), in der er am 25. November 1876 verstarb. Als Pierre Loüys am 28. Januar 1907 ein umfangreiches Manuskript von fünfundvierzig Bänden mit mehr als fünfzehntausend Seiten, die mit einem chiffrierten Kode redigiert wurden, erwarb, entriß er die von Henry Legrand begründete Liebesreligion der Verborgenheit.

Pierre Loüys begriff die einfache monoalphabetische Substitution, die das Dokument undurchdringlich machte, als zwei Forscher, Paul-Ursint Dumont und sein Sohn Jean-Paul, das heimliche Doppelleben des unauffälligen Architekten bekannt gemacht hatten.[45]

Das erstaunliche Dokument erzählt eine minutiöse Chronik seines Lebens zwischen 1835 und 1865, bis die Erzählung abrupt abbricht. Nachdem er sich in eine junge Aristokratin von fünfzehn Jahren veliebt hatte, die er im Oktober 1833 im Théâtre des Italiens traf, wird der unglücklich Verliebte von seiner Eroberung durch die Familie Juanas getrennt. Ein Bruch, den der Tod Juanas, die am 31. März 1837 in Valencia während der karlistischen Kriege getötet wurde, endgültig machen wird. Dennoch bleibt H. Legrand dem jungen Mädchen treu; eine Art mystischer Treue, die durch die regelmäßigen nächtlichen Erscheinungen Juanas verstärkt wird.

Der romantische Legrand verdoppelt sich um einen »positivistischen«, weil er sich durch die Verschriftlichung dieser jammervollen Erfahrung ein Gedächtnis schaffen will. Mit dem Datum vom 8. Oktober 1839 kündigt das Manuskript die Bildung eines Zirkels an, der seine Aktivitäten trotz der Heirat des Architekten fortsetzen wird. Es handelt sich um eine Geheimgesellschaft, in der Legrand der einzige Mann ist und Liebhaber von neun neu aufgenommenen Frauen, alles Aristokratinnen und Bisexuelle. Die Gräfin Antonia de Saulnois wird der Drehpunkt dieses Phalansteriums sein, das sich dem Juana-Kult widmet, weil sie die gemeinsame Freundin von Juana und einer gewissen Adèle de M. war. Die große erotische Ausschweifung, die den wöchentlichen Ablauf der Seancen dieses Kreises bestimmte, gehorcht einer minutiösen Ritualisierung (Strukturen der Rekrutierung, der Initiation usw.). Untereinander verwenden die Mitglieder das Wort »Schwester« und tragen weiße Roben: der Empfangssaal ist symbolisch mit Portraits jeder dieser Frauen geschmückt. Die geheime Schrift, zu der alle Frauen Zugang haben, knüpft unsichtbare Verbindungen dieser inoffensiven Verschwörung, deren geweihte Stätte P.U. Dumont und sein Sohn ausfindig gemacht haben (Rue d'Anjou Saint-Honoré in Paris, das Schloß von Valencay). Mehr noch als die Ehe Legrands haben die Stürme der Zeit zum Schicksal dieser außergewöhnlichen Verbindung geführt.

In diesem zweiten Beispiel hat die Treue des Herzens sich angepaßt, d.h. in der Libertinage überlebt. Die Selbsthingabe an den kollektiven Körper wird als eine Form des Tausches gelebt, die die Einmaligkeit honoriert. Die Teilung der Zeit bildet ein wesentliches Moment der Erlösung des Subjekts in der Liebe; durch sie heiligt es die Lebenskräfte gegen die Kräfte des Todes und des Vergessenes. Die Liebesphantasmagorie hebt durch ihren paroxystischen Charakter die drei Konzeptionen der Zeit hervor, die das affektive Bewußtsein dauernd durchdringen.

So schiebt sich eine nostalgische Sequenz in den Vordergrund, in der die Vergangenheit die Wahrnehmung der gewohnten Umgebung des Verliebten formt. Sie bewirkt die Ritualisierung des Alltagslebens der Gefühle. Eine ästhetische Sequenz verleiht den Eindrücken einen Wiedererkennungswert des Subjekts in seiner

Beziehung zur Andersheit, sie stilisiert die Gegenwart der Persönlichkeit und der Beziehungen, die sie eingeht. Eine messianische, vorgreifende Dimension versieht den gelebten Augenblick mit einer Energie, die für ein Abenteuer unverzichtbar ist, von dem man nicht mit Sicherheit sagen kann, ob es für die Partner glücklich enden wird oder nicht. Diese polyrhythmische Dynamik der Zeitlichkeit, durch die die amouröse Leidenschaft sich auszeichnet, erlaubt, sich dem verwirrenden Charme der Liebe zu nähern, sich zu erschöpfen, – einer Liebe, in der das Engagement sich zuweilen die Masken der Verzauberung aufsetzt.

Anmerkungen

1 S. Freud, *Verliebtheit und Hypnose*. In: Ders., Gesammelte Werke Band XIII. London, 8. Auflage, 1976, S. 123.

2 S. Freud, a. a. O., S. 124.

3 Ebda., S. 125. Als Einfühlung* definiert Freud das Versetzen seiner selbst in den anderen (Projektion) oder des anderen in mich selbst (Introjektion). Er hat diesen Begriff von den deutschen Philosophen Groos, Lipps und Finnbogason übernommen.

4 A. Schopenhauer, *Metaphysik der Geschlechtsliebe*. In: Ders., Sämtliche Werke. Band 2. Darmstadt 1973.

5 Ebda., S. 681.

6 P. Tacussel, *L'attraction sociale*. Paris 1984, S. 189.

7 A. Schopenhauer, a. a. O., S. 685.

8 vgl. E. Fromm, *Die Kunst zu lieben*. Frankfurt/Berlin/Wien, 10. A., 1984. Ders., *Psychoanalyse und Ethik*, Zürich 1954.

9 E. Fromm, *Der moderne Mensch und seine Zukunft*. Frankfurt 1955.

10 H. Marcuse, *Triebstruktur und Gesellschaft*. Frankfurt 1970, S. 254.

11 J. Laplanche/J. B. Pontalis, *Das Vokabular der Psychoanalyse*. Band 2. Frankfurt, 2. A., 1975, S. 357.

12 R.F. Winch, *Modern Family*. New York 1952: »The theory of complementary needs in mate selection: Final results on the test of the general hypothesis«. American Sociological Review. 20, 1955. *»The theory of complementary needs in mate selection: a test of one kind of complementariness«*. Ktsanes, T./Ktsanes, V., *The theory of conplementary needs in mate selection: an analytic and descriptive study*. American Sociological Review, 19, 1954.

13 Pierre Bourdieu, *Ce que parler veut dire pour une économie des échanges linguistiques*. Paris 1982. Hier steht nicht die Übertragung der Begriffe in Frage,

die ihre kognitive Legitimität auch in einem anderen Erkenntnisbereich beibehalten, sondern der mechanische und deterministische Charakter eines solchen Unternehmens. Die wissenschaftliche Rechtfertigung eines solchen Übertrags liegt in der Stimmigkeit derart konstruierter Analogien (also im metaphorischen Wert, der schließlich den aus seinem gewöhnlichen Anwendungsfeld verschleppten Begriff überdeckt).

14 F. Alberoni, *Verliebt sein und lieben*. Stuttgart 1983.

15 P.M. Blau, *Exchange and Power in social life*. New York 1964, S. 76. auch ders., *Social Exchange*. In: International Encyclopaedia of Social Sciences. Band 7, New York 1968.

16 W. Benjamin, *Zentralpark*. In: Ders.: Illuminationen. Frankfurt 1977. S. 237.

17 T. Parsons, *Das Verwandschaftssystem in den Vereinigten Staaten*. In: Ders., Beiträge zur soziologischen Theorie. Hrsg. u. eingel. von D. Rüschemeyer. Neuwied 1964, S. 84ff.

18 Ph. Simmonnot, *Le sexe et l'économie*. Paris 1985, S. 16, 17 und 85, 86.

19 K. Marx/F. Engels, *Die heilige Familie*. MEW Band 2, Berlin 1974.

20 Ebda., S. 23.

21 F.Ch. Fourier, *Hiérarchie du Courage*. Paris 1924. K. Marx/F. Engels, *Das Kommunistische Manifest*. Kap. III, 3. Berlin 1973, S. 77ff.

22 F. Engels, *Der Ursprung der Familie, des Privateigentums und des Staates*. MEW Band 21. Berlin 1969, S. 77.

23 I.L. Reiss, *Toward of Sociology of heterosexual love relationship*. In: R.S. Cuvan (Hrsg.):, Marriage and Family in the modern world. New York 1974.

24 vgl. R. William, *Politics and Letters*. London 1979.

25 M. Horkheimer, *Autorität und Familie*. Frankfurt 1970, S. 162ff.

26 cgl. P. Tacussel, *L'attraction sociale*, a.a.O., S. 87, 183ff.

27 F. Engels, *Der Ursprung der Familie, des Privateigentums und des Staates*. a.a.O., S. 72.

28 Ebda., S. 78.

29 D. de Rougemont, *L'Amour et l'Occident*. Paris 1971, S. 27 und 43.

30 Ebda., S. 16.

31 D. de Rougemont, ebda., S. 29.

32 Ebda., S. 41.

33 M. Horkheimer, a.a.O., S. 229.

34 C.L. Kruithof, *L.'amour, phénomène social*. Brüssel 1979, S. 74.

35 L. de Heusch, *Les peuples sans Amour*. Introduction à une ethnographie de l'Amour-Passion. In: Arguments, Nr. 21 (5. Jahrg.) 1961.

36 B. Malinowski, *Das Geschlechtsleben der Wilden in Nordwest-Melanesien*. Hrsg. v. F. Kramer. Frankfurt 1979. bes. Kap. XIV, S. 411–432.

37 G. Bachelard, L'eau et les rêves. Paris 1947, S. 159.

38 G. Bataille, *L'Alleluiah*. In: Ders., Oeuvres. Band V. Paris o.J.

39 Vgl. W. Benjamin, *Charles Baudelaire. Ein Lyriker im Zeitalter des Hochkapitalismus*. In: Ders., Gesammelte Schriften. Band I, 2. Hrsg. v. R. Tiedemann und H. Schweppenhäuser. Frankfurt 1974. Bes. Kap. II: Der Flaneur. S. 537ff.

40 G. Danville, *La Psychologie de L'Amour*. Paris 1929.

41 Zweijährigen Studien über die Synthesebilder von Rechnern zufolge stellt die von der Informatik veranschaulichte Simulation eine zeitgenössische Form des Metanoischen dar.

42 Zit. n. Alexandrian, *Le socialisme romantique*. Paris 1979, S. 426.

43 Zeugnis des Charles de Rouvre, ein Neffe Clotilde de Vaux': *L'Amoureuse Histoire d'Auguste Comte, et de Clotilde de Vaux*. Paris 1917. Zit. n. Alexandrian, a.a.O. S. 428.

44 A. Schopenhauer, a.a.O., S. 705.

45 H. Legrand, *Le Cercle Amoureux*. Übertragen u. herausgegeben von J.P. und P.U. Dumont. Paris 1979. H. Legrand, *Adèle, Adèle, Adèle*. Paris 1979.

Dietmar Kamper

Der gebrochene Bogen. Eine andere Geschichte der Liebe

»ich bitte dich zurückzuweisen, was ich dir biete, denn das ist es nicht« (Jacques Lacan)

Die andere Geschichte der Liebe hat ihre Unmöglichkeit zum Thema, die Unmöglichkeit sowohl der Liebe als auch der Geschichte. Das hängt damit zusammen, daß das menschliche Begehren durch Verschiebungen zu einer Rückkehr ohne Ende genötigt wird. Auf diese Not-Wende paßt keine Lösung mehr. Weder der vorweggenommene Tod, der als Modell einer Bewegung des Imaginären diente, noch die verzögerte Weigerung, irgendeinen Abschied von der Erde zu vollziehen, die auf der Spur der Einbildungskraft als Schwerkraft verlief, konnte und kann dem Umstand genügen, daß der Bogen der Bahn gebrochen ist. Gleichwohl sind es Vorläufe des Lebens, die nicht mit den Etiketten übereinstimmen, die eine noch kursierende historische Erinnerung ihnen aufgedrückt hat: Melancholie und Wahnsinn. An ihrem Schicksal kann zumindest klar werden, wie sehr der »Stand der Dinge« bereits durch das Signum eines Scheiterns der Menschen geprägt ist. Es gibt hier kaum noch einen Sachverhalt von Belang, der diesen Stempel der Niederlage nicht trägt.

Es wird plädiert für eine »Erkenntnis«, die von der Liebe nicht unterschieden werden kann. Die unfreiwillige Spiegelung der abgespaltenen wissenschaftlichen Rationalität in einer abgespaltenen Sexualität funktioniert nur gemäß dem Zusammenhang, den das Denken mit der Geschlechtsliebe bildet. Auch die unmögliche Liebe – heißt das – ist Erkenntnis. Sie läßt Dinge sichtbar werden und Sachverhalte in Erscheinung treten, die ohne sie verborgen blieben. Vor allem aber ist sie sensibel für das Gegenteil der Offenbarung, für die Wiederverhüllung, das Schwinden, die auftauchende Leere. Gerade das Scheitern der Liebe paßt auf die unbeschriebene Offenheit der Situation. Sie vermag »unschlüssig« zu bleiben, wo die lieblose Rationalität, der lieblosen Sexualität gleich, Schlüsse zieht, welche ohnehin die wuchernde Macht des Imaginären noch einmal verstärken. So wäre die Liebe das Gegenteil jeder Versöhnung: der Sinn der Paradoxie, in der heute die Kraft wächst, ohne Sinn zu leben.

Einsprüche gegen den Abschied

Wenn man ein Stichwort angeben müßte, um die Szene beginnen zu lassen, die von der gegenwärtigen Menschheit sub specie der Götter als Zuschauer gespielt wird, dann wäre es »Abschied von der Erde«. In allem Dichten und Trachten, das noch Zukunft verspricht, passiert gegenwärtig dieser entscheidende Schub der Abstraktion einer radikalen Entmaterialisierung, der letzten Reinigung vom Schmutz der Erde – vor dem Übergang ins »reine Licht«, in den »Krieg der Sterne«, in die irreversible Immanenz des Imaginären. Dergleichen mag sich beschleunigen lassen durch Entstörungen. Es gibt, das wird unverhohlen zugegeben, vor dem Abschied noch viel zu tun. Noch steht der totalen Mobilmachung, die auf Lichtgeschwindigkeit zugeht, eine Reihe von Hindernissen im Wege: die Langsamkeit der Menschen, ihre Trägheit und grundlose Schwermut; das gesamte vegetative Leben, vom Wachsen der Leibesfrucht bis zu den Wäldern, überhaupt das »Bedürfnis nach Wurzeln«; der Zusammenhang, den Individuen miteinander bilden, sei es durch »bodenständige«, kulturell gewachsene Beziehungen, sei es durch Arbeit, durch die Notwendigkeiten der Produktion. Das hartnäkkigste Hindernis scheint die Liebe zu sein, diese Verrücktheit, nicht voneinander zu lassen, gerade bei ungünstigster Konstellation.

Es gibt allerdings Einsprüche gegen die Transformation des Lebens in wurzellose Beschleunigung, in geschlossene Schaltkreise, in Energiekugeln nach Bombenart. Der riskanteste Einspruch ist der Wahnsinn oder das, was man so nennt: das ausgezeichnete Schicksal der Liebenden im 19. und 20. Jahrhundert, die keine Wahl hatten. »Im Wahnsinn welcher Art auch immer müssen wir einerseits die negative Freiheit eines Sprechens erkennen, das darauf verzichtet hat, sich erkennen zu lassen... und andererseits die Ausbildung eines einzigartigen Wahns, der – sei er nun fabelhaft, phantastisch oder kosmologisch, deutend, fordernd oder idealistisch – das Subjekt in einer Sprache ohne Dialektik objektiviert.«[1] Diese Entklammerung der Dialektik, die den Riß realisiert, statt ihn imaginär zum Verschwinden zu bringen, bietet das Negativ-Profil einer Geschichte der Identität, wie sie zur Herausbildung des Subjekts in Europa gedient hat. Zugleich macht sie in ihrer Trauer um Verlorenes das Schicksal der Erde in einer Weise sichtbar, die schwerlich noch guten Gewissens verdrängt werden kann. Es ist die Spur einer zunächst ohnmächtigen Gegenwehr, die durch Einverständnis mit der Schwermut den Mut findet, die Hauptrichtung »per aspera ad astra« aufzukündigen und den »Abschied von der Erde« zu bestreiten. Seitdem kann es die übrigen Menschen wieder kümmern, daß der Planet verlorengeht, daß er systematisch zum »Endlager der Entsorgung« mißbraucht wird, daß die Reste und Abfälle einer rücksichtslosen Verwertung der Ressourcen unter dem Diktat der Einheit der Vernunft als solche Reste und Abfälle kaschiert werden und daß alles getan wird, um das Tödliche der Vernunft zu verheimlichen.

Dieser wiederholte Graphismus des Schmerzes entfaltet die Schwermut, die ein Wissen darstellt und sich nicht mehr täuschen läßt. Sie ist hellsichtig, weil sie ein körperliches Widerlager zur Reflexion im Kopf bildet. Sie ist – so betrachtet – mehr »Matrix« als »Cervix«. Der älteste Name dafür heißt Melancholie.

Man nennt sie auch[2] »schwarze Galle«, Hypochondrie, Manie, Acedia, Saturnfrucht, Grillenkrankheit, Spinnerei, Milzsucht, Vapeurs, Spleen, Trauer, Depression usf. Man fürchtet ihre Maßlosigkeit zwischen Helligkeit und Dunkel, zwischen Omnipotenzwahn und rasenden Selbstzweifeln, zwischen höchster Anspannung und Erschlaffung, zwischen Geschrei und Verstummen. Man bringt sie in Verbindung mit der unberechenbaren Trauer des Souveräns, weiter mit der abgrundtiefen Depression Luzifers nach seinem Sturz, weiterhin mit der rettungslosen Melancholie des Chronos, der sterbenden Zeit usf. Vielleicht ist sie wegen ihrer extremen Äußerungen früh als »heilige« Krankheit bezeichnet worden; schon Aristoteles hat ihre Nähe zum Genialen markiert; eklatant wurde sie als Reaktionsform auf asketische Übungen und andere Maßnahmen der Züchtigung und Selbstzucht im hohen Mittelalter und in der beginnenden Neuzeit; als Schatten hat sie dann die Prozesse der Fremd- und Selbstkontrolle begleitet, die das Subjekt als anthropologische Norm durchgesetzt haben. Wahrscheinlich durch deren Übertreibung ist sie schließlich zur Allianz mit dem Wahnsinn gezwungen worden, in der eine fortgesetzte Überkreuzkorrespondenz von Erde und Einbildungskraft tödliche Wirkungen zeitigen mußte. Die Beispiele, die folgen, stammen aus dieser späten Zeit. Ihr Exemplarisches ist teilweise krass. Das liegt an der Ausweglosigkeit der betreffenden Lebensläufe. Zwar ist die Melancholie als pure Schwerkraft nach wie vor die Lehrmeisterin eines anderen Wissens. Doch die Relevanz dieses Wissens wird neuerdings immer präziser gelöscht.

Die Sprache des Wahns. Vier Exempel

Daß der Wahnsinn im Verein mit der Melancholie die gewagteste Gegenwehr darstellt, einerseits gegen den implosiven Narzißmus, diese soziale Isolationsfolter, und andererseits gegen die sprachlose Depression, diese Mimesis ans tote Gewicht der Welt, liegt daran, daß er auf dem Grat sich zu halten genötigt wird. Dort ist seines Bleibens nicht lange. Der Absturz droht jederzeit. Deshalb eignen sich meist nur kurze Spuren der Geschichte: Hölderlins späte Hymnen, Nervals Aurelia, Nietzsches letzte Briefe, sein Ecce Homo, Artauds Mexiko-Experiment. Der nicht mehr verdrängte Riß, der die eigene Seele spaltet, öffnet sich zu Einsichten in Reiche, die bis dahin verschlossen waren. Noch ist die Kraft zu gehen, zu sehen und zu schreiben groß genug. Es findet immer eine Reise statt, die öfters – real oder fiktiv – neu ansetzt. Diese Reise hat die Struktur einer Rückkehr aus der größten Ferne: nach Griechenland, nach Asien, nach Persien, nach Mexiko usf. Die Erde zeigt sich ob solcher Neigung vielseitig und wunderbar. Landschaften, Flüsse und Städte handeln als lebendige Gegenüber und setzen

Zeichen, die der Reisende zu seiner eigenen Überraschung versteht. Die Sprache der Dinge wird geradezu notwendig. Zufälle gibt es nicht mehr. Die Schlüssel passen nun zu den Hieroglyphen. Mit dem Schmerz wächst die visionäre Kraft. Die Reise wird zur Initiation, zu einer Art Selbstopfer. Immer ist dann von Kreuzigungen die Rede. Es wird Verbindung aufgenommen mit dem Magma, aus dem die Religionen stammen, und mit früheren Heilsbringern und Aposteln. Vorübergehend tritt ein wahrsagender Größenwahn auf, dessen Wahrheit durch nichts reduziert werden kann. Denn keine Theorie des Wahnsinns weiß, um was es geht, wenn sie nicht selbst angeschlagen ist. Man sollte – so Antonin Artaud – endlich damit beginnen, auf die Stimmen der Irren zu hören, statt sie schon immer verstanden zu haben.

Hölderlin oder die traurige einsame Erde

Als sein Plan zur Begründung einer Zeitschrift »Iduna« an der Zurückhaltung der erlesenen Geister der Zeit scheiterte, schreibt Friedrich Hölderlin an Susette Gontard: »Schämen sich denn die Menschen meiner so ganz?«[3] Das war 1799. Danach beginnt er seine großen Hymnen auf die Erde, auf die vergängliche Schönheit des Irdischen, die voll gesättigter Anschauungen sind und voll unstillbarer Klagen über die »bleierne Zeit«. Die Menschen werden als Kinder, als Söhne der Erde angesprochen und ihr Zustand als der einer Gottverlassenheit beschrieben. »Niemand kann von der Stirne mir nehmen den traurigen Traum.« (Menons Klagen um Diotima). Brot und Wein werden als Früchte der Erde – wie zum erstenmal – gefeiert, aber »nur zu Zeiten erträgt göttliche Fülle der Mensch. Traum von ihnen ist drauf das Leben.« Die Himmlischen haben sich abgewandt; »wir kommen zu spät«. Insofern ist die Erde nicht partout die Heimat der Menschen. Zu Zeiten ist sie das Gegenteil. »Nämlich zu Haus ist der Geist nicht im Anfang, nicht an der Quell. Ihn zehret die Heimat, Kolonie liebt, und tapfer Vergessen der Geist.« (Variante zu »Brot und Wein«) So spricht nur einer, der sich nicht überwältigen läßt von irgendeiner Sehnsucht. Insofern können die Hymnen als genaue Bestandsaufnahmen der Entheiligung der Erde gelesen werden. Das bedeutet Selbstthematisierung von Anfang an: »Wozu Dichter in dürftiger Zeit« (»Brot und Wein«). Die erhobene Stimme kämpft gegen ihr Versinken. »Viel hat erfahren der Mensch. Der Himmlischen viele genannt, seit ein Gespräch wir sind und hören können voneinander« (Friedensfeier, Dritter Absatz). Fast am Ende, als alle verbliebenen Freunde angeschrieben sind (die Hymnen sind Episteln) und die Orte des Sagens stellenweise schon leer bleiben, schreibt er in Anspielung auf seine Frankreich-Reise: »Bald aber wird, wie ein Hund, umgehen in der Hitze meine Stimme auf den Gassen der Gärten, in denen wohnen Menschen...« (Vom Abgrund nämlich...). Überhaupt diese Fußreise nach Bordeaux und zurück entspricht den geheimen Vorschriften der Initiation aufs Genaueste. Hölderlin schreibt 1802 nach der Rückkehr und nachdem er erfahren hat, daß seine Diotima gestorben ist, an den Freund Böhlendorff: »Ich habe Dir lange nicht geschrieben, bin indes in Frankreich gewesen und habe die traurige einsame Erde gesehen... Das gewaltige Element, das Feuer des Himmels und die Stille der Menschen, ihr Leben in der Natur, und ihre Eingeschränktheit und Zufriedenheit, hat mich beständig ergriffen, und wie man Helden nachspricht, kann ich wohl sagen, daß mich Apollo geschlagen... Der Anblick der Antiken hat mir den Eindruck gegeben, der mir nicht allein die Griechen verständlicher macht, sondern überhaupt das Höchste der Kunst, die auch in der höchsten Bewegung... der Begriffe... dennoch alles stehend und für sich selbst erhält, so daß die Sicherheit in diesem Sinne die höchste Art des Zeichens ist... das philosophische Licht um mein Fenster ist jetzt meine Freude; daß ich behalten möge, wie ich gekommen bin, bis hierher!« Hölderlin lebte nach seinem Zusammenbruch 1806 – er war 36 Jahre alt – noch einmal 36 Jahre im Turm von Tübingen.

Nerval oder der Traum als zweites Leben

Gérard Labrunie, der sich nach einem Flurstück eines seiner Familie gehörenden Feldes mit den Ruinen einer Römerburg »de Nerval« nannte, hat sich – wie er es im voraus träumte – am 26. 1. 1855 am Gitter eines Hauses in der finstersten Rue basse de la Vieille Lanterne erhängt. Er hinterließ ein lange Zeit verkanntes Traumprotokoll seiner letzten Jahre: »Aurelia«, eine Erzählung, die nicht die vollendete Form der »Erinnerungen an das Valois« mit dem Titel »Sylvia« hat, aber dafür die Innenansicht eines fortschreitenden Wahns in unerhörter Deutlichkeit beschreibt. »Der Traum ist ein zweites Leben. Jene Pforten aus Elfenbein und Horn, die uns von der unsichtbaren Welt trennen, habe ich nicht ohne Schaudern durchqueren können. Die ersten Augenblicke des Schlafs sind ein Bild des Todes; lähmende Starre befällt unser Denken, und wir können den Augenblick nicht genau erfassen, in welchem das Ich in anderer Gestalt das Werk der Existenz fortsetzt.«[4] So beginnt Nervals Aurelia, um den Leser zu entführen in einen Krieg zwischen Einbildungskraft und Verstand, den der Verstand verliert, der aber den Träumer ablenkt und seinerseits auf die Reise schickt, zur Göttin Mnemosyne, zum Engel der Melancholie, gen Osten, um dort denselben Apostel zu treffen, dem Hölderlin in seiner Hymne »Patmos« begegnet. Dann vertieft sich der Träumer in die Genealogie der Bilder, erfährt die christlichen Mysterien als Decknamen älterer Weisheiten, muß auf endlosem Papier die Weltgeschichte neu schreiben, erschrickt vor den »kahlen Felsengruppen«, die sich »erhoben wie Skelette eines Schöpfungsentwurfs« – so fast wörtlich aus Artaud im Lande der Tarahumaras – und findet endlich den Anschluß an die Metamorphose, den Gestaltwandel der Götter, der Menschen, der Tiere, der Pflanzen, der Steine... Er tritt ein in die schwere Arbeit der Träumer an der Erhaltung der Welt, indem er die Werke der Kabbalisten und Alchimisten fortsetzt, die durch die Verwandlung des Menschen hindurch den Stein der Weisen finden, d.h. die Transformation der vier Elemente in die Quintessenz vollbringen wollten. Eine kosmogonische Reise also, allerdings unternommen, um die verlorene Geliebte wiederzufinden. Nerval hatte sich, wie man berichtet, in »Wirklichkeit« in eine Provinzkokotte verliebt, aber er wollte nicht nachgeben. 1841 wurde er zum ersten Mal in eine Heilanstalt eingeliefert. 1842 stirbt Jenny Colon, seine Aurelia. Das Klagelied um die zweimal verlorene Eurydike singt von schwarzen Sonnen der Schwermut. Auch diesen Tonfall der »Chimères« übernimmt Artaud später. Er kannte und liebte diese Gedichte. Es gibt ein Portrait von Nerval (von Gervais), auf das der Abgebildete den Satz eigenhändig schrieb »Je suis l'autre« ... dieses Motto einer Absage an den kommenden Kult der Identität. Seine Mutter hat er nie gekannt. Sie starb mit 25 Jahren in Deutschland, als sie seinem Vater in den Krieg Napoleons gegen Rußland zu folgen versuchte. Seitdem war Deutschland sein »Mutterland«. Er übersetzte den Faust und Texte von Klopstock, Schiller. E.T.A. Hoffmann, Heinrich Heine.

Nietzsche oder der Geist der Schwere

»Ich bin, um es in Rätselform auszudrücken, als mein Vater bereits gestorben, als meine Mutter lebe ich noch und werde alt.«[5] So beginnt, nach dem Vorwort, »Ecce homo. Wie man wird, was man ist.« Das ist Genealogen-Deutsch. »Genealogisch« ist die Paradoxie im Argument oder einfacher: das Jasagen zu einem Sachverhalt, der für ein Subjekt unannehmbar ist. Seitdem Nietzsche die Dialektik der Subjektivitätsphilosophie als Notwehr durchschaut und das menschliche Subjekt als wuchernde Vielfalt akzeptiert hat, mußte er sich an der Umwertung der Werte, an dieser Alchimisten- und Goldmacher-Arbeit beteiligen und die Welt, da es sie nicht gibt, erschaffen. In seinen Briefen vom Jahresanfang 1889, im aufbrechenden Wahnsinn, hat er dies affirmiert. Er schreibt an Jacob Burckhard: »zuletzt wäre ich sehr viel lieber Basler Professor als Gott; aber ich habe es nicht gewagt, meinen Privat-Egoismus so weit zu treiben, um seinetwillen die Schaffung der Welt zu unterlassen. Sie sehen, man muß Opfer bringen, wie und wo man lebt.« Die letzten Briefe sind Botschaften einer tendenziell universellen Korrespondenz, unterschrieben entweder mit »Der Gekreuzigte« oder »Dionysos«. Fast am Schluß des Briefes an Burckhardt steht: »Was unangenehm ist und meiner Bescheidenheit zusetzt, ist, daß im Grund jeder Name in der Geschichte ich bin... da ich gänzlich unerfahren in den Dingen bin, welche ich schaffe, so steht Ihnen jede Kritik zu... Wir Artisten sind unbelehrbar.« An Cosima Wagner schreibt er: »Ariadne, ich liebe Dich. Dionysos.« Das ist der wahrsagende Größenwahn, der, aus dem rechten Abstand betrachtet, vollkommen zutreffend ist. Nietzsche bezeichnet ihn selbst sehr genau: »Hat jemand, Ende des neunzehnten Jahrhunderts, einen deutlicheren Begriff davon, was Dichter starker Zeitalter Inspiration nannten?... Mit dem geringsten Rest von Aberglauben in sich würde man in der Tat die Vorstellung, bloß Inkarnation, bloß Mundstück, bloß Medium übermächtiger Gewalten zu sein, kaum abzuweisen wissen. Der Begriff Offenbarung, in dem Sinn, daß plötzlich, mit unsäglicher Sicherheit und Feinheit, etwas sichtbar, hörbar wird, etwas, das einen im Tiefsten erschüttert und umwirft, beschreibt einfach den Tatbestand. Man hört, man sucht nicht; man nimmt, man fragt nicht, wer da gibt; wie ein Blitz leuchtet ein Gedanke auf, mit Notwendigkeit, in der Form ohne Zögern – ich habe nie eine Wahl gehabt.« (Ecce Homo. Drittes Stück über Zarathustra.) Das schreibt er bei 200 Schmerztagen im Jahr und ohne den Trost irgendeines »Jenseits«. Stattdessen hin und wieder ein kleines azurblaues Ideal: »Sein Leben zwischen zarten und absurden Dingen verbringen, der Realität fremd; halb Künstler, halb Vogel und Metaphysikus; ohne Ja und Nein für die Realität, es sei denn, daß man sie ab und zu in der Art eines guten Tänzers mit den Fußspitzen anerkennt; immer von irgendeinem Sonnenstrahl des Glücks gekitzelt; ausgelassen und ermutigt selbst durch Trübsal – denn Trübsal erhält den Glücklichen … – dies, wie sich von selbst versteht, das Ideal eines schweren, zentnerschweren Geistes, eines Geistes der Schwere.«[6]

Artaud oder das Mexiko-Experiment

»Hinfort wird keiner sein, der das Orakel zwingt«, so lautet auf Deutsch die vorletzte Zeile des Ölberg-Gedichts von Nerval. Artaud hat es zwingen müssen. Im Jahre 1936 unternimmt er – schon erschöpft durch exzessiven Drogengebrauch – eine Reise nach Mexiko, zu den Tarahumara-Indianern, um sich initiieren zu lassen. Zunächst zwingt ihn der chronische Geldmangel zu Umwegen. Er hält in Mexiko-Stadt Vorträge über französische Kultur, insbesondere das Theater, aber auch – kaum kompetent – über mexikanische Themen, z. B. »Mexikos okkulte Kräfte«, und sendet Botschaften in alle Welt. Er braucht das Nötigste, »um ein paar Indianerstämme zu besuchen, in deren Bräuche ich eingeweiht werden möchte … ich muß etwas Kostbares finden; wenn ich es in der Hand habe, werde ich automatisch das wahre Drama verwirklichen, das ich machen muß.«[7] So schreibt er an J. L. Barrault – und an den Rand des Briefes: »es handelt sich vielleicht nicht um Theater auf der Bühne.« Bis zum Oktoberanfang muß er warten, bis die Indianer ihn teilnehmen lassen an einem nicht näher beschriebenen »Peyotl-Ritus«. Unter dem Schmerzdruck des Drogen-Entzugs hat er eine Vision, welche die Tarahumaras – ein Stamm, der bis heute nicht zivilisiert werden konnte – als Erfahrung »Ciguris« bezeichnen, des Menschen, der sich aus sich selbst heraus im Raum entwarf, als Gott ihn ermordete. »Ich hatte aber eine Vision, die mich tief beeindruckte und von dem Priester und seiner Familie für echt befunden wurde, sie bezog sich offenbar auf den, der Ciguri sein soll und Gott ist. Doch dahin kommt man nur, wenn man durch Zerrissenheit und Angst hindurchgegangen ist, und danach hat man das Gefühl, man sei gleichsam vom anderen Ufer der Dinge zurückgekehrt und zurückgeflutet...«[8] Das Theater, das nicht auf der Bühne und ohne Zuschauer stattfindet, ist das Ritual des eigenen Todes, des wirklichen Todes, nicht eines mimetisch vollzogenen imaginären Todes. »Der Tänzer tritt hinein und wieder heraus, verläßt aber den Kreis nicht. Er rückt entschlossen ins Übel vor. Er stürzt sich hinein mit einer Art gräßlichem Mut, einem Rhythmus, der mehr als den Tanz, der die Krankheit wiederzugeben scheint... Denn dieser Vorstoß in die Krankheit ist eine Reise, ein Hinabsteigen, um wieder ans Tageslicht herauszutreten.«[9] Für Artaud ist der Peyotl-Tanz zugleich die Verschmelzung mit Christus und die Befreiung von ihm. Er wiederholt später immer wieder den Satz: »Wir sind noch nicht auf der Welt«. Das Problem, das er hat, ist, aus sich einen Körper zu erlangen, d.h. nicht von einer Mutter geboren zu sein. »Ich weiß, daß ich anders geboren wurde, durch meine Werke, und nicht von einer Mutter, doch die Mutter hat mich haben wollen, und Sie sehen an meinem Leben, was daraus geworden ist.«[10] Die auf das Jahr 1936 folgenden Ereignisse zeigen, daß Artaud den Rückweg nicht mehr finden konnte. Damit begann erst seine Leidensgeschichte in den Irrenhäusern Frankreichs. Und doch bleibt seit Mexiko eine Zuversicht, eine ebenso unerträgliche wie beglückende Illumination: »die Zeit, in der der Mensch ein Baum war ohne Organe... wird wiederkommen.«[11]

Die Reise nach innen verrät, vierfach wiederholt, die Konturen jenes »ehernen Ganges der Phantasie«, der längst ihren »freien

Lauf« ersetzt hat. Darin kommt eine genuine »Vorläufigkeit« der Genannten zum Ausdruck, die historisch noch uneingelöst ist. Gerade das Stereotype der Lebensläufe scheint bevorzustehen. Dennoch wäre es nur illusionär, aus dem Wahnsinn eine Lösung zu erwarten. Wie die Strategie der Verlichtung ist die affirmierte Erdenschwere dem Scheitern ausgesetzt und bekommt so Züge eines forcierten Dramas, das alle Beteiligten – auch die zuschauenden Götter – rat- und trostlos zurückläßt.

Rückkehr ohne Ende

Das Werk, das zu Beginn des zwanzigsten Jahrhunderts ein letztes Kapitel der finster gewordenen Geschichte des Subjekts einleitet, Rilkes »Malte Laurids Brigge«, endet mit einer inversen Deutung der Parabel vom verlorenen Sohn.[12] Rilke deutet ihn als den, der nicht geliebt werden wollte, der deswegen wegging, der wiederkam nur um der Probe willen (ob man ihn noch liebe), dem die Liebe der Anderen als lästig und aufdringlich erschien, den diese Liebe jederzeit hilflos und überwältigt fand, der schließlich einwilligte in den Anschein, daß er der Liebe bedürftig sei, obwohl er es nicht war.

Der Protagonist Rilkes, eine späte Gestalt jenes Helden, der immer die Hauptrolle in der Geschichte der Rückkehr gespielt hatte, trieb sich in der Welt herum, übte das Nicht-Ankommen, hielt sich – vorübergehend – im »Midi« auf, wurde in Les Baux gesehen und suchte dem Gedächtnis derer zu entgehen, die ihn liebten. Von Rilke und seinem »Helden« aus ist es nur noch ein kleiner Schritt zu jener Figur des »neuen Narziß«, der den Schuldspruch der Artemis, die unerfüllbare Selbstliebe, jeglichem Geliebtwerden vorzieht. Von dort aus können das Schicksal der Liebe und die Geschichte der Rückkehr noch einmal anders wahrgenommen werden, diesmal sub specie ihrer Un-Endlichkeit.

Jede Rückkehr will ein Ende. Das Nicht-Ende dagegen paßt in keine Geschichte. Daraus ergeben sich heute die Zerreißproben und Unerträglichkeiten der Liebe. Solange die Un-Endlichkeit als ein aufgeschobenes Ende begriffen werden konnte, blieb das herkömmliche Selbstverständnis einer bewegten Menschheit (allegorisch zum Helden verdichtet) intakt. Seitdem aber beide Seiten des Problems die Kontur der Unmöglichkeit bekommen haben und das menschliche Trachten – soll es weiter gehen – unter das kontradiktorische Signum eines Nicht-Endes geraten ist, scheint die Geschichte stillgestellt zu sein. Die Unendlichkeit im Sinne des Nicht-Endes zwingt zu der – noch unerträglichen – Einsicht, daß Rückkehr unmöglich wurde und somit keine Geschichte mehr erzählt werden kann. In gewisser Weise ist der Bogen des Begehrens schon lange gebrochen, aber die Menschen wagen nicht, danach zu leben. Vielleicht hat die Hochspannung des Imaginären heute den Sinn, dieses Aufklaffen der Geschichte zu kaschieren. Damit aber wird Zukunft blockiert.

Um ein solches Hinübergleiten der Erzählung in die paradoxe Struktur der Selbstblockierung besser begreifen zu können, sollte man noch einmal beginnen, von Anfang an. Die Geschichte erzählt die mühsame, mehrphasige und mehrschichtige Herausbildung des menschlichen Individuums, des Subjekts, des vereinzelten Einzelnen und handelt konkret von den immer weiter werdenden Rückwegen aus der Isolation, aus der Fremde in die Heimat. Das ist die Geschichte der europäischen Zivilisation, eines Siegeszuges des Konzepts »Selbstkontrolle«, das im Nachhinein keineswegs wie ein Programm, eher wie ein unerwartetes Resultat erscheint. Diese Geschichte paraphrasiert den dramatischen Vorwurf einer Kollision zweier Ordnungen: einer binären Ordnung der Natur und einer triangulären Ordnung der Kultur. Der Urschmerz der Individuation, die irreduzible Wahrheit des eigenen Todes wird in der Kollision durch eine Strategie mehrfacher Abstraktion nach und nach erträglich gemacht. Durch einen Zugewinn an Komplexität konnte die Geschichte, wo und wann immer sie Ereignis wurde, offen sein für die intervenierenden Taten der Menschen – jedenfalls bis zu dem Punkt, an dem die bislang produktiven Praktiken zu Maschinerien der Destruktion mutiert sind.

Die Geschichte der mythischen Helden geht noch davon aus, daß Rückkehr möglich sei. Von Morgen bis Abend folgen sie dem Lauf der Sonne am Himmelszelt. Das Ende ihres Tages in der Nacht der

»Mutter« ist für die »großen Menschen«, jene sonnengleichen Inbilder der Menschheit, in ihrer ganzen Unwiderstehlichkeit bestimmend. Mögen noch so viele Hindernisse den Weg verstellen, letzten Endes ist das Ziel klar. Der Kreislauf, der zurückkehrt in die Nacht, um nach einer Unterbrechung wiederzubeginnen, wirkt wie eine Vorschrift, der zu folgen schwierig, aber keineswegs unmöglich ist. In tausend Kulten verherrlicht, in abertausend Gedichten gefeiert, scheint nichts den Siegeszug des Lichtes am äußeren und inneren Firmament aufhalten zu können. Ein derart hochgetriebener Sinn der Herrlichkeit dauert lange, dauert noch heute. Die Sinnenfälligkeit des Vorgangs Tag für Tag, Jahr für Jahr wiederholt, tut ein übriges, um die Szene einzuschreiben in die Erinnerungen und Hoffnungen der Menschen. Die Liebe des »Sohnes« ist so unverbrüchlich wie die der »Mutter« – ein eherner Gang der Zeit, Modell schließlich für die Uhren der alten Welt. Selbst die neuzeitlichen Chronometer verherrlichen noch die Geschichte der Rückkehr. Solange sie Zeiger haben, zeigen alle Uhren diese Liebe.

Früh aber gab es Abweichungen von der mythischen Vorschrift, die selbst noch einmal Anlaß für Mythologien waren. Der Kreislauf wurde aufgebrochen, doch nicht vollends. Man denke an die Odyssee. Der Weg über das Meer, der den Verschlagenen verschlägt, ist ein anderer als der am Himmel. Anders als Herakles, der ob seiner Taten zwischen die Sterne versetzte Held, gerät Odysseus in den Krieg der Götter auf Erden. Zwar mißt auch er bei seinen Fahrten noch einmal die Grenzen der bekannten Welt aus, doch scheint es eher ein Zufall zu sein wie andere Zufälle, daß er schließlich in Ithaka landet und Penelope als seine Frau wiederfindet. Anfang und Ende der Geschichte sind im Verhältnis zu den Abenteuern auf See und an den Küsten vergleichsweise unwichtig. Wenn die Odyssee noch ein Modell für die Schicksale des Subjekts abgibt, dann ist die Geschichte die eines Spätheimkehrers und ihr Ende ein Surplus. Seitdem gehört der hinausgezögerte Sinn zum Schicksal der Liebe hinzu.

Entkommt also Odysseus dem ehernen Gang des Mythos schon teilweise, gerät in der Folge die Opposition deutlicher. Die Geschichte des christlichen Heilsbringers auf Erden arbeitet das Kreuz heraus. Das ist die folgenschwerste Modifikation in der

Eskalation der Abstraktionen. – Denn das Kreuz ist eine Absage an die Rückkehr. Es wird errichtet, um eine andere Richtung anzudeuten. Zwar erfüllt auch Christus noch das, was geschrieben steht, nur an einem Punkte geht er einen anderen Weg als die mythischen und mythologischen Helden. er wählt ausdrücklich die Himmelfahrt, statt in der Erde zu ruhen. Sein Abschied von der Mutter ist endgültig. Das gelingt mittels eines androgynen Bildes: durch mimetische Verdoppelung holt er das Weibliche in sich zurück. Die Erde mit ihren Toden und Schmerzen scheint besiegt. Das Licht tendiert ins Energetische, Unsichtbare. Unter dieser Bedingung einer Transformation der irdischen Körper ins Imaginäre kann Christus von sich sagen: ich bin der Weg. Er geht nach innen. Das Kreuz ist unumgänglich. Es ist die Struktur des Irdischen, der im Raum ausgedehnten Erde. Niemand kommt mehr daran vorbei. Seitdem muß die Geschichte der Rückkehr das Kreuz verleugnen oder aber durch Leid hindurch sich in Brand setzen lassen. – Man vergesse also nicht, daß das Schicksal der Liebe sich in Europa aus zwei Quellen nährt, die nicht miteinander vereinbar sind: aus dem griechischen Mythos und aus dem christlichen Mysterium. Wer diesem Schicksal entgehen will oder überhaupt verstehen möchte, was heute geschieht, muß immer wieder diese »Herkünfte« studieren, die zunächst unentrinnbar sind. Weil der Diskurs der Liebe heute selbst von großer Einsamkeit ist, tendiert er ins Unverständliche.[13] Aber die Erkenntnis ist nur ein Spezialfall der Liebe und wäre derart ihrem Schicksal ebenso ausgesetzt: in der Rede über die Unmöglichkeiten der Sprache zu verstummen. Insofern geht es hier wie dort um Klärung der Paradoxien, in denen die Geschichte der Rückkehr sich verfangen hat. Es folgt die Fassung, die Jacques Lacan hinterlassen hat und die verdeutlichen könnte, warum etwas nicht stimmt, nie gestimmt hat und nie stimmen wird mit der Liebe.

Wer darüber hinweggeht, muß ein Problem offenlassen, das heute alle Aufmerksamkeiten auf sich zieht: den Narzißmus, der seinen Untergang will; das Subjekt, das sich auslöscht, weil es sich nicht gewinnen kann. Weit entfernt, seine Bändigung zu erfahren, wird das Imaginäre aufs neue hochgespielt. Und es ist keine symbolische Ordnung in Sicht, die intervenieren könnte. Der »erotische Aufstand«[14], der Protest dagegen, das Kreuz symbolisch anzunehmen und sich wenigstens als dezentriertes Subjekt zu verstehen, treibt nämlich immer weiter in die inneren und äußeren Exile. Vorübergehend mag es gelingen, sich so einzustellen, daß das Verlorene geliebt wird. Das ist die Lösung der Melancholie. Oder man versucht es mit der Virtuosität, man liebt die Liebe und bahnt der Selbstreferenz im Dickicht der Beziehungen eine neue Gasse. Schließlich liebt man den, der die Liebe liebt und schlägt sich in seine Einsamkeit wie in einen leeren Mantel. Doch ist kein Selbst mehr Anlaß für ein Glück – es sei denn, daß man abgefunden wurde mit dem eigenen Tod.

Dieser Skandal, daß alles auf eine Figur hinausläuft, die bewußt oder unbewußt Selbstmord betreibt, weil es das Andere offenbar nicht gibt, läßt sich auch mit Lacan nicht mehr auflösen. Das Schwierigste besteht darin, auf die Liebe des Vaters zu verzichten. Obwohl sein Verschwinden unwiderruflich ist, erheben sich allenthalben, aufs neue, Reklamationen. Der Narzißmus als kollektives Unglück hat brisante Tendenzen. Hier wirkt das Begehren auf die Dauer tödlich. Die innere Menschheit als Narziß arbeitet an ihrer Implosion. Die wird Feuer und Schwert gegen sich selbst richten. Sie will – als Bild – das Ende der Geschichte. Narziß wird den zurückkehrenden Christus in den Wolken als seinesgleichen wiedererkennen. Daran ändert auch die Erklärung nichts, daß nicht die »Mutter« das Bild sei, sondern das Bild die »Mutter«. Roland Barthes nimmt diese Spur in seinem Fotografiebuch auf[15]: weder Haß, die Absage an die Mutter – wie Artaud sie formuliert – noch die Neigung – wie Barthes sie stark macht – kommen gegen die Zuspitzung auf, daß die Offenbarung im Bilde durch eine gespaltene Phantasie gebrochen und daß dadurch jegliche Referenz eines Anderen ins Schwinden geraten ist.

Heute, wo die unendliche Geschichte der Rückkehr die Geschichte blockiert und die Rückkehr unmöglich macht, ergibt sich zwingend die Aufgabe, der abendländischen Geschichte als einer geschlossenen Parabel zuvorzukommen. Das geht nur durch eine Rehabilitation des Fremden. Die Chance liegt in dem, was niemals bekannt war: man muß die enteignete Geschichte enteignen und dann der Spur des Anderen folgen. Was neugeschrieben werden muß, ist der Anfang, der nicht die Gestalt der Explosion, der Schöpfung aus dem Nichts, des Kampfes mit dem Chaos hat: das sind bloß Heldentöne. Nur wenn es einen solchen Anfang nicht gab, kann das Ende vermieden werden. Man muß alle geschlossenen Theorien des Offenen verabschieden. Die einzige Chance gegen den implosiven Narzißmus ist das endgültige Fremdwerden der entfremdeten Welt. Gewiß, die Menschen sind Kinder der Erde und nichts ist geschehen, das dies ins Licht eines unaufhörlichen Schreckens tauchen müßte.

Anmerkungen

1 Jacques Lacan: Schriften I, Olten 1973, S. 121.
2 Vgl. Gabriele Ricke: Schwarze Phantasie und trauriges Wissen. Hildesheim 1981.
3 Zitiert wird nach Friedrich Hölderlin: Werke. Köln 1984 (Auswahl Peter Härtling).
4 Zitiert wird nach Gérard de Nerval: Aurelia, Sylvia. Stuttgart (Reclam) 1971 und ders.: Töchter der Flamme. Freiburg 1953.
5 Zitiert wird nach Friedrich Nietzsche: Werke (V Bände). Frankfurt/M. 1972 (Ausgabe Schlechta).
6 A.a.O. Bd. IV, S. 386.
7 Zitiert wird nach Elena Kapralik: Antonin Artraud. München 1977, hier S. 181.
8 a.a.O. S. 185.
9 a.a.O. S. 187.
10 a.a.O. S. 10.
11 a.a.O. S. 299.
12 Rainer Maria Rilke: Die Aufzeichnungen des Malte Laurids Brigge. Leipzig 1958, S. 263ff.
13 Roland Barthes: Fragmente einer Sprache der Liebe. Frankfurt/M. 1984.
14 Giorgio Cesareno: Der erotische Aufstand. Berlin 1984^2.
15 Roland Barthes: Die helle Kammer. Frankfurt/M. 1985, S. 84f.

II
Rückwege

Gerburg Treusch-Dieter

Liebeszauber

Kaleidoskop und Brennpunkt

In Theokrits berühmtem Gedicht »Die Zauberinnen« geht es um eine kleine Liebesgeschichte, die in die große Geschichte der Liebe der Antike oder des Altertums eingefügt ist. Es handelt sich bei diesem Gedicht um die zweite seiner sogenannten Idyllen.[1] Sogenannte Idyllen, warum? Weil Idylle nach allgemeiner Auffassung die abgetrennte Welt als Rückzug und Illusion bedeutet. Theokrits Idyllen stellen dagegen eine äußerste Verdichtung von Bezügen dar, die Götter und Menschen, große und kleine Welt, zum Bild im »Bildchen« zusammenfügen: zum Eidyllion, oder eben zur Idylle.

Diese Bilder im »Bildchen« verhalten sich wie konzentrisch angeordnete Splitter eines mythischen Kaleidoskops, das sich durch seinen Bezug zum Kult erhellt. Er ist der Brennpunkt. Doch wie diese Bilder aufeinander zu beziehen, wie sie ineinander geblendet sind, entzieht sich, ist verdunkelt. Der Brennpunkt im eigenen Auge fehlt. Auch der Übersetzer der Idyllen, Emil Staiger, stellt fest, daß sie zwar »schlicht aussehen«, dennoch »auf weitverzweigten Voraussetzungen beruhen«.[2] Von diesen Voraussetzungen sind sie historisch abgeschnitten. Theokrits kleine, in die große Geschichte der Liebe eingefügte Liebesgeschichte, ist aus ihren Fugen und Fügungen gelöst. Sie scheint heute die abgetrennte Welt als Rückzug und Illusion zu sein. Vor allem für »Die Zauberinnen« und ihre Handlungen scheint das zu gelten.

Doch die zeitlichen Entstehungsbedingungen von Theokrits Idyllen in der ersten Hälfte des dritten Jahrhunderts vor Christus lassen keinerlei Schlüsse auf geschwundene und verschwundene Bezüge zwischen Götter- und Menschenwelt zu. Das hellenistische Gottkönigtum floriert. Sein gefeierter Repräsentant ist Ptolemaios Philadelphos[3], der seine Mutter nach ihrem Tod unter die »Heilandsgötter« aufnehmen läßt, dagegen sich selbst und seine Gattin

Arisnoe II. schon bei Lebzeiten vergöttlicht. Speziell diese Gattin vermachte den Samothrakischen Mysterien große Stiftungen. Sie aber, die mit den Eleusinien und sonstigen Mysterien identisch sind, bilden in Theokrits Gedicht »Die Zauberinnen« das Bezugssystem. Ihre Handlungen stellen deshalb keinen Anachronismus dar, sondern sie sind integraler Bestandteil kultischer und mythischer Bezüge, die intakt sind.

Allerdings ist ein geschichtlicher Bruch zu beachten, aufgrund dessen zwei Schichten dieser Bezüge im Spiele sind. Denn die große Geschichte der Liebe der Antike oder des Altertums, die von seiner Religionsgeschichte nicht abzutrennen ist, ist im Hellenismus bereits Jahrtausende alt. Der Zauber aber ist immer auf die ältere Schicht zu beziehen. Folgt man der Forschung, gibt es überhaupt keinen spezifisch griechischen oder lateinischen Zauber. Da seine Grundlagen über Jahrtausende der »ritus Aegypticus vel Babylonicus« ist. Auch in den Zauberinnen kommt das letzte, das entscheidende Mittel durch einen »assyrischen Fremdling« ins Spiel.[4]

Da jedoch konstatierbare Fakten historische Bezüge nicht ersetzen können, wie sie in Theokrits »Bildchen« verdichtet sind, sei stattdessen ein Sprachsplitter aufgegriffen. Denn selbst wenn er jetzt noch nicht an- oder eingeordnet werden kann, da Theokrits Gedicht vorerst unbekannt ist, könnte es doch sein, daß er auf den Brennpunkt seines mythischen Kaleidoskops verweist. Noch immer wird gesagt, »ich habe mich unsterblich verliebt«. Gerade dann wird es gesagt, wenn das Sterbliche, das Ephemere, das Verschwindende der Liebe todsicher ist. Gerade dann, wenn an ein »immer und ewig« nicht im Schlaf zu denken ist. Und doch scheint etwas Undenkbares wachzuwerden, in dem das »immer und ewig« mit Schlaf verbunden ist. Mit einem Schlaf, in dem Beischlaf und Todesschlaf ununterscheidbar sind.

Deshalb kann ein weiteres Bruchstück angefügt werden. Der Liebesmärchenschluß: »und wenn sie nicht gestorben sind, dann leben sie noch heute«. Sie? Das ist immer ein Königspaar, das durch die Liebe unsterblich geworden ist. Sofern man beides – unsterbliche Verliebtheit und ein Königspaar, das obwohl gestorben, noch lebt – mit den konstatierten Fakten um Ptolemaios Philadelphos und seine Gattin verbindet, die sich noch zu Theokrits Lebzeiten vergöttlichten, dann wird die große Geschichte der Liebe in der kleinen Geschichte seines »Bildchens« näherrücken. Kann sein, daß sich ihr Brennpunkt dann auch im eigenen Auge reflektiert.

Warum ist uns die Götterwelt des Altertums so nah, fragt Heinrich Brugsch in seiner Untersuchung zur Adonisklage, dem Liebeslied, das jahrtausendelang den Kult des Gottkönigs bestimmte. Keineswegs weil diese Götterwelt »in unserer Erinnerung ein dauerndes Denkmal gesetzt hat«, so seine Antwort, sondern »weil die Lebenswärme menschlicher Empfindung diese Gebilde erfüllt«[5]. Warum unterscheidet er zwischen Denkmal und Gebilde? Die Götter als Gebilde seien es, die die Erinnerung an die Götter als Denkmal wachhalten. Dabei verbindet er die Götter als Gebilde mit einem Bild, wie es auch in jenem Liebesmärchenschluß enthalten ist, da er sie »erfüllt« von »Lebenswärme« nennt. Als seien sie Tote, die noch leben. Die naheliegende Folgerung, daß diese noch lebenden Toten Menschen waren, die sich vergöttlichten, diese Folgerung zieht Brugsch in seiner Untersuchung zur Adonisklage allerdings nicht. Ist es das Undenkbare am Denkmal dieser Götterwelt, ist es die Verbindung von Lebenswärme und Tod, von Beischlaf und Todesschlaf, die unheimlich ist und darum diese Folgerung verhindert?

Koitus und Kiste

In Theokrits Gedicht tritt an entscheidender Stelle eine »Korbträgerin« auf.[6] Dieser Korb ist jedoch nur ein sogenannter Korb. Er symbolisiert das Grab. Im Kult wird er »Kiste« genannt. Frazer weist darauf hin, daß Plutarch für »Kiste« auch »Koite« einsetzt. Sie sind bedeutungsgleich: Kiste, Kasten, Lade und Beischlaf, Ehebett.[7] Wenn also einer sagen sollte, »du kannst dir die Kiste nicht vorstellen, aber ich habe mich unsterblich verliebt«, dann spricht er aus, was nicht nur im Kult, sondern auch in der Liebesordnung und -semantik der Antike das Allerheiligste war: die Verbindung von Koitus und Kiste.

Das Grab ist Brautgemach und umgekehrt. Und so wie in der großen Kultgeschichte der Liebe die Voraussetzung der heiligen

Hochzeit die Totenhochzeit ist, so hat sich in der kleinen Liebesgeschichte – entsprechend einer Regel, die Plutarch in den Quaestiones Romanae angibt – der Bräutigam der Braut in der ersten Nacht ohne jedes Licht im Dunkel zu nähern. Die gleiche kultische Implikation findet sich auch in Theokrits Gedicht. Sie kommt beim Auftreten der für Koitus und Kiste bestimmten Korbträgerin und dem Beginn der Liebesgeschichte von Simaitha und Delphis ins Spiel. Denn die Liebesordnung und -semantik der Antike basiert darauf, daß der »Tod« vereint.

Das Schicksal der Liebe wird durch die Verbindung von Koitus und Kiste bestimmt. Sie ist der Brennpunkt, ohne den sich Theokrits »Bildchen« nicht erhellt. Ihre Repräsentantin ist die Korbträgerin, die dieses Schicksal in der Form eines verkleinerten Grabs mit sich trägt. Das Grab ist der kultische Ort der Vergöttlichung, die sich mythisch durch die Vermählung zweier Toten vollzieht. Dabei wird der Bräutigam und Gatte als Gott – oder »Göttergatte« – aus seiner Braut neu- oder wiedergeboren, wodurch sie zu seiner Mutter wird, während er sie als Gattin zu sich erhebt. Sie wird zur Göttin – oder »Göttergattin« – an seiner Seite. Und weil sie nicht gestorben sind, leben sie noch heute. Ihre Liebe hat an eben dem Punkt, wo das Leben in Tod umschlägt, über den Tod gesiegt. Doch nicht nur deshalb sind Aphrodite und Eros, die Liebesmächte der Antike, bewaffnet dargestellt.

Grundlegend für die Geschichte dieser Liebesmächte ist die Geschichte des Gottkönigtums, in der sich Herrschafts- und Liebeskult ununterscheidbar durchdringen. Sieg in der Liebe oder Sieg im Krieg: im Augenblick der Vergöttlichung, die die Totenhochzeit voraussetzt, fällt beides zusammen. Heros und Eros sind wortgleich. Wie aber aus dem Gottkönig der Heros und Eros wurde, warum statt dem Kriegsherrn an Aphrodites Seite schließlich der Ephebe steht, der dennoch der mächtigste der Götter ist, diese Geschichte von Kultmacht und Machtmythos, von Tod und Wiedergeburt, von heiliger Hochzeit und heiligem Krieg, von Opfer und Unterwerfung, von Mysterium und Mystifikation, diese Herrschaftsgeschichte der Liebe oder diese Liebesgeschichte der Herrschaft, allgemein auch Religionsgeschichte des Altertums und der Antike genannt: diese Geschichte kann hier in keiner Weise angedeutet werden. Nur wenige mit dem Kaleidoskop von Theokrits »Bildchen« korrespondierende Splitter sollen um den Brennpunkt von Koitus und Kiste angeordnet werden, soweit diese große Geschichte seine kleine Geschichte strukturiert.

In dieser Geschichte überschneiden sich zwei Schichten. Wenn Simaitha fragt, »Wie soll ich die Liebe beweinen?«[8], »Wer brachte mir solche Betrübnis?«[9], dann steht je eine dieser Fragen zu je einer dieser Schichten in Relation. Bezogen auf die erste Schicht und Frage gilt, daß es dafür, wie die Liebe zu beweinen sei, eine jahrtausendealte kultische Tradition gab: die Adonisklage oder die Klage um den vom Mensch zum Gott erhobenen Bräutigam und Gatten. Tammuz hieß er in Babylonien, Osiris in Ägypten, Baal in Phönizien, Attis in Kleinasien, Adonis oder der »gestorbene und geborene Zeus« auf Zypern, Kreta und in Griechenland. Sein Name ist kein Eigenname. Er bedeutet »Herr«, da er herrschen will: über den Tod hinaus. Dafür verspricht er des Landes Heiland zu sein. Sein Reich sei schon da oder werde kommen. Noch Jahrtausende später zeugen die Eschatologien von diesem Toten- und Liebesreich, in das er als König noch in jedem Märchen die Braut heimführt, wenn es ein Liebesmärchen ist.

Diese Braut hatte ihm zu folgen. Als Opfer. Ob er bei seiner Machtablösung rituell getötet, im heiligen Krieg gefallen oder eines natürlichen Todes gestorben war. Oder ob er als feste, für alle weiteren Exponenten des Gottkönigtums repräsentative Instanz fungierte, deren Tod und Auferstehung alljährlich zur Feier anstand. Tausendfach erscholl die Klage, das Weh! das auch von Simaitha als Bild im »Bildchen« an bestimmter Stelle zu hören ist. »Kehre wieder, kehre wieder«, so das immer gleiche Lied im gesamten Kultgebiet, das seine Parusie beschwor: »Kehre wieder, schöner Helfer, Gebieter, komme zu deinem Weib«[10]. Mythisch stimmte diese Klage Ischtar, Isis, Astarte, Kybele oder Aphrodite an, die als Mutter und Gattin an seiner Seite ebenfalls zur festen Instanz wird. Als Braut blieb sie jedoch dem jährlichen Wechsel des Opfers unterworfen.

Locke und Hyazinthe

Von der Geschichte dieser Braut und ihrer Suche nach dem Herrn, der während dieser Suche, besonders in späterer Zeit, allerorten als Wachs-Gebilde ausgestellt ist, als lebender Toter; von dieser Geschichte, die mythisch zur Höllen-, Hades- oder Irrfahrt der Braut erweitert wird; von dieser Geschichte bleibt kultisch nichts. Denn die Klage, die Beschwörung, die Suche wiederholen nur dieses eine, daß der »Herr« sie verlassen hat, daß sie ihm folgt. Eine Geschichte, die keine ist. Sie trifft auch für Simaitha zu, soweit Theokrit ihre Frage beantwortet, wie sie die Liebe beweinen soll. Delphis hat sie verlassen. Sie klagt um ihn, sie beschwört ihn, sie sucht ihn, sie folgt ihm. Allerdings werden dabei noch die Umstrukturierungen der Liebesordnung und -semantik in der zweiten Schicht zu berücksichtigen sein.

In der ersten Schicht gilt: wenn die Braut ihren Herrn, den sie ins Grab gelegt haben, nach sieben Tagen gefunden hat – wobei zu dieser mythischen und biblischen Formel hinzugefügt sei, daß noch Hieronymos es mit »tiefem Schmerze« bedauert, daß die Geburtsstätte des christlichen Herrn, Bethlehem, die Grabstätte des Herrn des Altertums und der Antike war – wenn also die Braut ihren Herrn nach sieben Tagen gefunden hat, dann wirft sie sich über die Kiste, die gleichzeitig das Synonym für Koitus ist. So jedenfalls wird es im Isismythos berichtet, der als Suchmythos repräsentativ für alle diese jährlich wiederkehrenden Bräute war.

Der Koitus wird dadurch angedeutet, daß sie sich eine Locke abschneidet. Sie symbolisiert pars pro toto ihren Kopf, der ihr in einer anderen, in diesen Zusammenhang gehörenden Mythe, abgeschnitten wird. Das Opfer oder der Zeugungsakt als Tötungsakt haben damit, was den Mythos angeht, stattgefunden. Kultisch wird der Braut, bevor sie verbrannt wird, nur die Kehle geöffnet. Wobei das aus ihr quellende »schwärzliche Blut« der Farbe der Hyazinthe verglichen wird, in deren Kelch die Wehlaute der Adonisklage eingeschrieben seien: Ai Ai. Auch Simaitha erwähnt nach ihrem Weh! ihr »schwärzliches Blut«[11], das Theokrit als feststehendes Bild der antiken Liebessemantik in sein »Bildchen« einsetzt. Bion läßt »die Quelle des schwärzlichen Blutes« der Aphrodite beim »Nabel«

entspringen, einem ebenso feststehenden Bild für das Grab des Herrn, der es empfängt.

Er wird aus diesem Blut neu- oder wiedergeboren, wobei die Braut zu seiner Mutter wird. Eben darum sagt man von Aphrodite Ariagne oder Ariadne, der »Hochheiligen auf Zypern«, daß sie »eine in den Wehen Verstorbene« sei. Gleichzeitig aber wird die Braut zur Gattin des Bräutigams und Gatten, der sie in der heiligen Hochzeit zu sich erhebt: analog dem Feuer, das bei ihrer anschließenden Verbrennung und seiner Auferstehung am achten Tag nach oben steigt. Trotz Hieronymos' tiefem Schmerz über die Kontinuität von antiker und christlicher Religion ist nicht zu verkennen, daß sich diese heilige Hochzeit in der Himmelfahrt Christi und der Ascensio Mariae fortsetzt, auch wenn die Kultdaten auseinandergerissen sind. Was Wunder, wenn dieses Feuer der Vergöttlichung, das selbst das Christentum nicht löschen konnte, auch in Theokrits kleiner Liebesgeschichte brennt. Ob in Simaitha, ob außerhalb von ihr. Als Zauberfeuer.

Räuber und Retter

Bereits die Antike versucht ab dem siebten Jahrhundert mit dem Kult des Gottkönigs durch die sogenannte Einführung des Dionysoskults zu brechen, der sich den Kult des vergöttlichten Toten integriert. Eine Löschung des Feuers der Vergöttlichung war durch diese »Dionysische Wende« allerdings nicht intendiert; wohl aber seine Verdunkelung. Der Kult des Gottkönigs wird zum Mysterienkult. Die Hauptzentren dieser Mysterien sind Eleusis und Samothrake. Eben weil sie in Theokrits Gedicht das Bezugssystem bilden, sind in ihm zwei Schichten zu unterscheiden. Und wenn die Adonisklage der ersten Schicht die Antwort auf Simaithas erste Frage war, dann ist ihre zweite Frage, »wer brachte mir solche Betrübnis?«, auf die zweite Schicht zu beziehen. Auf den Gottkönigskult unter den Bedingungen des Mysterienkults. Zwar ist der Brennpunkt dieses Kults weiterhin Koitus und Kiste, doch verbinden sich mit ihm Umstrukturierungen in der Liebesordnung und

-semantik, die sowohl für Simaithas zweite Frage, wie für ihre Zauberhandlungen erhellend sind.

Grundlegend für diese Umstrukturierungen ist, daß mit der sogenannten Einführung des Dionysoskults über der Ordnung der vom Mensch zum Gott erhobenen Toten eine Ordnung unsterblicher Götter einzieht, die von aller Sterblichkeit abgelöst sind. Das Pantheon spaltet sich, indem es sich verdoppelt. Die geschichtlich bereits vorhandene Ordnung der neu- oder wiedergeborenen Götter wird in die Unterwelt verwiesen, während sich im oberen Teil des Pantheons dieselbe Ordnung wiederholt: doch in der Form körperloser Unsterblichkeit. Kaum erwähnt, können diese Götter wieder vergessen werden, obwohl sie nach Brugsch in unserer Erinnerung zum dauernden Denkmal geworden sind. Denn Theokrit behandelt in seinem »Bildchen« nur die in die Unterwelt verwiesenen Götter; die Götter als Gebilde.

Für die kultisch begründete Liebesordnung und -semantik ergeben sich durch die sogenannte Einführung des Dionysoskults folgende Umstrukturierungen. Der Gottkönig als unterweltlicher Opferempfänger wird unsichtbar und geheim. Die kultische Nachfolge der Braut erfährt eine Umkehrung. Sie wird ab jetzt in einem nächtlichen Jagdritual geraubt. In diesem Jagdritual ist der unsichtbare und geheime Opferempfänger mythisch »nächtlicher Räuber«. Kultisch steht der Priester anstelle des Gottes. Die Mutter und Gattin des unsichtbaren und geheimen Opferempfängers tritt mythisch als sichtbare Opferempfängerin auf. Wobei sie als Mutter die Tochter zum Opfer bestimmt, die von ihr als Gattin unter dem Aspekt der Braut »getötet« wird. Der unsichtbare und geheime Opferempfänger geht in der Position des »nächtlichen Räubers« nicht auf. Sein sichtbarer Aspekt ist der Heros, der bleibt, was er schon vor der »Dionysischen Wende« gewesen ist: Heiland, schöner Helfer und Gebieter.

Aus diesen Umstrukturierungen ergibt sich für die Liebesordnung und -semantik der Antike unter den Bedingungen des Mysterienkults, daß Dionysos als unterweltlicher Opferempfänger kein anderer ist als Eros, der beides ist: Räuber und Retter. Selbst in der Gestalt des Epheben ist er noch immer der mächtigste der Götter. Aphrodite bleibt seine Braut, doch nicht als Suchende, sondern als

Geraubte. Ihn neu- oder wiedergebärend wird sie zu seiner Mutter, die ihrerseits die Tochter zum Opfer bestimmt. Gleichzeitig gibt sie als Gattin, die er als Retter zu sich erhoben hat, auf dieses Opfer den Pfeilschuß ab, der von seinem als Räuber nicht zu unterscheiden ist. Ihre Position der Geraubten kehrt sich um zur Räuberin; zur Jägerin und Schwester an seiner Seite.

Es erhellt, daß die Liebesmächte Eros und Aphrodite nicht nur darum bewaffnet sind, weil die Liebe über den Tod siegt. Sondern auch darum, weil beider Pfeil das Opfer trifft. Doch obwohl Aphrodites Pfeilschuß von Eros' Pfeilschuß nicht zu unterscheiden ist, unterscheidet er sich doch. Denn der ihre ist immer tödlich oder verhängt Liebewahnsinn. Während er seine raubt und rettet. Da er das Opfer zur Vergöttlichung führt. Nicht sie.

Eben weil Aphrodite in der doppelten Position des Opfers, wie in derjenigen ist, die das Opfer bestimmt und erlegt, geht von ihr alle Liebe und auch das Schicksal der Liebe aus. Als Göttin der Liebe trägt sie den Beinamen »in den Gärten«. Gleichzeitig ist sie unter diesem Beinamen Göttin des Schicksals und also »die älteste der Moiren«. Diesem doppelten Aspekt von Liebe und Schicksal entspricht, daß jene »Gärten«, die kultisch ein heiliger Hain mit Grab oder Tempel sind, mythisch jenes Toten- und Liebesreich repräsentieren, das der »nächtliche Räuber« als Heros und Heiland verspricht. Beide, Eros und Aphrodite, stehen jeweils für beides. Für Liebe und Tod. Für Zeugung und Tötung. Aphrodite ist Kypris und Melaina, Goldene und Schwarze. Dasselbe gilt für Eros, der Schwarzer als »nächtlicher Räuber«, Goldener als Heros ist. Hell – Dunkel, Schwarz – Weiß, Licht – Finsternis blendet auch Theokrit, je nach dem, in die Bilder seines »Bildchens« ein. Doch so, daß der eine durch den anderen Aspekt gleichzeitig ausgeblendet ist.

Opfer und Herrin

Die aus der sogenannten Einführung des Dionysoskults resultierenden Umstrukturierungen sollten Simaithas zweite Frage beantworten: »Wer brachte mir solche Betrübnis?« Ihr geht die Frage, »wo nur fange ich an?«, voran. Sie verweist darauf, daß nicht erst das Ende von Simaithas Liebe im Zeichen der Betrübnis steht, sondern bereits ihr Anfang. Theokrits Bild für diese Determinierung ihrer kleinen, in die große Geschichte der Liebe eingefügten Liebesgeschichte: »Als Korbträgerin kam in unsere Gegend Anaxo, Eubulos' Tochter. Sie ging in den Hain der Artemis. Viele Tiere führte der Göttin man vor, eine Löwin darunter«[12]. Ein Kaleidoskop, doch wo ist der Brennpunkt?

Wenn Liebe und Tod von Aphrodite ausgeht, die als Tochter und Braut in der Position des Opfers, als Mutter aber in derjenigen ist, die die Tochter zur Braut und damit zum Opfer bestimmt, während sie als Gattin und Räuberin die Geraubte durch Pfeilschuß erlegt, dann muß die erste Frage sein: Wo scheint in Theokrits »Bildchen« Tochter, Mutter und Gattin auf? Wo zeigt sich das Opfer oder die Braut? die Herrin oder die Mutter? die Gattin oder die Räuberin, die als Jägerin auftritt? Und wo ist er, der Vater, Gatte und Bräutigam, der das Opfer empfängt? Die drei Formen der Aphrodite, die als Jägerin oder Räuberin Artemis ist, sind alle vorhanden. Desgleichen wird der unterweltliche Opferempfänger genannt, da Eubulos ein Beiname der Dionysos ist.

Soweit Aphrodite Eubulos' Tochter und Braut ist, ist sie Korbträgerin, die ihr Liebesschicksal als verkleinertes Grab mit sich trägt: den Korb, der Koitus und Kiste symbolisiert. Soweit Aphrodite Eubulos' Mutter und damit die Herrin der Tochter ist, ist sie Anaxo, die jene zur Korbträgerin, zur Braut als Opfer bestimmt. Insofern dieses Opfer jedoch die Nachfolge der Mutter antritt, aus der sich Eubulos jeweils neu- oder wiedergebiert, kann es beides, Korbträgerin und Anaxo, sein. Diese Nachfolge führt sie in den Hain der Artemis. Sie ist Aphrodite »in den Gärten« als Gattin Eubulos', die durch ihren Pfeil das Opfer erlegt. Indem die Korbträgerin die Nachfolge der Anaxo antritt und dabei den Hain der Artemis betritt, führt Theokrit in sein »Bildchen« das Bild des Tierzugs ein.

Dieser Tierzug, an dessen Spitze die Korbträgerin als jeweils neues Opfer geht, wird der Göttin zum einen vorgeführt, zum anderen ist sie in diesen Zug ihrerseits integriert: denn es ist »eine Löwin darunter«. Da sie Räuberin nur als Geraubte, Jägerin nur als Gejagte ist. Erst wenn sie Eubulos' Opfer gewesen ist, nimmt sie an dessen Seite die Position der Gattin ein, die das neue Opfer durch ihren Pfeil erlegt, der von Eubulos' Pfeil nicht zu unterscheiden ist. Doch während der ihre nur tödlich ist, ist er, der das Opfer als »nächtlicher Räuber« empfängt, gleichzeitig dessen Retter.

Kultisch entspricht dem Bild des von der Korbträgerin angeführten Tierzugs, in dem sich auch eine »Löwin« befindet, ein nächtliches, im Hain der Artemis sich vollziehendes Jagdritual, bei dem der Dionysos-Priester in Kleidung und Maske von den Artemis-Priesterinnen nicht zu unterscheiden ist: bis er das Opfer ergreift. Im Geheimen wird es dem Grab-Herrn, dem unterweltlichen Opferempfänger Dionysos Eubuleus dargebracht. Bei diesem Opfer wird »die Quelle schwärzlichen Blutes« nach unten fließen, das Feuer wird nach oben steigen. Mythisch aber wird dieses Opfer vom Pfeil der Artemis getroffen worden sein, der vom Pfeil des »nächtlichen Räubers« darum nicht zu unterscheiden ist, weil er ihn verdeckt. Man sagt deshalb auch, daß er nur ihre Pfeile abschießt.

Haut und Haar

Von diesem Pfeil, der als Bild im »Bildchen« unsichtbar ist, wird auch Simaitha getroffen. Denn sie hat am Festzug der Korbträgerin zur Feier der Trieterien teilgenommen, der Mysterienfeier, die an die Stelle der Adonien tritt. Durch dieses Fest, das im Zeichen der »Löwin« Jahresanfang und -ende zusammenschließt, wird Simaitha zum Liebesopfer bestimmt, noch ehe Delphis, der Geliebte, auftritt. Da in seiner Konstellation Anfang und Ende ihrer Liebe beschlossen sind. »Auf halbem Wege bereits« zurück, nach Haus, trifft sie auf ihn: »beim Hause des Lykon«[13]. Ein Bild im »Bildchen« für den »nächtlichen Räuber«, der als Wolf der Löwin entspricht.

Dennoch scheint Delphis das Gegenteil des »nächtlichen Räubers« zu sein. Sein Glanz ist verdoppelt, obwohl er »beim Hause des Lykon« steht. Denn er tritt mit einem Gefährten auf: »beide trugen sie blonder als Immortellen die Bärte, und viel heller als... Selene glänzten die Leiber«[14]. Gleichzeitig wird Selene, die goldene

Aphrodite, in dem Maß zur Schwarzen, wie sie durch Delphis doppelten Glanz ausgeblendet ist. Folglich scheint sie es zu sein, die über Simaitha Liebeswahnsinn verhängt, obwohl Delphis seinerseits durch diesen doppelten Glanz als »nächtlicher Räuber« überblendet ist. Denn so wie die Korbträgerin im Hain der Artemis durch deren Pfeil zur Geraubten wird, so wird Simaitha durch Selene der Sinne beraubt.[15]

Ein »hitziges Fieber (wirft Simaitha) darnieder«.[16] Ein Fieber, in dem der Brennpunkt des Opferfeuers nach innen geschlagen ist. Das Opfer-, das Liebesfeuer zehrt sie aus: »sämtliche Haare schwanden vom Haupte mir, Knochen und Haut waren nur noch übrig geblieben«.[17] Blut und Fleisch – unsichtbares Bild im »Bildchen« – sind verbrannt. Doch Delphis, der »nächtliche Räuber«, der seinerseits das unsichtbare Bild im »Bildchen« seines doppelten Glanzes war, Delphis bleibt aus. Er wird nicht zum Retter.

Delphis bleibt solange aus, bis ihn Simaitha durch ihre Sklavin Thestylis rufen läßt.[18] Wie es scheint, durchbricht sie damit die Konstellation, die ihre Liebe determiniert? »Mit leichtem Fuß«[19] und »glänzenden Leibes«[20] – mit dem Fuß des Räubers und dem Leib des Heros – überquert Delphis »die Schwelle der Tür«[21]. Simaitha bietet das Bild einer Toten, aus der das nach innen geschlagene Opferfeuer bricht: »Kälter ward ich da ganz als Schnee und es strömte der Schweiß mir von den Wangen herab«.[22] Kaum tritt Delphis über die Schwelle, schwebt sie zwischen Leben und Tod. Sie ist eine lebende Tote, stumm und »völlig starr wie ein Wachsbild«.[23] Auch Delphis, »glänzenden Leibes«, ist der »Kalte«[24], doch ohne zwischen Leben und Tod zu schweben. Ihr Anblick beraubt ihn der Sinne nicht, er besinnt sich.

»Sitzend«[25], halbiert in ein unteres und ein oberes Teil, hält er eine doppelte Rede. Simaitha hört sie jetzt, am Ende der Liebe, anders als am Anfang. Er sagte: »Wahrlich... du hast mich genau so weit überholt, wie ich Philinos... jüngst überholte, da du mich riefst ins Haus, noch eh' ich von selber hier eintraf«.[26] Was sagte er? Sie habe ihn überholt, als sie ihn durch Thestylis eingeholt hat, nicht er sie. Ist er der Räuber ohne Opfer, obwohl sie als Opfer vor ihm liegt? Sie also soll die Räuberin sein? Die Liebesordnung und -semantik scheint in sich verkehrt.

Hätte sie ihn nicht gerufen: »Ja, (er) wäre gekommen… beim lieblichen Eros«.[27] Er wäre gekommen als Retter. »Auf dem Haupte den Pappelzweig von Herakles heiligem Baume, durchflochten

rings von purpurfarbenen Bändern«.[28] Was er durch dieses Bild im »Bildchen« verspricht, ist die heilige Hochzeit. Doch er verspricht

sie nicht ohne das unsichtbare Bild der Totenhochzeit. Denn die Blätter dieses Pappelzweigs sind nicht nur weiß, sie sind auch schwarz, wie von Pausanias zu erfahren ist.

Hätte sie ihm dann »aufgetan«, nichts hätte er ihr geraubt – denn sie wäre sein Raub schon gewesen. Hätte sie aber »die Türe verriegelt«, er wäre mit »Beilen und Fackeln« über sie gekommen – er hätte sie zu seinem Raub gemacht. Nun aber, da nicht er sie überholt und eingeholt hat, sondern sie ihn; nun, da er der Räuber ohne Opfer ist und folglich auch nicht Retter sein kann; nun hat er der Göttin und ihr zu danken, daß sie ihn, »den zur Hälfte bereits Verbrannten«[29], »dem Feuer entrissen« hat[30] – weil sie ihn rief. Doch da er, als sie ihn nicht gerufen, nicht, nun aber, da sie ihn rief, gekommen ist: könnte es dann nicht sein, daß er als Räuber der Geraubte sein wollte? daß er durch ihren »Raub« sich deckte, so wie Aphrodites Pfeil den des Eros verdeckt?

Obwohl Simaitha die Determinierung ihrer Liebe zu durchbrechen schien, als sie Delphis durch Thestylis rufen ließ, wird sie bestätigt. Denn der Retter kommt nur ungerufen: als Räuber. Falls er aber wie gerufen kommt, ist keine Rettung. Was für Simaitha die heilige Hochzeit war, als »auch das Letzte geschah«[31], ist für ihn Raub, sonst nichts. Auch wenn er mit dem Pappelzweig des Herakles gekommen wäre. Denn in der Liebesordnung und -semantik der Antike ist die Rettung eine Folge des Raubs, nicht umgekehrt. Der Raub, ob mit oder ohne Rettung, ist ihr vorausgesetzt.

Zauber und Rache

Der Raub ist Kränkung. Simaitha: »Delphis hat mich gekränkt«[32]. Diese Kränkung ist – über die zwei Fragen Simaithas hinaus – eine dritte feststehende Komponente in der Liebesordnung der Antike, weil sie Opferordnung ist. Sie besteht darin, daß es für das Liebesopfer keine Rettung gibt außer durch den, der sie geopfert hat. Der aber kann nicht gerufen werden, da er nur ungerufen kommt: als Räuber. Räuber und Retter sind eins. Eros ist beides, schwarz und weiß. Derselbe Dionysos-Priester, der die Braut im Hain der Artemis verfolgt und ergreift, übergibt sie auch ihrer »rettenden« Bestimmung, indem derselbe vom Mensch zum Gott erhobene Tote als »Räuber« ihr »schwärzliches Blut« empfängt, bevor er sie zu sich erhebt.

Die heilige Hochzeit ist im Kult des Gottkönigtums – ob als Adonis- oder Mysterienkult – der krönende Abschluß. Die Brautkrone der Aphrodite Ariadne wird von Dionysos selbst verstirnt. Doch geht ihr die Totenhochzeit voran. Auch Simaitha ist »Totenbraut« als Delphis, der »Kalte«, das Haus betritt. Zwar nicht im Kult, noch im Leben steht in den Sternen, ob es zur heiligen Hochzeit kommt. Eben weil sie der Kult in die Sterne schrieb. Delphis, der Simaitha »zum Weib nicht, sondern verächtlich gemacht... und das Mädchentum (ihr) geraubt« hat, hat sie gekränkt.[33] Obwohl sie wie Aphrodite Ariadne »in den Wehen« des »hitzigen Fiebers« lag, erhält sie die Brautkrone nicht.

Wenn aber die Rettung des Liebesopfers zum einen den wiederholten Raub voraussetzt, zum zweiten selbst für Aphrodite ausgeschlossen ist, da ihre Liebesmacht auf diesem, ihrem eigenen Opfer, beruht, das sie zum dritten stets aufs Neue zu bestimmen und zu erlegen hat, doch nicht zur Rettung führen kann: was bleibt? Es bleibt die Rache. Sie ist die vierte feststehende Komponente in der Liebesordnung und -semantik der Antike. Zwar ist die Rettung des Liebesopfers für Aphrodite ausgeschlossen. Nicht aber seine Rache. Denn als Liebes- und Schicksalsgöttin ist sie auch Nemesis, die von der »Nacht«, »keinem beigestellt«, hervorgebracht wird, von der Schwärze, die nach der Verbrennung bleibt.

Der Rache entspricht der Zauber. In diesem Sinne geht von Aphrodite nicht nur jedes Liebes-Schicksal, sondern auch jeder Liebeszauber aus. Als Liebes- und Schicksalsgöttin zeugt und erzeugt sie Lebensfäden: Bande, die aus der Opfergeburt hervorgehen und die – als Entbindung zum Licht – immer auch Bindung an die Finsternis sind. Diese Bande sind als Schicksalsfäden in die Lebensfäden jedes Einzelnen hineingewirkt. Aphrodite Nemesis tritt dann ins Werk, wenn jene an die Finsternis geknüpfte Bindung, die Opferblutsbande, zerrissen sind, die das Leben jedes Einzelnen mit dem Brennpunkt der Kultordnung verbinden. Mit dem Opfer der Braut, das Aphrodite sowohl selbst ist, wie bestimmt und erlegt.

Als Nemesis hat sie die Sanktionsgewalt sich selbst und ihr Opfer dafür zu rächen, daß Rettung für sie und alle ausgeschlossen ist, die an ihrer Stelle stehen, soweit sie Opfer ist; ob im Hain mit Tempel und Grab, oder außerhalb. Die in die Lebensfäden aller hineingewirkten Opferblutsbande werden unter dem Aspekt der Rache als Zauberfäden wirksam. Da der Liebeszauber grundsätzlich nichts anderes intendiert als Bannung: Wiederherstellung der Bindung, die zerrissen ist. Denn auch die Rache kann erst dann wirksam werden, wenn die Bindung wiederhergestellt ist. Darum will der Liebeszauber immer beides, Restitution und Destruktion. Erst wenn die Bindung wiederhergestellt ist, tritt das Gesetz der Talion in Kraft. Die Vergeltung.

Delphis hat die Bindung zerrissen, egal ob Weib oder Jüngling jetzt an der Seite ihm ruht.[34] Weil er nicht als Bräutigam kam, wie das Bild im »Bildchen« vom purpurumwundenen Pappelzweig des Herakles versprach, wird ihn Simaitha »mit Zauber bannen«[35]. Zehn Mal. Gemäß dem, daß sie zehn Tage und Nächte ohne Rettung im »Opferfeuer« lag.[36] Der wirksamste Zauber aber ist die Wiederholung des Liebesopfers. Sie wird durch substitutive kultische Verrichtung ins Werk gesetzt, als die der Zauber insgesamt gelten kann, sofern er integraler Bestandteil seines Bezugssystems ist, wie das für Theokrits Gedicht die Zauberinnen zutrifft. Erst wenn Delphis aufs Neue durch ein substitutives Liebesopfer – bei dem symbolon und semeia bekannt sind – mit Simaitha verbunden ist, kann er seinerseits zum Opfer gemacht werden. Erst dann kann die doppelte Wirkung von Restitution und Destruktion, von Bannung und Talion ins Werk gesetzt werden.

Dementsprechend gliedern sich Simaithas Zauberhandlungen in vier restitutive und sechs destruktive Handlungen, die jedoch allesamt die Vorbereitung für eine letzte, weitere Handlung sind, die Simaitha am Morgen des nächsten Tages ausführen wird, wenn sie Delphis nach der »Zaubernacht«, sei es zum letzten, sei es zum »ersten Mal«, trifft. Die Unterscheidung von restitutiven und destruktiven Handlungen richtet sich nach der Struktur des Liebesopfers im Gottkönigskult, der unter den Bedingungen des Mysterienkults in die Unterwelt verwiesen ist. Das heißt, diese Handlungen folgen dem sogenannten chthonischen Opfer oder »Heroenopfer«, bei dem das Blut der Braut oder eines sie sühnenden Opfertiers – Schwein, Schaf oder Ziege – bei der Schächtung nach unten ins Grab des Toten fließt, das Feuer aber auf einem dort errichteten Scheiterhaufen nach oben steigt. Entsprechende Opfergruben wurden insbsondere im Samothrakischen Mysterienheiligtum gefunden. Von diesem Opfer wird nichts verzehrt. Es ist immer Holocaust.

Der Ablauf von Simaithas Zauberhandlungen folgt dem Verhältnis Oben – Unten. Sie fängt mit dem restitutiven Teil der Zauberhandlungen an, weil erst dann, wenn die Bindung zwischen ihr und Delphis wiederhergestellt ist, er selbst zum Opfer werden kann. Sie beginnt mit der Entbindung zum Licht, mit dem Feuer soweit es Flamme ist. Dann stellt sie die Bindung an die Finsternis her mit dem Feuer, soweit es Glut und konsubstantiell dem Blut ist. Die Gegenstände der ersten Reihe werden von oben ins Feuer gebracht, die der zweiten Reihe von unten. Bis auf einen, der der Handlung am nächsten Morgen vorbehalten ist. Er steht zu beidem, zu Licht und Finsternis, in Beziehung.

Das Feuer ist von Anfang an und durchgehend im Spiel. Es wird nicht entzündet. Es brennt. Theokrit gibt das Brennholz nicht an. Doch aus seinem Bild im »Bildchen« ist zu schließen, daß es die Pappel ist, die sowohl im Kult des »gestorbenen und geborenen Zeus« – im Gottkönigs- oder Heroenkult – wie im Kult der Aphrodite verwendet wird, soweit sie Sühneopfer empfängt. Das Zauberfeuer ist kein anderes als das Feuer der Vergöttlichung, wie es beim Jahresfeuer im Zeichen der »Löwin« aufleuchtete. Während sein Brennpunkt, das Opferfeuer, in Simaithas »hitzigem Fieber« nach innen geschlagen war, nachdem sie Delphis »beim Hause des Lykon« oder des Wolfes sah. Es verzehrte ihr Blut: »öfter wurde mir gelb die Haut«[37]. Und es verbrannte ihr Fleisch: sie war nur noch »Gebeine«.

Restitution und Destruktion

Erste Handlung

Dementsprechend beginnt die erste Handlung damit, daß Simaitha ihrer Sklavin Thestylis den Befehl gibt, Mehl ins Feuer zu streuen und zu sagen: »Ich streue Delphis' Gebeine!«[38] Sie streut es von oben ins Feuer. Wenn sie, Simaitha, durch ihr Feuer Delphis dem Feuer entrissen hat, dann ist die Verbindung mit ihm nur dadurch herzustellen, daß er – der »Kalte« – brennt wie sie: bis ins innerste Mark. Mehl steht bei Homer für »das Mark der Männer«. Es ist cereale Samensubstanz, die pars pro toto für »Gebeine« einzusetzen ist. Der Sinn der substitutiven kultischen Verrichtung erhellt aus der zweiten Handlung.

Zweite Handlung

Denn nun fügt Simaitha zu Delphis, dessen Gebeine vom Feuer – wie der Tote im Gottkönigskult – erfaßt werden, sich selbst als Liebesopfer hinzu. Wiederum von oben und in der Form eines Lorbeerzweigs, der auch »dáphne parthenikḗ« angerufen wird. So wie Daphne das jungfräuliche Opfer des »gestorbenen und geborenen Zeus« als Apollon oder Dionysos ist – eine Mythe, die als »Kränkung« der Daphne erzählt wird – so wird sie sich, Simaitha, noch einmal mit Delphis verbinden. Denn: »Delphis hat mich gekränkt. Doch ich verbrenne auf Delphis Lorbeer. So wie der Zweig sich entzündet… und nicht einmal Asche wird sichtbar«[39]. Sie stellt die völlige Verbindung mit ihm durch Holocaust her. Durch Verbrennung ohne Rest.

Dritte Handlung

Und wenn Simaitha so, als Lorbeerzweig, die jungfräuliche Braut gewesen ist, die seine Gattin werden wird, dann wird sie nun auch seine Mutter sein. Für Delphis wird ein Wachsbild eingesetzt[40]: ein Toter, der noch lebt, oder ein Lebender, der noch tot ist. Sie entbindet ihn »mit Hilfe der Göttin« zum Licht.[41] Und während ihn ihre »gliederlösende Liebe« erfaßt, löst sich das wiederum von oben in die Flamme gegebene, dem Licht konsubstantielle Wachs, im Feuer auf.

Vierte Handlung

Delphis ist neu- oder wiedergeboren, ein Sohn der goldenen Aphrodite, die seine Geburtshelferin ist. »Und wie da wirbelt mit Kypris Hilfe die eherne Spule[42], die »goldene« Spule, die das Attribut der Aphrodite »in den Gärten« als älteste der Moiren ist, so wirbelt Simaitha Delphis am neu entsponnenen Band, das aus der Wiederholung ihres Liebesopfers entstand, nach ihrer »Pforte«[43], in die er noch einmal als goldener Eros, »glänzenden Leibes«, eintreten soll. Mit ihr in einer vorweggenommenen heiligen Hochzeit verbunden.

Fünfte Handlung

Sie kann als Umschlagspunkt zwischen oben und unten gelten. Denn Delphis trat nicht nur »glänzenden Leibes« über ihre Schwelle, sondern auch mit dem »leichten Fuß« des »Räubers«. Simaitha deckt die Flammen ab. Sie räuchert Kleie.[44] Wenn das Mehl der ersten Handlung Mark und Samen und damit den lebenden Teil des Toten bezeichnete, mit dem sich der Lorbeer, ohne Asche, verband, dann steht die Kleie für den toten Teil des Lebenden oder für den irdischen Rest seiner von der Sterblichkeit nicht abgelösten Unsterblichkeit. Unter den abgedeckten Flammen entsteht ein Brennpunkt aus Glut, konsubstantiell dem Blut. Auch jetzt ist der schwarze Eros, die aus der Entbindung zum Licht entstandene Bindung an die Finsternis im Spiel.

Sechste Handlung

Simaitha ruft Aphrodite Nemesis an, die den »Räuber« bis zu den Toten verfolgt.[45] Dreimal spendet sie den »Trank«[46], der in die Glut von unten fließt und Delphis zum Opfer seines »Blutdurstes« machen soll. Zum einen rühre ihn durch diesen Trank, weil er auf neuen Raub auszog, »sei's ein Weib, das zur Seite ihm ruht, oder... ein Jüngling... Vergessen... an«[47]. Und zwar so, wie nur ein Toter vergißt. So, wie auch Theseus Ariadne vergaß.[48] Theokrit spielt darauf an, daß Theseus Ariadne vergaß, weil er auf neuen Raub auszog. Den Inhalt des Trankes nennt er nicht, doch ist Mohn, das Attribut der Aphrodite Nemesis, anzunehmen, den ihr Kultbild samt Apfel – dem Gegenstück zum Mohn – in Händen hält. Zum andern aber ist der Becher des Tranks mit purpurner »Wolle vom Schaf« umwunden, das sich konsubstantiell zum Opfer der Braut verhält. Die purpurne Wolle oder Opferblutsbande, die rings um den Pappelzweig des Herakles gewunden sind, treten nun rings um den Becher auf. An sie hat sich Delphis jetzt, wo Simaitha für ihn »tot und vergessen« ist, zu erinnern.[49] Sein »Blutdurst« werde wach.

Siebte Handlung

Als Mittel setzt Simaitha ein Aphrodisiakum der Antike ein, das gleichzeitig als Fluch verwendet wird. Das Hippomanes, die »Roßwut« oder »Pferdebrunst«: das Menstruationsblut der Stute, das sich zum Blutopfer der Braut analog und also in der Zauberhandlung wie ein Substitut verhält. Es heißt auch, daß die Stute das Hippomanes verliert, wenn sie gebiert oder stirbt. Gleichzeitig wird es, weil der Tötungsakt Zeugungsakt ist, dem Ausfluß der Stute beim Koitus gleichgesetzt. Delphis werde rasend nach diesem Blut, nach diesem Saft, rasend nach ihr, Simaitha.[50] Sie gibt das Hippomanes von unten in die Glut, wie aus der nächsten Handlung zu schließen ist.[51] Delphis werde rasend durch diese »Pferdebrunst«, so wie Simaitha vor »Roßwut« eine Rasende ist. Mit »Brunst« und »Wut« schürt sie die Glut. Durch den Hinweis auf Arkadien[52] deutet Theokrit das Mythologem von der als Stute vergewaltigten Göttin an, die nach diesem Tötungs- und Zeugungsakt zur Erinys oder Nemesis wird. In ihrem Rasen, mit dem sie den »nächtlichen Räuber« verfolgt, indem sie ihm folgt, sind »Brunst« und »Wut« nicht zu unterscheiden.

Achte Handlung

Simaitha, die Delphis verfolgt, indem sie ihm folgt, hält pars pro toto für seine untere, seine schwarze Hälfte, den Saum seines Mantels in der Hand: »Delphis hat diesen Saum von seinem Mantel verloren«.[53] Sie »zerzaust« ihn und wirft ihn »der wütenden Glut« zu[54], die ihn mit jeder Faser verzehrt. So wie Simaitha sich in jeder Faser nach ihm verzehrt, der wie ein »Egel in Sümpfen«[55] an ihr zehrt, sie aufzehrt: »Eros, lästiger, weh! was... saugst (du) mir all mein schwärzliches Blut aus!«.[56] Die Adonisklage klingt auf. Die Bindung an die Finsternis wird in dem Maß verschlingend, wie sie zerrissen ist.

Neunte Handlung

Doch wenn sie sein Opfer ohne Rettung ist, dann wird er das ihre. Das Mittel, das ihr der »assyrische Fremdling« gegeben hat, wird zerstoßen.[57] Wenn er sie von innen her zu Staub zerfrißt, dann wird sie ihn zu Staub zerfressen. Mit diesem Gift. Morgen.

Zehnte Handlung

Und damit dieses Gift auch sicher in seinen Mund eingeht, soll Thestylis eine vorwegnehmende Handlung vollbringen: »Nimm die Kräuter nun und quetsche am Pfosten seiner Tür sie... aus, solang es noch Nacht ist. Speie darauf und sprich: ‹Ich quetsche des Delphis Gebeine›«[58]. Die zerquetschten Kräuter nehmen seine zerquetschten Gebeine vorweg. So wie ihn das durch seinen Mund eingegangene Gift zu Staub zerfressen wird, so wird er, eingegangen in sein Haus oder Grab, zu Staub zerfressen werden. Dieses Haus kann nur das Haus des Lykon – des Wolfes – sein, bei dem Delphis stand, als ihn Simaitha zum ersten Mal im Zeichen der »Löwin« sah.

Mechanismus und Schicksal

Zwischen diesen Zauberhandlungen läßt Simaitha durch immer neuen Anstoß ein Zauberrad rotieren. An einem sich gabelnden Handgriff gehalten, wirbelt es um eine waagrechte Achse, Iynx genannt. Iynx aber ist nicht nur ein Rad, sondern auch ein auf dieses Rad gespannter weiblicher Vogel. Die Komponenten, aus denen sich Iynx zusammensetzt, stellen eine äußerste Verdichtung des Bezugssystems dar, das den Liebeszauber strukturiert. Im Wechsel zwischen Verdichtung und Projektion können sie das Pantheon selbst zum Wirbeln bringen, da es sich seinerseits um Iynx dreht: um diesen blutenden, glühenden Brennpunkt. Das Opfer.

Iynx ist nach einstimmiger Überlieferung der Antike das Aphrodisiakum kat'exochen, das seine Liebesordnung und -semantik entzündet. Mythisch ist Iynx eine Tochter der Aphrodite. Kultisch ist sie, wie Aphrodite selbst, Nais Nymphe: Braut der Neu- oder Wiedergeburt, aus der die »Quelle des schwärzlichen Blutes« strömt. Mythisch wird Iynx von Aphrodite dem »gestorbenen und geborenen Zeus« als »Liebestrank« gereicht, der, wie es heißt, »seinen Schwanz erschütterte«, der ihn rasend machte. Er brachte ihn kultisch zum Stehen, zum Auferstehen. Deshalb werden zur Feier des Dionysos Puppen mit aufklappbarem Glied herumgetragen; nach Herodot, begründet durch eine heilige Geschichte. Iynx brachte ihn zum Auferstehen am »Nabel« der Welt. Im Grab, dessen Synonyme Koitus und Kiste sind.

Soweit Iynx Zauberrad ist, ist dieser Koitus – dessen Paradigma auch der Feuerquirl ist – technisiert, mechanisiert. Die »Nabe« dieses Zauberrads, die im Kleinen den »Nabel« der Welt im Großen darstellt, hält diese Welt in dem Maß im Schwung, wie ihr Loch, von der waagrechten Achse durchstoßen, durch immer neuen Anstoß Simaithas rotierend, selbst der permanente Koitus als Zeugungs- und Tötungsakt ist.

Dabei sind durch den auf das Rad gespannten weiblichen Vogel beide Bewegungen des Opfers repräsentiert, die nach unten und die nach oben. Denn dieser Vogel namens »Wendehals« ist ein ganz »besonderer Vogel«, da er – nach Aristoteles – »den Hals nach hinten drehen (kann)... wie die Schlangen«. Sie, die allen den Kopf verdreht, bezeichnet beides: die Schlange, die für das in der Erde verschwindende Blut steht, und den Vogel, der sich analog dem Holocaust durch Feuer, ganz von der Erde erhebt. Simaitha, deren Zauberhandlungen sich gemäß diesen beiden Opferbewegungen strukturieren, schließt durch die Rotation von Iynx nicht nur jede einzelne dieser Zauberhandlungen mit ihrem jeweiligen Gegenstück zusammen, sondern auch deren Schluß und Anfang.

Sie begleitet diese Rotation mit dem immer gleichen Vers der Nachfolge- und Verfolgungsbewegung: »Iynx, ziehe du mir zu meinem Hause den Jüngling!«. Dieser Rotation entspricht, was Pausanias von Nemesis sagt: daß sie sich in der Spur, in der Radspur des Eros bewegt. Nemesis, deren Attribut Iynx als Rad und Vogel oder als Rad und Flügel ist, Nemesis verfolgt Eros nicht nur nach unten, sondern sie folgt ihm auch nach oben. Auf einer hellenistischen Darstellung sitzt sie mit Eros auf dem Greifenwagen. Dieser von Schlangen – Vögeln gezogene Wagen steht sowohl für die Hades-, wie für die Himmelfahrt.

Angesichts dieser Doppelbewegung kann aus dem Nachfolge- und Verfolgungsvers der Simaitha auch das: »Kehre wieder, kehre wieder, schöner Helfer, Gebieter!« der Adonisklage herausgehört werden. Es kann nicht zuletzt deshalb herausgehört werden, weil der weibliche Vogel Iynx auch Sirene ist, deren Gesang, soweit er sich kultisch begründen läßt, mit diesem »Kehre wieder!« in Zusammenhang zu bringen ist. Ebenso mit dem Weh! dem Ai Ai im Kelch der Hyazinthe. Sirenen werden als Tauben mit Frauenkopf dargestellt. Tauben aber wurden auf dem Scheiterhaufen des Adonis verbrannt, nachdem ihrer Kehle das »schwärzliche Blut« entronnen war. Auf den Gräbern der Antike sind sie das symbolon für ein Leben nach dem Tode, das aus der Liebe hervorgeht, die den Tod besiegt.

In dem Maß, wie das Zauberrad Iynx die für das Leben nach dem Tode grundlegende Verbindung von Koitus und Kiste technisiert und mechanisiert, in dem Maß kann für Rache und Zauber gelten, daß sie integrale Bestandteile eines Bezugssystems sind, in dem die Vergöttlichung nicht ohne Raub und Vergeltung zu haben ist. Destruktion und Restitution greifen ineinander. Die Möglichkeit, daß Delphis einerseits durch das, was in seinen Mund oder seine Tür eingeht – Paradigma beider Öffnungen ist der Unterweltseingang – zerfressen werden könnte, ist andererseits die Bedingung dafür, daß seine Vergöttlichung ins Werk gesetzt werden kann. Oder umgekehrt. Weil dieses kultische und mythische Bezugssystem immer beides determiniert, oben und unten, Raub und Rettung, kann Theokrit es offen lassen, was durch Simaithas letzte Handlung am nächsten Morgen geschieht.

Sie hat die Eidechse – das Mittel, das ihr der »assyrische Fremdling« gab – ganz zerstoßen. Das Gift ihrer Galle ist mit Teilen vermischt, die, wie es heißt, sich selbst zu erneuern imstande sind. Das ganze, zerstoßene Tier wird von Simaitha in einem Kästchen aufbewahrt.[59] Der Kultname dieser Eidechse ist »Sterneidechse«[60]. Sie steht zu Licht und Finsternis in Beziehung und ist, als Bild im »Bildchen«, ein symbolon der Neu- oder Wiedergeburt. Ihr Gift könnte folglich ebenso seine Gegenwirkung entfalten, wenn Simaitha Delphis morgen das Kästchen übergibt. Dennoch wird die Konstellation des Schicksals ihrer Liebe nicht durchbrochen, sondern bestätigt werden. Weil dieses Kästchen auf Koitus und Kiste verweist.

Anmerkungen

1 Theokrit, Die echten Gedichte, deutsch von Emil Staiger. Stuttgart–Zürich, 1970, Die Zauberinnen, S. 85–94.
2 ebda. S. 11.
3 regiert ab 283/282 v. Chr.
4 Theokrit a. a. O. Vers 162.
5 H. Brugsch, Zur Adonisklage. Berlin 1852, Einleitung.
6 Theokrit a. a. O. Vers 66.
7 Schul- und Handwörterbuch,hrsg. W. Gemoll, München–Wien 1965, s. v.
8 Theokrit a. a. O. Vers 64.
9 ebda Vers 65.
10 H. Brugsch a. a. O.
11 Theokrit a. a. O. Vers 56.
12 ebda. Vers 66–68.
13 ebda. Vers 76.
14 ebda. Vers 79.
15 ebda. Vers 82–83.
16 ebda. Vers 85.
17 ebda. Vers 88–90.
18 ebda. Vers 101.
19 ebda. Vers 104.
20 ebda. Vers 103.
21 ebda. Vers 104.
22 ebda. Vers 106–107.
23 ebda. Vers 108–110.
24 ebda. Vers 112.
25 ebda. Vers 113.
26 ebda. Vers 125–126.
27 ebda. Vers 118.

28 ebda. Vers 121–122.
29 ebda. Vers 133.
30 ebda. Vers 131.
31 ebda. Vers 143.
32 ebda. Vers 83.
33 ebda. Vers 40–41.
34 ebda. Vers 44.
35 ebda. Vers 3.
36 ebda. Vers 86.
37 ebda. Vers 89.
38 ebda. Vers 41.
39 ebda. Vers 23–25.
40 ebda. Vers 28.
41 ebda.
42 ebda. Vers 30.
43 ebda. Vers 51.
44 ebda. Vers 53.
45 ebda. Vers 33–36.
46 ebda. Vers 43.
47 ebda. Vers 44–45.
48 ebda. Vers 45.
49 ebda. Ves 5.
50 ebda. Vers 50–51.
51 vgl. ebda. Vers 54.
52 ebda. Vers 48.
53 ebda. Vers 53.
54 ebda. Vers 54.
55 ebda. Vers 55.
56 ebda. Vers 55–56.
57 ebda. Vers 161 und Vers 58.
58 ebda. Vers 59–61.
59 ebda. Vers 161.
60 E. Staiger übersetzt für »saura« Molch!

Michel Zink

Die Liebe im Rosenroman

Den Rosenroman im Rahmen des Themas »Schicksal der Liebe« zu behandeln, scheint natürlich und ungewöhnlich zugleich zu sein. Natürlich, weil nur wenige Werke so ausdrücklich das »Schicksal der Liebe« in unserer Zivilisation markiert haben wie dieser allegorische Roman mit seinen mehr als zwanzigtausend Versen, der um 1225 von Guillaume de Lorris begonnen und um 1270 von Jean de Meun vollendet wurde.[1] Dieser Roman ist wirklich eine Summe des Begriffs der Liebe und ihres poetischen Ausdrucks, die das vorhergehende Jahrhundert entworfen hatte, und zeigt zugleich den Reflex ihrer Veränderung, d.h. ihres Verfalls; ein Reflex, der durch den Abstand, der die beiden Autoren zeitlich trennt – vierzig Jahre, die fast genau der Herrschaft des Heiligen Ludwig entsprechen –, und durch den Gegensatz ihrer Sensibilität, ihrer Interessen, ihrer Begabung wirklich sinnlich wahrnehmbar wird. Noch im 15. Jahrhundert schienen die Bedeutung und die Aktualität des Werkes völlig auszureichen, damit der von Jean de Meun eingeführte Antifeminismus und die Immoralität einen langen und leidenschaftlichen Streit hervorriefen, an dem Christine de Pizan, der Kanzler Gerson und die ersten französischen Humanisten teilnahmen.[2] Doch den *Rosenroman* zu behandeln, kann hinsichtlich des Schicksals der Liebe auch ungewöhnlich sein. Denn diese große Synthese, dieser poetische Triumph der Liebe, »Erfindung des 12. Jahrhunderts«, provoziert gleichzeitig in der Nichtvollendung des Poems durch Guillaume de Lorris sein vorzeitiges Fiasko, nämlich die illusorische Befriedigung – des erotischen Traums –, die Zersetzung seiner Bedeutungen durch die Feder von Jean de Meun, und auch den Ruf von Langeweile, der Unleserlichkeit, den die moderne Epoche den allegorischen Werken zuerkennt.

Der Erzähler des Romans glaubt nicht, daß die Träume Lügen seien, denn er sieht, wie sich tagtäglich ein Traum einstellt, den er seit fünf Jahren träumt und dessen Erzählung er der Dame seiner

Gedanken anbietet, in der Hoffnung, daß sie an ihr Gefallen finden werde. In diesem Traum stand er an einem Maimorgen auf und betrat den Obstgarten von »SINNENGENUSS«, in dem AMOUR umgeben von Tugenden herrscht, die ihm sehr gewogen sind. In der Quelle, über die sich einst Narziß beugte, sieht er den Widerschein eines Rosenstrauches, nähert sich ihm und richtet den Blick auf eine besonders bezaubernde Rosenknospe. In diesem Augenblick schießt AMOUR einen Pfeil auf ihn ab, der ihn, durch das Auge eingetreten, ins Herz trifft. Von nun an ist er in die ROSE verliebt und der Gefangene AMOURS, dem er zu dienen verspricht. Trotz der Ermahnungen von VERNUNFT versucht er in der Befolgung von Freundesratschlägen, die ROSE mit Hilfe von SCHÖNER-EMPFANG trotz WIDERSTAND, FRAU ARGWOHNS und des BÖSE-MUND etc. in seinen Bann zu ziehen. Er empfängt einen Kuß, doch die wachsame FRAU ARGWOHN erbaut ein Schloß, in dem SCHÖNER-EMPFANG eingeschlossen wird. In diesem Moment wird das Poem von Guillaume de Lorris unterbrochen. Nach einigen von Jean de Meun hinzugefügten Wendungen, wie etwa der Invervention des Heuchlers FALSCHER SCHEIN in seiner Dominikanerkutte und der Korruption der alten Anstandsdame, die den SCHÖNEN EMPFANG bewacht, vor allem nach manchen Erweiterungen und manchen Diskursen bedurfte es nicht weniger als der Intervention von NATUR selbst, sekundiert von ihrem Kaplan GENIUS, damit das Schloß durch die Armee AMOURS geschleift wird und der Erzähler schließlich die ROSE noch vor seinem Erwachen deflorieren kann.

So lückenhaft diese Zusammenfassung auch ist, so zeigt sie, daß der Roman selbst keinen anderen Gegenstand kennt als das Schicksal der Liebe, auf das er so deutlichen Einfluß gehabt hat. Aber sie zeigt auch, in welchem Maße das Werk vor allem in seinem ersten Teil das allgemeine Thema *Logik und Leidenschaft* verdeutlicht, weil die Liebesleidenschaft sich im Roman der Logik des allegorischen Ausdrucks unterwirft, der ihr ihren Sinn gibt. Diese Logik ist keineswegs die weitschweifige Illustration eines klaren Gedankens. Die mittelalterliche Allegorie verfügt über eine hermeneutische Bedeutung. Sie öffnet alle Kammern der Seele, sie ermöglicht, die zu dunklen, die zu schwierigen und zu brennenden Leidenschaften ans Licht und in die Sprache zu bringen, damit sie direkt bezeichnet werden können. Die Bewohner des Gartens, die Rosenknospe, die den Liebenden umgebenden, ihm günstig oder feindlich gesonnenen Personen, all das scheint ganz klar. Dennoch ist der Sinn all dessen weder vollständig noch durchsichtig, da Guillaume de Lorris uns seine Enthüllung am Ende des Romans verspricht – ein Versprechen, das durch die Nichtvollendung des Werks offensichtlich nicht gehalten werden konnte. Der Leser wird sich also *dou songe la senefiance* (Vers 2070) erklären sehen.

»Die verborgene Wahrheit soll Euch enthüllt werden, wenn Ihr mich den Traum auslegen hört« (Vers 2071–2073).

Dieses Versprechen überrascht, denn der Sinn der Allegorie scheint klar. Jean de Meun wird vergebens glauben, es zu halten, obwohl er es in den Versen 15113–15123 wiederholt. Anstatt die Kohärenz des zweiten Sinns zu behandeln und aufzuklären, wird er es vorziehen, direkt die Probleme zu behandeln, die der Gang, die Strategie und der Diskurs der Liebeseroberung selbst stellen, d.h. neben vielen anderen Problemen das der Natur der Liebe, zwischen der Liebe und dem vergesellschafteten Menschen. Die einzigen Erklärungen, die er hinsichtlich des Trauminhalts durch den Mund des *Genius* liefern wird, sollen nur die Überlegenheit des Gartens der göttlichen Liebe über den des SINNENGENUSS und AMOUR beweisen (Vers 20258–20566).

Die Unklarheit, von der Guillaume de Lorris spricht und die eine Aufklärung erfordert, ist nicht die des vom buchstäblichen Sinn verhüllten zweiten Sinns. Sie beruht auf der Beziehung zwischen dem Traum und dem »Wirklichen« – was die poetische Fiktion als das wirkliche Leben des Erzählers bezeichnet. Der Sinn wird unklar, weil der fünf Jahre alte Traum keine einfache Vorwegnahme der Wirklichkeit ist, wie der Erzähler sie nunmehr lebt. Der Traum ist ein unentzifferbares Bild, solange er nicht mit der Wirklichkeit konfrontiert wird, und nicht einfach ein durch die allegorische Übersetzung verschobenes Bild. Die Wirklichkeit und der Traum klären sich wechselseitig auf. Die Wirklichkeit erlaubt die Ausleuchtung des Traums und der Traum gibt dem Wirklichen einen Sinn, suggeriert eine Lösung. Doch dieser Austausch kommt nur durch die Vermittlung des Erzählers zustande, in den Wechselfällen seiner Zeiterfahrung in ihren unterschiedlichen Formen: Dauer des

Traums, Dauer des Poems als Erzählung des Traums, Spiel der Erinnerung im Laufe von fünf Jahren, das den Traum und die Erzählung trennt, Jahreszeit (der Monat Mai) und Augenblick des Tages (der Morgen), in die er durch seinen Traum versetzt wurde, die noch offene Gegenwart einer unvollständigen Liebeseroberung, die die poetische Erzählung einzuholen droht, deren Ausgang vorwegzunehmen ihr nicht erlaubt ist.

Denn die Beharrlichkeit, mit der das Poem die Zeitlichkeit und die Daten behandelt, ist die des Aufschubs der Liebe. In der Gegenwart, in der der Poet die Niederschrift der Erzählung seines alten Traums vornimmt, wird er zu diesem Vorgehen durch eine neue Tatsache gezwungen, der Verwirklichung des Traums und der Liebe. Oder des Beginns dieser Verwirklichung. Das Poem von Guillaume de Lorris bleibt unvollendet, man kann unmöglich entscheiden, ob der Traum des Erzählers sich durch die Eroberung der ROSE vollenden mußte und ob Jean de Meun den Absichten seines Vorgängers treu geblieben ist, als er das Poem mit diesem Schluß versah. In Wirklichkeit aber scheint dem nicht so zu sein. Nachdem er unterstrichen hat, daß sein Traum Stück für Stück verwirklicht wurde und nachdem er der Erzählung dieses Traums den Titel *Rosenroman* gegeben hat, fügt der Poet noch folgendes hinzu:

»Gebe Gott, daß jene ihn freundlich annehme, für die ich ihn schreibe, jene nämlich, die so reizvoll ist und so würdig, geliebt zu werden, daß ich ihr den Namen Rose gebe« (Vers 40–44).

Was er, anders ausgedrückt, die Verwirklichung seines Traums nennt, ist seine wirkliche Liebe zu dieser Dame, der er den Namen Rose gibt und die er dadurch der Rose seines Traums angleicht und der er den *Rosenroman* widmet. So sagt er, daß

»es im Traum nichts gab, was sich nicht genau in Übereinstimmung mit ihm verwirklicht habe« (Vers 28–30).

Die Eroberung der ROSE im Traum bedeutete, daß er fünf Jahre später tatsächlich die letzten Gunstbezeugungen seiner Dame erhalten habe. Das aber wäre nicht nur eine indiskrete Offenbarung, sondern würde auch kaum dem Geist der höfischen Poesie entsprechen, die eher das Liebesgesuch kennt als die Prahlerei nach dem Erfolg.

Überdies wird das Gebet der Verse 40–44 nur sinnvoll, wenn dem Poeten noch etwas zu erhoffen bleibt. Denn nur dann macht es den durch die Schrift vermittelten Verlauf der Fiktion hin zur Wirklichkeit offensichtlich. Warum hat er also fünf Jahre gewartet, um aus diesem Taum den Inhalt eines Poems zu machen? Weil die Dringlichkeit der Schrift sich erst in dem Augenblick zeigte, in dem sie sich verwirklichte. Aber wieso hätte sie sich offenbart, wenn nicht in dieser Verwirklichung ein Mangel verblieben wäre, dieser Mangel an Wirklichkeit als Ursache der Schrift, von dem der Poet implizit Zeugnis ablegt, sobald er unterstreicht, daß er für seine Dame schreibe und daß er Gott nur bitten könne, daß sie sein Poem mit Wohlgefallen annehme? Was bedeutet für sie »annehmen«, wenn nicht, ihm diese Ergänzung an Wirklichkeit zu liefern, die ihm noch fehlt? Die ihm fehlt, obwohl der Traum sich vollständig verwirklicht hat. Das heißt, daß es im Traum zwei Formen des Mangels gab, den der Sinnesillusion eigenen Mangel an Wirklichkeit und den Mangel an Vollständigkeit. Wenn der erste sich fünf Jahre später behoben findet, spricht die Schrift diese Verwirklichung aus um aufzuzeigen, daß der andere bestehen bleibt, und um auch sein Verschwinden zu bewirken. Genau das drücken die Verse 3492–3497 aus:

»Ich möchte die Erzählung der ganzen Geschichte fortsetzen, ich bin noch nicht müde zu schreiben; ich denke so der Schönen (Gott schütze sie!) zu gefallen, die mich dafür besser als jede andere entschädigen wird, wenn sie es will.«

Man kann also überhaupt nicht unterstellen – und andere vor uns haben es getan[3] –, daß das Poem von Guillaume de Lorris, wenn es vollständig wäre, weiter ginge als bis zu der Seite, auf der es sich unterbricht. Einen Liebhaber, der am geliebten Objekt für ihn günstige Eigenschaften feststellen konnte, der einige Gunstbezeugungen, insbesondere die des Kusses, erhalten hat, der sich aber noch an zahlreichen und fürchterlichen Hindernissen abmüht: genau das dürfte der Traum gezeigt haben und genau das ist der Punkt, an dem der Poet sich fünf Jahre später befände.[4]

Die Störung der Zeit, das Aussetzen der Erinnerung, die Ungewißheit der Liebe: darin begründet sich die Dunkelheit des Sinns und nicht in der allegorischen Codierung. Es ist das Schicksal der

Liebe, das eine Aufklärung verdient. Es offenbart sich und es verschwindet zugleich im Rückbezug oder in der Erinnerung physischer Eindrücke. Die allegorische Vorgehensweise scheint in sich selbst zur Abstraktion zu neigen, da sie den hinter der sinnlichen Darstellung verborgenen zweiten Sinn sucht. Doch der erotische Traum als Rahmen des Romans unterwirft den Sinn den Sinnen und das träge Bewußtsein des Träumers den Erfordernissen des Körpers. Dieser Traum als Sinnträger ist der Traum eines jungen Mannes von zwanzig Jahren, schutzlos, sobald er sich im Schlaf den dunklen und köstlichen Kräften der Liebe überläßt:

»Im zwanzigsten Jahr meines Lebens, einem Alter, wo die Liebe von jedem jungen Menschen ihren Anteil fordert, hatte ich mich eines Nachts zur Ruhe gelegt, wie es meine Gewohnheit ist, und schlief gar tief. Da hatte ich einen wunderschönen Traum, der mir vortrefflich gefiel. Und es gab nichts, das sich nicht später dergestalt zugetragen hätte, wie ich es in dem Traume sah« (Vers 21–30).

Die Wahrheit des Traums ist also die Frucht des noch uneingestandenen Erwachens der Sinne dieses jungen Mannes, ein Erwachen der Sinne, das ihm die Vorwegnahme der Liebeslehren im Traum erlaubt. Die zwischen dem Traum einerseits, seiner Verifikation und seiner Erzählung andererseits verflossene Zeit ist die Zeit der Reifung. In anderen Poemen beschreibt der Erzähler die Umstände seines Einschlafens und die Art, wie während des Traums die Beharrlichkeit der Eindrücke des Wachzustandes am Anfang des Traums Träger des Sinns ist; oder umgekehrt, wie eine durch den Ablauf des Traums hervorgerufene Bewegung ihn aufweckt. Es handelt sich zumindest um einen Fall, in dem er aus diesem Traum durch die von ihm gemachte Anstrengung gerissen wird, seine Erzählung niederzuschreiben, wie es ihm die Personen, denen er in seinem Traum begegnete, empfohlen haben; das Poem stellt sich also als Fortsetzung des im Traum begonnenen Unternehmens dar.[5] In all diesen Werken erlaubt die Zuflucht zum Traum die allegorische Erzählung und die Wahrheit zu verankern, deren Träger er in seiner subjektiven Erfahrung ist; mehr noch, ihn zu verkörpern und darin das Ergebnis des physischen wie auch des psychischen Lebens des Erzählers zu sehen. Der Eckstein dieser Verkörperung ist die Zeit. »Zeit der Seele«, die die Zeit des Traums ist, aber auch – wie hier im *Rosenroman* – Konfrontation der »Zeit der Seele« und der »kosmologischen Zeit«.[6] Seit fünf Jahren, d.h. seit seinem zwanzigsten Lebensjahr träumte der Autor, daß er sich im Monat Mai befände, der Jahreszeit der Liebe, der »Liebeszeit«:

»Es war, glaube ich, im Frühling; schon fünf Jahre oder mehr sind seither vergangen. Ich träumte, es sei Mai, die Zeit der Liebe und der Freude« (Vers 45–48).

Die Kennzeichen der kosmologischen Zeit, die Wiederkehr der Jahreszeiten, der Ablauf der Jahre, verbinden und verteilen sich zwischen dem Traum und der Wirklichkeit derart, daß sie die subjektive Zeit des Erzählers bestimmen. Die seit dem Traum verflossenen fünf Jahre, in denen die Jugend, ungeduldig vor Liebe, die Wirklichkeit der Liebe vorwegnimmt, sind mit der Illusion verbunden, sich im Monat Mai zu befinden, der Illusion des Traums, einer zweimal als solcher unterstrichenen Illusion *(avis m'iere, ce sonjoie)*. Der Erzähler träumte nicht von Liebe im Monat Mai. Er träumte, sich im Monat Mai zu befinden, dem emblematischen Liebesmonat, im Monat der Frühlingsstrophen, der lyrischen Poesie. Diese Spiele mit der Zeit zeichnen den *Rosenroman* als eine Einkleidung des lyrischen Ausdrucks der Liebe und ihres poetischen Rahmens in eine Erzählung aus: wir werden darauf noch zurückkommen. Doch noch grundlegender bezeichnen sie die Unmöglichkeit des Erzählers und der Schrift, die Gegenwart der Liebe zu ergreifen. Der doppelte Mangel, von dem wir weiter oben sagten, daß er den Traum charakterisiere, ist nur eine von vielen Manifestationen dieser wesentlichen Unmöglichkeit. Die Hindernisse, die sich dem Pflücken der Rose entgegenstellen, sind die geringsten, denen die Verwirklichung der Liebe begegnet.

Das Poem stellt in der Tat eine Anstrengung dar, die Gegenwart in der rückschauenden Beleuchtung einer wiedergefundenen Vergangenheit zu erfüllen. Doch die Liebe entgeht der Gegenwart und flieht zugleich in die Vergangenheit und in die Zukunft, gleichzeitig in die objektive Zeit und in die subjektive Zeit. Die Jahreszeit der Liebe ist der Monat Mai; doch dieser Monat figuriert nur in der subjektiven Illusion des Traums. Das Alter der Liebe ist das zwanzigste Lebensjahr; aber in diesem Alter hat der Erzähler die Liebe nur in der Form des Traums und unter dem Schleier der

Allegorie kennengelernt, doch seit mehr als fünf Jahren sind sie verflossen. Die fiktive, zweifelsohne in der Vergangenheit des Traums aufgeschobene Erfüllung der heimlichen Liebe wird in die Wirklichkeit, in die Richtung auf eine ungewisse Zukunft projiziert. In der leeren Mitte versieht das Poem die Perspektiven dieser Flucht mit Zeichen der Schrift und mit solchen des zweiten Sinns und versucht so, die vergehende Liebe in der Gegenwart festzuhalten, indem es die verallgemeinernde Objektivität des allegorischen Codes inszeniert. In der Gegenwart jedoch fehlt eine Darstellung der Liebe. Guillaume de Lorris könnte mit Henri Maldiney sagen:

»Was vermögen unsere Zeichen? Ihre Gegenwart ruft eine Abwesenheit im Hier ohne den Ort einer Darstellung herbei. Sie verbinden das, was war, mit dem, was noch nicht ist. Doch von dem, was war, halten wir nur das zurück, von dem was sein wird, nehmen wir nur das vorweg, was uns schon in der Gegenwart befremdet: die Herrschaft der Objektivität, in der die Totalität Thema wird.«[7]

So erträumt, wie man gesagt hat, die unmögliche Manifestation der Gegenwart der Liebe die Form einer Einfügung der lyrischen Erregung und des Liebesgeständnisses des höfischen Liedes in die Form der Erzählung. Man weiß, daß die Troubadoure und die Minnesänger der ersten Generationen ihre *cansos* systematisch mit einer Frühlingsstrophe eröffneten, die zugleich am Anfang der von der Liebesbegegnung erzählenden Lieder und besonders der Pastourellen stehen. Diese Strophe spricht vom neuen Lenz der Natur, den frischen Blättern, dem stets grüner werdenden Gras, den klarer fließenden Quellwassern, dem Gesang der Vögel, ihren Lieben, den Blüten der Sträucher und der Wiesen – um auf diese Weise eine implizite oder explizite Parallele zu den Stimmungen und Gefühlen des Poeten einzuführen. Zuweilen spricht man im Gleichklang mit dieser lauten Liebesfreude, die einlädt, seinen eigenen Lieben ein Lied zu widmen, zuweilen klagt man, davon als einziger ausgeschlossen zu sein. Oder der Erzähler begegnet auch, wenn er sehr früh erwacht ist und voller Gedanken über die Felder reitet, einer Dame oder einer Schäferin, die ihn aus seinen Gedanken reißt und die er zu verführen versucht. Das morgendliche und das Frühlingserwachen des Erzählers, der kleine Fluß, dem er auf seinem Weg begegnet, der Obstgarten: all dies antwortet im *Rosenroman* auf den *locus amoenus* der lyrischen Poesie, der den Sinnzusammenhang des Traums konstituiert.

Mitten im *Rosenroman* findet sich die Aussage: *in einem Garten möchte ich die* ROSE *pflücken.* Jedes Element dieses Satzes und nicht nur die Lokalisation des Wunsches in einem Garten verweist auf einen Aspekt der poetischen Verkörperung der Liebe, den das Werk sich beim Lyrismus entleiht. Die Spannung des zwischen der Absicht der Befriedigung und der Furcht vor ihr hin und hergerissenen Verlangens, die seinen Tod bezeichnet und ihm die Verewigung der Wollust selbst als Verlangen verbietet, diese Spannung bildet bekanntlich die grundlegende Intuition des *fin'amor.* Der höfische Lyrismus bezieht dieses Verlangen auf das Subjekt und wandelt es in der Form des *ich verlange* in eine illusorische und verschwiegene Mitteilung um, die unablässig bis zum Überdruß wiederholt wird. Diese vertrauliche Mitteilung ist illusorisch, weil das Poem systematisch verallgemeinert. Es lehnt die Erzählung der Liebesumstände zugunsten von Überlegungen über die Natur und die Liebeswirkungen ab, über ihre Erfordernisse, über ihre Ethik, zugunsten rhetorischer Variationen des Ausdrucks der Liebe. Eine illusorische Mitteilung auch deshalb, weil das Poem in sich selbst geschlossen ist; und es ist geschlossen, weil die Aussage *ich wünsche* oder *ich liebe* ihren Inhalt erschöpft; und mehr noch, weil sie erklären will, warum diese Aussage die poetische Schöpfung selbst notwendig nach sich zieht, und warum die poetische Schöpfung eher ein Äquivalent oder die Umkehrung dieser Aussage ist, als eine Konsequenz. Der Einstieg im höfischen Lied ist der Satz »Amors me semont de chanter«, der oft unverändert auftaucht und dessen Substanz man fast immer hinter den Entwicklungen und den verschiedenen Abwandlungen wiederfindet, die den Gesang als Liebeszeichen bestimmen und die Perfektion des einen mit der des anderen verbinden. Die zwei Aussagen »ich liebe« und »ich singe« werden, um die Formulierungen Paul Zumthors wieder aufzunehmen, als gleichwertig unterstellt, und jede verweist auf die andere nur im Rahmen der Zirkularität des Gesangs. Das Poem muß unentwegt auf unbestimmte Weise wiederholen, daß es als Poem existiert, weil die Liebe existiert. Seine Allgemeinheit wie auch seine

Rückwendung auf sich selbst sind also die Konsequenz der Unterwerfung unter das Ideal der Liebe, dessen Widerschein es sein will, so daß die poetische Perfektion und die Liebesperfektion sich vermischen.[8]

Wenn also die Behauptung Paul Zumthors zutrifft, daß das »ich« des höfischen Liedes nichts anderes ist als das grammatikalische Subjekt des Prozesses, der die Qualitäten des Liedes und der Liebe zum Ausdruck bringt, muß man gleichwohl hinzufügen, daß sie sich wechselseitig nur vermittels dieses »ich« vermischen. Wenn die höfische Lyrik unaufhörlich die Aufrichtigkeit ihrer Liebe feierlich beteuert, garantiert sie die Bedeutung des Poems, während umgekehrt die Perfektion des Poems zum Beweis der Aufrichtigkeit der Liebe wird, die es inspiriert. Und zwar deshalb, weil die Liebe unempfänglich bleiben muß für die Zufälle und Ereignisse der äußeren Welt, und das Poem zur verallgemeinernden Abstraktion neigt. Es lehnt auf diese Weise das Anekdotische ab, das die Umrisse des »ich« fixieren würde; doch es kann das Verlangen nur zum Ausdruck bringen, weil *ich* verlange. Die Allgemeinheit des Liebesausdrucks und die notwendige Vermittlung des Subjekts, als dessen Bedingung und Widerpart finden sich im *Rosenroman* als identisch und verschoben wieder. Der allegorische Sinn unterstellt die Verallgemeinerung: das Abenteuer des Erzählers spiegelt das Abenteuer aller Liebenden wider. Es ist das universell wahre Bild der Liebeseroberung. Der Erzähler verfügt über keinen besonderen anekdotischen oder zufälligen Zug, der diese allgemeine Bedeutung begrenzen würde. Doch das »ich«, das er verkörpert, reduziert sich dennoch nicht auf ein grammatikalisches ich, weil es, wie man gesehen hat, eine komplexe Erfahrung der Zeit, der Beziehungen des Traums und des Wachens und jener Beziehungen integriert, die die Illusion, die Wirklichkeit, die Wahrheit und der Sinn unterhalten.

Ich möchte die ROSE pflücken. Für den modernen Leser ist diese Methaper ganz klar. Unzählige Volkslieder liefern ihm den Schlüssel.

A la claire fontaine

»Ich habe meinen Freund verloren ohne es verdient zu haben einer Rosenknospe wegen, die ich ihm verweigerte.«

La Belle est au jardin d'amour

»Darf man dem Rosenstock nahe sein, ohne eine Rose pflücken zu können? Pflückt sie, wenn ihr wollt, denn für Euch ist sie aufgeblüht.«

Aber gilt das auch für jene Epoche, in der Guillaume de Lorris sein Poem verfaßt hat? Er hat die Rose zusammen mit anderen Blumen in den Frühlingsstrophen und besonders in jenen Liedern gefunden, die nur aus Frühlingsstrophen zusammengesetzt sind und die man *Reverdien* nennt.

»Ich stieg sogleich vorsichtig herab, ein kleines junges Mädchen läuft herbei, mir den Steigbügel zu halten, sie führt mein Pferd in die Nähe eines Rosenstockes und band es an einen Heckenrosenstrauch. Ein kleines junges Mädchen, hübsch und liebenswert, bringt ihm Blumen, Veilchen, neue Rosen auf einem Brett zum Fressen.«[9]

Es besteht kein Zweifel, daß das Pflücken der Rose in diesen Liedern mit dem Liebesverlangen verbunden ist:

»Sobald die Rose im Mai aufgeblüht ist, treibt die Liebe mich, sie zu pflücken. Bald hörte ich eine süße Stimme, entlang eines grünen Strauches in der Nähe eines kleinen Klosters. Ich fühle das lockende Böse unter meiner Kutte: Verflucht sei Gott, der mich zur Nonne machte!«[10]

Die Schäferin in den Pastourellen beweist ihren Liebeshumor, indem sie sich den Kopf mit Rosen bekränzt. Sobald sie den Ritter fragt, was er hier gerade tue, antwortet dieser nicht ohne Zweideutigkeit: *Je keuc la violete* (Ich pflücke das Veilchen).[11] Wenig später jammert eine Schöne in einem französisch-italienischen Lied des 14. Jahrhunderts:

Giamays non iray al boy
La flor culhir,
Quar le forestier du boy
Mon ghage en a pris.[12]

In den dem *Rosenroman* voraufgehenden literarischen Werken wird die Frau sehr oft von den Troubadouren und Minnesängern mit einer Rose verglichen[13], aber auch im *Jeu d-Adam,* im *Roman de Troie,* in *Erec et Enide,* und in der *Graalsgeschichte,* in *Parthonopeus de Blois,* in *Escouffle*[14].

Sehr oft – bei Robert de Boron, bei Gautier de Coincy, in der religiösen Lyrik – bildet die Jungfrau das Objekt eines solchen Vergleichs.[15] Um jedoch auf dem Gebiet der Liebesliteratur zu bleiben, so begegnet uns die Metapher der gepflückten Rose nicht in der Zeit vor dem *Rosenroman*. Jedenfalls existieren die Ausdrücke *prendre* (nehmen) oder *avoir la fleur du pucelage* (die Blume der Jungfräulichkeit), von denen man wirklich nur sehr schwer ausmachen kann, wieweit sie sich zu einem Bild fügen, bereits in *Parthenopeu*, wo sie sich noch beiläufig verwendet finden:

»Er öffnete ihr die Schenkel. Als er auch seine öffnete, nahm er die Blumen der Jungfräulichkeit. Er gab ihr seine Blumen, er nahm ihr die ihrigen.«[16]

Schließlich kennt das Altfranzösische ein Wort *flor*, das als Verbindung zwischen *flus* (flux – Fluß) und *flor* (fleur – Blume) die Menstruation bezeichnet und so die Verbindung zwischen der Blume und der weiblichen Sexualität bestätigt.[17]

Diese zugleich dauerhafte und vage Verbindung wird im *Rosenroman* präzisiert. Seit jenem Augenblick, seit dem die Ausschmükkung der lyrischen Poesie, die bezeichnet, ohne dennoch mit sekundärem Sinn überladen zu sein, dem Roman einen erzählerischen Inhalt hinzufügt, bezeichnet die Rose im Frühlingsgarten die geliebte Frau und das Pflücken der Rose ihre Eroberung. Diese Beziehung ist aber nicht eindeutig. Im Poem von Guillaume verfällt der Erzähler zwar in Liebe zu einer Rosenknospe, diese aber wird mit der Genauigkeit eines vollständig botanischen Realismus beschrieben, auch wenn die Fortschritte ihres Aufblühens einen gewissen Aussagewert haben[18], und die weibliche Figur teilt sich tatsächlich zwischen diesen Realismus und manchen anderen sie umgebende Personen auf, wie etwa WIDERSTAND, MITLEID, SCHÖNER-EMPFANG[19]. Im Romanteil, der von Jean de Meun stammt, tendiert SCHÖNER-EMPFANG zusehends dazu, sich um den Preis einer Doppeldeutigkeit dieses Genres mit der geliebten Frau zu verbinden, deren Rose nun das Geschlecht bezeichnet.[20] Die schließliche *Defloration* macht das ganz deutlich. In der Vorstellungswelt späterer Jahrhunderte wird sich diese Defloration als letzter Sinn der Metapher einstellen, wie die weiter oben bereits zitierten Volkslieder es bestätigen. Doch bekanntlich sah Guillaume de Lorris ohne Zweifel all das nicht vorher. Indem er sie in die Form einer Erzählung bringt, und indem er aus ihr eben den Ausdruck der Liebesproblematik macht, kristallisiert, expliziert, erklärt der *Rosenroman* so die Identifikation der Rose und der Frau, die seit fast einem Jahrhundert auf verwirrende Weise verbunden werden, um der lyrischen Poesie ihre erforderliche Ausschmükkung zu verschaffen. Im Werk selbst erfolgt diese Aufklärung nur Schritt für Schritt und führt zu einer Verzerrung zwischen den beiden Teilen und zu einer Störung des zweiten Sinns. Aber ohne den *Rosenroman* würden wir die Rose, die Frau, die Liebe unterschiedlich denken.

Wir sagten weiter oben, daß die verallgemeinernde Objektivität des allegorischen Codes und die Schrift in der Gegenwart eine Liebe festhalten wollen, deren Darstellung zur Vergangenheit und deren Verwirklichung zur Zukunft gehört. Diese Absicht verkörpert sich in der Form der Erzählung und in der allegorischen Auslegung der lyrischen Ausschmückung. Das heißt, daß in den lyrischen Teilen selbst diese Ausschmückung wirklich das einzige Element ist, das als gegenwärtig vorgeführt wird. Sie ist die Gegebenheit der Welt, die in der Aktualität ihrer Wahrnehmung den Poeten veranlaßt, seine Liebe zu singen. Die Liebe aber ist mit dieser Wahrnehmung nicht zeitgleich. Die Liebe ist anderswo, in der Sehnsucht nach der Vergangenheit, im Heimweh nach der Ferne, im Verlangen nach der Zukunft und in der Zuversicht. Die Verführung und der Ruhm der Lieder Jaufré Rudels rühren wahrscheinlich von der betörenden Einfachheit her, mit der der Poet die Üppigkeit des Frühlings, in der er schwelgt, seiner Liebesversagung entgegensetzt, diese *amor de lonh, amors de terre lonhdana,* deren er sich erinnert und die er, so Gott will, eines Tages sehen wird, die er im Traum mit dem Eindruck verfolgt, daß sie sich immer weiter entfernen, während er selbst rückwärts reitet.[21] Im berühmten Lied Nr. V. wird dieser Kontrast sehr deutlich durch die Wiederkehr dieses *de lonh* in den Versen 2 und 4 jeder Strophe, die erheuchelte Unbeholfenheit des stets selben Reims, die die Illusion des Zwanghaften hervorruft, die abgedroschene und immer wieder hervorgehobene Erwähnung langer Maitage, des Gesangs der Vögel, der Weißdornblüten, die Gegenwart-Abwesenheit des Poeten, der die Frühlingsreize genießt und an ihnen leidet. In Wahrheit handelt es sich hier nicht um ein Lied der Troubadoure und Minnesänger.

Dieser Leere der Liebe im Herzen der Fülle des Frühlings, die den Sänger einlädt, antwortet bei den Troubadouren die Darstellung des weiblichen Körpers, der schlank und drall zugleich ist, vor allem weiß, »weiß wie der Weihnachtsschnee«, »weiß wie der Schnee nach dem Frost«, aber auch eisig, den man sich nur bekleidet vorstellen, den man nur den Kleidern *unterstellen* kann, wie Bernard de Ventadour sagt, die seine betörende Zurschaustellung verhüllen.[22] Das vom Poem formulierte Verlangen geht über diese imaginär bleibende Enthüllung nicht hinaus: der Dame in ihr Zimmer folgen, sie sich entkleiden sehen, sie betrachten und sie nackt berühren.[23] Nicht mehr. Das respektvolle Entsetzen dieser jugendlichen Liebe, das vor einem Jenseits des Voyeurismus zögert, verbietet weiterzugehen, dorthin, wo die faszinierende Blässe endet und das letzte Mysterium des weiblichen Körpers beginnt.

Der *Rosenroman* von Guillaume de Lorris, der die lyrische Ausschmückung in die Form der Erzählung kleidet, verfährt ebenso mit der »höfischen Neurose«, um einen Ausdruck Henri Rey-Flauds[24] zu zitieren, die die Troubadoure und Minnesänger lebten. Aus der frühlingshaften und wildwuchernden macht er eine leere Fassung, aus der die Liebe in all ihren Formen flieht: in die Gegenwart und in die Zukunft, in den Traum und in den Wunsch, in das Rätsel des zweiten Sinns, in die Zersplitterung und die Störung der Erzählungsinstanzen, in die Aneignung eines Wissens über die Liebe, das sich an die Stelle der Aneignung des geliebten Objekts setzt, weil es sich selbst als Liebeskunst ausgibt:

»Es ist der Roman von der Rose, in dem die ganze Liebeskunst aufgezeichnet wird« (Vers 37–38).

In dem von Jean de Meun formulierten Teil aber löst sich die Neurose in ein Verschwinden der Liebe auf, der sich ein anderer Ausdruck substituiert, den man auch Liebe nennt, so wie auch die Geschichte von Guillaume de Lorris verschwindet, um einer anderen Geschichte Platz zu machen, die dieselbe ist, deren Darsteller aber Guillaume wird. Die Willkürlichkeit der Worte, mit denen Jean de Meund durch den Mund von VERNUNFT spielt, als wolle er so den Nominalismus karikatural verdeutlichen, erleichtert diese Substitution.[25] Tatsächlich verneint hier aber die Wahrheit der Liebe, die von Gott ausgesandt und von der NATUR und vom GENIUS übermittelt wird, das Exaltierte des Gefühls in der höfischen Literatur zugunsten einer Reduktion auf Naturgesetze der Arterhaltung, des sexuellen Instinkts und der Fortpflanzung, von denen er kühn behauptet, daß sie in den Garten göttlicher Liebe führten. Indem er ebenso wie sein Vorgänger die didaktische Bedeutung des Werks, das von AMOUR als *Miroir aux amoureux* (Vers 10621) (Spiegel für die Verliebten) qualifiziert wird, kann er die Erzählung bis zur Liebeseroberung weitertreiben, indem er die Fülle des Sexuallebens und die höfische Neurose gegenüberstellt, von der er sich losmachen will. Doch er befreit sich nicht vom Rahmen des Traums und die mit Mühen erreichte Befriedigung wird durch das Erwachen des Erzählers als illusorische bezeichnet:

»Bevor ich von dort weggehe, wo ich gern länger geblieben wäre, pflücke ich in der Freude der Liebe die Blüte des vollen schönen Rosenstocks. So erhalte ich die dunkelrote Rose. Und der Tag verging und ich erwachte« (Vers 21745–21750).

Wenn es nur in der Fiktion des Traums zur Liebe kommt, stößt die Lehre der NATUR und des GENIUS die Liebe nicht nur in die Abstraktion des Wissens, sondern auch in die Immanenz des Naturgesetzes zurück, in die Vergangenheit eines gemeinschaftlichen Goldenen Zeitalters, das durch die Entstehung des Eigentums beendet wurde (vgl. Verse 8325–8424 und 9463–9634), in die von GENIUS vorgetragene Vision des Gartens der göttlichen Liebe, in dem man den Naturgesetzen gehorcht (Vers 20567–20637); Garten einer ewigen Gegenwart und eines ewigen Frühlings, eines ewigen Tages ohne Morgenröte und ohne Abend, ohne Vergangenheit und ohne Zukunft, ohne ein »Präteritum oder ein Futur«, wo das Präteritum niemals gegenwärtig gewesen ist und wo das Futur es niemals werden wird (Verse 19971–20000).

So findet man im Paradies der Liebe jenen Traum von einem Frühlingsmorgen abgeschafft. Das Spiel der Gegenwart und der Vergangenheit, der Jahre, der Jahreszeiten und der Stunden, der Erinnerung und des Verlangens, ein Spiel, das die subjektive Erfahrung des Poems Guillaume de Lorris' begründete, indem es die *Fluchtperspektiven* der Liebe inszenierte, verschwindet zugun-

sten einer ewigen Gegenwart der Liebe. Doch diese hängt nur von der Enthüllung und vom Wissen ab, sie wird aus dem Feld der Erfahrung in das der eschatologischen Utopie vertrieben.
Wissen ab, sie wird aus dem Feld der Erfahrung in das der eschatologischen Utopie vertrieben.

Kommen wir zum Schluß auf das einfache Argument des Romans zurück. Die ebenso große Häufigkeit der Allegorie in der religiösen Poesie dieser Zeit bedeutet, daß sie noch einmal die Wege Gottes zurückruft und daß sie seine Lehre und seine Wahrheit im Gedächtnis verankert. Sie stellt die Fähigkeiten, die ihm seit der Antike im Rahmen des artifiziellen Gedächtnisses verliehen sind, in den Dienst moralischer und spiritueller Ziele, wie es Frances Yates[26] behauptet. Im *Rosenroman* stützt sich das Gedächtnis analog, wenn auch *verweltlicht,* auf die Allegorie, um die Wahrheit zu finden. Die Allegorie des *Rosenromans* spielt mit Erinnerungen des Bewußtseins und der subjektiven Erfahrung, um durch das Vergehen der Vergangenheit und des Traums hindurch, durch die Umwege des zweiten Sinns, weniger den Liebesbesitz als eher die Offenbarung einer Wahrheit der Liebe zu erreichen. Eine im Triumph des Zufälligen und der Angst vor dem Prekären, der Zeit eines Traums, gefährdete Offenbarung. Eine Wahrheit, deren didaktische Verstellung die Unfähigkeit verbergen will, den Mangel einer Wirklichkeit in der Nichtvollendung des ersten Poems und den Mangel einer durch das Erwachen widerrufenen illusorischen Verwirklichung aufzufüllen.

Eingeschlossen in seinen eigenen Traum findet der Erzähler in ihm die Imperative, die Grenzen, die Gefahren wieder, die das soziale Sein beschweren: Laster und Tugenden, die durch ihre Verwendung im Rahmen des höfischen Lebens bestimmt werden: Unterwerfung unter die guten Manieren, allegorische Personen, die das Wie-man-so-sagt repräsentieren, die öffentliche Meinung, die sozialen Regeln und die Verbote des Überichs, die auf sie antworten. Aber auch: dieser Traum der Liebe, diese Liebe ohne den anderen, da sie nur ein Traum ist, diese Liebe, deren Objekt durch die allegorische Metapher, durch die Projektion in den Traum, durch die Reflexion der als Gegenwart verkleideten Vergangenheit verschoben wird, kann nur böse in der Nichtvollendung (wie bei

Guillaume de Lorris) enden oder (wie bei Jean de Meun) im Erwachen, das auf die Defloration und die Wollust folgt; ein Erwachen, das nur ein anderer Tod ist, Tod des Traums und der Liebe, die der Erzähler gelebt hat. Entweder sind das Poem und die Liebe unvollständig und suchen eine Verlängerung im Wirklichen bei der Dame,

»die so reizvoll ist und so würdig, geliebt zu werden, daß ich ihr den Namen Rose gebe« (Vers 43–44).

Oder das Poem und die Liebe streben zu ihrer Vollendung, verzichten indes auf jeden Ausweg ins Wirkliche, auch wenn Jean de Meun vorgibt, die höfische Utopie zu beenden.

Darüber hinaus wird die von Guillaume de Lorris auf so leidenschaftliche und subtile Weise gehandhabte Zeit von Jean de Meun vergessen, wenn er nicht sogar das Werk gründlich entstellt. Mehr als vierzig Jahre, die verflossen sind, so sagt er, bevor er das von seinem Vorgänger unterbrochene Poem weiterverfolgt, verbieten ihm, sich mit diesem im Rahmen der Erzählung zu vermischen. Jean behandelt Guillaume als eine Romanperson, während er selbst, der Autor, dem Roman äußerlich bleibt. Die Liebe und die Erfahrung des Traums sind die Guillaumes, nicht die seinigen. Er verfolgt sein Poem, doch er beläßt ihm die Verantwortung für seine Erfahrung. Der Liebende bleibt Guillaume und wird nicht Jean (Vers 10657–10660). Gleichzeitig enthüllt uns Jean de Meun seinen Namen, seinen Ursprung, seinen Charakter, was Guillaume de Lorris, der sich selbst nie nennt, wohlverstanden niemals getan hat.[27] In seinem Bestreben, uns wegen seiner offensichtlichen Sorge, einen Schlüssel für seine literarische und intellektuelle Stellung zu liefern, sein Selbstportrait zu entwerfen, präsentiert er sich als Autor des Poems, dem Liebesabenteuer aber fremd. Durch ihn konnte der ganze *Rosenroman* als beispielhaft für eine poetische Erneuerung auf Kosten der Liebe erscheinen. Er hält sich außerhalb des Traums, in dem nur die Liebe gegenwärtig wird, auf Kosten der Person Guillaumes – höhnisch.

Anmerkungen

1 Guillaume de Lorris und Jean de Meun, *Der Rosenroman.* Übers. und eingeleitet v. K. A. Ott, Band 1–3. München 1976–79.

2 Vgl. Pierre-Yves Badel, *Le Roman de la Rose au XIVe siècle. Etude de la réception de l'oeuvre.* Genf 1980.
Vgl. Christine de Pisan, Jean Gerson, Jean de Montreuil, Gontier et Pierre Col, *Le débat sur le Roman de la Rose. Edition critique, introduction, traduction et notes* par Eric Hicks. Paris 1977.

3 Rita Lejeune, »A propos de la structure du *Roman de la Rose* de Guillaume de Lorris«. In: *Etudes de langage et de littérature du Moyen Age offertes à Felix Lecoy.* Paris 1973, S. 315–348.
David F. Hult, »Gui de Mori, lecteur médiéval«. In: *Incidences,* Nr. 5, 1981, S. 53–70.
Ders., *Self-Fulfilling-Prophecies: Readership and Authority in the First »Roman de la Rose«.* Cambridge 1986.

4 Die Entwicklung, die dem Aufschub der Liebe im Werk Guillaume de Lorris' vorausgeht, wird teilweise in meinem Buch *La Subjectivité littéraire autour de siècle de saint Louis,* Paris 1985, S. 130–132, behandelt.

5 Vgl. meinen Kommentar einiger Äußerungen Watriquet de Couvins, insb. im Kapitel *Miroir des Dames,* in: *La Subjectivité littéraire,* a. a. O., S. 149–160; sowie ebenso meinen Aufsatz »Séduir, endormir. Note sur les premiers vers d'un poème de XVe siècle«. In: *Littérature,* Nr. 23, Oktober 1976, S. 117–121.

6 Bzgl. dieser Ausdrücke vgl. Paul Ricoeur, *Temps et récit III. Le temps raconté.* Paris 1985, S. 19–36.

7 Zit. n. Jean-Pierre Charcosset, »Présent«, in: *Présent à Henri Maldiney.* Lausanne 1973, S. 20–21.

8 Die Überlegungen dieses Abschnittes sind in *La Subjectivité littéraire,* a. a. O., S. 50–51 weiter ausgeführt worden.

9 Karl Bartsch. *Altfranzösische Romanzen und Pastourellen.* Leipzig 1870, II, 2. S. 104.

10 Ebda., I, 33. S. 28.

11 Jean-Claude Rivière, *Pastourelles.* Genf 1974–1976. 3 Bände (die Stücke 12, 66, 67)
Jeder empfindet hier den Gleichlaut mit dem bekannten Lied:
Allons dans les bois, ma mignonnette,
Allons dans les bois du roi,
Nous y cueilleros la fraîche violette...
(Gehen wir in den Wald, meine kleine Süße,
Gehen wir in den Wald des Königs
und pflücken wir dort das frische Veilchen...)

12 R. A. Meyer, *Französische Lieder aus der Florentiner Handschrift Strozzi-Magliabecchians CI. VIII. 1040.* Halle 1907, S. 64.

13 Arnaldo Moro, »Le Portrait dans la poésie lyrique de langue d'oc, d'oil et de si, aux XIIe et XIIIe siècles. In: *Cahiers de Civilisation Médiévale,* Nr. 26, 1983,

S. 154–156. Vgl. auch A. M. Colby, *The Portrait in Twelfth-Century French Literature*. Genf 1965.

14 Vgl. *Jeu d'adam*. Das altfranzösische Adamspiel. Übers. u. eingel. v. U. Ebel. München 1968, Vers 227–228. *Trojaroman*, Verse 1252, 5126, 5552, 26450. *Erec et Enide*, Verse 2406–2411. *Die Gralsgeschichte*, Verse 7904–7906. *Escoufle*, Verse 8292–8297. *Parthonopeus van Bloys*. Hrsg. v. A. v. Berkum. Leiden 1897. Und vgl. im Rosenroman selbst, in dem Leesce in den Versen 838–841 mit einer Rose verglichen wird. Diese Referenzen sind von Takeshi Matsumura (Universität Tokio) gesammelt worden, der die Freundlichkeit hatte, sie mir mitzuteilen.

15 Robert de Boron, *Estoire dou Graal*, Vers 38–40. Gautier de Coincy, *Miracles de Notre Dame*, »Roine celestre«, Vers 73–74; »Hui matin a l'ajornee«, Vers 24–30 und 77–79; »Ja pour yver, pour noif ne pour gelée«, Vers 21–22 (Genf 1966, Band 1, S. 35, 44, 48. Band 3, S. 292, 294f., S. 297). Man könnte die Beispiele noch vermehren.

16 *Parthonoepeus van Bloys*, a. a. O.

17 Tobler-Lommatzsch, *Altfranzösisches Wörterbuch*, 3, 1940.

18 »Als ich mich der Rose näherte, sah ich, daß sie ein wenig voller geworden, daß sie gewachsen war, seit ich sie das letztemal aus der Nähe gesehen hatte. Sie verbreiterte sich ein wenig nach oben, und es freute mich, daß sie noch nicht so weit offen war, daß man den Samen sehen konnte. Er war noch zwischen den Blättern verborgen, die sich in die Höhe reckten, den Blütenboden bedeckend, so daß er nicht erscheinen konnte / ob der Fülle der Blätter.« Verse 3339–3351.

19 Die Verbindung zwischen der frühlingshaften Ausschmückung und den verliebten Personen findet sich in mehreren lyrischen Poemen aus der Zeit Guillaume de Lorris' (Bartsch, a. a. O., I, 30b, Verse 25–39 und II, 2, Verse 3–6). Das von Thibaud de Champagne in seinem Lied »Ausi comme unicorne sui« angesprochene Gefängnis Amours ist sehr berühmt (Hrsg. v. A. Wallensköld, Paris 1925, Lied Nr. 34, Verse 19–27). Doch im Ganzen sind die allegorischen Personen – wie *Amour* – in der lyrischen Poesie eher selten. Vgl. Marc-René Jung, *Etudes sur le poème allégorique en France au Moyen Age*. Bern 1971, S. 126–146.

20 Vgl. M. Zink, »Bel-Acueil le travesti du ‹Roman de la Rose› de Guillaume de Lorris et Jean de Meun à ‹Lucidor› de Hugo von Hofmannsthal. In: *Littérature*, Nr. 47, Oktober 1982, S. 31–40.

21 *Les chansons de Jaufré Rudel*. Hrsg. v. Alfred Jeanroy. Paris, 2. Aufl., 1924; insbesondere die Lieder I, Vers 22–25, II und V.

22 *Bernart von Ventadorn, Lieder*. Hrsg. v. Carl Appel. Halle a. S. 1915, Lied 9, Vers 15–18, Lied 16, Vers 33–40, Lied 17, Vers 37–38. Die Blässe ist ein Zug der weiblichen Schönheit, der absichtlich von den Beschreibungsmodellen der mittellateinischen poetischen Künste hervorgehoben wurde; z. B. Geoffroi de Vinsauf, *Poetria nova*, Vers 564–565 und 591. Hrsg. v. Edmond Faral: *Les Arts poétiques du XIIe et du XIIIe siècle*. Paris 1924, S. 214–215.

23 *Bernart von Ventadorn*, a. a. O., Lied 19, Vers 37–48 und ebenfalls Lied 17, Vers 33–40.

24 Henri Rey-Flaud, *La névrose courtoise*. Paris 1983.

25 *Der Rosenroman*, Verse 6898–7100.

26 Frances Yates, *The Art of Memory.* Chicago 1966, S. 50–81.

27 *Der Rosenroman*, Verse 10535–10644. Vgl. David F. Hult, »Vers la société de l'écriture. *Le Roman de la Rose«*. In: *Poétique* Nr. 50, April 1982, S. 155–172; und »Closed Quotations: The Speaking Voice in the *Roman de la Rose*«. In: *Yale French Studies,* Nr. 67, 1984, S. 248–269; Kevin Brownlee, »Reflections in the *Miroer* aus *Amoureus.* The Inscribed Reader in Jean de Meun's *Roman de la Rose*«. In: *Mimesis: From Mirror to Method, Augustine to Descartes.* Hannover, N.H., U.P. of New England 1982, S. 60–70, Ders.: »Jean de Meun and the Limits of Romance. Genius as Rewriter of Guillaume de Lorris«. In: *Romance: Generic Transformation from Chrétien de Troyes to Cervantes.* Hrsg. u. eingel. von Kevin Brownlee und Marina Scordilis Brownlee. Hannover, N.H., U.P. of New England 1985, S. 114–134.

Renate Schlesier

»Amor vi ferì, vi sani amore.«

Zweideutigkeit und Zweischneidigkeit, Einheit der Gegensätze und Mischung der Widersprüche in vielerlei Gestalt – dies, in unzähligen Formen, hat betont, wer immer sich antiker Weisheit und Narrheit entsann, um die Liebe auszumalen und zu besingen. Eine Schockerfahrung und Denkaufgabe, die das Lieben bietet – die Verbindung von Leben und Tod, die Gleichzeitigkeit von Ursprung und Ziel – ließ die Liebe verwandt erscheinen mit der Mutter Erde, die gibt und nimmt. Doch die Einzigartigkeit der Liebe konnte nicht unbemerkt bleiben: Anders als die Natur oder ein Schöpfergott ist das, was die Liebe geben und nehmen kann, auch sie selbst. Die unfaßbar grenzenlose Endlichkeit der Liebe, ihre skandalös menschliche Göttlichkeit, wurde aus der ihr spezifischen Verschränkung von Körper und Geist abgeleitet und der Verwirrung zugeschrieben, mit der sie Geist wie Körper ergreift. Unter antiken Vorzeichen ist der Liebeswahnsinn eine göttliche Verletzung, vor der kein Mensch sich schützen kann.

Daß weder die antike Liebes-Lehre noch das ihr zugehörige rhetorische und mythologische Arsenal in Vergessenheit geriet, verdankt die europäische Neuzeit vor allem dem römischen Dichter Ovid. Seine *Metamorphosen* verbinden die Stoffe und Figuren der griechischen Mythologie zu einer einprägsamen und handlichen Verwandlungs-Kette, die die Weltordnung fesselt und schmückt. Seine *Liebeskunst* lehrt in drei Büchern Männer die Frauen, Frauen die Männer zu gewinnen, und ein viertes Buch zeigt beiden Geschlechtern die Wege auf, um voneinander wieder loszukommen. Amor garantiert auch die Wirksamkeit der Heilmittel gegen die Liebe: Er wird als Gott des Vergessens vorgeführt, der die durch ihn Entflammten auch wieder abkühlen kann, wenn er seine glühende Fackel ins Wasser senkt: »Auch der lethäische Amor ist dort, der Heilung dem Herzen/Bringt und mit kühlender Flut selber die Fackeln besprengt.«[1] Die gesenkte Fackel macht aus dem Liebesgott den Todesgott, der das Feuer löscht, indem er es mit

Wasser vereint, dem Wasser des Flusses der Vergessenheit, Lethe, der am Eingang der Unterwelt fließt und aus dem die Toten trinken müssen, um die Erinnerung zu verlieren. Amors Todesbeziehung, auf die Ovid hier anspielt, überläßt der Dichter dem Gott. Amors Verletzungs- und Heilungsmacht aber beansprucht der menschliche Liebes-Lehrer für sich: »Lernt von mir, der euch lieben gelehrt, Heilmittel der Liebe:/Wunden und Hilfe zugleich bringt euch dieselbige Hand./Heilende Kräuter zugleich mit schädlichen nähret die Erde,/Mit Brennesseln gesellt siehet die Rose man oft;/Ja, und der pelische Speer, der Herkules' Sohne die Wunde/Schlug, hat – derselbige Speer – Hilfe der Wunde gebracht.«[2]

Die Lanze, die die Wunde geschlagen hat, wird sie heilen – dieses Orakel aus der Geschichte von Telephos, dem Sohn des Herakles, war lange vor Ovid zum Sprichwort geworden. Und der christlich-spirituellen Grals-Sage wird es bis in ihre Fassung durch Richard Wagner als plastische Losung dienen: »die Wunde schließt der Speer nur, der sie schlug.«[3] Für die antike Tradition freilich wurde dieses Orakel zur Nahtstelle, an der sich der Krieg mit der sinnlichen Liebe, die sinnliche Liebe wie der Krieg mit der Sinnesverwirrung verknüpfen. Seit den homerischen Epen, in deren Umkreis Telephos gehört, galt als ausgemacht, daß der Krieg nicht allein körperliche, die Liebe nicht allein geistige Verletzungen bewirkt: Wahnsinn und Wunden gehören beidem an, und beides bedarf der Heilung. Angesichts dieser Gleichartigkeit von Krieg und Liebe kann sich Ovid auf die Erfahrung einer dementsprechenden Vermengung in der Natur berufen: Heilpflanzen mischen sich mit Schadenskräutern, Unkraut wächst neben Blumen. Die Zweideutigkeit und Zweischneidigkeit der Liebe führt, über Krieg und Krankheit, in eine Landschaft, die aus Wildnissen und Gärten zusammengesetzt ist.

Diese Landschaft, die Ovids aufgeklärte Dichtkunst tröstlich überhöht, hatte die Kult- und Mythenüberlieferung der Griechen vorwiegend mit lieblichen und furchterregenden weiblichen Götterwesen bevölkert. Gärten und Wildnisse sind Nymphenland, in das hineinzugeraten für Hirten und Jäger, Helden und Dichter Lust und Gefahr bedeutet. Wer von Nymphen ergriffen wird, dem werden göttliche Genüsse zuteil, der kann zum Wahnsinn getrieben werden. Wer ihnen nicht entrinnen kann, der muß sterben. Auf den Wiesen und in den Wäldern des Nymphenlandes wohnt die Liebe wie der Tod.

Eine blütenbesäte Wiese ist der Eingang zur Unterwelt und der Ort, an dem Götter und Ungeheuer sich mit Vorliebe im Liebesspiel vergnügen. In Wäldern und Gärten ergehen sich Göttinnen wie Aphrodite und Artemis, Kalypso und Kirke, die sterblichen Männern Unsterblichkeit versprechen oder ihren Tod bewirken. In zauberhaften Gefilden und an Inselgestaden lockt der begeisternde Gesang der Musen und Sirenen. Doch die honigsüße Harmonie ihrer Weisheits-Melodien schützt nicht vor dem Verderben durch sie. Auch die Pflanzen und Tiere und das übrige Inventar der Landschaft, in der Nymphen ihr Wesen treiben, verbünden sich mit ihnen zur Erzeugung berückender und heilsamer Lust. Vögel und Schlangen hausen hier, Bienen beglücken mit Honig oder bedrohen mit ihrem Stich. Blumen duften betäubend, Bäume spenden Schatten, murmelnde Quellen und sanfte Winde gewähren Kühlung. Die Sonne taucht alle Farben in blendenden Glanz. Alle Sinne werden gereizt und erfrischt. Ein verläßliches Territorium ist der Lustort nicht. Er ist so gebaut, daß er die Unsicherheit der Liebeslebensverhältnisse bald scharf, bald milde konturiert.

Daß der Lustort nicht beliebig wild gewachsen, sondern ein Gebilde aus Geschichten ist, verraten die in ihm versteckten Spuren. In seine vegetative Ausstattung gehen die in ihm Gestorbenen ein. Die kurzlebigen Lieblinge der Aphrodite, Attis und Adonis, überdauern als Veilchen und als Anemone. Auch Hyazinthe, Narzisse und Zypresse bezeugen das traurige Schicksal von Jünglingen, die in den Bannkreis der Nymphenlandschaft gerieten. Um männliche Gottheiten wie Apollon oder Dionysos und ihre Verehrer und Geliebten ranken sich ebenfalls Verwandlungsgeschichten, doch die menschenförmigen Götter nehmen hier nur vorübergehenden Aufenthalt. Weder sie noch Sterbliche können ständige Bewohner der Lustlandschaft sein, sondern Mischwesen mit Tierattributen wie der bocksfüßige Pan oder das Dionysos-Gefolge der geschwänzten, pferdeohrigen Satyrn und Silene. Anders als den Menschen-Männern kann diesen Mischwesen ihr erotisches Gelüste nicht zum Verhängnis werden.

In das kunstvolle Naturgebilde des Lustortes weben antike griechische Dichter und Philosophen die Topographie des weiblichen Körpers und die Graphologie der Erkenntnis ein. Die Liebesgöttin, die in den Wiesen am Ufer des Ilissos und am Abhang der Akropolis als Aphrodite in den Gärten verehrt wurde, reizt zum nächstliegenden Landschaftsbild der weiblichen Genitalregion: Eine wollüstige Frau kann »gartentoll«[4] genannt werden, einen begehrlichen Mann drängt es danach, die »feuchte Au«[5] seiner Angebetenen aufzusuchen. Die »gespaltenen Wiesen der Aphrodite«[6] gelangen durch Empedokles sogar zu philosophischen Ehren. Nur unter Blumen und Düften, so heißt es in Platons *Gastmahl*, könne Eros leben, in einem Garten sei er gezeugt[7], nur in einem Garten blühe mit der Liebe die philosophische Erkenntnis. Ein »Garten-Liebender« müsse der Weisheits-Liebende, der Philosoph, sein. Doch die wirklichen Wiesen, auf denen er wandelt, werden aus einem weiblichen Körperbild in ein geschlechtsloses Geistesbild übertrgen, das die Wiese schließlich zum Synonym für eine Sprachfloskel-Sammlung werden läßt.[8]

Unübersehbar verstärkt sich mit diesen Wort-Vexierbildern die Tendenz, sich möglichst risikolos der Liebeslandschaft zu versichern. Während die philosophische Religions- und Weiblichkeitskritik sich der Gärten bemächtigt, bereitet sich ihr Bündnis mit christlicher Genuß- und Materie-Feindschaft vor. Zugleich vollzieht sich ein Umbau des mauerfreien Lustortes durch die römischen Dichter. Die lateinisch umbenannten griechischen Götter erstarren zum literarischen und ikonographischen Zitat. Staatstragend sind nicht sie, sondern der vergöttlichte Kaiser. Die Liebesgöttin, die nicht mehr Aphrodite, sondern Venus heißt, personifiziert nun vorzugsweise eine allzumenschliche Gefühlspraxis, der man sich je nach Körperkraft und Seelenstärke hingeben oder auch nicht überlassen mag.

Die Gegenwärtigkeit der Götter verschwindet aus der Lustlandschaft mit ihren Kulten. Wo Götterwesen sie erneut bevölkern, sind es keine erlebten Gestalten mehr, sondern erzählte Kunstfiguren, die ohne den Poeten, den »Macher«, sich nicht präsentieren würden. Der Lustort verliert mit der Zweideutigkeit seine Schrekken und wird zum zweifelsfrei und zwanglos lieblichen Ort, zum

»locus amoenus«[9]. Sein milder Frühlingsreiz gemahnt zwar an Vergänglichkeit und rechtfertigt die Losung des »carpe diem«[10]. Aber er ist kein Tor zur Unterwelt mehr, sondern lädt dazu ein, sich nach Belieben in ihm komfortabel einzurichten. Als griffiges Modell eines rahmenlosen Naturausschnitts wird er zum künstlerischen Topos eingegrenzt. Er wird umgerüstet zu einer Enklave unberührter, unbearbeiteter, geschichtsloser Natur inmitten einer sonst vom menschlichen Zugriff beherrschten Kultur. Als reizvolles Versatzstück stadtflüchtiger Sehnsucht eignet er sich vorzüglich dazu, dramaturgisch wirksam in beliebige Einsamkeits-Erzählungen eingefügt zu werden. Reduziert auf eine Folie kulturmüder und sicherheitsbedürftiger Wunscherfüllung macht der verharmloste Lustort Karriere. Wird ein geeigneter Platz gesucht, an dem dichterische Inspiration sich garantiert einstellen soll und Liebe sich gefällig ausüben läßt, so bietet sich der »locus amoenus« an. Innerhalb der römischen Pastoralpoesie findet auf dem Territorium des Lustortes etwas Trauriges oder göttlich Berückendes nur mehr in der Erinnerung an mythische Geschichten statt.

Spätestens seit Ovids Zeitgenossen Vergil ist der Lustort kein Begegnungsort mehr zwischen Göttern und Menschen. Stattdessen wird er präzise in der realen geographischen Landschaft namens Arkadien lokalisiert, einer kargen Gegend, die ihre Verklärung ausschließlich dichterischer Phantasie verdankt und deren Reiz in ihrer Ferne beruht. Das Licht, das auf sie fällt, ist die vergoldende Sonne des Feierabends und der Ferien. Die Farbe, in die sie getaucht ist, verleiht ihr der bläuliche Dunst früherer, besserer Zeiten. Vergils Arkadien ist eine Landschaft, die es der Neuzeit erlaubt, Antikes jeglicher Anstößigkeit und Eigenständigkeit zu entrücken. Hier regiert der große Pan über singende, flöteblasende Hirten und Schäfer, die Liebeskummer haben. In diesem Sehnsuchtsland können empfindsame Zeiten von nun an ihre Utopie mit der Seele suchen.

Der aus anheimelnden Wildnissen konstruierte »locus amoenus« überlebt in Form eines handlichen und unverdächtigen Requisits in den christlichen Ritterromanen des Mittelalters. Durch die wieder offen antikisierende Renaissance wird er in seinen Herkunfts-Texten neu entdeckt, bleibt für die barocke Schäferpoesie unentbehrlich und blüht schließlich bei Wagner in Klingsors Zaubergarten und in Tannhäusers Venusberg mit später christlicher Schwüle auf.

Der umhegte Lustgarten wurde bereits durch die Kirchenväter verteufelnden oder erbaulichen Rücksichten unterworfen. Im Dienst christlicher Allegorese treiben sie der blumenreichsten alttestamentlichen Körper-Kunde die Sinnlichkeit aus. Der verschlossene Garten, »hortus conclusus«, so versichern sie, sei weit davon entfernt, die im *Hohenlied* Salomos besungene fruchtschwere Wollust zu meinen. In ihm spiegele sich vielmehr die Keuschheit der heiligen Jungfrau wie in einem dunklen Wort. Im bedeutungsschwangeren Blumengärtlein der Gottesmutter ist das Einhorn, Referenztier der Keuschheit, eingefangen und eingehegt. Wie der Heiland als eine Rose aus Maria entspringt, so läßt sich der Rosengarten als Bezeichnung der Leiden Christi ausdeuten, und nach ihrem Beispiel, als Abbild der menschlichen Seele. Zum Trost für asketische Folter wird der Garten der Lüste zum Garten der Torturen dämonisiert. Die Sünde im Garten Eden banne den Menschen in einen Zauber, von dem nur das Heil des himmlischen Paradieses ihn erlösen könne.

Trotz raffinierter frommer Bemühungen um die Umwertung des Lustortes gelang es nicht vollständig, Sinnenfreude und Götterwahn aus ihm auszuschließen. Seine Aufteilung in ein böses heidnisches Körpergehege und eine gute geistliche Seelenweide verrät weiterhin die Pathosformel, die dem Lustort spezifisch ist: Im blütendurchsetzten Landschaftsbild ist noch die entschärfte Lust ein Kontrastgebilde, das auf die Mischung von Weiblichem und Männlichem, Genuß und Schmerz, Leiden und Heilung verweist. In den Vögeln, Schmetterlingen, Bienen und Schlangen wie in den von ihnen besuchten Bäumen, Blumen und Kräutern können wahlweise beide Geschlechter sich und ihre mythischen Vorbilder wiedererkennen, auch nachdem die antiken Götter in ein naturfernes Exil vertrieben sind. Im künstlichen Naturambiente bricht die Sinnlichkeit bereits in frühchristlicher Zeit mit Macht wieder durch. Ihre Durchsetzungsfähigkeit verdankt sie zunächst nicht den Nymphengestalten antiker Göttinnen, die von den Renaissanceartisten wieder in die Lustlandschaft zurückverpflanzt werden. Verantwortlich dafür ist auch nicht die bejammernswerte spätantike Mißgeburt der Liebesgöttin, Priapus, der unförmige Beschützer römischer wie humanistischer Frucht- und Gemüsegärten, dessen überdimensionales und niemals entspanntes Sexualorgan ihn der Spottlust preisgibt. Sondern ein altehrwürdiger Gott, ein anderer, begeisternder Aphrodite-Sohn, der gefürchtete und ersehnte Herrscher aller antiken Lustorte und der dort blühenden Blumen, der gliederlösende Eros, der grausame Amor, rettet sich vor Untergang und Vergessen, indem er mit dem geflügelten Gottesboten, dem Engel, verschmilzt.

In lieblicher und zugleich martialischer Gestalt erscheint der mit Pfeilen und Fackeln bewaffnete Amor wie der furchterregende Engel mit dem Flammenschwert innerhalb einer Tradition, die ununterbrochen, freilich nicht ungebrochen von der Antike bis in die Neuzeit reicht. Engelgleiche antike Eroten bei der Weinlese bevölkern die Wände römischer Katakomben. Doch nicht dem Weingott und Venus-Gefährten Bacchus dienen sie, wie etwa auf pompejanischen Wandbildern. Auch nicht jene wollüstigen Trauben sollen hier geerntet werden, mit denen sich das orientalische Liebespaar des *Hohenliedes* vergleicht; sondern diese Winzer arbeiten zum höheren Ruhme des Heilands, der von sich sagt: »Ich bin der Weinstock, ihr seid die Reben«[11], und dessen Blut sich in den geweihten, homöopathisch zu genießenden Wein der Eucharistie verwandeln soll. Deutlich gelingt an den Amor-Gestalten wie an den Engeln, was Kirchenväter für den Umgang mit paganen Mythenfiguren empfehlen: Sie seien als Dämonen auszugrenzen oder wenn möglich in heilige Embleme umzudeuten. Damit sind Mischungs- und Spaltungsprozesse in Gang gesetzt, die durch das gesamte Mittelalter hindurch und nicht erst im Zeitalter des Humanismus antike Götter didaktischen Zwecken dienstbar machen. Mit Rekurs auf Platon wird Amor in zwei Figuren geteilt – Eros und Anteros –, die es erlauben, der körperlichen Lust des Abkömmlings der Venus die tugendhaft göttliche Liebe des Madonna-Sohnes gegenüberzustellen. In Evangeliaren und auf Inschriften gothischer Kathedralen wird zuweilen der Engel der Verkündigung mit einem Amor-Namen, Cupido, bezeichnet. In der Renaissancezeit nimmt der jünglingshafte Christus selbst den Typus eines Amor oder

Apollo an. Ikonographisch vermengen sich auch die wiederbelebten kindlich verführerischen Putti, Genien und Eroten der Antike mit den ihnen nachgebildeten pausbackigen Engeln, die das Christentum zu Unschuldsbildern verklärt. Die Musikinstrumente, die diesen Flügelwesen traditionell mitgegeben sind, verbinden sie zum himmlischen Konzert. In dem Maße, wie der Jesusknabe von den ihn umflatternden Engeln und vom kindlichen Amor kaum unterscheidbar wird, gewinnt die Gottesmutter aphrodisische Züge. Wallfahrtsorte venusischer Ausschweifung wie der sizilische Berg Eryx werden der keuschen Magd des Herrn überantwortet. Die jungfräuliche Liebesgöttin, Venus-Virgo, in der sich für fromme humanistische Moralisten die Unschuld des goldenen Zeitalters verkörpert, wird mit marianischer Würde bekleidet. Die von der Waffe ihres Sohnes getroffene antike Lustgöttin leiht der schmerzensreichen Jungfrau ihre Gestalt und das kriegerische Verletzungs-Attribut. Die mystische Christus-Liebe heiliger Frauen und Männer wird von den Pfeilen der Engel erweckt. In Begleitung ihres Söhnchens kann ein theologisch experimentierfreudiger Maler die an einen Apfelbaum gelehnte Venus in der Position erscheinen lassen, die der Eva des Paradieses zugeschrieben ist. Das blumige Ambiente, in das Amor und seine Mutter oder Maria mit ihrem Kindlein eingebettet werden, verschwimmt ineinander bis zur Übereinstimmung. Das im Jenseits verheißende Paradies gleicht dem verlorenen irdischen. Die Begleitung der Schlange wird der schönen Gärtnerin nicht zugemutet, ob sie Venus oder Maria heißt. Der Engel, das Jesuskind und der Amorknabe werden zu einem einzigen Gebilde, in dem an Erlösung gebundene Liebe sich inkorporiert.

In einer solchen Verschmelzung ist die Erfahrung der Zweideutigkeit der Liebe aufbewahrt, die nicht durch einen scharfen Schnitt behoben werden kann. Auch wenn himmlische und irdische Liebe christlich klar getrennt werden, bleibt die unlösliche Verbindung von Leiden und Lust beiden Liebesformen zugeordnet. Profane Umschreibungen der Liebessymptome erinnern nicht minder als die mystischen an ihre Wahnsinns-Natur und an die kosmische Doppelheit der Liebe, die Feuer und Wasser vereint: »Love is a smoke rais'd with the fume of sighs;/Being purg'd, a fire sparkling

in lovers' eyes;/Being vex'd, a sea nourish'd with lovers' tears:/ What is it else? a madness most discreet,/A choking gall, and a preserving sweet.«[12]

In den Sprachbildern, die dem zunächst noch konventionell unglücklich seine Rosalinde liebenden Romeo in den Mund gelegt werden, hallt antike Tradition als Echo wieder. Die Süßigkeit und Bitternis der Liebe, die Shakespeare hier beschwört, hatten humanistische Neuplatoniker aus dem Florenz des fünfzehnten Jahrhunderts in ethischer Absicht zur Lehre vom »dulce amarum« ausgestaltet. Lorenzo de' Medici und Marsilio Ficino glaubten sich dabei auf Platon und den legendären weisen Sänger Orpheus berufen zu können.[13] Tatsächlich aber stammt die Formel des Süßbitteren von der Dichterin Sappho: »Gliederlösender Eros treibt mich wieder um,/süßbitteres unbezähmbares Kriechtier.«[14] In einer anderen, bereits moralisierenden spätantiken Tradition wird die schmerzhafte Süßigkeit des Eros nicht einem Reptil, sondern einem stachelbewehrten Flügeltier zugeschrieben: Der beim Stehlen des süßen Honigs von den Stichen der Bienen verletzte Sohn der Liebesgöttin, den seine Mutter mahnend an seine eigenen wundenbringenden Pfeile erinnert[15], war eine der beliebtesten Vorlagen ethisch antikisierender Renaissance-Malerei.

Im Unterschied dazu vermeidet die ältere griechische Mythentradition jede Erbaulichkeit, wenn sie Aphrodite und Eros mit Verletzungsmacht assoziiert. Aphrodite verkörpert selbst die erotische Raserei. Sie ist es, die wie eine lebensbedrohende Biene umherschwärmt und ihre Opfer sucht. Der von Eros ausgesandte Pfeil der Liebesgöttin kann Wahnsinn und Tod bringen. Innerhalb und außerhalb erotischer Zusammenhänge bedienen sich auch andere griechische Götter wie vor allem Dionysos neben schrillen und dumpfen Musikinstrumenten zur Erzeugung der göttlichen Raserei mit Vorliebe stacheliger Werkzeuge, zu denen auch der Treibsporn und die Viehbremse gehören. Die von dem attischen Tragiker Euripides ausgemalte Gefährlichkeit der Götter-Stachel klingt zitathaft nach, wenn Romeo sich als flügellahm und erdenschwer beschreibt, da Amors Pfeil ihn zu tief durchbohrt hat und ihn an der Sanftheit der Liebe zweifeln läßt: »Is love a tender thing? it is too rough,/Too rude, too boisterous, and it pricks like thorn.«[16]

Die Dornigkeit und zugleich duftige Süße der Liebe hatte während des dreizehnten Jahrhunderts der *Roman de la Rose* im Namen der venusischen und marianischen Blume zu einer Formel zusammengefaßt. Die dort profanisierten Dornen verdanken ihre weltliche Zeichenhaftigkeit dem geistlichen Liebesversprechen des Jungfrau-Sohnes mit der Dornenkrone. »Tod, wo ist dein Stachel?«[17] – so lautete die triumphale rhetorische Frage des Paulus. Der Auferstandene, der den Tod exemplarisch durchlebte, offenbart sich als Heilsmodell. Die Idee vom Tod des Heilands, der den Tod überwindet, ist von den antiken Kulten der Vegetationsgottheiten inspiriert, die sterben und wieder zum Leben erweckt werden. Die Denkfigur des den Tod herbeiführenden und von ihm erlösenden Gottes nimmt Vorstellungen antiker Mysterienreligionen in sich auf. In ihnen wurde die Auffassung radikalisiert, daß nur diejenigen Götter, die Wahnsinn und Liebe gebracht haben, sie auch wieder nehmen können. Mit eben dieser Macht des Gebens und Nehmens versuchten griechische Philosophen und, ihnen nachfolgend, der römische Dichter Ovid, sich und anderen Menschen zu schmeicheln. Wer einer Liebe leid ist, käme von ihr los, wenn er eine andere gegen sie eintauscht. Auch an diese Losung erinnert Shakespeare, und die Handlung von *Romeo und Julia* bestätigt sie zunächst: »If love be rough with you, be rough with love;/Prick love for pricking, and you beat love down.«[18] Derselben Logik gehorcht im *Coriolan* die militärpolitische Klugheit des volkskischen Heerführers: »One fire drives out one fire; one nail, one nail;/Rights by rights falter, strengths by strengths do fail.«[19] Auch der liebespolitische Rat eines Romeo-Vertrauten beruft sich auf diese elementare philosophische Weisheit: »One fire burns out another's burning,/One pain is lessen'd by another's anguish;/Turn giddy, and be help by backward turning;/One desperate grief cures with another's languish:/Take thou some new infection in thy eye,/ And the rank poison of the old will die.«[20]

Romeos neues Liebesfeuer jedoch brennt am Ende alle Klugheit nieder. Die kunstreiche Beherrschung der Gifte und Gegengifte durch den kräuterkundigen Franziskaner schlägt als Hilfsmittel fehl. Das Spiel mit dem Scheintod endet mit dem Selbstmord beider Liebenden.

Shakespeares profanes Passionsspiel dramatisiert die Überzeugung, daß in der Liebe Tod und Verblendung, Weisheit und Wahnsinn nahe beieinander liegen. Diese Liebeslehre wurde nicht erst von den Humanisten der Renaissance herausdestilliert aus den Diskursen griechischer und römischer Philosophen, die sich gern selber mit Bienen verglichen.[21] Spruchkompendien, auch Florilegien oder Anthologien, also Blütenlesen, genannt, waren bereits in der Spätantike fleißig zusammengetragen worden und hatten in die Breviere und Erbauungsschriften der Kirchenväter Eingang gefunden. Sie bildeten ein unerschöpfliches Reservoir zur moralischen Einordnung auch jeder Liebesangelegenheit, sei sie nun eine wollüstige oder eine spirituelle Erfahrung. Was diese Kompendien besonders treulich bewahren, ist die Konzeption von der Blindheit der Liebe wie der Weisheit und von der riskanten, der Raserei verwandten Mischung zwischen sinnlicher und geistiger Erforschung.

Der platonische Gedanke der Verbindung von Liebe und Erkenntnis ist auch Shakespeares Romeo wohlvertraut: »Love, who first did prompt me to inquire.«[22] Doch seine Liebesforschung vollzieht sich im Zeichen des blinden Amor, der innerhalb der zeitgenössischen Renaissance-Auffassung als Todesgott erscheint. Daß Amor den Tod bewirken kann, zeigen seine Pfeile und seine Fackel. Daß er ihn selber repräsentiert, wurde aus der Augenbinde abgeleitet, die als Maske verstanden werden konnte. Den Humanisten war die Doppeldeutigkeit des lateinischen Wortes »larva« bewußt, das auch Gespenst und Totengeist meinen kann. Die antike Sitte, Sarkophage mit Eroten zu zieren und die Gesichter der Verstorbenen mit Masken zu bedecken, blieb ihnen nicht verborgen. In den Masken-, Bilder- und Bücherverbrennungen der Renaissance sollte auch eine Vorstellung ausgemerzt werden, die den Tod ohne Jenseitshoffnung mit Liebreiz ausstattet, ohne ihm den Schrecken zu nehmen.

Die Maske und das menschliche Gesicht bezeichnete die antike griechische Tradition mit ein und demselben Wort, »prosopon«. Todesnähe schminkt das Gesicht mit einer spezifischen Verfärbung. Der griechische Name dieser Farbe ist »chloris«, was die modernen Sprachen in den Ausdruck grün oder bleich übertragen. Odysseus wird am Ende seiner Totenbefragung von der »bleichen Furcht«[23] ergriffen, daß die auf blumiger Wiese in die Unterwelt entführte Todesgöttin ihm das schreckliche Haupt der Gorgo senden könnte. Auch die lebensgefährliche Liebe malt das Gesicht grüner als Gras: Sappho, die dem frontalen Blick zwischen ihrer Angebetenen und deren göttergleichem Geliebten beiwohnt, beschreibt die sie überfallenden Symptome als sinnliche Erstarrung und Fassungslosigkeit. »Denn bewegungslos liegt die Zunge, feines/Feuer hat im Nu meine Haut durchrieselt,/mit den Augen sehe ich nichts, ein Dröhnen/braust in den Ohren,/und der Schweiß bricht aus, mich befällt ein Zittern/aller Glieder, bleicher als dürre Gräser/bin ich, dem Gestorbensein kaum mehr ferne/schein ich mir selber.«[24]

Chloris, die Grüne, die Bleiche, ist ein Name, der mehreren antiken Mythenfiguren beigelegt wurde, darunter einer Tochter der Todesgöttin und einer Blumengottheit, die der römischen Göttin Flora entspricht. Die Blütengöttin par excellence jedoch, die Tod und Liebe zusammenfügt, haben die Griechen Aphrodite genannt. Blumen und Kräuter geben ihr Duft und Schmuck. Ihre Gewänder sind mit Frühlingsblüten geschmückt, mit Blumenöl durchtränkt und mit Duftkräutern beräuchert. Hesiod leitet Aphrodites Namen von »aphros«, Schaum, ab und erzählt von ihrer Geburt aus dem Schaum des Meeres, der sich um die abgeschnittenen Genitalien des Uranos, des Himmelsgottes, gebildet hatte: »Hier entwand sich dem Schaum die erhabendste, reizendste Göttin./Duftende Kräuter entsprossen unter den flüchtigen Füßen/Dieser dem Schaum entschlüpften Bekränzten...«[25] Daß Aphrodite kosmische Macht besitzt, daß sie das Meer, den Himmel und die Erde regiert, wird auch in der antiken Tragödie verkündet: »Sie wandelt durch die Lüfte; in der Meeresflut/Ist sie zugegen; jedes Wesen stammt aus ihr./Sie ist die Zeugung, wirkt den Liebestrieb,/Dem jedes Leben dieser Welt entspringt.«[26]

Griechische Naturphilosophen hatten die Liebesgöttin zur harmonischen Allegorie schöpferischer Triebpotenz stilisiert. In ihren Spuren stimmt der Römer Lukrez das Weiblichkeits- und Venuslob an, mit dem sein religionskritisches Lehrgedicht *Von der Natur der Dinge,* das Grundbuch des abendländischen Materialismus, beginnt: »Mutter der Aeneaden, o Wonne der Menschen und

Götter,/Holde Venus! die unter den gleitenden Lichtern des Himmels/Du das beschiffete Meer und die Früchte gebärende Erde/Froh mit Leben erfüllst; denn alle lebendigen Wesen/Werden erzeuget durch dich und schauen die Strahlen der Sonne./Wann du, Göttin, erscheinst, entfliehen die Winde, die Wolken/Weichen vor dir; dir treibt die buntgeschmückete Erde/Liebliche Blumen empor; dir lachen die Flächen des Meeres,/Und es zerfließet in Glanz vor dir der beruhigte Himmel.«[27] Diese kosmische Venus, nicht die Muse, erbittet sich der Dichterphilosoph Lukrez als Bündnispartnerin: »Weil denn du nur allein die Natur der Dinge regierest,/Ohne dich nichts hervor an die Pforten des himmlischen Lichts tritt,/Nichts den fröhlichen Trieb noch liebliches Wesen gewinnet,/Wünsch' ich, o Göttliche, dich zur Gehilfin: zu schreiben die Verse,/Die von der Dinge Natur jetzt ich zu bilden beginne...«[28] Von der schmeichelnden, redekundigen Liebhaberin des Kriegsgottes erfleht der in unsicheren Zeiten dichtende Römer auch den Frieden oder wenigstens die Waffenruhe für sein Werk.

Noch durch die verklärende Harmonisierung, die Lukrez betreibt, schimmert die Gewaltsamkeit der Venus hindurch, die selbst den waffenmächtigen Mars in ihren Schoß zwingt, »niedergebeugt von ewiger Wunde der Liebe«.[29] Die Kraft des Kriegsgottes, der seit Homer zu ihrem bevorzugten Geliebten wird, gehörte von jeher der Liebesgöttin selber an; ebenso wie die Waffengewalt des Eros, der dieser Allmutter von den antiken griechischen Dichtern und Philosophen wie in den Kulten der Polisgesellschaften zugeordnet wurde, jedoch zunächst nicht als ihr Kind, sondern als ihr dienender Begleiter. In ihrem auf der Insel Kythera gelegenen ältesten Heiligtum waren ihr bewaffnete Kultbilder geweiht. Sie ist es, welche die Anmut und Ungewißheit der Charis verkörpert, weil sie Liebesgunst geben und auch wieder nehmen kann.

Vorläuferinnen der Aphrodite sind altorientalische kriegerische Himmelsgöttinnen. Der einzige bei Homer erwähnte Planet, der Morgen- und Abendstern, wird im Gefolge späterer Konjunktionen von Abend- und Morgenland wieder mit dem Namen der Liebesgöttin bezeichnet. Wie andere antike Gottheiten und Heroen überlebt Venus als Planetenfigur, der Schicksalsmacht zugesprochen wird. Sternkarten und Zaubermanuale der mittelalterlichen

Astrologen, die vorwiegend arabischer Herkunft waren, benennen die Konstellationen, die mathematisch geordneten und aspektierten Sternbilder der Himmelssphären, mit antiken Namen. Die umfassende und unberechenbare kosmische Macht der Liebesgöttin freilich nehmen rasch die Heilige Jungfrau und ihr göttlicher Sohn in sich auf. Maria wird zur unangefochtenen Himmelskönigin aufgerüstet. Byzantinische Quellen bezeichnen sie als Allheilige Meeresnymphe. Unter den Füßen des wiederauferstandenen Heilands, nicht unter denen der neugeborenen Aphrodite, wachsen Blumen, Gräser und Kräuter. Die Muschel, Geburtsschale der Venus, erscheint als Bildhintergrund christlicher Heiligkeit. Die Taube, heiliges Tier der Liebesgöttin, wird von der Sphäre der Gottesmutter vereinnahmt, während ihr plebejisches Lieblingstier, der Ziegenbock, dem stinkenden Satan, dem weihwasserscheuen Herren aller Sündenpfühle, übereignet wird. Der Weihrauch, bevorzugtes Opfer der Aphrodite, durchduftet Kirchen und Prozessionen.

Zu den Attributen von Aphrodite und Eros, mit denen sich das Christentum maskiert, gehören auch ihre zweideutigen Waffen, Bogen und Pfeile. Für die Umwertung hatte ebenfalls die antike Tradition die Stichworte geliefert. Der vorsokratische Philosoph Heraklit, scharf vom Einheitslehrer Platon dafür getadelt, bestimmte die Harmonie der Saiteninstrumente Bogen und Lyra als »palintropos harmonia«, als das »in sich entzweite Eine«.[30] Auf die Kriegs-, Musik- und Liebeslehre griechischer Naturphilosophen konnte sich Ovid in seinen *Metamorphosen* berufen: Durch die Mischung von Feuer und Wasser, die Vereinigung des Gegensätzlichen, schaffe die Erde Geburten.[31] Dieser Zeugungslehre entspricht die durch Empedokles inspirierte musikalisch-martialische Liebesweltformel, die der römische Dichter Horaz geprägt hat: »rerum concordia discors«.[32] Harmonie ist der vielsaitige Zusammenklang dissonanter Stimmigkeit. Die Oper der Neuzeit entstand als der Versuch, der so verstandenen Harmonie musiktheatralische Masken zu verleihen.

*

Die Verschmelzung von Dichtung und Musik zu einer dramatischen Einheit gelang erstmals in Monteverdis *Orfeo*, der frühesten Oper der europäischen Musikgeschichte. Diese »favola in musica«, 1607 am Fürstenhof zu Mantua uraufgeführt, trug den Namen einer griechischen Mythenfigur, die von den Humanisten der Renaissance mit der Gloriole des tragischen weisen Sängers, des musikalischen Heros par excellence umgeben und bereits von Gelehrten des Mittelalters als Vorfahr der Troubadoure und Schöpfer der Poesie gefeiert worden war. Die florentinischen Neuplatoniker des fünfzehnten Jahrhunderts verehrten in Orpheus einen Theologen, dem Platon gefolgt sei und dessen Lehre in verhüllter Form das Christentum vorweggenommen habe. Zum Kernstück orphischer Theologie wurden die Konzepte der »discordia concors«, der Uneinigkeit des Einigen, und der »concordia discors«, der Einigkeit des Uneinigen, erklärt, deren allegorische Darstellung man in der süß-bitteren Liebesgeschichte von Orpheus und Eurydike wiederzufinden glaubte: Orpheus' Leidenschaft für Eurydike macht mit einem Blick zunichte, was seine Tonkunst vermocht hatte. Die endgültige Überwindung des Todes bleibt eine Obliegenheit der Götter: des Apollon – Lyraspieler und Sänger wie Orpheus – oder des Amor – Bogenschütze und Heilgott wie Apollon.

Seit Claudio Monteverdi und seinen Vorläufern Jacopo Peri und Giulio Caccini blieb der Orpheus-Stoff während eines fast zwei Jahrhunderte währenden Zeitraums die beherrschende Obsession der Operngattung. Noch als Mozart den Auftrag erhielt, für den Münchner Karneval 1775 eine Opera buffa zu schreiben, lautete der Titel der gleichzeitig bestellten großen Karnevalsoper *Orfeo ed Euridice*, eine Opera seria, die von Antonio Tozzi komponiert wurde.

Mit *La finta giardiniera*, seiner Münchner Karnevalsoper, sprengte der achtzehnjährige Mozart freilich das Genre der Buffa und schuf ein »dramma giocoso«. Damit war eine neue Dimension des Musiktheaters eröffnet. Zum ersten Mal kombiniert Mozart hier Elemente der Seria mit denen der Buffa, wie später in *Le Nozze di Figaro*, *Don Giovanni* und *Così fan tutte*. Zugleich tauchen im Stoff der *Finta giardiniera* noch einmal eine Fülle von Motiven auf, die alle bisherigen Opernkomponisten stimuliert hatten.

Einer der beliebtesten Schauplätze der italienischen Oper des siebzehnten und achtzehnten Jahrhunderts war der Garten der Liebe, in dem sich ein ganzes Pandämonium mythischer Gestalten tummelte. Neben Allegorien, Helden und Göttern fehlten selten Hirten und Nymphen, das obligate Personal der Pastorale, das schon in Monteverdis *Orfeo* den Chor gebildet hatte. Das weltliche Theater des Barock überläßt, vor allem auf der Opernbühne, antiken Stoffen breiten Raum. Das in erhabene Gewänder gehüllte Figurenarsenal der Mythologie stand im Dienst der Gegenreformation. Keineswegs wurde es glossierend, versöhnend oder mahnend den geistlichen Einschränkungen gegenübergestellt, sondern vielmehr einer theologischen Intention unterworfen: Die mythologischen Masken sollten Zeichen dafür sein, daß alles Sichtbare nur Schein, alles Weltliche nur ein Gleichnis sei. Die Lehre, daß die Welt ein Theater sei, ließ sich durch das Theater auf dem Theater besonders einleuchtend demonstrieren. Wie nie zuvor dominiert im Barock die Darstellung von Verkleidung und Verstellung die Bühne. Der Name, die gesellschaftliche Stellung, das Geschlecht werden spielerisch gewechselt und getauscht, vorzugsweise, um Liebesziele zu erreichen. Auch der Wahnsinn, die psychische Umkehrung der Verhältnisse par excellence, ereignet sich im Zeichen der Liebe. Besonderer Wertschätzung erfreute sich der gespielte, verstellte Wahnsinn, der es beispielsweise Opernkomponisten wie Monteverdi (in *La finta pazza licori*) oder Vivaldi (in *Orlando finto pazzo*) erlaubte, aus zwei simultanen Verkehrungen melodramatische Effekte zu gewinnen.

Konstitutionell für die Operngattung freilich ist und blieb der Einspruch gegen die heillose Verwirrung und weltlich unaufhebbare Ungewißheit des Bestehenden, die das letzte Wort des zeitgenössischen Theaters waren. Dem Musikdrama war es vorbehalten, die bittersüßen Liebesgeschichten und ihre unüberhörbaren Diskrepanzen in Konkordanz zu bringen. Die »affetti« (Affekte, Leidenschaften) mögen »affanni« (Sorgen, Kümmernisse«) sein, doch die Musik übernimmt, wie ausdrücklich im Prolog von Monteverdis *Orfeo,* die Eigenschaft der Liebe, heiter und traurig zu sein, und ihre Wirkungskraft, Leiden und Leidenschaften zu erregen und zu besänftigen. Dieser Aufgabe entsprachen die ältesten, in Norditalien entstandenen Opern durch die statuarische Lehrhaftigkeit des »recitar cantando«, des singenden Vortragens, das mit tänzerischen oder chorischen Partien abwechselte. Die Neuerungen, die zu Beginn des achtzehnten Jahrhunderts durch die neapolitanische Oper eingeführt wurden, erbrachten einen Umschwung der Typisierung: Nunmehr war der Ablauf der dramatischen Handlung den Rezitativen anvertraut, die von Arien unterbrochen wurden, an die sich zuweilen mehrstimmige Ensembles anschlossen. Die Arien hatten der Vorführung spezifischer »affetti« zu dienen, die detaillierten Listen entnommen werden konnten. Komponisten und Sänger nutzten die Arien als willkommene Gelegenheit, ihre Virtuosität unter Beweis zu stellen, und zögerten nicht, besonders wirkungsvolle Arien in andere Handlungs- oder Auftrittszusammenhänge einzubauen. Dementsprechend trat die literarische Qualität der Textvorlagen hinter der Attraktivität herausragender Musik-Nummern zurück. Belanglose und alberne Libretti entstanden, die kaum mehr waren als ein Vorwand für die sinnebetörenden Opern-Effekte und die den schlechten Ruf dieser Textgattung begründeten.

Textbücher, deren muskalische Adaptation sich als besonders erfolgreich erwiesen hatte, wurden nicht selten mehrfach vertont. Auch Mozarts *Finta giardiniera* stützt sich auf ein Libretto, das bereits der gleichnamigen Oper von Pasquale Anfossi als Vorlage gedient hatte, die in der Karnevalszeit 1773/74 im Teatro delle Dame in Rom uraufgeführt worden war. Eine ausdrückliche Angabe des Verfassernamens fehlt, doch handelte es sich bei dem Librettisten vermutlich um den Abbate Giuseppe Petrosellini.

Wer auch immer der Autor der *Finta giardiniera* gewesen sein mag – dieses Libretto ist weder trivial noch oberflächlich oder konfus, sondern ein Kleinod der Operndramaturgie, das durchaus mit den Textbüchern von Lorenzo da Ponte vergleichbar ist. Wie bei seinen übrigen Opern stand Mozart hier eine Vorlage zur Verfügung, in der die Figuren nicht denunziert werden und keine von ihnen bruchlos in ein vorgegebenes Typenmuster paßt. Das Libretto dieser Oper verrät einen weltmännischen Gelehrten, der in der Überlieferung antiker Liebeslehre zu Hause ist. Zugleich gibt sich hier ein kritischer Vertreter des Aufklärungszeitalters zu erkennen, welcher der zeitgenössischen Vernunft-Verehrung skeptisch gegenüberstand. Mozart fand einen kongenialen Textdichter vor, der sich in der Opernliteratur bestens auskannte, sich eng an sie anlehnte oder sie souverän variierte. So knüpft beispielsweise der Anfang der *Finta giardiniera*, »Che lieto giorno...«, wörtlich an den Beginn des ersten Aktes von Monteverdis *Orfeo* an, wo es heißt: »In questo lieto e fortunato giorno...«. Durch Monteverdis Librettisten Alessandro Striggio werden diese Worte dem Vorsänger der Hirten und Nymphen in den Mund gelegt, von denen zunächst die glückliche Vermählung zwischen Orpheus und Eurydike bejubelt und bald darauf die grausame Trennung der Liebenden beklagt wird. Diese Übertragung der gegensätzlichen Ereignisse und Gefühle in eine zeitliche Abfolge wird in der *Finta giardiniera* durch eine Gleichzeitigkeit widersprüchlichen Geschehens und Empfindens ersetzt. Die simultan aufgefaßte »concordia discors« und »discordia concors« ist, sprachlich und musikalisch, das Grundprinzip dieser Oper, das erst in Donizettis *Lucia di Lammermoor* wiederaufgenommen wird und mit ähnlicher Konsequenz nur in Verdis Opern durchgehalten ist.

Wie in jeder großen italienischen Oper geht es in der *Finta giardiniera* um die mörderische und vereinigende Macht der Liebe. Doch anders als etwa bei Verdi, wo die Süßigkeit der Liebe sich im Gesang der Sterbenden am üppigsten entfaltet, wo im Gegensatz zu Wagner die Triebnatur der Liebe triumphiert und dieser Triumph ausschließlich musikalisch verkörpert ist, vollzieht sich in dieser Mozart-Oper ein Prozeß, der den am Ende gemeinschaftlich beschworenen Liebes-Sieg nicht weniger in Zweifel zieht als den Liebes-Frohsinn des zu Beginn übereinstimmend gepriesenen Tages. Was Mozarts Musik hier verkörpert, ist, zunächst im Einklang und schließlich im Gegensatz zur Handlung, nicht der Triumph der Liebe, sondern ihre Widersprüchlichkeit und Vereinigungsfeindlichkeit, die vielleicht nur musikalisch harmonisierbar ist. Fast durch den gesamten Verlauf der Oper hindurch bewirken die der Liebe zugehörigen Affekte den Zustand der Verwirrung, der Verblendung, ja des Wahns. Das Libretto läßt nicht den Verdacht aufkommen, daß dieser Zustand eine Ausnahmesituation sei, dergegenüber sanftere Liebeslagen eher die Regel sind. Liebe erscheint hier nicht konventionell als eine Macht des Schicksals, sondern als ein Schicksals-Modell der Wirklichkeit selbst: Im Zeichen der Liebe ereignet sich beinahe alles anders, als die Figuren es erwarten, erhoffen, befürchten, wahrnehmen, beabsichtigen oder sich wünschen, ähnlich wie in der antiken griechischen Tragödie im Zeichen ihres kultischen Patrons, des Gottes Dionysos. Die Liebe hat alle beteiligten Personen, am tiefsten und buchstäblichsten die Gärtnerin, verwundet. Der Handlung zum Trotz ist es jedoch nicht die Liebe, die gleichermaßen die Heilung bewirkt. Getreu der in Monteverdis *Orfeo* angestimmten Opern-Losung wird die Heilsamkeit der Liebe nicht dieser selbst, sondern der Musik anvertraut.

Der sangesfreudige Lustgarten, den die *Finta giardiniera* melodramatisiert, ist ein Qualgarten. Kein Allotria, kein galantes Divertissement findet in ihm statt. Pathosformeln der transitorischen Bewegung bestimmen Text und Musik dieser Oper, wie zuvor die Bildwerke der Renaissance, wie heute fast ausschließlich den Film. Die Figuren sind von Bedeutung geradezu befallen, doch nicht die Repräsentation einer erbaulichen oder burlesken Psychologie der Leidenschaften wird ihnen abverlangt. Zwar hat der Textdichter ihnen unerbittlich allegorische Tarnkappen aufgesetzt; die redenden Namen der sieben handelnden Personen sind freilich vieldeutig und kombinieren die Sphäre eines Gewächshauses mit der eines Bestiariums oder eines Militärkordons. Vegetativen Benennungen unterliegen in diesem Wirkungsbereich einer schönen Gärtnerin nicht die Frauen, sondern die Männer: Der ritterliche und, wie es sich geziemt, unglücklich liebende Dichter mit der Kastratenstimme, die einzige reine Seria-Figur dieser Oper, heißt Ramiro. Sein Name rankt sich um zwei Anspielungen: auf »ramus«, Zweig, und »ramingare«, das italienische Wort für umherschweifen und herumirren. Der jugendliche männliche Held, den die Titelheldin dank ihrer Verkleidung als Gärtnerin zu finden hofft, wird mit wünschenswerter Deutlichkeit Graf Belfiore, die schöne Blume, genannt. Einen durchsichtigen Namen, nämlich den eines Gewürzes und Heilmittels, trägt auch der einzige Bass-Buffo der Oper, Nardo, der Diener der Gärtnerin aus Liebe. Sie selbst führt während ihrer Verstellung den wohl zweideutigsten Namen aller Figuren, Sandrina, zunächst eine Verkleinerungsform von Alessandra, deren aus dem Griechischen stammende Bedeutung »die Männer-Abwehrende« lautet, darüber hinaus aber auch ein Hinweis auf den wundersamen pflanzlichen Duft des Sandelholzes. Auch der ihr von Hause aus zukommende Name ist im höchsten Maße polyvalent: In Wirklichkeit ist sie eine Marchesa, die Violante Onesti heißt. Durch ihren Nachnamen leitet sich ihre Abkunft also von »den Ehrbaren« ab, während ihr Vorname wörtlich »die Gewaltsame« bedeutet. Läßt man die drei Endbuchstaben weg, so wird daraus allerdings ein Wort, mit dem sowohl eine Blume wie ein Musikinstrument bezeichnet werden kann. Ungebrochen kriegerisch ist der Name der anderen, der eindeutigen Edelfrau dieser Oper, Arminda, ein Anklang an »arma«, die Waffe. Die Kammerfrau des Kleinstaat-Potentaten, zu dessen Besitz und Machtbereich der zentrale Ort der Handlung, der Garten, gehört, wird Serpetta, die kleine Schlange, gerufen. Der Podestà selbst ist der einzige, dessen Name rein mythologische Bezüge aufweist: Er nennt sich Don Anchise, nach Anchises, einem trojanischen Heros, berühmten Geliebten der Göttin Aphrodite und durch sie Vater des Aeneas, des legendären Gründers der Stadt Rom.

Alle diese Figuren sind durch ein Rankenwerk von Irrungen und Wirrungen miteinander und gegeneinander verschlungen. Vor der dornigen Erotik-Kulisse dieses Lustortes werden weitgehend die falschen, weil unerwidert, geliebt. Ramiros Leidenschaft gilt Arminda, der Nichte des Podestà, die gewillt ist, den Grafen Belfiore zu heiraten. Dieser wird von Sandrina geliebt, die der Podestà begehrt, den Serpetta bestürmt, welche von Nardo umworben wird. Gleich einem gordischen Knoten werden schließlich die Verstrickungen durchhauen: Drei Paarbildungen brechen über sechs Personen herein, als habe ein antiker Deus ex machina in dieser Liebes-Arithmetik Ordnung schaffen wollen. Die überzählige siebente Figur, die am Ende leer ausgeht, ist der Podestà, also ausgerechnet derjenige, der am Anfang als einziger sich der Erfüllung nahe wähnte.

Bei dieser Entwirrung spielt der Wahnwitz keine geringere Rolle als bei den vorhergehenden Verwirrungen. Wenig spricht dafür, daß eine komplette Entzauberung des Zaubergartens gelingt, daß die Verblendung, die alle diese Liebenden verbindet und trennt, plötzlich aufgehoben ist. Zu ausdauernd werden zuvor die Verletzungen beschworen, von denen die Beteiligten zu Gefühlstumulten aufgestachelt sind. Von den Waffen der Frauen fühlen sich ausnahmslos alle Männer gereizt, angespornt und umgetrieben zu einer Liebesraserei, »smania«, die ihnen den Verstand, zumindestens aber den Überblick raubt. Der wirklichkeitsnahe Gärtnerbursche Nardo bringt dies auf die treffende Formel: »Siam pazzi tutti quanti...«[33]

In dem Maße jedoch, wie sich die Männer durch die sie berükkenden Frauen in einen anderen Zustand versetzt fühlen, geben sie der trügerischen Versuchung nach, sich ihrer mittels Glorifizierung zu erwehren. Die männliche Ohnmacht inspiriert dazu, die Frauen als Idole, als Planeten, als die mythischen Göttinnen Venus und Diana zu verklären. Den so distanzierten Angebeteten ist kaum näherzukommen. In Augenblicken der Besinnung setzt sich die Einsicht durch, daß jede der Damen ein Monstrum ist, eine »donna barbara senza pietà«.[34] Aus dem Blickwinkel der Männer bedeutet das zunächst, daß ihre Liebeswerbung nicht erhört wird. Ebensowenig wird ihnen aber eine noch schlimmere Erfahrung erspart: Die Frauen werden zu Furien, wenn ihr eigenes Liebesverlangen verschmäht wird. Nunmehr führen sie modellhaft vor, was angesichts der französischen Revolution der deutsche Dichter Friedrich Schiller später klassisch formulierte: »Da werden Weiber zu Hyänen...«[35] Würdige Vertreterinnen weiblicher Bestialität sind insbesondere Serpetta und Arminda. Von wütender Eifersucht ergriffen, will Arminda dem Grafen Belfiore das Herz aus der Brust reißen, droht Serpetta dem Podestà die Zähne auszuschlagen, und sie verflucht Sandrina, die sie am liebsten zerstückeln würde. Einen wirklichen Mordanschlag auf Sandrina bewerkstelligt schließlich Arminda, die ihre gärtnerische Konkurrentin dem Tode in einsamer Wildnis weiht.

Das Vendetta-Geschrei, das hier wie in jeder großen italienischen Oper angestimmt wird, verhallt unerfüllt. Zum glücklichen Ende stellt sich freilich heraus, daß dieser tröstliche Eindruck trügt. Als die Gärtnerin ihre Maske gänzlich lüftet, verrät sie das Ziel, wozu sie ihr zu Diensten war. Es lautet: »una dolce vendetta«.[36] Süß ist diese Vendetta, weil sie nicht wie sonst den realisierten Tod ans Ende der Oper setzt, sondern einen vorgeblichen Tod zu ihrer

Voraussetzung macht. Die »finta giardiniera« ist zugleich eine »finta morta«. Der Graf Belfiore hatte nicht nur ihre Seele verwundet, sondern ihr auch aus Eifersucht den Todesstoß, wie er glaubte, versetzt. Als er der Gärtnerin ansichtig wird, meint er einer Wiedergängerin zu begegnen, einem von den Toten wiederauferstandenen Phantom. Violante-Sandrina, sein listenreiches Opfer, stilisiert sich nun zur Doppelgängerin der Totgeglaubten und übernimmt, um ihn vor der Mordanklage zu retten, vermeintlich die Rolle der von ihm erfolglos Erstochenen, die sie tatsächlich ist. Durch ihr Wechselspiel zwischen eigenem Tod und Überleben stachelt die Gärtnerin denjenigen, dessen lebensgefährliche Stiche sie immer aufs neue treffen, zu Wahnzuständen an. Unaufhaltsam kann die von ihr ersehnte Wiedervereinigung mit ihrem Rosenfürsten sich erst vollziehen, als sie selbst zum zweiten Mal an den Rand des Todes gerät. Nicht als ausgleichende Rache, sondern als Vereinigungsform löst die Raserei den Liebessieg aus. Sie ist nicht willentlich herbeizuführen und entsteht nicht im ordentlichen Arrangement des Gartens, sondern in wild gewachsener Ödnis. Die dort herrschende Unwegsamkeit und Dunkelheit, in der sich alle Figuren blind stolpernd zur Suche versammeln, stürzt sie in allgemeine Verwechslung und Verblendung. In dem Moment aber, als Lichter die Wildnis erhellen, bricht die Umnachtung über beide Liebenden zugleich herein. Der gemeinsam durchsungene und durchtanzte Wahnsinn, der sie rauschhaft in Mythenfiguren verwandelt, erscheint als Triumph ihrer Liebe.

Kaum eine größere Huldigung an die überkommene antikisierende Operntradition, an die auch in ihr überlieferte Liebes-Lehre läßt sich denken, als wenn die beiden Liebenden nun zu Revenants legendären antiker Figuren werden. Wie authentisch und zugleich gebrochen ist diese Huldigung: Denn der Wahnsinn der Liebe ist es, der sie mit dem süß-bitteren Motiv-Fundus der Mythologie und der Musikgeschichte in Verbindung bringt. Die rasende Gärtnerin glaubt lockende Sirenen-Klänge zu vernehmen und hält ihren Geliebten für eine Sänger-Gestalt der Pastoralpoesie, den Hirten Thyrsis. Der enthusiastische Graf mit dem blumenallegorischen Namen sieht sie in seinem Wahn als Chloris, als grünblasse Blumennymphe, und hört zur Begleitung seines Gesangs die verzaubernde Leier des Orpheus. Tödliche Wucht gibt die Liebesraserei zu erkennen, als Sandrina sich mit frenetischen Klangsprüngen zur schrecklichen Medusa erklärt, der ein kriegerischer Belfiore als unerschrockener herkulischer Held, Alcides, gegenübertritt. Vom Wahnsinn geheilt werden die beiden, die inzwischen sich und andere für planetarische Götter halten, durch Nardo, der ihnen eine aufregende, wirre Planeten-Parabel vor Augen und Ohren hält.

Durch Verwirrung also wird ihr Wahn behoben. Und es bestätigt sich, was dem Ramiro zu Beginn der Podestà geraten hatte: »Se Amor vi ferì, vi sani amore.«[37] Doch anders als diese Losung gemeint war, deutet die Handlung sie aus. Ramiros dichterischer Liebes-Furor wird nicht durch eine neue Liebe besänftigt, sondern verstummt erst, als ihm die von jeher erwünschte Arminda zugesprochen wird. Auch gegen Sandrinas Liebes-Verwundung ist kein Kraut gewachsen, das anders hieße als der Dornen-Graf, der sie ausgelöst hat. Nicht aber der sie gemeinsam schwächende und aufstachelnde Wahnsinn bringt ihnen das vollendete Liebes-Heil. Und weder in einem Garten noch in der Wildnis findet ihre Heilung statt. Auf einer sanften Wiese lockt betörende Musik sie aus dem Schlaf des Wahns. Musikalisch vorweggenommen vollzieht sich in diesem Ambiente, vorwärts- und rückwärtsschreitend, die Versöhnung. Während in dieser Oper sonst, in den Duetten und mehrstimmigen Ensembles, vom Unisono die Zwietracht oder allenfalls die gemeinsame Verwirrung demonstriert wird und der harmonische Zusammenklang gleicher Gefühle gerade die unterschiedliche Art der Empfindungen enthüllt, beläßt Mozart hier den beiden Stimmen eine Divergenz, die ihr Bündnis möglich macht.

Zweihundert Jahre lang war die vollständige Partitur dieser Oper verschollen. Jetzt, wo die *Finta giardiniera* wieder aus ihrem Dornröschenschlaf erwacht, kann uns die musikalische Liebesbotschaft dieses »dramma giocoso« mit bitterer Süßigkeit, mit unverstellter Zweideutigkeit treffen.[38]

Anmerkungen

1 Ovid, Heilmittel gegen die Liebe, 551 f. (Übers.: Nach W. Hertzberg).
2 Ebd. 43–48; vgl. Metamorphosen 1, 468–471 (zwei Pfeile Amors mit entgegengesetzter Wirkung).
3 R. Wagner, Parsifal, III. Akt, letzte Szene.
4 *μανιόκηπος*: Anakreon, frg. 446 (Page) (= 158, Bergk).
5 *λειμών*: z. B. Euripides, Kyklops 171.
6 *σχιστοὺς λειμῶνας 'Αφροδίτης*: Empedokles, frg. B 66 (Diels/Kranz).
7 Platon, Symposion 196 b; 203 b–c.
8 Vgl. Aulus Gellius, Attische Nächte, Praef. § 6.
9 Im Jenseits: Vergil, Aeneis 6, 638.
10 Horaz, Oden 1, 11, 8.
11 Johannes 15, 5.
12 Shakespeare, Romeo and Juliet I, 1.
13 Vgl. Marsilio Ficino, De Amore II, 8.
14 Sappho, frg. 137 (Diehl), Übers.: Nach M. Treu.
15 Vgl. Theokrit, Idyllen 19.
16 Shakespeare, Romeo and Juliet I, 4.
17 1. Korinther 15, 55.
18 Shakespeare, Romeo and Juliet I, 4.
19 Shakespeare, Coriolanus IV, 7.
20 Shakespeare, Romeo and Juliet I, 2.
21 Z. B. Lukrez, De rerum natura 3, 11; vgl. F. Nietzsche, Zur Genealogie der Moral, Vorrede.
22 Shakespeare, Romeo and Juliet II, 1.
23 Homer, Odyssee 11, 633—635.
24 Sappho, frg. 2 (Diehl), Übers.: M. Treu.
25 Hesiod, Theogonie 194–196 (Übers.: Schütze).
26 Euripides, Hippolytos 447–450 (Übers.: E. Buschor).
27 Lukrez, De rerum natura 1, 1–9 (Übers.: Nach K. L. von Knebel).
28 Ebd. 1, 21–25.
29 Ebd. 1, 34.
30 Heraklit, frg. B 51 (Diels/Kranz); vgl. Platon, Symposion 187 a.
31 Ovid, Metamorphosen 1, 430–433.
32 Horaz, Epistulae 1, 12, 19.
33 La finta giardiniera I, 5; vgl. Le Nozze di Figaro IV, 7, Figaros Arie: »Aprite un po' quegli occhi...«
34 La finta giardiniera I, 1.
35 F. Schiller, »Das Lied von der Glocke«.
36 La finta giardiniera III, letzte Szene.
37 Ebd. I, 1.
38 Eine französische sowie eine flämische Fassung dieses Textes wurden zuerst veröffentlicht im Programmheft zur Aufführung von La finta giardiniera im April 1986 durch das Nationale Opernhaus La Monnaie, Brüssel, im Théâtre

Royal du Parc (Musikalische Leitung: Sylvain Cambreling; Regie: Karl-Ernst Herrmann und Ursel Herrmann). Den Freundinnen und Freunden in Berlin und Brüssel, die gesprächsweise an der Entstehung teilnahmen, besonders aber Ursel Herrmann, die mich zu dieser Arbeit ermutigte, ist sie dankbar gewidmet. – Traurig denke ich an Jacob Taubes, der in Berlin am Frühlingsanfang 1987 starb. Daß ich in seinem Seminar am 16. Juni 1986 den jetzt publizierten Text vortragen durfte, habe ich in dankbarer Erinnerung.

Bibliographische Notiz

I. Antike Verwandlungsfiguren

a) allgemein

Bonnefoy, Yves (Hrsg.): Dictionnaire des mythologies, 2 Bde. Paris 1981.

Burkert, Walter: Griechische Religion der archaischen und klassischen Epoche. Stuttgart Berlin Köln Mainz 1977.

Dodds, Erec Robertson: The Greeks and the Irrational (1951) (deutsch: Die Griechen und das Irrationale, Darmstadt 1970).

Simon, Erika: Die Götter der Griechen (1969), München ²1980.

b) Einzelaspekte

Altheim, Franz: »Persona«, Archiv für Religionswissenschaft 27, 1929, S. 35–52.

Cancik, Hubert: »Die Jungfrauenquelle. Ein religionswissenschaftlicher Versuch zu Ovid, Met. 3, 138–255«, Der altsprachliche Unterricht 25.6, 1982, S. 52–75.

Carson, Anne: Eros the Bittersweet. An Essay, Princeton 1986.

Cook, Arthur Bernard: »The Bee in Greek Mythology«, Journal of Hellenic Studies 15, 1895, S. 1–24.

Detienne, Marcel: Dionysos mis à mort, Paris 1977.

Dimakopoulou, Adrienne: »Sappho et l'amour des apparences«, Le Genre humain 13: L'amour, 1986, S. 123–133.

Gnoli, Gherardo und Vernant, Jean-Pierre (Hrsg.): La mort, les morts dans les sociétés anciennes, Cambridge Paris 1982.

Henrichs, Albert: »Greek and Roman Glimpses of Dionysos«, in: Houser, Caroline (Hrsg.): Dionysos and His Circle: Ancient through Modern, Katal. Fogg Art Museum, Harvard University 1979, S. 1–11.

Himmelmann-Wildschütz, Nikolaus: *ΘΕΟΛΗΠΤΟΣ*, Marburg a. d. Lahn 1957.

Neschke, Ada: »Erzählte und erlebte Götter. Zum Funktionswandel des griechischen Mythos in Ovids ‹Metamorphosen›«, in: Faber, Richard und Schlesier, Renate (Hrsg.): Die Restauration der Götter. Antike Religion und Neo-Paganismus, Würzburg 1986, S. 133–152.

Schlesier, Renate: »Der Stachel der Götter. Zum Problem des Wahnsinns in der Euripideischen Tragödie«, Poetica 17, 1/2, 1985, S. 1–45.

Vermeule, Emily: Aspects of Death in Early Greek Art and Poetry, Berkeley Los Angeles London 1979.

Vernant, Jean-Pierre: »L'autre de l'homme: la face de Gorgô« (1981) (deutsch: »Die religiöse Erfahrung der Andersheit: Das Gorgogesicht«, in: Schlesier, R., Hrsg.,

Faszination des Mythos. Studien zu antiken und modernen Interpretationen, Frankfurt/M. 1985, S. 399–420).

II. Gartengötter in antiken Landschaften

Detienne, Marcel: Les jardins d'Adonis, Paris 1972.
Elliger, Winfried: Die Darstellung der Landschaft in der griechischen Dichtung, Berlin New York 1975.
Grimal, Pierre: Les jardins romains à la fin de la république et aux premiers siècles de l'empire. Essai sur le naturalisme romain, Paris 1943.
Jashemski, W. F.: The Gardens of Pompeii, Herculaneum and the Villas Destroyed by Vesuvius, New Rochelle N.Y. 1979.
Kytzler, Bernhard (Hrsg.): Carmina Priapea. Gedichte an den Gartengott, Zürich München 1978.
Langlotz, Ernst: »Aphrodite in den Gärten«, Sitzungsber. d. Heidelb. Akad. d. Wiss., Phil.-hist. Klasse 1953/54, 2. Abh.
Motte, A.: Prairies et jardins de la Grèce antique, Bruxelles 1973.
Murr, Josef: Die Pflanzenwelt in der griechischen Mythologie, Innsbruck 1890.
Olender, Maurice: »L'enfant Priape et son phallus«, in: Cain, Jacques u. a. (Hrsg.): Souffrance, plaisir et pensée, Paris 1983, S. 141–164.
Schlesier, Renate: »Die Musen und Zeus«, in: Münzberg, Olav und Wilkens, Lorenz: Aufmerksamkeit. Klaus Heinrich zum 50. Geburtstag, Frankfurt/M 1979, S. 403–441.
Snell, Bruno: »Arkadien. Die Entdeckung einer geistigen Landschaft«, in: ders., Die Entdeckung des Geistes. Studien zur Entstehung des europäischen Denkens bei den Griechen, 3. Aufl., neu durchges. u. abermals erw., Hamburg 1955, S. 371–400 (5. durchges. Aufl.: 1980).

III. Umwandlung antiker Modelle in christlicher Zeit

Alewyn, Richard und Sälzle, Karl: Das große Welttheater. Die Epoche der höfischen Feste in Dokument und Deutung, Hamburg 1959.
Auerbach, Erich: Mimesis. Dargestellte Wirklichkeit in der abendländischen Literatur, Bern 1946.
Benjamin, Walter: Ursprung des deutschen Trauerspiels, Berlin 1928.
Borinski, Karl: Die Antike in Poetik und Kunsttheorie, 2 Bde., Leipzig 1914/1924.
Curtius, Ernst Robert: Europäische Literatur und lateinisches Mittelalter, Bern 1948.
Doren, Alfred: »Wunschräume und Wunschzeiten«, Vorträge der Bibliothek Warburg 4, 1924/25, S. 158–205.
Eisler, Robert: Orphisch-dionysische Mysteriengedanken in der christlichen Antike (= Vorträge der Bibliothek Warburg 2/2, 1922/23).
Garber, Klaus: Der locus amoenus und der locus terribilis. Bild und Funktion in der deutschen Schäfer- und Landlebendichtung des 17. Jahrhunderts, Köln Wien 1974.

Hocke, Gustav René: Die Welt als Labyrinth. Manier und Manie in der europäischen Kunst, Hamburg 1957.
Panofsky, Ernst: »Et in Arcadia ego. On the Conception of Transience in Poussin and Watteau« (1936), in: ders., Meaning in the Visual Arts (1955) (deutsch: Sinn und Deutung in der bildenden Kunst, Köln 1978, S. 351–377).
Panofsky, Ernst: Studies in Iconology. Humanistic Themes in the Art of the Renaissance (1939) (deutsch: Studien zur Ikonologie. Humanistische Themen in der Kunst der Renaissance, Köln 1980).
Seznec, Jean: La survivance des dieux antiques (= Studies of the Warburg Institute 11), London 1940.
Stammler, Wolfgang: »Der allegorische Garten«, in: Ritter, Alexander: Landschaft und Raum in der Erzählkunst, Darmstadt 1975, S. 248–261.
Tervarent, Guy de: »Eros and Anteros. Reciprocal Love in Ancient and Renaissance Art«, Journal of the Warburg and Courtauld Institute 28, 1965, S. 205–208.
Warburg, Aby M.: »Sandro Botticellis ‹Geburt der Venus› und ‹Frühling›« (1893), in: ders., Ausgewählte Schriften und Würdigungen, hrsg. von Dieter Wuttke, Baden-Baden 1980, S. 11–64.
Warburg, Aby M.: »Italienische Kunst und internationale Astrologie im Palazzo Schifanoja zu Ferrara« (1912/22), in: ebd., S. 173–198.
Wind, Edgar: Pagan Mysteries in the Renaissance (1958) (deutsch: Heidnische Mysterien in der Renaissance, Frankfurt/M 1981).

IV. Mozart und die Geschichte der Oper

Growve's Dictionary of Music and Musicians, London ^{5}1954/1961.
Heinrich, Klaus: »La fiamma di costanti affetti. Notizen über die italienische Oper«, in: Kapp, Reinhard (Hrsg.): Notizbuch 5/6: Musik, Berlin Wien 1982, S. 93–99.
Kunze, Stefan: Mozarts Opern, Stuttgart 1984.
Mezzanotte, Riccardo (Hrsg.): Opera (1977) (deutsch: Oper. Eine illustrierte Darstellung der Oper von 1597 bis zur Gegenwart, Wiesbaden 1981).
Mozart, Wolfgang Amadeus: La finta giardiniera. Dramma giocoso in drei Akten. Text von Giuseppe Petrosellini (?), in: Angermüller, Rudolph und Berke, Dietrich (Hrsg.), Wolfgang Amadeus Mozart. Neue Ausgabe sämtlicher Werke, Serie II, Werkgruppe 5, Band 8, Kassel 1978.

René Schérer/Guy Hocquenghem

Liebe als Kompaß der Bestimmung

Der Ort der Liebe

»Das Schicksal der Liebe« steht in einer besonderen Affinität zum Denken Charles Fouriers. Das Motto, unter dem sein ganzes Werk steht, lautet in einer sybillinischen Formulierung: »Die Anziehungen sind den Bestimmungen proportional«. Diese Formulierung muß so verstanden werden: die Bestimmungen, die man in der Sprache Kants auch als System der Zwecke oder in der Sprache Fichtes als Bestimmung des Sprachmenschen bezeichnen könnte, sind durch die Kraft der leidenschaftlichen Anziehungen festgelegt. Ihre Intensität liefert dem zukünftigen Schicksal der Menschheit sein Maß: die Bestimmung des Menschen, eine soziale Ordnung zu ersinnen, in der die Leidenschaften ihren Platz finden werden und in der sie eine organisatorische Kraft darstellen, ist in diese eingeschrieben. Unsere Leidenschaften sind dazu berufen, in dieser zukünftigen, der Menschheit vorherbestimmten Ordnung ihre intensivste Entwicklung zu erfahren. Nicht nur Bestimmung des Menschen, sondern des ganzen Erdballs, des Universums.

Über das *Schicksal der Liebe* in der Richtung Fouriers nachzudenken, umfaßt eine doppelte Orientierung. Wir verwenden dieses Wort hier auf metaphorische Weise, aber durchaus in einem buchstäblichen Sinn: sich an den Bestimmungen auszurichten heißt – einem Ausdruck entsprechend, der zuweilen im Vokabular Fouriers auftaucht –, die Leidenschaften als Kompaß zu verwenden. *Die Liebe ist Kompaß der Bestimmung*, verfügt jedoch gleichzeitig über ihr eigenes Schicksal. Wir werden also zwei Gesichtspunkte unterscheiden und verbinden müssen: Zunächst das der Liebe eigene Schicksal, von dem wir, soweit es sich um ihr Schicksal in der Zivilisation handelt, nur über ein Aperçu verfügen und von dem wir nur eine unvollständige oder entstellte Entwicklung kennen. Das Schicksal der Liebe in diesem Sinn besteht in der Bewegung auf ein

Jenseits dessen zu, was wir bereits jetzt von ihm kennen können. Den zweiten Gesichtspunkt bildet die Liebe als *Schicksal* – die ihrem eigenen Schicksal entsprechend entwickelte Liebe. In einer Welt, in der die Leidenschaften ihren vollen »Aufflug« erleben werden, sind aus unterschiedlichen Gründen auch die anderen Leidenschaften bestimmte. Doch in ihrem Wesen, in ihrer grundlegenden Finalität scheint die Liebe auf besondere Weise den Bestimmungen zu entsprechen.

Mehr noch als die von Fourier als »kardinale« bezeichneten Leidenschaften der Freundschaft, des Ehrgeizes und des Familismus, begünstigt die Liebe die Bildung von Verbindungen, aus der die Natur und das Ziel jeder Leidenschaft der Seele besteht. Unter allen zwölf Leidenschaften, unter denen Fourier fünf sinnliche, sieben animische und unter diesen vier affektive oder drei distributive Leidenschaften unterscheidet, zeichnet sich die Liebe besonders aus. Sie bildet ein »Zwischen« unter den Leidenschaften und ist *die Leidenschaft par excellence*. Zwischen der Liebe und dem, was er das »Foyer« aller Leidenschaften nennt, gibt es bei Fourier diese dreizehnte, die ihr gemeinsamer Ursprung ist und auf die sie alle konvergieren, den *»Unitismus,* eine Art wechselseitiger Austauschbarkeit. Der Unitismus, der die Bildung umfassender Assoziationen anstrebt und die harmonische Übereinstimmung einer möglichst großen Zahl von Leidenschaften in den Individuen und den Massen bewirken will, übt die gleiche Funktion wie die Liebe aus und diese die gleiche wie der Unitismus. Der Unitismus ist Ergebnis, Ziel, Bestimmung der menschlichen Art; dasselbe trifft für die Liebe zu.

Das unterstreicht Fourier bereits auf den ersten Seiten seiner *Neuen Liebeswelt,* in der er die Liebe als »vollkommen göttliche Leidenschaft« auszeichnet, als »göttliche Flamme, wirklichen Geist Gottes«, als »Spur des göttlichen Geistes«, als Unterpfand der Interpretation der Absichten Gottes... Wie der Unitismus steht diese Leidenschaft im Brennpunkt aller anderen (foyère) oder bildet ihren Drehpunkt (Pivotale). Um sie herum gravitieren die anderen; dank ihrer treten sie in Korrespondenz und führen zu einer gemeinsamen Wirkung.

Die mächtige Leidenschaft

Es gibt also, um es kurz zu sagen, in der Liebe etwas, das in bevorzugter Weise dem Schicksal des Menschen entspricht. Die Liebe wird von Fourier nie in einer Beziehung zur Fortpflanzung oder zur Genitalität begriffen; diese Beziehung zur Bestimmung ist offensichtlich keine biologische, keine der Verewigung der menschlichen Art. Erstaunlicherweise wird die reproduktive Funktion der Liebe von Fourier auf die astralen Kopulationen verlagert, auf die der Planeten untereinander, die die Fortpflanzungsströme befreien werden, sobald die genossenschaftlich harmonisierte Erde erst einmal erlauben wird, daß die Runde der Schöpfungen von neuem einsetzt. Die Reproduktion der menschlichen Art, die sich allerdings erheblich steigern und 4 Milliarden erreichen muß, ist keineswegs die Hauptaufgabe, die aus der Analyse der Liebe und ihrer schicksalhaften Funktion hervorgeht. Die Liebe unterscheidet sich vom Biologischen, weil sie ihr eigenes Ziel und gleichzeitig finale Bestimmung der menschlichen Art darstellt.

In der Liebe vermischen sich Ziele und Mittel. In einer genossenschaftlichen Ordnung, in der die Liebe ihren vollen Aufflug erfährt und durch sie beherrscht wird, wird begreifbar, was man unter *Bestimmungen* versteht. Indem die Liebe sich entwickelt und gleichwohl sie selbst bleibt, überschreitet sie sich. Diese Entwicklung betrifft den affektiven Teil der Liebe, aber auch das, was ihr äußerlich ist und was die *Gesamtheit der gesellschaftlichen Produktion und des sozialen Lebens* angeht. Diese ist vollständig und doch nicht nur Liebesleben: Begegnung, Konvergenz und paradoxale Vereinigungen. Zwischen dem Schicksal der Liebe und der Liebe als Schicksal stellt sich ein Zusammenhang her, der sich aus einer Serie von Paradoxien zusammensetzt. Man findet bei Fourier eine paradoxale Behandlung der Liebe: in Beziehung zur Zivilisation, die ihr die größte Bedeutung zuerkennt, indem sie ihre Entwicklung und Ausübung untersagt, und paradoxal bezüglich der harmonischen Utopie, die den hedonistischen Anteil der Liebe rechtfertigt, indem sie sie in ein jenseits ihrer selbst, in eine »Transzendenz« führt.

Ergiebige Methode des Paradoxen, jener vergleichbar, die Kierkegaard hinsichtlich des Glaubens vorschlagen wird. Aber gibt es in dieser Fourierschen Utopie der Liebe nicht auch eine paradoxale Beziehung zum Glauben, zumal die Liebe ihren Aufflug nur in einer Religion erfährt?

Wir müssen uns diese Idee des Paradoxen gegenwärtig halten. Denn dank ihrer kann man in der fortschreitenden Entfaltung des *Schicksals der Liebe* in jeder Etappe *die Liebe* sich *als schicksalhafte* offenbaren und vervollständigen sehen.

Ein bizarres Triebschicksal

Das 19. Jahrhundert hat die Bedeutung der Liebe für das Funktionieren des von Fourier als genossenschaftlich oder harmonisch entworfenen Staates nicht übersehen. Die Entdeckung und Veröffentlichung der *Neuen Liebeswelt* im Jahre 1967 durch Mme. Debout-Oleszkiewicz und der von der am Genossenschaftlichen orientierten Denkrichtung zurecht auf die erfolgte Zensur (auf die Selbstzensur Fouriers) gesetzte Akzent könnten leicht glauben machen, daß jede Liebesdimension des Systems bis heute verschwiegen worden sei. Das aber ist nicht richtig; Fourier hat hingegen, welche Vorsichtsmaßnahmen er auch immer ergriff, die »freie Liebe« und den »Kult des Fleisches« propagiert, um einen von Proudhon zur Verurteilung Fouriers lapidar verwendeten Ausdruck zu benutzen. Die Anhänger Fouriers, auch Karl Marx selbst, die sich all dessen schämten, was sie an Ungebührlichem und Unzüchtigem ahnten, haben das der losen Einbildungskraft, den wenig seriösen Phantasien zugerechnet, die den Philistin (Marx) verwirren könnnen. Sobald man Fourier durch die Brille einer Kritik der bürgerlichen Gesellschaft gelesen hatte, verstand man mühelos, eine *Kritik der Ehe und des Ehebruchs* herauszulesen und zu akzeptieren, ebenso wie die Vorstellung einer bestimmten *Liebesemanzipation der Frau,* eben all das, was mit einer *behutsamen Reform der Sitten* übereinstimmte; eine evolutive und normalisierende Konzeption, die das Denken Fouriers und die Entwicklung einer fortschrittlichen Gesellschaft vereinigte, so wie Zola es uns am Ende des Jahrhunderts in einem kurzen Abriß seines Werks

»Arbeit« vorführte. In diesem Sinn erscheint Fourier noch als Vorläufer unserer zeitgenössischen Gesellschaft mit ihren jungen modernen Paaren, die sich mit Gelassenheit bilden und lösen, und ihrem Fehlen jeder Prüderie und Verzagtheit bezüglich des Fleisches.

Man behandelte Fourier oft als einen »Vorläufer« dieser Entwicklungen. Und in vielen Fällen ist er es auch, weil er das Feld der Möglichkeiten abgesteckt hat, noch vor Jules Verne, der den Großteil der Erfindungen unserer Zeit erträumte. Doch paradoxerweise ist es gerade die Zivilisation, also der Gegenstand der Fourierschen Kritik, die diesen Möglichkeiten zur Wirklichkeit verholfen hat. Aber ist sie auch in der Lage, den leidenschaftlichen Aufflug Wirklichkeit werden zu lassen? Sind der Fortschritt und die Geschichte der Zivilisation mit der *Neuen Liebeswelt* identisch? Der dem Denken Fouriers im 19. Jahrhundert aufgezwungene Gegen-Sinn und das grundlegende Motiv seiner Zensur bestehen weniger in einem Verkennen der Liebesdimension, die seine soziale Kritik und die Organisation der genossenschaftlichen Ordnung beinhalteten. Sie bestehen eher darin, das Denken Fouriers in seiner Vergleichbarkeit mit einer Zivilisation interpretiert zu haben, die sich als fortschrittliche begriff; sie bestehen darin, infolge derselben Einschätzungen die Ideen des *Fortschritts* und des *leidenschaftlichen Aufflugs* auf der gleichen Ebene behandelt zu haben. Aus diesem Grund führten das fortschrittliche 19. Jahrhundert und unsere Zeit unbestreitbar zu Veränderungen, die schon in der neuen Liebeswelt Fouriers ausformuliert sind: die Emanzipation der Paare und das, was man sich »die sexuelle Befreiung« zu nennen angewöhnt hat.

Der absolute Abstand, Bestimmung versus Fortschritt

Wenn unsere Lektüre der »Neuen Liebeswelt« uns heute erlaubt, das ganze Werk durch die ihr eigene Optik zu verschieben und zu vollenden, dann deshalb, weil sie entgegen jedem möglichen Entwicklungsbegriff die Kluft offenbart, die den vollständigen leidenschaftlichen Aufflug der Liebe von jeder Fortschrittsidee trennt.

Uns überrascht bei der Lektüre der »Neuen Liebeswelt« nicht, daß Fourier ein Vorläufer gewesen war und Mögliches erforscht hat, sondern eher, daß er die ganze Skala der Unmöglichkeiten durchprüfte und sich dabei auf der Ebene technischer Möglichkeiten hielt. Hier müssen wir noch ein wenig präzisieren: die in der Analyse der Bestimmung der Liebe angewandte Methode ist – wie stets bei Fourier – die des *»absoluten Abstandes«* gegenüber dem Entwicklungsverlauf – oder genauer dem »Gegenlauf« – dieser Leidenschaft in der Zivilisation. Das ganze Interesse, doch auch die Schwierigkeit, die Subtiliät, die Paradoxien der Analyse der Liebe in der »Neuen Liebeswelt« und in einigen Seiten der veröffentlichen Schriften resultieren aus der Tatsache, daß die in Frage stehende Liebe immer dieselbe ist, aber die Gestalt endlos variierter Formen annimmt und sich auf diese Weise entfaltet (Fourier verwendet das Bild: vom Zustand der Raupe in den des Schmetterlings wechseln). Der Bereich solcher Entfaltung kann auf verschiedene Weise ausgelegt werden: Übergang vom Eigenartigen zum Vielheitlichen, von der Liebe zu den Lieben mit ihren unterschiedlichen Partnern und unterschiedlichen Formen, Übergang vom *Egoismus* zur *Philanthropie*. Man muß anmerken, daß in all diesen Fällen die grundlegende Zusammensetzung der Leidenschaft in ihrem doppelten, ihrem materiellen und spirituellen oder sentimentalen Charakter fortbesteht. Fourier versteht es gut, wenn man diese Verdrehung hier verwenden darf, nicht »Liebe zu machen«, sondern *mit* der Liebe, so wie sie besteht, »zu machen«, ohne sie zu ändern; verändern in dem Sinne, daß man sie auf einen anderen Gegenstand als den ihren ausrichten wollte, einen Wechsel der Mentalität anstrebte. In der Bestimmung, die ihr die genossenschaftliche oder harmonische Welt bietet, ändert sich nicht die Liebe, so wie sie sich etwa im Verlauf der Zivilisation verändern konnte, in der sie sich aus Atemnot verengt; es ist die ihr gegenüber eingenommene Haltung, die sich ändert. Fourier will sie nicht ihrer Natur nach verändern, er will sie nur mit jener Behandlung konfrontieren, die die Zivilisation ihr zuerkennt; er will nur das Schicksal, das ihr widerfährt, mit dem ihr vorbehaltenen Aufflug konfrontieren. Von der Liebe ist schon alles in der Zivilisation gegenwärtig, sofern man versteht, letztere mit einer anderen Bestimmung zu konfrontieren.

Deshalb liefert das zivilisierte Schicksal der Liebe den Kontrast, von dem aus man lesen und das harmonische Schicksal als Bestimmung zu *dechiffrieren* beginnen kann. Wie jede Gesellschaft kreist auch unsere Zivilisation um den Drehpunkt der Liebe und ihre Kodierungen, die sich übrigens auf die monogamen Familien beschränken. Doch die vielfachen Neigungen oder *geheimen Sitten* bilden ebenso einen leidenschaftlichen Kompaß wie die *ursprünglichen manischen und misanthropischen Charakterzüge,* die mit der Zivilisation unvereinbar und wie *gebrochene Lichtstrahlen* inmitten der Schatten sind.

Die Zivilisation verfügt also schon über alles, was die Harmonie wieder aufzunehmen haben wird. Doch sie nimmt es unter verändertem Vorzeichen wieder auf, in einer Abwandlung des Sinns. Das Paradox der neuen Liebeswelt besteht in ihrem Widerspruch gegen die Zivilisation, obwohl sie dieser die Idee entnimmt, den Keim der Figuren, die sie entwickelt. So wird die neue Welt zu einer Gegenhaltung zu einer wirklichen historischen Bewegung, die die moderne Gesellschaft zu einer Überhöhung des Paares führen mußte; zur Privatisierung der Liebe, zu ihrer radikalen Auflösung, *zur Privatangelegenheit unter kollektiver Verwaltung,* und zur *sexologischen Positivität,* die mit einer strengen Trennung der Lebensalter verbunden ist, zum Ekel gegen dissymmetrische Beziehungen und schließlich gegen alles, was der Uniformität widerspricht. Diesem düsteren positiven Schicksal stellt Fourier nun alles entgegen, was durch die Geschichte schrittweise ausgelöscht wurde, was aber im Zustand ständigen Andrängens fortbesteht. Lesen wir Fourier nicht wie ein anwendbares Modell, sondern als *Brechung;* betrachten wir das Schicksal der Liebe ausgehend von den Lichtstrahlen, die auf die Schatten der Zivilisation treffen, als ebenso weit entfernt von jeder schlichten Sinnesbefriedigung wie von jeder Entsexualisierung.

Man kann, um den Text Fouriers aufzuklären, zu einer Vervielfachung seiner Resonanz verführt werden; oder die genaue Abzählung der Liebesvariationen und der Manien mit der Freudschen Analyse konfrontieren wollen, etwa dem negativen Verstopfungs- und Subversionseffekt, den die zivilisierte Regression verursacht und der Ausdruck einer Hemmung des Triebes und seines Schicksal ist. Zweifellos gibt es Berührungspunkte und Übereinstimmungen. Doch jede an Freud ausgerichtete Interpretation Fouriers scheint widersinnig, wenn sie neue Bedeutungen vorträgt. Zwischen dem Abzählen, der Hierarchisierung der Liebesarten und der Ätiologie der Perversionen besteht ein grundlegender Unterschied. Fourier liefert keine Theorie einer Sexualität, die er in dem Augenblick und auf der Ebene, auf der sie sich ausdrückt, in ihren vielfachen Formen zusammensucht; wenn er von der *Verhärtung* des Gefühls durch das Materielle spricht, die dem Freudschen Begriff des »Triebschicksals« ähnelt, leitet er beide nicht voneinander ab; es handelt sich um zwei komplementäre Komponenten, wenngleich das Gefühl sich nur durch Verhärtung voll entwickeln kann. Wenn wir also das Wesentliche dieser Unterschiede in einem Satz zusammenfassen, müssen wir sagen: Das Schicksal der Liebe bei Fourier besteht darin, sich ohne Verzicht auf irgendeine sinnliche Befriedigung durch den Exzeß dieser Befriedigungen selbst dem Sublimen zuzuwenden, während das Triebschicksal Freuds darin besteht, zwischen der Verdrängung und der Sublimation wählen zu müssen, zwischen denen Verschiebungen und Abweichungen möglich sind.

Das Aufscheinen der Liebe

Es ist heikel und widersprüchlich, ein in sich geschlossenes und kohärent aufgebautes Liebessystem präsentieren zu wollen. Doch zweifellos nähert sich Fourier dem Problem der Liebe und ihres Schicksals *auf »systematische« Weise*. Dieser Kennzeichnung zufolge ist das geschlossene System dogmatisch; es beansprucht, unverzichtbar zu sein, als sei es eine Konstruktion, als müsse man alle Harmonien zwingen, die in einem Liebesbrevier angeführten Regeln zu befolgen. Vielleicht befolgen sie sie auch, jedoch spielerisch, indem sie in der Befolgung von Regeln die Vorstellung von allgemein gültigen Liebesgesetzen umgehen, um diese lächerlich zu machen. Die Systematik ist offen; sie entspricht der Grundlosigkeit, der Phantasie, der Freiheit der *Regeln gegen das Gesetz*.

In unserer Epoche, in der es keinen ernstlichen Diskurs über die Sexualität und die Liebe zu geben scheint, der nicht einen Mythos, ein unausweichliches »Gesetz« hervorzauberte, ist die erste sich aufdrängende Vorstellung, daß Fouriers Theorie der Liebe jede soziale oder innere Grundlage eines Gesetzes aufzulösen beginnt. Aus dieser Inexistenz des Gesetzes resultieren zwei Folgerungen, die diese Theorie der Liebe charakterisieren, indem sie ihr eine besondere Färbung in der Moderne geben, mit der die Theorie

paradoxerweise übereinstimmt und zu der sie in Gegensatz steht. Die Einheit des Gesetzes löst sich angesichts der Mannigfaltigkeit der Regeln und die *Einheit* der Liebe in Anbetracht ihrer eigenen *Mannigfaltigkeit* auf. Die beiden Charakteristika, mittels derer man diese Systematik zu vielfachen Öffnungen zwingen kann, sind: die *Kritik des Paares als Schicksal* der Liebe; die Zerstreuung der Liebe, das heißt ein *Zerstäuben der Einheit des Liebesgefühls*, das sich auf mehrere andere Verbindungen verteilt.

In der Fourier eigenen Sprache wird in den Vordergrund der neuen Liebeswelt die genannte Theorie der *leidenschaftlichen*

Sammlungen gestellt, die nicht ohne die Theorie der Kraft der Illusion und das Vorrecht des Sentimentalen oder Celadonischen begriffen werden kann. Der schicksalhafte Aufflug der Liebe besteht außer in jenem Augenblick, in dem man ihn betrachtet, nicht in einer progressiven Abstufung, wie es Fourier hinsichtlich der Plazierung neuer, derzeit verworfener Sitten unterläuft, die Stück für Stück durch die künftigen Generationen der Harmoniker akzeptiert werden. Vielmehr handelt es sich eher um eine um einige wesentliche Punkte herum angeordnete Konstellation, um einen Taumel, in dem *die Extreme sich berühren,* in dem *die Orgie* zur Bedingung der geläutertsten Sentimentalität und die sinnliche Ungezwungenheit zum Ausdruck der *sublimen Hingabe* selbst wird.

In dieser Systematik steht alles in einem derart innigen Verhältnis, daß es unmöglich ist, an einen bestimmten Punkt zu gelangen, ohne daß zugleich alle anderen auftauchen. Wenn das Prinzip der Liebe wesentlich in der *sammelnden* Leidenschaft besteht, impliziert das nicht, daß die Liebe sich allen weiteren Leidenschaften substituieren kann, also für sich allein in der Weise tätig wird, in der das Liebespaar in der Zivilisation sich bildet und auflöst, indem es seine Kraft aus der Leidenschaft und ihrem notwendigen oder vorherbestimmten Charakter zieht. Ohne sie abzulehnen, macht Fourier die interessenlosen und nutzlosen, auf sich selbst zurückgezogenen Paare lächerlich, die das *leidenschaftliche Bürgertum der Monogamie,* der niedersten Form der Liebe darstellen. Wenn sie dem Paar weicht und wenn dieses selbst unter bestimmten Bedingungen den höchsten Grad von Erhabenheit erreichen kann, dann nicht, indem es sich auf sich selbst zurückzieht, sondern indem es sich entweder in Form eines Drehpunkts konstituiert, sich auf eine nicht Ausschließlichkeit beanspruchende Wahl begründet und so die Vemehrung anderer Verbindungen fördert; oder als angelisches Paar, das die Hingabe oder den Liebesdienst praktiziert und sich selbst die reinste celadonische Beziehung vorbehält und an die anderen die sinnlichen Lüste verschwendet.

So erreicht die Liebe einen transzendentalen Ausdruck, eine *Transzendenz,* die nichts mit der mythischen und ausschließlichen Vereinigung zweier Personen zu tun hat, sondern die sich durch

Vielheit der Verbindungen rechtfertigt, die sie einzugehen erlaubt. Die so in ihrer Bestimmung erfaßte Liebe bildet die absolute Transzendenz jeder geschlossenen Repräsentation. Doch die Liebe kann diese Transzendenz nur hervorbringen, weil sie das Zusammentreffen, die Allianz unterschiedlicher Leidenschaften akzeptiert, weil das Spiel anderer Leidenschaften – Wetteifer, Ruhm, Interesse – Liebe schaffen kann.

Die Sammlungen

In einer Zeit, in der das 19. Jahrhundert und besonders die *Romantik* sich im Hinblick auf eine Isolierung und Beweihräucherung des Liebespaares zu engagieren anschickten, besteht das äußerste Paradox der Liebestheorie Fouriers darin, im Namen der Kritk an der bestehenden Gesellschaft, der Zivilisation und ihrer Perversion den diskreditiertesten Zug dieser sozialen Ordnung wieder aufgenommen zu haben: den der *Austauschbarkeit* der Liebe. Denn tatsächlich: worin besteht die Theorie der leidenschaftlichen Sammlungen, wenn nicht in der Anerkennung und der skandalösen und unschicklichen Heiligung, die die Liebe sich verschaffen kann, wenn sie kein Kompensationssystem mehr ist. Eine noble Antwort auf die in *Ruhm und Elend der Kurtisanen* gestellte Frage: »Wieviel Liebe kommt den Alten zu?« Wenn der schändliche zivilisierte Teil des allgemeinen Prostitutionssystems darin besteht, die Liebe gegen einen Geldfluß einzutauschen, besteht sein edler Teil darin, sie in einem Netz von Illusionen zu fangen: das nennt Fourier die *ersonnenen Illusionen*, die für eine Überschreitung der einfachen Lust und für ihre Transformation in einen zusammengesetzten Charme unerläßlich sind. Dadurch, daß Fourier Illusionen als Bestandteile der »Realität« der reellen Liebes-Illusion und des »wunderbaren Wirklichen« (Barthes) begreift, schafft er es, indem er einen Aspekt der romantischen und modernen Mystik der Liebe innerhalb des Paares preisgibt, im Fehlen jedes Zynismus und jeder Enttäuschung die romantische Idee der *reinen sentimentalen* Liebe zu verherrlichen. Sobald sie nicht mehr herhalten muß, Gefangene des Paares zu sein, sondern nun seine sentimentalen Versprechen erfüllt, befindet sich die Liebe in ihrer Bestimmung in Übereinstimmung mit ihrem Schicksal und öffnet sich einem *Jenseits des egoistischen Zentrums* der Person. So triumphiert sie gleichermaßen über ihre traditionelle *Bestimmtheit* und über den *Zufall.*

Das Paradoxe

Die neue Liebeswelt steht unter dem Zeichen des Paradoxen, weil sie der Transzendenz der Liebe gewidmet ist. Man muß Fourier genau lesen, wenn er in seiner *Theorie der universellen Einheit* über das Thema der Sammlungen und unter dem Titel *»Lacune de ralliement d'amour«* schreibt: *»Die Unterdrückung dieser vier Artikel* (es handelt sich um jene, die die allgemeine Verteilung der Lüste durch das *Feat,* das *Angelikat,* das *Fakirat* und die *Pivotale* betreffen) ist für mich um so beschämender, als sie die Schlauköpfe enttäuschen dürften, die unterstellen wollen, daß eine Theorie der freien Liebe eine Theorie der Obszönität sei«; und es folgt: »Sicherlich wäre jede Freiheit dieser Art für die Zivilisierten ein Anlaß zur Unzucht und zur Schamlosigkeit; in der Harmonie aber sind die vier Liebessammlungen der Unterpfand der erhabenen sozialen Tugenden«. Was heißt das, wenn nicht, daß das *Feat* (die Zauberei) der Zauberinnen und Zauberer sich bemüht, die Charaktere zu paaren und die natürlichen Abneigungen zu bezwingen (Praxis der Tugend der Gastfreundschaft); wenn nicht, daß das *Angelikat* vermittels des angelischen Paares, des Engels und der Engelin, die die Liebeshingabe praktizieren, die Qualitäten des *Civismus* annimmt; wenn nicht das *Fakirat* als Liebeshingabe an jene, denen die Liebe fehlt (Nächstenliebe); wenn nicht die *Pivotale* (Drehpunktliebe) als Darstellung einer Dauerhaftigkeit, die die vorübergehenden Verbindungen jedes Mitglieds eines Paares begünstigt. »Die vier Liebessammlungen führen zu jenem Ziel, das sich die Moralisten und auch die Romanciers stellen: in der Liebe das spirituelle Prinzip als sentimentale Affektion, als Celadonie, als

Illusion des Geistes und des Herzens vorherrschen zu lassen; dem exklusiven Einfluß des materiellen Prinzips der Lüsternheit vorzubeugen«.

Alles dies ist leicht in eine andere Sprache zu übersetzen: die Zauberinnen sind transzendente Kupplerinnen, die Engel und Fakire transzendente Prostituierte, die Liebenden des pivotalen Paares sind transzendente Libertins. Man »läßt die unter dem Namen Sammlungen beschriebenen sublimen Übereinstimmungen, deren Eigenschaft es ist, den Egoismus und die individuellen Unstimmigkeiten in den Übereinstimmungen der Massen zu absorbieren, nur entstehen« um den Preis dieser Transposition, deren Grundlage die Ermöglichung der vollen Befriedigung jeder Liebe ist. Das Paradox der Transzendenz in der Liebe ist – man muß das hier wiederholen und präzisieren – wie das Paradox des Glaubens bei Kierkegaard: das Individuum in eine absolute Beziehung zum Absoluten zu setzen, um hier nur kurz zu umreißen, was Kierkegaard das »Allgemeine« oder das moralische Gesetz nennt. Zitieren wir aus »Furcht und Zittern«: »Das Paradox des Glaubens ist als Zwischenglied, d.h. als Allgemeines verlustig gegangen. Dem Glauben ist einerseits der Ausdruck für den höchsten Egoismus eigen (das Furchtbare, das er tut, um seiner selbst willen tun), andererseits der Ausdruck für die absoluteste Hingabe: es um Gottes willen tun. Der Glaube ist dies Paradox und der Einzelne vermag überhaupt nicht, sich irgendwem verständlich zu machen.«

Dieser Text läßt sich Satz für Satz auf jene Begegnung anwenden, die bei Fourier die Charakteristik des Verhältnisses des *Schicksals der Liebe* zu den *allgemeinen Bestimmungen* ist. Die Liebe hat eine soziale Bestimmung, eine Tugend-Bestimmung; das ist kein der Moral gemachtes Zugeständnis, nicht die Rechtfertigung einer als reine Wollust unrechtfertigbaren Liebe. Dieses Schicksal, diese paradoxale Koinzidenz zwischen Liebe und Tugend ist schlicht die Entfaltung dessen, was die Liebe selbst ist, sobald sie ihre größte Wirksamkeit entfalten kann. In der *sublimen* Übereinstimmung, in der Transzendenz erreicht die Liebe ihre äußerste Intensität. Auf dieser Ebene denkt man auch an die Kierkegaardsche Analyse des Paradoxen, besonders hinsichtlich der Liebesentfaltung des angelischen Paares, das sich jedem wechselseitigen Besitz widersetzt. »In dem Augenblick, in dem er Isaak opfern wollte, sagt die Moral, daß er ihn haßt. Doch wenn er ihn wirklich haßt, kann er sicher sein, daß Gott dieses Opfer nicht von ihm fordert; tatsächlich sind Kain und Abraham nicht identisch. Er muß seinen Sohn von ganzem Herzen lieben; sobald Gott es von ihm fordert, muß er ihn, wenn möglich, noch mehr lieben, und nur aus diesem Grunde kann er ihn opfern.«

Daß die Sprache des Paradoxen die der Liebe selbst ist, die der göttlichen Leidenschaft, dürfte uns überhaupt nicht erstaunen. Es gibt jedoch zwischen Kierkegaard und Fourier den Unterschied, daß Kierkegaard das Paradox um das Individuum herum zentriert, das für Fourier noch den Egoismus repräsentiert. Das Paradox der Transzendenz wird nur dann vollendet, wenn auf das Zentrum eines Ego verzichtet wird in der Berührung der beiden Extreme, des unendlich Großen der Orgie und des unendlich Kleinen der Manie.

Die Unendlichkeiten und das Sublime: Orgie und Manien

Paradox des Glaubens, Paradox der Liebe. Bei Kierkegaard noch findet man dessen überraschendsten und klarsten Ausdruck im *Tagebuch eines Verführers*, in dem Johannes mit seiner barocken Rhetorik Cordelia bezaubert: »Ich bin in mich selbst verliebt. Warum, weil ich in dich verliebt bin; denn ich liebe dich, dich allein und alles, was du in Wahrheit bist, und auf diese Weise liebe ich mich selbst, weil mein Ich dir gehört; wenn ich dich folglich nicht mehr lieben würde, würde ich aufhören, mich zu lieben. Was in den profanen Augen der Welt der höchste Ausdruck von Egoismus ist, ist für die eingeweihten Augen Ausdruck reinster Sympathie. Was für die profanen Blicke der Welt Ausdruck der persönlichen prosaischen Konservation ist, ist in deinen geheiligten Augen der Ausdruck begeistertster Verneinung meiner selbst«.

Wir müssen also begreifen, daß Fourier die Rhetorik des Paradoxen zu Wort kommen läßt und dadurch den Egoismus in der Liebe völlig zerstört, der ihm als Drehpunkt dient; daß er die »entschlossenste Vernichtung« des Ich durchführt, den Wechsel vom Profanen der Liebe zur Heiligung. In der Liebe nimmt er die mystische Konjunktion der Gegensätze beim Wort (*conjunctio oppositorum*). Darin besteht das Wesen der *Celadonie*, des Sentimentalen; darin wird Rechenschaft abgelegt von der paradoxalen Gegenwart und dem Verschwinden des Ich, einer Tranzendenz der Liebe hinsichtlich des Egoismus, der einfachen Wollust oder des einfachen Besitzes.

Doch das ist nur ein erster Aspekt und es ist richtig, daß man die Figuren der *Neuen Liebeswelt* nicht allein in bezug auf das begrenzte oder beschränkte Paradox des Paares denken kann, das in gewisser Weise in sich selbst verschlossen ist und sich mit der Überschreitung des Egoismus durch einen Egoismus zu zweit begnügt. Man muß noch weiter gehen und das Paradox vollständig zum Ausdruck bringen, indem man es auf die *Massen* erweitert. Das *transzendente Paar,* das der verliebten Heiligkeit, spielt mit seiner eigenen Verneinung als Paar. So erlaubt die Erforschung der Celadonie oder der Liebesillusion zu verstehen, daß der schicksalhafte Aufflug der Liebe im Übergang vom Einfachen zum Zusammengesetzten besteht (notwendige Verbindungen des Sentimentalen und des Materiellen), vom *Divergenten* (die die Paare isolierende Liebe) zum *Konvergenten* (das aus der Liebe einen Faktor der Vervielfachung sozialer Beziehungen macht, also insbesondere der Heroismus, die Tugend, der Agent der paradoxalen Union der individuellen Wollust und des allgemeinen Wohls). Die Erhabenheit der Liebe ist bei Fourier keine vage Qualifikation oder der Ausdruck einer Sublimation durch Entsagung – auf diesen Punkt, der eine Entsprechung unterstellt, muß man stets zurückkommen, da es in der sublimen Liebe immer eine Form des Opfers gibt und eine Vorherrschaft des Celadonischen gegenüber der rohen Materialität. Wenn man eine andere Sprache verwenden möchte: *die Vergesellschaftung erfolgt nicht gegen die Liebe und nicht trotz der Liebe, sondern ausgehend von der Liebe, die die anderen Leidenschaften in Bewegung bringt, sie vereint,* sich ihrer bedient und ihnen nutzt, unter der Bedingung, daß man sie in ihren Entwicklungen vom *uniteistischen* und nicht mehr egoistischen Drehpunkt aus begreift.

Schon der Übergang von der ausschließlichen Monogamie zur treuen oder begeisterten Polygamie drückt eine Transzendenz aus. Die Erhabenheit entwickelt sich nur im Rahmen *omnigamer* Lieben, die nicht mehr auf begrenzte Quantitäten setzen, sondern auf das Unendliche, auf *das unendlich Große* und *das unendlich Kleine,* die zum einen in der Orgie, zum anderen in den Liebesmanien bestehen. Die Orgie ist sublim, weil sie die Seele bis zur Konzeption einer Unendlichkeit von Beziehungen emporhebt, die selbst niemals für eine eigene intuitive Präsentation empfänglich sein kann. Die Orgie liefert eine partielle Vorstellung dessen, was dieses Schicksal ausmachen kann. In der Orgie und schon in der konfusen Orgie, die sich im Verborgenen abspielt, wird jedem die Gewißheit vermittelt, daß durch das Spiel des Zufalls und der Massen die Schicksalhaftigkeit der Liebe, diese tragische Bestimmtheit der begrenzten Liebe des Paares, Nichtbefriedigung der großen Menge, umgangen werden kann. Die Orgie beweist, daß jeder von Liebe erfüllt werden kann, wenn der Rausch am unendlich Großen einsetzt.

Doch das reicht nicht aus: denn die Orgie gestattet gemeinhin nur eine vage, augenblickhafte Befriedigung – während jener Zeitdauer der kollektiven Begegnung.In der Liebe auf das unendliche Kleine, auf die winzigen Veränderungen zu setzen, ist eine notwendige Entsprechung zur Spekulation über das unendlich Große und führt ebenfalls zum Sublimen. Die Unendlichkeit des Kleinen besteht aus einzigartigen Manien, über die jeder verfügt, die aber nur in bestimmten Charakteren, den »omnigynen«, den Manischen, den Misanthropen zum Vorschein kommen. Das Infinitesimale wird zum Zeichen des zugleich qualitativen Raffinements und der Notwendigkeit, zur Berechnung der Übereinstimmungen auf immer größere Massen zu setzen. Manchmal ist die Manie vereinzelt, manchmal bewirkt sie eine Einheit. Die Manie bildet den Kompaß der Harmonie; denn bereits in der Zivilisation führt sie die Liebe stets ins Jenseits des ausschließlichen Paares; sie führt zur Cliquenbildung, zur Zusammensetzung von *Sekten;* sie formt eine *serielle* Ordnung, die jede genossenschaftliche Organisation beherrscht.

Der sublime Humor

Das *infinitesimal Große* und das *infinitesimal Kleine* sind die beiden Grundlagen des Sublimen der Liebe. Doch man muß hinzufügen: nicht eines emphatischen Sublimen, sondern eines Sublimen, das durch den *zusammengesetzten Charme* erreichbar wird, in dem das Materielle vom Sentimentalen untrennbar wird; man muß dieses Sublime zugleich humoristisch nennen, um hier eine von Jean Paul in seiner *Ästhetik* vorgenommene Annäherung aufzunehmen, in der er das Sublime und den Humor auf denselben Ursprung bezieht: die Zerstörung des Endlichen vor dem Unendlichen. Bei Fourier ist das Endliche jenes Liebespaar, das immer nur nach sich selbst schmachtet und angesichts seiner egoistischen Isolierung ein kollektives Mitgefühl hervorzurufen glaubt. Die Beschwörung des Unendlichen bereits auf dem Wege der Polygamie und dann vor allem der Omnigamie macht dieses Vorhaben lächerlich, zeigt die Möglichkeit unendlich an Quantität und Intensität sowie an Genauigkeit überlegener Übereinstimmungen. Man wechselt so von der verliebten oder leidenschaftlichen Bürgerlichkeit zur »Noblesse«. Diese Erhebung, Heiligung, Vergöttlichung, die die Sprache der Mystik und der Courtoisie benutzt und erneuert, ist gleichzeitig ein Lächerlichmachen des personalistischen Vorhabens der Liebe. Dieses verwirklicht sich ausgehend vom Kleinsten, Abgetretenen, Bizarren. Auf die gleiche Weise, in der sich die Beherrschung der Welt in einem »gastronomischen Krieg« »kleiner Pasteten« entscheidet, entscheiden sich die sublimen Übereinstimmungen einer transzendenten Liebe um die Befriedigung der »Komanischen« herum, deren Beschwörung notwendigerweise immer humoristisch ist (die verliebten Alten, deren »patriarchalisches Hinterteil« getätschelt wird).

Die Schlüsselrolle, die Fourier den Manien vorbehält, die in ihrer unendlichen Winzigkeit dieselbe Funktion haben wie die Drehpunktliebe in ihrer sentimentalen Sublimität, muß man anhand des sublimen Humors verstehen.

Auch in dieser Perspektive muß man die entscheidende Rolle ausmachen, die in jeder harmonischen Formation dem »Ambiguären« oder den Übergängen desselben Geschlechts angetragen wird

(Fourier sagt unisexuell). Der »Prosaphismus« Fouriers ist durch die *Neue Liebeswelt* offensichtlich geworden. Doch das von ihm aufgeworfene Problem ist nicht nur das einer exakten Zählung aller Liebesformen oder einer Anerkennung der Homosexualität als normaler Liebe. Diese Lieben sind transzendent, indem sie den Wechsel der Liebe zur universellen Philanthropie begünstigen, doch wie in der Manie *auf humoristische Weise*. Nicht weil sie Masken einer anderen Liebe wären, durch die eine Verdrängung oder Ablenkung erkennbar würde, sondern weil sie im Gegenteil die Ernsthaftigkeit der auf die größte Zahl ausgerichteten bürgerlichen Liebe zerstören.

Komisch sind in der *Neuen Liebeswelt* die Päderasten, weil sie in Konkurrenz zu den Frauen treten, die gemeinhin Anhängerinnen der Sappho sind, also Intrigenbeziehungen vorziehen, die zur Einheit führen; so komisch wie die Prosaphiker in ihrem Liebesdienst, sind die sie benutzenden Saphikerinnen. Dieses Komische unterscheidet sich grundsätzlich von jedem satirischen, mit den Lastern der Zivilisation verbundenen Komischen. Denn es läßt einen Hauch von Unendlichkeit spüren. Seit dem Erscheinen seiner Bücher ist Fourier stets für einen Komiker und Humoristen gehalten worden. Vor allem hat man in ihm (Marx) den kritischen Komiker gesehen, der die Widersprüche der Zivilisation beleuchtet. Nicht aber hat man das erhabene *Komische oder den sublimen Humor* begriffen. Es gelang nicht zu verstehen, daß der Humor das illustre und unauslöschliche, seine Grenzen für notwendig haltende Ich lächerlich macht und dadurch zum Sublimen und zur universellen Einheit aufsteigt und den Traum der Welt freisetzt. Daher ist es ratsam, Fourier auf Jean Paul zu beziehen, auf seinen Humor und auf seinen Traum, mit denen er in Beziehung zur Romantik tritt, von der er sich aber zugleich durch seine Leichtigkeit und durch die sublime Luftigkeit seines Humors abhebt. Diese Beziehung zu Jean Paul hat Benjamin genau gesehen; desgleichen hat er die sublime Eigenschaft der Kindheit erkannt, die noch nicht dem Egoismus, nicht der Liebe des Paares zuneigt und zur sublimen, heroischen und unitären Hingabe, zu einer philanthropischen Nächstenliebe fähig ist, die nicht aus lächerlichen Gründen, sondern aus Humor so bezeichnet wird.

Dank des Humors bleibt das Sublime stets auf sein Gegenteil, das Triviale und Bekannte verwiesen. Die Begegnung von Humor und Sublimem, die zu einer exzentrischen Erweiterung des Ich und der menschlichen Art im allgemeinen führt, die in ihren erotischen Kategorien befangen ist, erlaubt die Ausweitung der Neuen Liebeswelt bis hin zu den Planeten, bis zu den Freudentaumeln als den Erzeugern von Welten, von Menschheiten, von neuen Generationen. Diese direkten und zugleich allegorischen Beschwörungen hindern das Liebessystem, sich zu schließen, und die Bestimmungen, wie ein Ziel, wie eine Vollendung vorgestellt zu werden. Im ganzen Werk verfolgt Fourier die Einschreibung der utopischen Dimension, die *ziellose Zielstrebigkeit* und *bestimmungslose Bestimmung* ist: der Harmoniker, der Bewohner von Herschel, der künftige Mensch, das sind wir und das ist zugleich das uns unendlich Ferne.

Oder, wie Barthes ungefähr im selben Sinn in einem der Fourierschen »Party« gewidmeten Text hinsichtlich der Mischung der stetigen Disponibilität und der Befriedigungsmittel, die diese neue Welt charakterisiert, schreibt: »Da es eben gerade um Begehren geht und nicht um Bedürfnis, hat die Überfülle des erotischen Materials nicht zum Zweck, eine »Konsumgesellschaft« der Liebe herzustellen, sondern – und das ist ein Paradox, ein wahrhaft utopischer Skandal – das Begehren gerade in seinem Widerspruch funktionieren zu lassen, nämlich es *ständig* zu erfüllen (ständig heißt hier, daß es zugleich *immer* und *niemals* erfüllt ist, oder: niemals und immer, das hängt von dem Grad der Begeisterung oder Bitterkeit ab, mit dem man das Phantasma abschließt«. Oder anders ausgedrückt: Es handelt sich hier darum zu verstehen, wie in der Liebe die Realität und die Fiktion sich vermengen, etwa wie in jenem Roman der *Neuen Liebeswelt*. Die Liebe verleiht schließlich den Errungenschaften der Technik einen schicksalhaften Sinn.

Anmerkungen des Übersetzers

Die bisher in deutscher Sprache vorliegenden Übersetzungen der Werke Fouriers haben den Begriff »les destinées« mit »Bestimmungen« übersetzt, die nach Fourier nicht undurchdringlich seien und das Ergebnis mathematischer Berechnungen darstellten, die auf dem Gesetz der Anziehung basierten. Um den Zusammenhang zum Titel des Buches »Das Schicksal der Liebe« (frz. Le destin de l'amour) beizubehalten, wurde hier je nach Zusammenhang mit Schicksal (Bestimmung) und schicksalhaft (bestimmt) übersetzt.

III
Erweiterungen

Elisabeth H. Flitner

... meine Schwester oder meine Frau?

Zur Bedeutung des Inzest-Themas in der Romantik und danach

> Sag, was will das Schicksal uns bereiten?
> Sag, wie band es uns so rein genau?
> Ach, du warst in abgelebten Zeiten
> meine Schwester oder meine Frau.
> (Goethe)

Die Dichtung der Romantik hat der inzestuösen Liebe soviel Interesse entgegengebracht wie nach ihr die psychoanalytische Theorie. Während diese vor allem die Eltern-Kind-Beziehung untersucht, steht in der Romantik die Geschwisterliebe im Vordergrund. Dramen und Romane in großer Zahl berichten von Geschwistern, die sich ineinander verlieben ohne von ihrer Verwandtschaft zu wissen, oder umgekehrt, von »Geschwistern«, die unglücklich ineinander verliebt sind und glauben, einander auf ewig entsagen zu müssen, bis sich herausstellt, daß sie in Wirklichkeit doch nicht verwandt sind, oder schließlich, seltener, von Geschwistern, die das Inzestverbot mit Bewußtsein überschreiten. – Eine Spur des Geschwisterthemas findet sich in Lessings »Nathan«, der sich widerstrebend in Recha verliebt, bis er erkennt, daß sie seine Schwester ist; die meisten der einschlägigen Werke, in denen das Inzestthema direkt behandelt wird, sind heute allerdings vergessen – Wielands »Don Sylvio von Rosalva«, Gellerts »Schwedische Gräfin«, Tiecks »Der blonde Eckbert«, Achim von Arnims Jugendwerk »Herrmann und seine Kinder« und andere.

»Unter allem konnt' ichs am wenigsten leiden, wenn sich ein paar Leute liebhaben, und endlich kommt heraus, daß sie verwandt sind oder Geschwister sind« sagt Marianne, eine Person aus Goethes Einakter »Die Geschwister« über die zeitgenössischen Romane, die sie liest. »Ich habe soviel geweint! Es ist so ein gar erbärmlich Schicksal!« – Sie selbst ist unglücklich in Wilhelm verliebt, den sie für ihren älteren Bruder hält. Dieser erwidert im Stillen Mariannes Liebe, läßt sie aber so lange im Glauben, er sei ihr Bruder, bis der Heiratsantrag eines gemeinsamen Freundes die geschwisterliche Zweisamkeit bedroht. Nun erzählt er dem Freund die Wahrheit: Marianne sei die Tochter seiner verstorbenen Geliebten, die er nach deren Tod bei sich aufgenommen habe. Er selbst gedenke, sie zu heiraten. Wilhelm vertreibt damit den Konkurrenten, eröffnet dann Marianne seine Gegenliebe und trägt ihr die Ehe an: (zu ihren Füßen) »Marianne, du bist nicht meine Schwester!... (Ich bin) dein Gatte, wenn Du ihn nicht verschmähst!« Marianne ist völlig überrascht; verständlicherweise möchte sie aufgeklärt werden: »Sag mir, wie war's möglich?«, doch nun wehrt der gemeinsame Freund ihre Fragen ab: »Genießt, was euch Gott selbst nur einmal geben kann! Nimm es an, Marianne, und frag nicht!« Wilhelm und dem Freund liegt daran, daß sie bis zuletzt unwissend bleibt. Sie soll Wilhelms Antrag annehmen, solange sie noch glaubt, seine Schwester zu sein; gerade auf die Überschreitung der Inzest-Schranke kommt es den beiden Männern an. »Sie ist ganz mein«, jubelt Wilhelm, – »und sie weiß nicht –«. Zum Ende des Stücks liegt Marianne, halb selig, halb ungläubig, in Wilhelms Armen und weiß immer noch nicht, warum ihr nunmaliger Geliebter nicht ihr Bruder ist. – Die Zuschauer/innen müssen sich unterdessen eine andere Frage stellen. Wenn Marianne die Tochter von Wilhelms verstorbener Geliebter ist, ist sie dann vielleicht auch seine Tochter? Das Stück endet, ohne diese Möglichkeit auszuschließen, läßt also offen, ob das Paar künftig im Vater-Tochter-Inzest leben wird.

Auch in Goethes Roman »Wilhem Meisters Lehrjahre« steht das Inzest-Thema im Zentrum. Dieser »Bildungsroman« schildert alle Wandlungen, die Wilhelm durchlebt, auch als Wandlungen seiner Beziehung zu Frauen, die nachhaltig von inzestuösen Bindungen durchzogen ist. »Wilhelm Meisters Lehrjahre« enthält sowohl die romantische Geschichte eines Geschwisterinzests als auch die spätbürgerliche Idee, Kinder hegten Inzestwünsche gegenüber ihren Eltern, und eignet sich deshalb besonders gut für einen Versuch, die Unterschiede zwischen den beiden Auffassungen zu verstehen. Im Folgenden interpretiere ich zunächst Wilhelms »Bildungsprozeß« unter dem Aspekt seiner inzestuösen Bindungen (2–

6) und gehe dann auf die Frage ein, wie das Inzest-Thema in der Romantik Bedeutung gewinnt (7,8) und wie es sich im 19. Jahrhundert verändert (9).

II

Wilhelms Freundinnen sind Mariane, Philine, Aurelie und »die Gräfin«, Therese und Nathalie. Sie spiegeln die Geschichte eines Mannes, die Wünsche, Begierden, Träume, Sehnsüchte, Illusionen und Erfahrungen eines »kranken Königssohnes«, der sich aus mächtigen emotionalen Verstrickungen seiner Kindheit lösen muß, bevor er fähig wird, einer ihm ebenbürtigen Frau zu begegnen. Das Bild des »kranken Königssohnes« begleitet Wilhelm durch den ganzen Roman. Es handelt sich um ein Gemälde aus Wilhelms Elternhaus, das auf Wilhelm unauslöschlichen Eindruck gemacht hat, weil er unbewußt sich selbst darin sieht. Es stellt einen Königssohn dar, der sich »über die Braut seines Vaters in Liebe verzehrt« und der Überlieferung zufolge erst dann wieder gesundet, als der Vater zu seinen Gunsten zurücktritt. Dieses Bild trägt Wilhelm als Wunsch und Vision in sich, bis er ganz am Ende seines Romans selbst in unruhiger Verliebtheit erkrankt und beginnt, die Zusammenhänge zu ahnen. »Wo mag der kranke Königssohn wohl jetzt schmachten?« wird er da gefragt, »Wie hieß der König?« Die ödipale Bindung kommt nun zur Sprache; sie wird bewußt erfahrbar und damit hat Wilhelm Aussicht, sie zu bewältigen.

Solange er nach der Braut des Vaters schmachtet ist nicht erstaunlich, daß Wilhelm zuweilen von bedrohlichen Erscheinungen seines Vaters heimgesucht wird, nachdem dieser gestorben ist. In diesen Erscheinungen setzt die alte Konkurrenz sich fort. Wilhelm ist Schauspieler geworden und tritt nun auf in der Rolle des Hamlet – wieder ein kranker Königssohn! Als ihm auf der Bühne der »Geist im Harnisch« erscheint, verschwimmen ihm Theater und Wirklichkeit; er entsetzt sich derart, daß er wie versteinert steht. »Ich bin der Geist deines Vaters« spricht die Bühnenerscheinung wie es in ihrer Rolle vorgesehen ist, und Wilhelm weicht nun schaudernd einige Schritte zurück – »er glaubte, eine Ähnlichkeit mit der Stimme seines Vaters zu bemerken.« – Später träumt er nochmal von seinem toten Vater. Da sieht er ihn mit seiner Jugendliebe Mariane in einer Allee davongehen. Er eilt auf das entfernte Paar zu, der Vater und Mariane scheinen aber vor ihm zu fliehen, er möchte ihnen »zu Hilfe kommen«, kann sie aber nicht erreichen. Warum »zu Hilfe kommen«? Wen will er retten? – Der Traum zeigt Wilhelm sein Gefühl, der Vater habe ihm die Frau genommen, und hilft ihm dadurch, sich wieder einen Schritt weit aus dem ödipalen Dreieck zu entfernen. Kurze Zeit nach dem Traum erfährt er nämlich, daß Mariane tot sei. Diese Frau, die dem Vater zugehört, hatte er schon lange aus den Augen verloren; nun erst kann er sich auch innerlich von ihr trennen.

Den dritten Aspekt des ödipalen Dreiecks bildet die rätselhafte und reizvolle Gestalt der Mignon, ein »seltsames Kind«, 12 oder 13 Jahre alt, das Wilhelm über den größten Teil seines Weges begleitet. Sein Geschlecht steht nicht eindeutig fest. Bei der ersten Begegnung weiß Wilhelm nicht, ob er es für einen Knaben oder ein Mädchen erklären soll; später tritt es in Knabenkleidern auf und wird auch als »zwitterhaft« bezeichnet oder für einen Knaben gehalten. – Wilhelms Beziehung zu Mignon schillert. Das Kind repräsentiert neben vielem anderen auch Wilhelms eigene Pubertät und ist insofern männlich; überwiegend sieht er sie aber als Mädchen an.[1]

Goethe hat Mignon eindeutig als inzestuöse Phantasie gekennzeichnet. Sie ist das Kind eines Inzests zwischen einem Bruder (dem Harfner) und seiner Schwester, und die Beziehung zwischen Wilhelm und ihr gleicht der inzestuösen Liebe zwischen einem Vater und seinem Kind. Zur selben Zeit, als Wilhelm ins Theater, die Welt der »Illusion«, eintritt, kauft er Mignon von einem reisenden Schausteller los. Er rettet sie damit »aus den Händen eines Barbaren«, um hinfort mit ihr zu leben. Mignon ist die einzige Gestalt des Romans, in deren Gesellschaft sich Wilhelm ganz sicher fühlt. Er liebt dieses dunkle, schöne, ernsthafte Mädchen mit ihrem geheimnisvollen Wesen und ahnt auch die starke, eigenwillige Persönlichkeit, die in ihr steckt. Beide empfinden starke erotische Anziehung füreinander, aber ein Tabu hält Wilhelm davon ab, sich andere als fürsorgliche Gefühle für sie einzugestehen. Mignons völlige Ergebenheit ihm gegenüber nimmt er gerne an und vergilt sie ihr mit Zärtlichkeit; er liebt sie aber nicht als Frau, sondern als das hilflose, verletzte, zarte, naive, exotische kindliche Geschöpf, das er beschützen kann. Den wahren, ebenso väterlichen wie sexuellen, Charakter seiner Beziehung zu ihr verbirgt er erfolgreich vor sich selbst. Als sie in seinen Armen und durch seine Liebkosungen einen Orgasmus erlebt und er in der »Verirrung des Augenblicks« meint, sie werde ihm auf der Stelle »zerschmelzen«, deutet er sich ihr Erlebnis als Krankheit, ihre »Zuckungen« als einen »Krampf«.[2] Dennoch reagiert er darauf, wie auf eine Liebeserklärung: Er schwört ihr, sie künftig immer bei sich zu behalten – als sein Kind. Um die Weinende zu beruhigen, adoptiert er sie. In ihrer ersten sexuellen Begegnung erkennen sie einander als Vater und Tochter: »Er hielt sie nur fester und fester. – Mein Kind! rief er aus, mein Kind! Du bist ja mein! wenn dich das Wort trösten kann. Du bist mein! Ich werde dich behalten, dich nicht verlassen! – Ihre Tränen flossen noch immer. – Endlich richtete sie sich auf. Eine weiche Heiterkeit glänzte von ihrem Gesichte. – Mein Vater! rief sie, du willst mich nicht verlassen! willst mein Vater sein! Ich bin dein Kind.«

Während sie ausruhen, läßt »der Alte«, der Mignons leiblicher Vater ist, vor der Türe sanfte Melodien auf der Harfe erklingen: »Der Alte brachte seine herzlichsten Lieder dem Freunde zum Abendopfer, der, sein Kind immer fester in den Armen haltend, des reinsten unbeschreiblichsten Glückes genoß«.

Daß Wilhelm sich den Charakter dieser Beziehung nicht eingesteht, ist Bedingung seiner inzestuösen Verzauberung. Das Illusionäre daran zeigt sich in der Art, wie er im folgenden mit Mignon umgeht. Er kann sich ganz darauf verlassen, daß sie da ist, wenn er sie braucht, aber gleichzeitig ignoriert er sie, wann immer es ihm gefällt.[3] Er strebt nach Selbstverwirklichung auf der Bühne, hat Erfolge dort, auch ein Verhältnis mit einer Schauspieler-Kollegin und mehrere Liebeshändel, während derer er Mignon ganz vergißt. Sie taucht aber immer dann wieder auf, wenn er in der Welt mit einer Unternehmung verunglückt. Sobald eine Frau ihn verläßt oder zurücksetzt, sobald ein Plan mißlingt, sobald er einen Konflikt mit der Welt nicht meistern kann, zieht er sich in seine Stube zurück; dort wartet Mignon auf ihn, um ihn zu trösten und seinen gekränkten Stolz wieder aufzurichten. Sie aber verzehrt sich in

Sehnsucht nach etwas Unerfüllbarem: sie möchte von ihm als sein Kind und seine Geliebte zugleich anerkannt sein. Wohl versucht sie auch, sich aus dem Unlösbaren zu lösen, übt sich im Lesen und Schreiben und beginnt, sich für Geografie zu interessieren – offensichtlich verlangt es sie danach, ihre Sprache und Orientierung zu erweitern. Aber sie kann sich aus ihrem Konflikt nicht allein befreien, und Wilhelm kann wenig tun, um ihr zu helfen – zu sehr ist er selbst von seinen ödipalen Wünschen geblendet.

Er läßt zwar nicht von ihr, kann aber auch die Beziehung zu ihr nicht entwickeln. Mignon ihrerseits hängt mit der ganzen Kraft ihrer Leidenschaften an ihm, ohne sich ihm doch wirklich zu öffnen. Die beiden sprechen kaum miteinander. Wie unter einem Schwur wahrt Mignon Geheimnisse, die sie quälen:

Heiß mich nicht reden, heiß mich schweigen,
Denn mein Geheimnis ist mir Pflicht;
Ich möchte dir mein ganzes Innre zeigen,
Allein das Schicksal will es nicht.

Erst als Wilhelm sich zeitweilig von ihr trennt und sie zu einer Freundin in Pflege gibt, wird deutlich, daß Mignon traumatische Kindheitserfahrungen mit sich herumträgt. Eine Vatergestalt, die sie den »großen Teufel« nennt, hat sie ihrer Kindheit entrissen und von Zuhause entführt. In »gräßlicher Verzweiflung« hat sie damals der Mutter Gottes, die ihr erschien, geschworen, künftig niemandem mehr zu vertrauen, niemandem ihre Geschichte zu erzählen. Ein Schwur verschließt ihr den Mund, und da sie sich nicht mitteilen kann, wirkt das Trauma unvermindert fort. – Der Roman beschreibt hier, wodurch Mignon Wilhelms Phantasien entgegenkommt. Ihr Leiden gleicht dem eines Mädchens, dessen Kindheit von einem »großen Teufel« geprägt war; mit ihren erotischen Wünschen bleibt die Sehnsucht nach dem liebevollen, zuverlässigen Vater, den sie nicht gehabt hat, verknüpft.

Wilhelm kann ihr nicht helfen; so ist Mignon nicht lebensfähig. Sie war zart, nun wird sie hinfällig und krank. Sie war ganz Gefühl, nun verzehrt sie ihre »innere Glut«. Erst als sie gestorben ist, kann Wilhelm erkennen, daß er ihr nicht gerecht wurde: »Sind wir Männer so selbstisch geboren?« fragt er sich, »Ich zog das liebe Kind an, seine Gegenwart ergötzte mich, und dabei habe ich es aufs grausamste vernachlässigt. Was tat ich zu seiner Bildung, nach der es so sehr strebte? Nichts!«

Aber ist Mignon nicht sowieso ein »Schutzgeist«, eine Traumgestalt, auch ein »reiner Engel«, aber keine leibhaftige Frau? Mignon ist die Muse, die Wilhelms Dichtung beflügelt, der gute Geist in seiner Stube, der ihn seiner Männlichkeit versichert. Doch Mignon hält ihn auch vom Leben ab. Solange er mit ihr verbunden bleibt, ist er nicht erwachsen. Sein »schülerhaftes Wesen« fällt ihm selbst bald ungut auf. Er schwankt in seinen Stimmungen und läßt sich in seinem Urteil oft von außen leiten. Den Hamlet deutet er zwar vorzüglich, doch fehlt es ihm an Menschenkenntnis, und in seinen weltlichen Geschäften ist er ziemlich unrealistisch und ohne klare eigene Richtung. Nicht viel besser geht es ihm mit den Frauen. Wohl ist er ein großer Verehrer der Frauen und bei diesen gerne gesehen, aber solange Mignon lebt, kann er mit keiner froh werden. Alle, die er trifft, sind anderwärts gebunden, enttäuschen oder erschrecken ihn. Um so mehr braucht er wiederum seinen Traum von Mignon! Es bezeichnet deshalb einen Fortschritt in Wilhelms Entwicklung, als diese Traumgestalt schließlich stirbt. Ihr schwaches Herz bricht in dem Moment, als Wilhelm, gegen Ende des Romans, in Natalie die »Amazone« seiner Träume erkennt und sich in sie verliebt. Damit wird sein Verlangen nach einem Kind schwächer. Er liebt nun eine autonome Frau. – Nicht, daß die Erinnerung an Mignon damit verschwände! Sie wird kunstvoll einbalsamiert und »zwar tot, aber erhalten!« im »Saal der Vergangenheit« aufgebahrt. Mignon bleibt also erhalten, kann aber Wilhelms Liebe nicht mehr fesseln. Von nun an schwebt das Bild Natalies, die mit sich und der Welt in Einklang lebt, vor seiner Phantasie.

Wilhelms Beziehung zu Mignon ist nicht entwicklungsfähig, weil sie seine eigenen infantilen Bindungen verkörpert. So macht er, während sie ihn begleitet, viele Erfahrungen mit Frauen, die alle auf irgendeine Weise unglücklich enden. Auch die Frauen erleben wenig Erfreuliches dabei, wie er wohl sieht, und sie wecken sein Bedauern. Schwärmerische Sehnsucht, Mitleid und Verachtung sind hauptsächlich die Gefühle, die über lange Zeit hinweg seine Beziehung zum anderen Geschlecht bestimmen. Körperliches Verlangen lebt er zwar aus, hält das aber sorgfältig von seinem Bewußtsein fern – er streicht sogar in seiner Hamlet-Bearbeitung den Satz, daß es schön sei, »zwischen den Beinen eines Mädchens zu liegen« – und bringt es nur schwer mit seinen Gefühlen in Einklang.

III

Bevor ich nun Wilhelms Beziehung zu anderen Frauen beschreibe, um darin den Auswirkungen seiner inzestuösen Bindung und deren Wandlungen nachzugehen, sei an Freuds Aufsatz »über einen besonderen Typus der Objektwahl beim Manne« erinnert (Freud 1910). Darin faßt Freud Auswirkungen zusammen, die eine bleibend starke ödipale Bindung im Liebesleben Erwachsener haben kann. Er untersucht ein Muster der Partnerwahl von Männern, die die »infantile Fixierung der Zärtlichkeit an die Mutter« nicht überwunden haben, und findet vier »Liebesbedingungen«.

Erstens brauchen die Männer dieses Typs für die Liebe einen »geschädigten Dritten«. Sie wählen immer eine Frau, die schon verheiratet oder verlobt ist oder einen anderen Liebhaber hat, die also ähnlich gebunden ist, wie es die Mutter früher war. Zweitens können sie sich nicht in »unverdächtige, keusche« Frauen verlieben, sondern interessieren sich nur für sexuell etwas anrüchige, an deren Treue und Verläßlichkeit ein Zweifel erlaubt ist. Drittens werden gerade diese Frauen als »höchstwertige Liebesobjekte« mit Eifersucht bewacht – als ob sich der Mann seines Gefühls nur sicher wäre, wenn er es sich durch die Eifersucht beweist, – und die Beziehung wird mit »höchstem psychischem Aufwand« betrieben – als ob der Mann ständig dem Bewußtsein der Vergeblichkeit entgegenarbeiten müßte. Viertens schließlich hat der Betreffende die Tendenz, die Geliebte zu »retten«. Er ist überzeugt, daß sie ihn braucht und ohne ihn rasch auf ein bedauernswertes Niveau herabsinken müßte. Er rettet sie also, indem er nicht von ihr läßt.

Alle diese Bedingungen sind in Wilhelms Liebesleben in schöner Regelmäßigkeit erfüllt. Nirgends fehlt der »geschädigte Dritte«: Mariane betrügt ihn, Aurelie und Therese lieben einen anderen, die Gräfin ist verheiratet und Philines Amouren sind kaum zu zählen.

Nur Natalie, die letzte, scheint noch frei. Wilhelm ist daran unterdessen auch interessiert und mutig genug, sie direkt danach zu fragen: »Sie haben nie geliebt?« rief Wilhelm aus. »Nie oder immer!« versetzte Natalie. – Auch der zweiten Bedingung unterliegt Wilhelm vollkommen; nur etwas anrüchige Frauen können ihn reizen. Mariane und Philine versprechen diese Eigenschaft schon durch ihr loses Schauspielerinnen-Dasein; umgekehrt üben Aurelie und Therese, anständig wie sie sind, auch absolut keinen erotischen Reiz auf Wilhelm aus. Jene liebt er, ohne sie achten zu können, diese achtet er, ohne sie wirklich als Frauen zu lieben. Die dritte Bedingung: Eifersucht und »höchster Aufwand« ist dort erfüllt, wo er liebt. Mariane verläßt er aus Eifersucht, ohne sie jemals zu vergessen; Philine stürzt ihn in einen so heftigen Eifersuchtsanfall, daß er fast gewalttätig wird. Freud schreibt: »Die Liebesbeziehungen zu diesen Frauen werden mit höchstem psychischem Aufwand bis zur Aufzehrung aller anderen Interessen betrieben«. Als eine solche »Aufzehrung« kann man wohl Wilhelms Traumleben in der Theaterwelt verstehen, ein Leben in Illusionen, in einer Scheinwelt, deren Bewohner teils leichtfertig-heiter, teils kindisch, teils boshaft, teils krank wirken, jedenfalls aber kaum etwas mit einem verantwortungsvollen bürgerlichen Leben zu tun haben. Wilhelm sehnt sich nach dieser Bühnenwelt; erst nach längerer, zunehmend auch enttäuschender Erfahrung darin ist er bereit, sein Heil in einem »tätigen Leben« im Kreise aufgeklärter Bürger zu suchen. – Die vierte Liebesbedingung ist, Freud zufolge, die Tendenz, die Geliebte zu retten, verbunden mit der Gewißheit, daß die Geliebte ohne den Halt des betreffenden Mannes, ohne seine Fürsorge und Belehrung, gar nicht oder nur bedauernswert schlecht im Leben zurechtkäme. Davor muß er sie retten, indem er sie nicht verläßt. – Wir hatten gesehen, welche Rolle die Rettungsphantasie gegenüber Mignon spielte, die Wilhelm aus den Händen des Barbaren rettete, um sie anschließend doch auch gründlich zu vernachlässigen! Dieser Phantasie kommt es auf den einmaligen oder auch auf den sich wiederholenden »Rettungsakt« an, nicht auf gemeinsame Entwicklung und Befreiung. Sie ist darum mit realer Vernachlässigung gut vereinbar, kann diese sogar brauchen, um die Rettungsbedürftigkeit der Geliebten um so deutlicher hervortreten zu lassen und Anlässe für die häufige Erneuerung von Rettungsakt und Treueversprechen (»Mein Kind! Du bist ja mein! Ich werde dich behalten, dich nicht verlassen!«) zu schaffen.

IV

Wie gegenüber Mignon gewinnt gegenüber der schönen Mariane, der Jugendliebe und wichtigsten Frau in Wilhelms Roman, die Rettungsphantasie große Bedeutung. Auch an den anderen »Liebesbedingungen« fehlt es nicht; Wilhelm kann zu Beginn seiner Entwicklung auf keine von ihnen verzichten. In seiner Beziehung zu Mariane kehren einige Züge der Beziehung zu Mignon wieder; Goethe betont vor allem Wilhelms Befangenheit in seinen eigenen Phantasien. Welches Bild hat er von Mariane? Ein »nebelhaftes« jedenfalls. Wilhelm bekommt von ihr nichts anderes zurück als was er in sie projiziert: »Alles was in den innersten Winkeln seiner Seele bisher geschlummert hatte, wurde rege. Er bildete aus den vielerlei Ideen mit Farben der Liebe ein Gemälde auf Nebelgrund, dessen Gestalten freilich sehr ineinanderflossen, dafür aber auch das Ganze eine desto reizendere Wirkung tat«. Auf den »Flügeln der Einbildungskraft« hatte sich Wilhelms »Begierde« zu dem Mädchen erhoben, und eben dort – in seiner Phantasie – spielt sich zu Beginn ihre gesamte Beziehung ab. Wilhelm ist der Mann, der »die Unkosten des Gesprächs alleine trägt und mit der Unterhaltung wohl zufrieden ist, wenn der unsichtbare Gegenpart auch nur die letzten Silben der ausgerufenen Worte wiederholt«. Er liebt Mariane sehr, nimmt sie aber gleichzeitig kaum wahr. Es scheint ihn nicht zu verdrießen, daß sie während seiner feurigen Erzählung oft einschläft, solange sie nur beim Erwachen durch Liebkosungen ihre Verlegenheit überspielt. Die Tatsache, daß sie etwas vor ihm zu verschweigen hat (das heißt auch: ihm etwas zu sagen hätte), übersieht er ganz. Mehr noch: ihre Sprachlosigkeit kommt seinem Gefühl zu Hilfe, denn »die Furcht, ihr Geliebter möchte ihre übrigen Verhältnisse vor der Zeit entdecken, verbreitete über sie einen liebenswürdigen Anschein von Sorge und Scham«. Das gefällt ihm. Vor ihrer Lebensgeschichte erfährt er nichts. Er fragt sie zwar flüchtig danach, bemerkt aber weder die Verlegenheit, in die er

Mariane damit setzt, noch ihren »traurigen Blick« und fährt ohne weiteres mit seinen eigenen Reden fort.

Mariane ist eine leidenschaftliche und kunstreiche Geliebte, und Wilhelm fühlt sich durch das Verhältnis »jung und neu in der Welt«. Die Enge seines gutbürgerlichen Elternhauses, in dem alles »solid und massiv« sein mußte, Gäste und Vergnügen aber rar ware, glaubt er nun mit Leichtigkeit hinter sich lassen zu können und hofft in seinem Schwung auch, »das geliebte Mädchen mit sich emporzuheben«. Mariane erlebt die Beziehung ganz anders. Sie reagiert depressiv auf ihre ungelösten Konflikte, fühlt sich »elend«, »öde« und »leer« und durch das sprachlose Verhältnis zu Wilhelm »äußerlich und innerlich um nichts gebessert«. Sie vernachlässigt ihre Stube, gelegentlich auch sich selbst. Wilhelm, der anfangs stutzte, wenn er aus seinem glücklichen Nebel auf die schmuddlige Unordnung ihrer Wohnung sieht, findet schließlich auch noch in dieser »verworrenen Wirtschaft« einen Reiz und hat das Gefühl, ihr innerlich näher zu kommen, wenn er auch diese Unordnung mit ihr teilt. Wirklich ungut findet er nur Marianes Freunde (die Eifersucht!), welche nichts als »Müßiggang« und Geld, »Kaffeehäuser« und »Weingärten« im Kopf zu haben scheinen. Aber irgendein größerer heimlicher Unmut muß sich bei ihm doch auch schon entwickelt haben, denn als er eines Nachts meint, einen anderen Mann aus Marianes Haus schleichen zu sehen, und von Dritten erfährt, Mariane habe einen Liebhaber, ist die ganze wunderbare Gemeinschaft für ihn mit einem Schlag zu Ende. Er verläßt Mariane sofort.

Jetzt leidet er sehr, weil er nicht fähig ist, mit ihr zu reden. Sonst könnte er erfahren, daß sie willensschwach, ihm aber doch auch sehr ergeben ist. Seine ödipale Phantasie hatte genügt, ihn zu entflammen und genügt nun – mit der Vision eines »anderen Mannes« – ihn zu verjagen. Daß sie seiner Liebe doch wert war, versteht er erst dreihundert Seiten später. Für Wilhelm beginnt nach dieser Enttäuschung eine Trauerzeit, in der er keine bunten Farben mehr trägt, eine Zeit des Rückzugs in die Theaterwelt, eine Zeit der Realitätsflucht, aber auch der Auseinandersetzung mit sich selbst. Das inzestuöse Verhältnis zu Mignon kommt zum Ausbruch und entsprechend schwankt die Beziehung zu Frauen in den kommenden Kapiteln zwischen schwärmerischer Verehrung, Mitleid und offenem Frauenhaß hin und her. Zunächst quält Wilhelm sich über Marianes vermeintliche Untreue und fühlt sich trostlos. Ein väterlicher Schauspieler-Kollege spricht für ihn aus, Mariane sei eine »liederliche Dirne«, die er vergeblich aus ihrer unguten Umgebung »zu retten« versucht habe. Dennoch vergißt er Mariane nie. Bei seinen Wanderungen trägt er ihr Halstuch, Mignon ihre Perlenkette. Noch sieht er sie in seiner Vorstellung als verlassene Mutter seines Kindes »ohne Hilfe herumirren«, aber Schritt für Schritt gelingt es ihm auch, von der Rettungsphantasie Abstand zu nehmen und Mariane anders und neu zu sehen.

Der Roman beschreibt, wie das Bild der unglücklichen Mariane langsam in das Bild der glücklichen Natalie übergeht. Im Folgenden will ich von dieser Entwicklung fünf Stadien der Auflösung der »Rettungsphantasie« beschreiben; mit ihr verändern sich auch die anderen der von Freud genannten »Liebesbedingungen«: die Bedingung des »geschädigten Dritten«, der »Anrüchigkeit« der Geliebten und die Absorption in Liebesangelegenheiten. Ich suche dazu die Passagen heraus, in denen Wilhelm, nach ihrer Trennung, an Mariane denkt und achte darauf, welche Erfahrungen er auf den vorhergehenden Seiten mit anderen Frauen gemacht hat. Diese Erfahrungen lassen sich mit Änderungen seines Nachdenkes über Mariane in Zusammenhang bringen.

V

Zuerst einmal verunglückt Wilhelm. Er wird mit seiner Theatertruppe im Wald von Räubern überfallen, liegt verwundet und macht nun die Erfahrung, daß er seinerseits von einer Frau gerettet wird. Die adlige und schöne Natalie reitet herbei, kümmert sich um Wilhelms medizinische Versorgung und schenkt ihm ihren Mantel. Hier wird die Rettung gegenseitig, denn es stellt sich heraus, daß der Überfall eigentlich Natalies Reichtümern gegolten hatte und Wilhelm nur zufällig traf. Wilhelm macht diese Erfahrung der Wechselseitigkeit zum ersten Mal; wenig später erkennt er selbstkritisch, daß er Mariane seinerzeit eigentlich nicht geholfen, sondern sie eher zu Boden gedrückt hat: »Ich war dazu bestimmt, das ganze Heil meines Lebens an eine Unglückliche festzuknüpfen, die ich durch die Schwere meiner Treue wie ein Rohr zu Boden zog, ja vielleicht sogar zerbrach«.

Doch vor Mitleiden übersieht er hier noch, daß die Frau nicht nur schwach und unglücklich ist. Er hat es sich an seinem Bedürfnis zu helfen genug sein lassen und dabei ihre wirkliche Verletztheit, ihren Haß und auch ihre Stärke nicht ernstgenommen. Nun wird er plötzlich gezwungen, sie anzusehen. Während er in schlichten Worten seiner düsteren Freundin Aurelie gerade versichert, was er für ein gutherziger, treuer und bescheidener Mensch sei, zückt diese blitzschnell einen scharfen Dolch, den sie immer bei sich trägt, und zieht Wilhelm einen Schnitt über seine ausgestreckte Hand. Wilhelm blutet! Und ist völlig überrascht. Er hat zwar zu Beginn des Romans von einer Frau ein kleines »Pudermesser« geschenkt bekommen; das war aber ein harmloses, nützliches und sogar zierliches Instrument. Nun zeigt sich das Messer von einer anderen Seite, nicht mehr als Souvenir, sondern auch als Waffe, und er behält wohl für den Rest seiner Geschichte zwei »Andenken« zurück: das zierliche Pudermesser – und eine Narbe auf der Hand.

Nachdenklicher geworden erinnert er sich nun an Mariane bei einer Probe zum Hamlet. Auf der Bühne, wo er sein Drama bearbeitet, muß er auch das »Ungeheuer im eigenen Busen« erfahren. Hamlet wird ja zum Mörder wider Willen. Wilhelm ahnt nun, daß er Mariane bald wiedersehen werde.

Den folgenden Schritt macht er leichter. Er verbringt eine Liebesnacht mit einer anonymen Geliebten. Er läßt sich nun einmal verführen, ohne zu wissen, von wem: er erkennt die Partnerin nicht und ist auch betrunken. Aber er findet nach einer langen Phase nur verstohlener Genüsse mit Mignon hier zum ersten Mal wieder sexuelle Lust mit einer Frau. Das tut ihm wohl; Mignon, sein Kleiner, scheint ihm nach dieser Nacht größer geworden und ernsthafter, und er hat schon am darauf folgenden Tage Gelegenheit, seine neu bestärkte Männlichkeit auch der Welt zu beweisen. Bei einem Hausbrand rettet er Felix, seinen Sohn. Da gelingt es ihm nun, sein Bedürfnis, jemanden zu schützen und zu retten, am richtigen Ort zu placieren: ein wirkliches Kind zu retten, und nicht eine Frau zum Kind zu machen, damit er sie retten kann. – Sogleich erscheint ihm Mariane zum Greifen nahe: Er glaubt, sie durch eine kurz geöffnete Tür gesehen zu haben. Ihre Gestalt nur, nicht ihr Gesicht – so wie er in der Liebesnacht nur den Körper der Frau gespürt, sie aber nicht erkannt hat. Aber er wird wieder enttäuscht.

Es war eine Verwechslung, es war nicht Mariane, die er gesehen hat. Wilhelm ist darüber so tief betrübt, als habe er sie zum zweiten Mal verloren.

Zurück also an die Seite der düsteren Aurelie! Bevor er sich nicht zu dieser klugen, aber leidenden und schwer enttäuschten Frau bekennt, kann er wohl nicht froh werden. Muß er nicht an ihrer Statt den Mann anklagen, der sie so unglücklich gemacht hat? Sie mindestens rächen, wenn er sie schon nicht mehr retten kann? Dazu macht er sich nun auf eine Reise. Abrechnen will er mit ihrem Verführer, denkt sich eine lange Rede aus, die den grausamen Mann beschämen soll. Diesen trifft er aber nicht an, sondern findet nun den Gegenstand seiner Angst und Wut in sich selbst: seinen eigenen Vater. Hier träumt er den schon beschriebenen Traum, in dem sein Vater Mariane entführt. Und Wilhelm kann den beiden nicht helfen! Der Traum vermittelt ihm die Erkenntnis, daß er immer noch der Braut seines Vaters nachjagte, und die, daß er so wie bisher nicht mehr retten und helfen kann, und bringt Wilhelm damit ein gutes Stück voran.

Mit diesem Traum löst er sich von der Bedingung des »geschädigten Dritten« so weit, daß ihm Dreieckskonstellationen mindestens bewußt werden; er denkt darüber nach und beschließt, sie nicht mehr zu wollen. Zugleich beginnen sich seine Fluchttendenzen zu mildern; die Faszination des Bühnenlebens läßt nach. Vorbildlich erscheint ihm auf einmal sein neuer Freund Lothario, der sich nach langen, abenteuerlichen Auslandsreisen mit seiner Heimat versöhnt hat: »Ich werde zurückkehren und in meinem Hause, in meinem Baumgarten, mitten unter den Meinigen sagen: Hier, oder nirgens ist Amerika!«.

Schließlich löst die Rettungsphantasie sich auf, als es Wilhelm gelingt, die unglückliche Mariane mit der glücklichen Natalie vor seinem inneren Auge zusammenzubringen. Ein bißchen überlistet er sich allerdings selbst dabei; er nähert nämlich Mariane und Natalie einander an, indem er sich vorstellt, daß auch Natalie, die schöne Amazone, wahrscheinlich ein bedauernswertes, trauriges Leben führe: »Ach! rief er aus, arme Mariane! was werde ich noch von dir erfahren müssen? Und dich, herrliche Amazone, edler Schutzgeist, dem ich so viel schuldig bin, dem ich überall zu begegnen hoffe und den ich leider nirgends finde, unter welchen traurigen Umständen treff ich dich vielleicht, wenn du mir dereinst wieder begegnest!« Noch immer ist Wilhelms Zärtlichkeit mit

Rührung, Mitleiden und dem Wunsch helfen zu wollen, verbunden. Aber vielleicht ist das nicht nur verkehrt? Wirkliches Helfen- und Mitleiden-Können wäre das Gegenteil einer »Rettungsphantasie«, und Hilfe und Mitleiden wird auch die Amazone manchmal brauchen. So tüchtig sie sein mag – ihre Stilisierung zu einer Lichtgestalt ohne eigene Probleme kann auf die Dauer für jede »Amazone« nur anstrengend sein. Es ist darum doch nicht nur listig, sondern ein Zeichen seines wachsenden Verständnisses für Frauen, wenn Wilhelm die Unglückliche und die Glückliche so nahe beieinander sieht.

Zwei Seiten später erfährt er, daß Mariane gestorben ist. Seine Schmerzen über diese Nachricht sind lebhaft, aber nicht mehr unerträglich heftig. Er versöhnt sich mit ihr in Gedanken, weil er ihre Handlungsweise im Rückblick besser versteht, und ist nun bereit, sich neuen Erfahrungen zu überlassen. Er lernt Natalie besser kennen und muß nun auch sein Traumbild der »Amazone« dem der wirklichen Natalie annähern: »Jenes (Bild) hatte er sich gleichsam geschaffen; dieses schien nun fast *ihn* umschaffen zu wollen«. Das klingt noch ein bißchen ängstlich – wer läßt sich schon gerne »umschaffen«? – aber Wilhelm scheint doch bereit, etwas Neues zu wagen.

VI

Wilhelm ist gelassener geworden, aufmerksamer für das, was um ihn herum vorgeht und hat aufgehört, zu schwadronieren. Politische Aufgaben ziehen ihn an; er will die Verantwortung für die Erziehung seines Sohnes übernehmen (wenngleich dieser keine besondere Lust zeigt, sich erziehen zu lassen!). Wie paßt es aber zu solchen schönen Fortschritten, daß er nun doch noch um die Hand der perfekten Haushälterin Therese anhält, einer ganz geheimnislosen Dame, und vor allem: einer hunderprozentigen Mutterfigur, in die er nicht einmal verliebt ist? Er scheint mit diesem Antrag eine Feststellung Freuds vorwegzunehmen: »Wer im Liebesleben wirklich frei und damit auch glücklich werden soll, (muß) den Respekt vor dem Weibe überwunden (und) sich mit der Vorstellung des Inzests mit Mutter und Schwester befreundet haben«.[4] Mit dieser

Vorstellung befreundet sich Wilhelm im Gedanken an eine Heirat mit »Mutter Therese«. Ihre Verlobung wird denn auch bald wieder gelöst. Dem Glück mit Natalien steht nun nichts mehr im Wege.

Oder doch? Warum erklärt sich Wilhelm der Geliebten denn nicht? Wir sind schon auf den letzten Seiten, und noch hat das Paar keinen Kuß getauscht. Natalie, die edle, macht es dem Mann auch nicht nur leicht; sie hat ein paar sozialarbeiterische Eigenschaften. Wer möchte denn schon dauernd veredelt werden, sie gar heiraten, solange nicht einmal klar ist, wie ihre Küsse schmecken? »Ich erinnere mich von Jugend an kaum eines lebhafteren Eindrucks, als daß ich überall die Bedürfnisse der Menschen sah und ein unüberwindliches Verlangen empfand, sie auszugleichen« sagt Natalie über ihr eigenes hilfreiches Wesen, und ein Spötter fügt hinzu, sie werde wohl auch nicht eher heiraten »als bis irgendwo eine Braut fehlt«. – Wilhelm zaudert, schweigt, wird krank und ist versucht, zu fliehen. Doch nun hilft ihm der gesamte Freundeskreis durch gutes Zureden und ironische Ermunterung auf die Sprünge: »Du kommst mir vor wie Saul, der Sohn Kis, der ausging, seines Vaters Eselinnen zu suchen, und ein Königreich fand!«. Schließlich ergreift Natalie ihrerseits die Initiative zur Verlobung und wird dabei tatkräftig unterstützt von ihrem geliebten, bewunderten Bruder Lothario, der zugleich Wilhelms bester Freund geworden ist. Wilhelm, Natalie, Lothario – in diesem neuen, hoffnungsvollen Dreieck endet der Roman.

In den folgenden Abschnitten will ich Wilhelms Bildungsgang, den ich bisher aus seiner, des sich bildenden Mannes, Perspektive geschildert habe, im gesellschaftlichen und politischen Kontext seiner Zeit betrachten und dabei vor allem den Bedeutungswandel beschreiben, den das Inzest-Thema von der Romantik bis zur spätbürgerlichen Auffassung Freuds erlebt.

VII

Das romantische Interesse an inzestuösen Beziehungen knüpft, soziologisch betrachtet, an die Entwicklung der Liebesheirat an. Noch im 18. Jahrhundert verstand man die Familie als den Wechsel der Generationen überdauernde Einheit, so daß Eheschließungen nicht als Neugründung einer Familie freigegeben, sondern als Reproduktion einer schon bestehenden Familie von dieser kontrolliert waren. Mit der zunehmenden Trennung von Produktionsbereich und Familienleben lösten sich die sozialstrukturellen Gründe für eine solche Kontrolle auf. Die aus Standes- und Vermögensrücksichten arrangierten Ehen konnten einer freien Partnerwahl weichen, und die Liebe wurde nun zu deren einzig legitimen Grund (vgl. Luhmann 1982). Liebe verwandelt das neue Risiko und die Unsicherheit der Partnerwahl in subjektive Gewißheit; sie ersetzt dem Einzelnen andere Möglichkeiten der Voraussicht um so besser, je leidenschaftlicher sie gefühlt wird. Nur wahrhaft Liebende können es wagen, eine neue Familie zu gründen, deren Stabilität sie nirgendwo anders mehr als in der ehelichen Beziehung selbst verbürgt finden.

Wenn die Epoche, in der sich dieser Übergang vollzieht, ein besonderes Interesse für inzestuöse Bindungen an den Tag legt, hat das wohl eine doppelte Bedeutung. Freie Partnerwahl und die Erwartung von Liebesglück hatten bislang in Liebesgeschichten außerhalb der Ehe ihren Platz und waren damit von der Wahl eines Ehepartners und den Erwartungen an die Ehe deutlich unterschieden. Der neuen bürgerlichen Eheauffassung zufolge kann jedoch eine freie Wahl des Partners das Liebesglück in die Ehe hineintragen. Wenn diese Auffassung sich durchsetzen soll, muß man damit aber auch erklären können, warum viele Liebesheiraten unglückliche Ehen ergeben. Am äußeren Zwang eines Arrangements kann es nun nicht mehr liegen; die Ursachen des Scheiterns müssen darum in den Liebenden selbst gesucht werden.

Das Inzestdrama zeigt Menschen, die mit ihrer Liebe scheitern, weil sie die Bindung an Eltern und Geschwister nicht überwinden – sie verlieben sich, typischerweise ohne daß ihnen die Verwandtschaft bewußt wäre, in Mutter, Schwester oder Tochter, in Vater, Bruder, Sohn. Damit kann sich der Gedanke, daß freie Heirat glücklich macht, auch auf die Unglücklichen ausdehnen: sie haben eben nur gemeint, frei zu wählen. In einer Wirklichkeit aber, die ihnen verborgen war, haben sie ihre Herkunftsfamilie nicht verlassen. So müssen sie scheitern.

Das enthält die Mahnung, hinter den eigenen Entscheidungen auch ein Unbewußtes zu entdecken, und gleichzeitig einen Trost. Hegel war sicher nicht allein mit dem Gefühl, daß in dem neuen Modus der Partnerwahl auch ein »Element von durchdringender Frostigkeit« zu spüren sei (Rechtsphilosophie § 162), weil die Leidenschaften, die nun jedermann fühlen muß, um einen Partner wählen zu können, doch auch so zufällig erscheinen. Das Inzest-Drama berichtet davon, daß die Leidenschaften ganz so zufällig doch nicht sind, sondern ihre Wurzeln in der Lebensgeschichte jedes einzelnen haben, und kann damit über die Kälte hinwegtrösten, die das freie Subjekt umgibt. Wenn die Bindungen an die Herkunftsfamilie äußerlich keine Rolle mehr spielen, so finden sie sich doch in der eigenen Brust. Dieser Gedanke entkleidet die Liebe des Erwachsenen ihrer Willkür und weist das isolierte Gattenpaar auf seine bleibende – nun psychologisch definierte – Verbundenheit mit Eltern und Geschwistern hin.

In der bürgerlichen Familie, die zu einem Ort von Empfindungen, Gefühlen, Liebe, und zur Entwicklungsstätte der Sexualität geworden ist, nimmt so der Inzest einen zentralen Platz ein (vgl. auch Foucault 1977). Die inzestuöse Bindung wird ebensosehr gewünscht wie gefürchtet – wer seine Verwandten nicht liebt, kann dem neuen Ideal eines gefühlvollen Familienlebens nicht entsprechen, wer seine Wünsche nicht von ihnen abzieht, gründet keine eigene Familie oder wird darin unglücklich. In der Dramatisierung des Inzest wird dieser Zusammenhang hergestellt, bevor sich die moderne Psychologie seiner weiteren Formulierung annimmt.

VIII

Mit der Darstellung der Geschwisterliebe nimmt das Inzestdrama auch ein Thema der französischen Revolution auf; es zeigt die »Brüderlichkeit« als eine Idee, die nicht von dieser Welt sein kann und scheitern muß, wenn sie mehr als regulative Idee sein will. Wie im Selbstverständnis der Revolution führt im Inzestdrama die Stimme des Herzens Menschen zusammen, die als Geschwister geboren sind, und wie die Verbindung der revolutionären Brüder sieht sich auch der geschwisterliche Inzest einem Willen der Natur folgen. »Fragt die Natur und euer Herz...« sagt der Harfner im »Wilhelm Meister«, der mit seiner Schwester ein Kind gezeugt hat. »Seht die Lilien an: entspringt nicht Gatte und Gattin auf *einem* Stengel? Verbindet beide nicht die Blume, die beide gebar, und ist die Lilie nicht das Bild der Unschuld und ist ihre geschwisterliche Vereinigung nicht fruchtbar?«[5] Die Geschwisterliebe steht hier für eine besondere Reinheit, Unschuld und Natürlichkeit der Gefühle und muß gerade deshalb untergehen. Das natürliche Gefühl kann sich zur Gesellschaft nicht vermitteln – inzestuöse Strebungen sind immer vom Unglück bedroht, und wenn sie sich realisieren, sind die Partner dem Wahnsinn oder dem Tode nahe. In der Geschichte des Harfners unterliegt eine zarte Natur dem gewaltsamen Druck äußerer Verhältnisse; Religion, Moral und bürgerliche Gesetze, pfäffische Intrigen und elterliche Macht zerstören das Glück der Liebenden. Im tragischen Ausgang der Inzestdramen artikuliert sich auch die Klage über das Scheitern der revolutionären Geschwisterlichkeit: Das Natürliche unterliegt; eine Zukunft aus dem Geist der Liebe ist nicht möglich.

Die »Natur«, die im Inzestdrama an ihrem Gegensatz zur Gesellschaft zerbrechen muß, ist schon eine familial geprägte und beherrschte: Die Liebenden finden den Ausweg aus familialen Bindungen und Abhängigkeiten nicht. – Die Revolutionäre kannten auch einen weiteren Naturbegriff, den sie nicht in Opposition zu Gesellschaft schlechthin stellten, sondern als Ausgangspunkt ihrer Veränderung ansahen: die Menschen sind gleich geboren und von der Natur mit dem Bedürfnis nach Freiheit und der Möglichkeit autonomen Vernunftgebrauchs begabt. In der Utopie der Französischen Revolution konstituiert sich ihr gemeinsames Interesse in einem geschwisterlichen Verhältnis: in einer vertraglich geordneten Gesellschaft könnten die Individuen sich als Freie und Gleiche aufeinander beziehen und durch ein gemeinsames Interesse am Glück jedes anderen verbunden sein, Vertragspartner und »Brüder« zugleich.[6] Die Natur dieser Brüderlichkeit wäre beides, gefühlvoll und vernünftig, ohne vom Selbsterhaltungsbedürfnis der Familie beherrscht zu sein.

Im »Wilhelm Meister« wird Natalie, Wilhelms künftige Frau, als eine harmonische Persönlichkeit beschrieben, der das Glück der anderen erstes, natürliches Bedürfnis ist. »Wie schön, daß sie die Liebe als einen Affekt, als etwas Ausschließendes und besonderes gar nicht kennt, weil die Liebe ihre Natur, ihr permanenter Charakter ist« schreibt Schiller.[7] Natalie repräsentiert diejenige Art der Liebe, die zu weit ist, um sich im Wunsch nach Eheglück und Familie von der übrigen Welt abwenden zu können. In der Fortsetzung zu den »Lehrjahren«, in den »Wanderjahren«, ist sie wohl Wilhelms Frau, lebt aber nicht mit ihm zusammen. Im Rahmen einer nach dem Muster der Familie geordneten, durch Ausschließung, Über- und Unterordnung geprägten Gesellschaft kann sich ihre potentiell revolutionäre Natur nur in partikularen Formen, in Wohltätigkeit gegen die Armen, ausdrücken. Das schränkt aber Natalies Beweglichkeit nicht ein, und sie verliert auch nicht aus den Augen, daß ihre »Geschwisterliebe« sich zu einer neuen Gesellschaft erweitern soll: am Ende der Wanderjahre hat sie sich mit ihrem Bruder, den sie »nicht von sich lassen wollte«, nach Übersee eingeschifft. Wie die inzestuöse Liebe im Geschwisterdrama ist also auch ihre Liebe nicht in dieser Welt realisierbar, aber sie zerbricht daran nicht, sondern macht sich auf in eine neue.

Natalies Natur würde, da sie nicht auf Ausschließung angelegt ist, auch ein Eheleben in Freiheit und Gleichheit nicht ausschließen. Die Initiative zur Verlobung ging von ihr aus. Wilhelm, der Mann, liebt sie zwar wieder, bleibt aber in seinem Gefühlsleben auf die Ausschließlichkeit und auf Leidenschaften, die sich nicht erfüllen können, orientiert. Er liebt Natalie, aber vor allem will er Familienleben: einen Sohn, mit dem er später auf Reisen geht, einen nützlichen Beruf (er wird Arzt) und eine Frau, mit der er nicht viele Gemeinsamkeiten entwickelt. Als er älter wird, konzentriert er sein Liebesleben darauf, mit dem erwachsen gewordenen Sohn um dessen Geliebte zu rivalisieren. – Der Roman schildert Wilhelm als einen Mann, der väterliche Herrschaft nie wirklich in Frage stellt. In der Jugend wünschte er sich den aufgeklärten, milden Vater, der auf seine Macht freiwillig verzichtet. Die Geschichte vom »kranken Königssohn« geht ja deshalb gut aus, weil der König seine Verlobte dem Sohn überläßt, sobald er dessen Wunsch erkennt. In seiner eigenen Geschichte verliert Wilhelm jedesmal, wenn er gegen einen Konkurrenten antritt, ohne aber das Muster des »geschädigten

Dritten« je wirklich verlassen zu können. Auf die Geliebte des Sohnes beschließt er endlich zu verzichten und bekräftigt dadurch, daß er selbst den Verzicht beschließt, noch einmal den grundsätzlichen Verfügungsanspruch des Vaters. Er richtet sich, wie immer, gegen ihn; noch als Vater, der entsagt, bestätigt er sich wieder als den Sohn, der ewig unterliegt. – Wilhelm geht am Inzestverbot nicht zugrunde, weil er lernt, zu »entsagen«. Das ist eine Botschaft des »Bildungsromans«, der die romantischen Schmerzen über die Zerstörung der ersten Liebe und reinen Natur überwindet, aber davon die Vorstellung behält, daß die Natur der Liebe mit den Anforderungen der Gesellschaft nicht vermittelt werden könne; er setzt individuelle Bildung und »Entsagung« an die Stelle einer geschwisterlichen Transformation der Gesellschaft.

IX

Der romantische Gedanke, daß das Inzestverbot einen Bruch mit der ursprünglichen Natur des Menschen erzwinge, hält sich bis in Freuds Psychologie des Liebeslebens hinein. Die Trauer darüber, daß gesellschaftliches Leben nicht in Eintracht mit der Natur möglich sei, ist einem sachlich-kühlen Ton der Feststellung gewichen. – Freud zufolge ist die inzestuöse Liebeswahl die »erste und regelmäßige«, aber »infolge des zweimaligen Ansatzes zur Objektwahl mit Dazwischenkunft der Inzestschranke (ist) das endgültige Objekt des Sexualtriebes nie mehr das ursprüngliche, sondern nur ein Surrogat dafür«.[8] Die späteren Objekte sind oft ungenügend, auf alle Fälle aber nur »Ersatz« für das erste, unwiederbringlich verlorene; deshalb kann es eine vollständige sexuelle Befriedigung schwerlich geben. Diese wäre auch mit den Ansprüchen des kulturellen Fortschritts ganz unvereinbar: »Denn welches Motiv hätten die Menschen, sexuelle Triebkräfte anderen Verwendungen zuzuführen, wenn sich aus denselben... volle Lustbefriedigung ergeben hätte? Sie kämen von dieser Lust nicht wieder los und brächten keinen weiteren Fortschritt zustande«.[9] – Die Auffassung, daß die »Natur« auf seiten inzestuöser Wünsche zu suchen sei, bleibt erhalten; gegenüber dem Freud'schen Argument, jeder Fortschritt der Kultur verdanke sich der Natur-Beherrschung, erscheint aber die romantische Klage über einen Bruch mit der Natur jetzt als melancholisch und unproduktiv. – Die »Brüderlichkeit« hat bei Freud die Seiten gewechselt. Er sieht sie nicht mehr als ein Drittes, als Geschwisterlichkeit, die zwischen Natur und Gesellschaft vermitteln könnte, sondern betrachtet sie als ausschließlich männlich und setzt sie an den Ursprung einer Kultur, welche die Natur besiegt. Was Freud über die Brüderlichkeit der Vorzeit zu sagen hatte, klingt wie ein sarkastischer Kommentar zu den revolutionären Ereignissen und zur Entwicklung der Geschlechterbeziehung im 19. Jahrhundert: Eine »Brüderhorde« mußte ihren Vater-Herrscher-König töten, um dann in geregelter Weise die verfügbaren Frauen unter sich aufteilen zu können.[10] Frauen wie Natalie, die in Freiheit entscheiden, wie sie lieben und leben wollen, und ein geschwisterlich-gleiches Verhältnis zwischen den Geschlechtern werden in dieser Theorie nicht mehr beschrieben. Die Frau ist nun ganz durch ihre Beziehung der Unterordnung zum Mann definiert. Aus der Perspektive der Freud'schen Theorie wäre Natalie nicht mehr die »schöne Seele«, die noch Schiller so gut gefiel; man könnte eine beachtliche Fixierung an den Bruder bei ihr erkennen und, falls sie ein Leiden zeigte, dieses auf ihren Mangel an Befriedigung durch Ehe und Mutterschaft zurückführen.

Trotz der sympathischen Weichheit, Empfindsamkeit und Ziellosigkeit, mit der Wilhelm von einem Bildungserlebnis zum nächsten mehr stolpert als voranschreitet, folgt er doch in seiner Beziehung zu Frauen schon dem Muster des patriarchalisch gesonnenen jungen Mannes aus dem 19. Jahrhundert wie ihn Freud vor Augen hatte. Seine Bildung vollzieht sich nicht mit den Frauen sondern eher »an ihnen« und über sie hinweg. Zu Recht hat die Interpretation wiederholt darauf hingewiesen, daß die Frauengestalten des Romans »Teile seiner selbst« seien, »gestaltgewordene, zu- und abnehmende Tendenzen seiner Innenwelt«;[11] sie leben als Wilhelms Projektionen, nicht aus sich selbst. Die Erfordernisse seiner, nicht ihrer, Bildung bringen es mit sich, daß er Mariane verläßt, als sie von ihm ein Kind erwartet, – sie stirbt vor Kummer; daß er sich von Philine gerne lieben läßt und sie dabei verachtet; daß er sein Pflegekind Mignon in eine für sie ausweglose erotische Beziehung verwickelt, an der sie schließlich stirbt (es erscheint als

Zeichen seiner zunehmenden Reife, daß er bei ihrem Tod nicht einmal mehr traurig sondern nur noch ungeduldig-verdüstert reagiert). »Die Gräfin« verliert anläßlich eines Abenteuers mit Wilhelm den Verstand, Therese stilisiert er von vornherein zur Mutter, und Natalie geht er, sobald die beiden ein Paar geworden sind, mit Nachdruck aus dem Weg.

Diese Schilderungen wurden und werden durchaus nicht als Kritik an Wilhelms Bildungsprozeß gelesen und nicht die Frauen werden bedauert sondern Wilhelm selbst – er muß zum Beispiel »die Tragik des seiner Bestimmung folgenden Mannes, der bei aller Liebe mitverursacht, daß ein Kind an der Liebe zu ihm stirbt« erfahren.[12] Der Interpret geht in seiner Rechtfertigung Wilhelms weiter als der Roman, denn Wilhelm wird dort keineswegs als tragischer Held beschrieben, und wenn in seiner Beziehung zu Mignon eine Tragik angedeutet ist, liegt sie in ihrem Leben, nicht in seinem. Goethe hat Mignon einige Züge der Antigone verliehen, die Hegel und seine Zeit als »absolutes Exempel« des Tragischen verstanden. Wie Antigone, die Tochter des Oedipus, begleitet Mignon ihren halbverrückten, schuldbeladenen Vater, den Harfner, durch fremde Länder zu seiner letzten Zuflucht; wie diese betritt sie die Bühne nur, um zu sterben; auch Mignon ist ohne eigene Schuld (die Reinheit der Lilien...), und auch sie könnte Antigones berühmtes Wort aussprechen: »Mitlieben, nicht mithassen ist mein Teil«. Sie wandelt es ab, wenn sie zu Wilhelm sagt, sie sei gebildet genug, um »zu lieben und zu trauern«. Antigone war in Deutschland um 1800 wegen ihrer grenzenlosen, für sie selbst tödlichen Loyalität und Liebe zu ihrer Familie zur Verkörperung des »Moralgesetzes« schlechthin geworden und wurde nicht nur von Hegel und Hölderlin zeitweise schwärmerisch verehrt.[13] – Indem er Antigone-Mignon als Jugendtraum des Mannes darstellt, sie also psychologisiert, distanziert Goethe sich von dieser Verklärung. Gleichzeitig analysiert er die »Familiendynamik«, die dazu führt, daß ein Mädchen sich opfern muß oder geopfert wird. Über den größten Teil des Romans besteht Wilhelms Familie aus Mariane, von der er durch Mißverständnis getrennt ist, aus ihrem gemeinsamen Sohn Felix, zu dem Wilhelm keine Beziehung hat, und aus Mignon, der Tochter, die Wilhelm adoptiert. Wilhelm fühlt sich auf der Suche nach Mariane, doch hält ihn eine »Neigung, ... die er sich selbst nicht zugestand« übermächtig fest: »Mignons Gestalt und Wesen (war ihm) immer reizender geworden«.[14] Seine Beziehung zu Mignon währt solange, wie er mit Mariane unglücklich ist. Es scheint Mignons Aufgabe zu sein, die auseinanderbrechende Familie zusammenzuhalten oder Wilhelm zu Heim und Familie zurückzuführen; das Kind, das eine Familie, die es schützen könnte, früh verloren hat, muß nun selbst als »Schutzengel«[15] fungieren. So wird sie als Feindin des Theaterlebens dargestellt: sie weigert sich ihrerseits aufzutreten, bittet Wilhelm: »Bleib auch du von den Brettern«[16] und versucht, ihn von der Unterzeichnung eines Theatervertrags abzuhalten. Vor Wilhelm erkennt sie, daß der Knabe Felix sein Sohn ist und führt die beiden zusammen. Schließlich greift sie ein, als der wahnsinnige Vater, der Harfner, Felix umbringen will, und ermöglicht es so, daß Wilhelm sich als wahrer Vater zeigen und den Sohn erretten kann. – Als Wilhelms Unglück mit Mariane zu Ende geht und er Natalie findet, erlischt auch seine Neigung zu Mignon: sie hat nun ihre Funktion für ihn verloren. Ihre Liebe zu Wilhelm sowie die Spuren früher Mißhandlung und Vernachlässigung und einer sie überfordernden Beziehung werden nun als »Herzleiden« diagnostiziert, an dem sie schließlich stirbt. Nun sind Vater und Sohn glücklich vereint, Mutter und Tochter aber haben ihr Leben verloren.

Das Schicksal der Frauen in diese Familie wird in dem Roman genau genug dargestellt, um das Bedürfnis nach Idealisierungen zu wecken, von denen keine der vorliegenden Mignon-Interpretationen frei ist. Mignons »stellvertretendes Leiden« (Staiger), das aus Liebe zum Vater sterbende Mädchen, fasziniert und rührt. Die Frage, ob Wilhelm sich Mignon gegenüber ausbeutend verhalte, wird durchweg verneint: Wilhelm treffe keine »männliche Schuld« (Kaschnitz), seine Neigung zu Mignon sei fürsorglich-väterlicher Natur. Dagegen empfinde das Kind eine »hocherotische Leidenschaft« (Schottlaender) für Wilhelm. Diese einhellige Auffassung der Interpreten entspricht auch der (vereinfachten) Auffassung der psychoanalytischen Theorie: Das Kind will es so.

Kinder wünschen sich inzestuöse Beziehungen mit ihren Eltern – damit hat das Inzest-Thema seine gesellschaftlich-politischen Konnotationen gegenüber der Romantik nachhaltig verändert. Im romantischen Inzestdrama wurden die Geschwister als Erwachsene, damit auch als politisch handlungsfähige Subjekte, dargestellt, die sich mit ihrer Liebe gegen die Ordnung der Gesellschaft auflehnen. Mit der Verlagerung des Inzestwunsches in das Kind werden diese Unangepaßtheit, die Auflehnung, der Widerspruch der »Natur« gegen die Gesellschaft zu ihrer Bearbeitung von der politischen Bühne fort an die Erziehung verwiesen. Der Widerspruch verwandelt sich von einem politischen in ein pädagogisch-psychologisches Problem, und die Erwartung lautet, daß er sich auf dem individuellen Weg zur Erwachsenheit verlieren werde. – Mit der »Infantilisierung« des Inzestwunsches verschwinden die politischen Konnotationen, die das Inzestdrama der Geschwister hatte; zugleich bestätigt sie noch einmal den Naturbegriff, wie er durch die Familie definiert wurde: die Natur will eine ausschließende Liebe zu den nächsten Verwandten. Während Revolution und Romantik die Konflikte, die darin enthalten sind, noch als solche der Gesellschaftsordnung ansahen, die nur in einer veränderten Gesellschaft gelöst werden könnten, wird diese Aufgabe jetzt an ihren Entstehungsort zurückverlegt. Der Familie wird jetzt zugetraut, den Konflikt, den sie erzeugt, auch in ihren eigenen Grenzen zu bearbeiten; an der Wandlung des Inzest-Themas zeigt sich der Erfolg des 19. Jahrhunderts in der Befestigung und Autonomisierung der modernen Familie.

Anmerkungen

1 Mignon ist die problematischste Gestalt des Romans. Einen »Mignon« (Kleinen, Süßen) nannte man zu Goethes Zeit die Lustknaben vornehmer Herren. In der Urfassung des »Wilhelm Meister« ist Mignon ein Knabe; in der Endfassung hat sich das männliche Pronomen in den Exequien, im Chor der Knaben erhalten (vgl. Wolff 1909). Mignon ist also auch ein Symbol homosexueller Tendenzen Wilhelms.

2 Zahlreiche Deutungen haben sich darum bemüht, krankhafte Ursachen von Mignons »Anfall« zu identifizieren (z.B. Cohen 1920). Wolff (1909) bezeichnet sie als »epileptisch«, Sarasin (1929) vermutet, sie leide an Tuberkulose und Hirnhautenzündung. Dagegen zeigt Eissler (1983) in eingehender Analyse, daß Goethe hier die »Beschreibung eines Mädchens (gibt), das einen Orgasmus hat, realistisch bis ins kleinste Detail« (1983, S. 876f.) Er schreibt, daß er diese Details aus Patientenberichten kenne. – Ganz unplausibel ist die Auffassung der Interpreten, Wilhelm sei an Mignons Erlebnis nicht aktiv beteiligt, überhaupt seinerseits an ihr nicht sexuell interessiert. Auch Eissler bezeichnet Wilhelms Haltung zu Mignon als fürsorglich – »väterlich« (1983, S. 875). Der Roman dagegen schildert Wilhelm als den Handelnden in dieser Szene: »Wilhelms Herz konnte nicht empfänglicher sein. Sie stand vor ihm... ‹Liebes Geschöpf›, sagte er, indem er ihre Hände nahm... (sie) kniete vor ihm nieder... war ganz still. Er spielte mit ihren Haaren und war freundlich. Sie blieb lange ruhig. Endlich fühlte er an ihr ein Zucken, das ganz sachte anfing... Er hob sie auf, und sie fiel auf seinen Schoß; er drückte sie an sich und küßte sie... Sie hing nur in seinen Armen. Er schloß sie an sein Herz... Er hielt sie fest...« (S. 143). Wilhelm führt Mignon in dieser Szene, nicht umgekehrt, und erlebt mit, was sie erlebt. Er hat kurz zuvor ein Gelübde getan, »sich vor der zusammenschlagenden Falle einer weiblichen Umarmung zu hüten« (S. 124); nun heißt es, im gleichen Bild, Mignon »warf sich ihm wie ein Ressort, das zuschlägt, um den Hals« (S. 143). Der Roman nennt Wilhelms Handeln nicht einmal »Verwirrung«, das bedeutete: mangelnde Zurechnungsfähigkeit, sondern »Verirrung« (ebd.). – Die regelmäßige Fehldeutung, Wilhelm habe von seiner Seite aus kein sexuelles Interesse an dem Kind, Mignon aber eines an ihm, bedarf selbst der Interpretation, s.u. Abschnitt (9).

3 Eisslers Ansicht, daß Wilhelm Mignon »in ihrer Totalität ohne Einschränkung und Kompromiß anerkennt«, kann ich nicht teilen (1983, S. 873). Er fühlt sich sicher bei ihr; das ist aber nicht dasselbe wie Anerkennung.

4 Freud 1910.

5 Wilhelm Meisters Lehrjahre (a.a.O.), S. 584.

6 Vgl. Harten 1986.

7 An Goethe 3. 7. 1796.

8 Freud 1912, S. 27.

9 Ebd., S. 82f.

10 Freud 1913.

11 Ammerlahn 1968.

12 Schottlander 1979.
13 Vgl. Kerenyi 1966.
14 Lehrjahre, S. 109f.
15 Kaschnitz 1962
16 Lehrjahre, S. 172

Literatur

Hellmut Ammerlahn, Wilhelm Meisters Mignon – ein offenbares Rätsel. In: Deutsche Vierteljahresschrift für Literaturwissenschaft und Geistesgeschichte *42*, 1968, S. 89–116.

Gustav Cohen, Mignon. In: Jahrbuch der Goethe-Gesellschaft VII, 1920, S. 132–153.

K.R.. Eissler, Goethe. Eine psychoanalytische Studie. Basel/Frankfurt/M. 1983.

Dorothea Flashar, Bedeutung, Entwicklung und literarische Nachwirkung von Goethes Mignongestalt. Berlin 1929.

Michel Foucault, Sexualität und Wahrheit. Bd. 1: Der Wille zum Wissen. Frankfurt/M. 1977.

Sigmund Freud, Über einen besonderen Typus der Objektwahl beim Manne (1910) und: Über die allgemeinste Erniedrigung des Liebeslebens (1912). In: Beiträge zur Psychologie des Liebeslebens und andere Schriften. Frankfurt/M. 1981.

Sigmund Freud, Totem und Tabu. Einige Übereinstimmungen im Seelenleben der Wilden und der Neurotiker (1913). Frankfurt/M. 1984.

Hans-Christian Harten, »Rationalisierung« und Erziehung in der Französischen Revolution. Unveröff. Ms., Paris 1986.

Marie-Luise Kaschnitz, Zwei Frauengestalten. In: Merkur *16*, 1962, S. 523–536.

Karl Kerenyi, Antigone. In: Antigone – vollständige Dramentexte. München/Wien 1966, S. 7–38.

Niklas Luhmann, Liebe als Passion. Zur Codierung von Intimität. Frankfurt/M. 1982.

Philip Sarasin, Goethes Mignon. In: Imago *15*, 1929, S. 389–418.

Rudolf Schottlaender, Das Kindesleid der Mignon und ihre Verwandtschaft mit Gretchen und Klärchen. In: Jahrbuch des freien deutschen Hochstifts. Tübingen 1979, S. 71–89.

Christoph E. Schweitzer, Wilhelm Meister und das Bild vom kranken Königssohn. In: Publications of the Modern Language Association of America *72*, 1957, S. 419–432.

Emil Staiger, Goethe. 2 Bände, Zürich/Freiburg 1956.

Eugen Wolff, Mignon. Ein Beitrag zur Geschichte des Wilhelm Meister. München 1909.

»Wilhem Meisters Lehrjahre« wird zitiert nach: Goethes Werke, Hamburger Ausgabe, Band VII, hrsg. von Erich Trunz. München [10]1981.

Wolfgang Kaempfer

Die Liebe im Zeitalter ihrer technischen Reproduzierbarkeit

»Tausend Klingen traten ihr aus Brust und Armen,
Leib und Füßen und zerfleischten Emrich,
der unter dem Hohnlachen der Gräfin und Ipolkars
sein Blut in Strömen dahinfließen sah
und langsam in den entsetzlichsten Qualen,
stöhnend und weinend seinen Geist aufgab«[1].

Ein »künstliches Weib«, aus »spiegelhellem Eisen kunstvoll gebildet«, tötet einen Liebhaber der Gräfin Elisabeth Nadasny in der Erzählung »Ewige Jugend« von Leopold von Sacher-Masoch, die aus den Prozeßakten der Gräfin bezogen worden ist. Denn Sacher-Masoch war Privatdozent für Geschichte und machte sich diese Eigenschaft auch als Erzähler und Romancier zunutze. Die Gräfin Nadasny ist historisch verbürgt, das spiegelhelle Weib aus Eisen, so weit mir bekannt ist, nicht. Es dürfte zu den ersten erotisch motivierten Robotern gehören, es hat nichts Menschentümliches mehr, ist unzweideutig künstlich, und doch steht es in einer hintergründigen Verwandtschaft mit den Wesen, die sonst die Stelle der herrschenden und beherrschenden Frauen im Werk des Sacher-Masoch einzunehmen pflegen. Das sind fast durchweg Wesen mit Qualitäten, die *fest*, die quasi *genormt* sind wie Maschinenteile. Sie sind stets Herrinnen oder Herrscherinnen, mitunter nennen sie sich gar »Afrikas größte Fürstin« oder kehren in der Figur von Rußlands Zarin wieder. Häufig halten sie sich Sklaven oder sklavisch ergebene Männer, die sie beim geringsten Vergehen zu Tode folternd lieben. Sie sind – ich zitiere – meist »dämonisch«, »seltsam«, »kalt«, »höhnisch« oder »rätselhaft«, sie haben die »kalt glühenden Augen einer Tigerin«, haben ein »lautes und häßliches« oder auch ein »kurzes, helles und häßliches Lachen«, sie haben keine Seele, verraten »nicht die mindeste Bewegung« oder haben gar den »Blick einer Toten«, die nachts ihr Grab verläßt, um Blut zu trinken usw.

Feststehend wie diese Qualitäten sind auch die meisten Requisiten dieser Frauen. So gut wie nirgends fehlt der Pelz jener Venus, die Masochs bekanntestem Roman, »Venus im Pelz«, den Namen gab, und immer wieder labt sich der Erzähler an »blutroten Stiefeln« oder »blutroten Korallen«. Auch das Haar seiner Herrinnen ist häufig rotblond. Peitsche und Fesseln sind fast immer zur Hand. Zahlreiche, wenn nicht die meisten ihrer Liebesaffären enden mit dem Tod des Geliebten nach schweren Foltern oder – in einem Fall – durch einen einfachen Pistolenschuß. Zugleich ist die körperliche Imago dieser Frauen seltsam reduziert. Wir hören im Allgemeinen nur von »vollen Armen«, »kleinen Füssen« und einem »üppigen Mund«. Mitunter wird der Körper unter der Fülle der Fetische auch buchstäblich begraben. Ein beliebiges Zitat: »Sie trug unter dem offenen weiss wollenen Gewand einen Lendenschurz von flimmernden Vogelfedern und darüber eine ärmellose Jacke von blutrotem, goldgewirktem Seidenstoff. Ihre kleinen Füsse waren mit gelben Sandalen aus Rindsleder bekleidet, auf ihrem kurzem, schwarzem Haar prangte eine Art phrygischer Mütze aus roter Wolle. Arme und Beine waren mit breiten Goldringen geschmückt, Hals und Brust mit einem Kollier aus rothen Korallenstücken und mehreren Reihen grosser Perlen aus Lapislazuli, Achat und Carneol, zwischen denen ein Amulett in rothgefärbter Scheide aus Ziegenleder hervorstach«[2]. Zu unserem Erstaunen fehlt der *Pelz,* aber das ist bei einer afrikanischen Fürstin, um die es sich hier handelt, nicht verwunderlich. Allenfalls kann sie auf einem Pelz plaziert sein, und siehe da: kaum ein paar Seiten später taucht er auf und er ist für Afrika ein Monstrum: Die Fürstin sitzt auf einem »Tigerpelz« (S. 30).

Aber nicht nur die Frauen von Leopold v. Sacher-Masoch, auch seine Erzählungen funktionieren nicht selten wie kleine Maschinen, die im letzten Drittel eine kleine oder große Folterszenerie entfalten. Häufig genug entsteht der Eindruck, als seien sie überhaupt nur für dieses Resultat geschrieben worden. Das Thema *Tod und Folter* kennt im Grunde genommen nicht übermäßig viele Varianten, und um es immer wieder anzuschlagen und zugleich die relative Wahrscheinlichkeit der Szenerie zu sichern, muß eine um so größere Palette von historischem Kolorit aufgeboten werden. Natürlich fehlen weder der Orient noch Afrika. Und im alten Rußland ist der Historiker ohnehin zu Hause und kann mit den wunderlichsten Bräuchen und Sektengemeinschaften aufwarten. Eine Phantasie beschwört sogar den Kreuzestod. Der Geliebte einer Stellvertreterin Marias schlüpft in die Rolle des Jesus Christus und wird von drei Frauen mit je einem Nagel an das Kreuz geschlagen. Aber damit nicht genug. Der vierte Nagel fährt ihm ins Herz. »Das Opfer zuckte nur ein wenig«, heißt es im Text. »Süß- ach wie süß«, flüstert es, während sein rotes Blut über Mardonas weiße Hände strömt«[3].

Das ist natürlich nur das sehr verkürzte, einseitige Bild eines Schriftstellers, der sein Bestes als Historiker geleistet und manches geschrieben hat, was sich in diesen Rahmen fügt. Er war zeitweise einer der meistgelesenen Autoren seiner Zeit. 1836 geboren, 1895 gestorben, widmete er sich zunächst sozialkritischen Themen, so den »Galizischen Geschichten« und den »Polnischen Judengeschichten«, in denen er die Erlebniswelt seiner Kindheit verarbeitet. Erst später »dominiert die Neigung zum Pikanten, Grobsinnlichen und zu pathologisch ausschweifender Erotik«, wie das Lexikon deutschsprachiger Schriftsteller vermerkt.[4] Und mit dem Exotismus stand er bekanntlich nicht allein. Er bildete eine beliebte Kulisse der Zeit, die sich von Goethes »Diwan« bis zur Wiener Moderne studieren läßt. Auch Gustave Flaubert hat ihr gehuldigt – mit seinem Roman »Salammbô« von 1862. Vergleicht man freilich dieses Buch mit »Afrikas Semiramis« von Leopold v. Sacher-Masoch (erschienen 1901), so springt ein beachtlicher Unterschied ins Auge. Der dilettierende Historiker Flaubert trieb die sorgfältigsten archäologischen und historischen Studien, der promovierte Historiker Sacher-Masoch machte es sich dagegen leicht. Afrika-Angola wird für ihn zur Bühne, auf der er erscheinen lassen kann, was nur in seiner eigenen Phantasiewelt Platz hat. Der komplexeste exotische Roman ist zugleich der erotisch ausschweifendste Roman. Nirgends sonst sind so viele Episoden gebündelt, mit denen er ans immer gleiche Ziel zu kommen hofft: an die lustvolle Deskription der Folter und des Todes, ja des Massentodes für den Mann, den Liebhaber, den Sklaven.

Nach Gilles Deleuze beruht die masochistische Dependenz auf der Hoffnung, die eigene Maskulinität im Bündnis mit der Mutter lustvoll zu vernichten. Sie erlaubt den uralten Tabubruch – den gegenüber Jokaste – unter der Bedingung der simulierten Kastration. Die List besteht darin, diese im schmerzvollen Liebesakt, in der Folter durch die Geliebte, an die Libido zu binden, so daß

Liebeslust und Todesfurcht zusammenfallen können. Eros und Thanatos gehen eine Ehe ein, der kein ödipaler Verfolger mehr

gewachsen ist.[5] Weil diese Flucht nie endgültig gelingen kann, ist sie auf Wiederholung angewiesen, und diese bedarf einer möglichst naturgetreuen Szenerie. Die Wiederholung darf sich gleichsam selbst nicht erkennen. Deshalb die vielen farbigen Geschichten mit stets dem gleichen monotonen Ausgang. Die Dependenz bedarf einer Szene, die sie nicht selbst hergestellt zu haben scheint. Der Verfolger muß stets erst in sie geraten oder schon in sie geraten sein.

Im Gegensatz dazu kann sich der Marquis de Sade sein Theater selbst herstellen. Umstandslos kann er sich schaffen, was er wünscht. Er bedarf nicht so sehr der Phantasie, wie Gilles Deleuze bemerkte, als vielmehr des Kalküls[6]. Wo der Marquis die »nackte Wahrheit« sprechen darf, da muß der Ritter Leopold die Wahrheit in die vielen historischen oder zeitgenössischen Kostüme kleiden. Er bedarf der Illusion der Wirklichkeit, um sich in eine Lage zu versetzen, die er als *Zwangslage* halluzinieren kann. Der besessene Wunsch nach sklavischer Abhängigkeit bedarf einer Phantasietätigkeit, die sie als *reale* vorstellt. Wo der Marquis das Spiel und seine Regeln selbst herstellen kann, weil er gerade das Gegenteil visiert: seine Autonomie zu radikalisieren und in Szene zu setzen, da muß der Ritter Leopold sich einbilden, dem Spiel und seinen Regeln unterworfen zu sein. Es ist dieser Zwang, für eine wiederkehrende Lage die verschiedensten Voraussetzungen gemäß den Gesetzen der Wahrscheinlichkeit zu schaffen, die seine Erzählungen so unwahrscheinlich macht.

Beide Versuche, der autonome und der heteronome, zielen auf Triebbefriedigung ohne Rest. Der Körper wird zur Lustmaschine, die zu arbeiten beginnt, sobald ihr der bestimmte Code eingefüttert wird. Die Erzählung, die erzählerische Konstellation haben eine bloß noch dienende Funktion und liegen etwa gleich weit entfernt von einem Terrain, auf dem gedeihen könnte, was erst der Durchgang durchs Objekt, durchs *Andere* des *Ich* ermöglichen kann: eine »normale« erzählerische Prosa. Das läßt sich an erzählerischen Einfällen ermessen, die das narzißtische Ich-Ich-Verhältnis übersteigen. In dem Roman »Die Gottesmutter« arbeitet Sacher-Masoch mit einer komisch-komödiantischen Verdoppelung des Verhältnisses Mann-Frau. Ein zweiter unterworfener Mann, eine zweite unterwerfende Frau parodieren das seriöse Paar und heben damit deren obsessionelle Verbindung auf. Mit solcher Komik nähert sich Sacher-Masoch den komischen Effekten, wie wir sie bei *Gogol* finden, der ihm für diesen Rußland-Roman offensichtlich Vorbild war.

Daß Sacher-Masoch ebenso wie Sade aristokratischer Herkunft war, würde nicht viel besagen, liessen sich nicht gerade die beiden Perversionen, denen er und Sade den Namen gaben, als spezifisch bürgerlich beschreiben. Möglicherweise bezeichnen Sade und Sacher-Masoch Grenzfälle. Möglicherweise wünschten sie beide nicht kampflos preiszugeben, was die Civiltà seit der europäischen Renaissance zunehmend zu unterschlagen gesucht hatte: das memento mori, das in jeder radikalen Auslieferung ans Lustprinzip verborgen ist. Das läßt sich beim Ritter Leopold wahrscheinlich besser studieren als beim Marquis. Der Gestus der radikalen Unterwerfung steht der leidenschaftlich-obsessionellen Liebe besser an als der Gestus der Gewalt.

»Masochistische« Züge sind häufig gerade der romantischen Liebe eingeschrieben von Jean-Jacques Rousseau bis Clemens Brentano. Andeutungen eines Typs der Liebe, der bestimmten Konstellationen den Vorzug gibt, finden sich auch schon bei Goethe. Zwar läßt sich bestimmt noch nicht von einem repetitiven Moment sprechen, aber es fällt auf, daß die meisten seiner großen Leidenschaften von der Präsenz eines *Rivalen* überschattet waren. Es war fast regelmäßig dieser Rivale, der ihrer Erfüllung im Wege stand. Dem Wetzlarer Erlebnis mit Charlotte Buff folgte bald darauf die Begegnung mit Maximiliane La Roche, die sich soeben verheiratet hatte. Erst nach dieser zweiten Erfahrung, die die Hoffnungslosigkeit auf ihr Programm geschrieben hatte, machte sich der junge Dichter an die Niederschrift seines Briefromans, »Die Leiden des jungen Werther« – und erhob damit nicht zufällig das *Leiden an der Liebe* zum zentralen Thema. Die schwarzen Augen der Romanfigur, die Augen Maximilianes, sind mehr als eine bloße Huldigung an diese. Und wiederum nur wenige Jahre später entbrennt die Liebe zu Charlotte von Stein, die aus mehr als einem Grunde unerreichbar für ihn bleiben mußte. Neben den Status der verheirateten Frau trat der Standesunterschied, der so harmlos nicht war, wie es uns heute scheint – das Zeugnis des »Torquato Tasso« ist in dieser Hinsicht beredt genug. Zugleich war Charlotte eine verspätete »Erzieherin« des ungebärdigen jungen Mannes. Das Verhältnis nahm zunehmend quälende Züge an und mußte schließlich – ähnlich wie schon bei früheren Gelegenheiten – durch die Flucht beendet werden. Noch der Fünfundsechzigjährige geht ein »Dreiecksverhältnis« ein: mit Marianne Jung, die kurz vor ihrer Verheiratung mit Herrn v. Willemer stand. Man könnte sogar die Leidenschaft des Dreiundsiebzigjährigen für die achtzehnjährige Ulrike v. Lewetzow für eine der unbewußten »Inszenierungen« halten, wie wir sie aus den Fallstudien der psychoanalytischen Praxis kennen.

Der *Rivale* ist in den Liebesspielen Sacher-Masochs neben dem Typ der herrschenden Frau nicht selten die zweite wichtige Beziehungsfigur. In dem Roman »Venus im Pelz« übernimmt er sogar die Rolle der Strafenden selbst; der Vater, der »sadistische Mann«, tritt gleichsam aus der »Kulisse« heraus und drängt sein Substitut, die strafende Frau, beiseite. Nicht ganz zufällig ist dieser Mann ein Grieche. Denselben sogenannten Griechen hat sich der leibliche Sacher gelegentlich unmittelbar ins Haus bestellt. Die Quallust oder Liebesqual ist ein Paradox, das von der Gegenwart des die ödipale Situation beschwörenden Rivalen nur jeweils auf die Spitze getrieben wird. Normalerweise ist die Sensation der Bestrafung oder Kastrationsdrohung durch den Vater oder dessen Vertreterin, die Frau, nicht, wie in der ausgeprägten Perversion, von der faktischen Bestrafung oder Drohung isoliert und damit beliebig reproduzierbar geworden. *Reproduzierbarkeit* ist in der Tat der masochistischen Fixierung vorbehalten. Dennoch lassen sich Vorformen ausmachen, die vom gleichen Paradox geprägt sind und die tendenziell auch schon zur Wiederholung neigen. In seiner reinsten, in seiner ätherischsten Gestalt stellt sich das Paradox wiederum bei Goethe dar. Ich erwähne als Beispiel den unauflöslich-quälenden Gegensatz von Nähe und Ferne. »Nähe des Geliebten« nennt Goethe ein Gedicht, in der er die *Nähe* über die *Ferne* dem Geliebten – vielleicht nicht zufällig in der verfremdenden »Rolle« der Frau – zu erfahren wußte. Die durch die verbale Beschwörung einzig erreichbare *Nähe* erhält daher im Schlußvers konsequent die Konjunktivform: »Oh wärst du da!«[7].

Die Form einer Leidenschaft, die sich zunehmend zum *Leiden* hin verschiebt, die die Ferne, die Entbehrung, die Unerreichbarkeit der Geliebten, wo nicht bewußt, so doch schon unbewußt »inszeniert«, erlebte in der literarischen Moderne noch einmal einen deutlich erkennbaren Schub. Dabei nimmt sie mehr und mehr die spezifische Färbung an, wie sie der unermüdliche Monograph des Masochismus, Theodor Reik, beschrieben hat: »Ursprünglich war das Gefühl: wo die Lust sich so steigert, kann die Strafe nicht mehr fern sein. Es war eine Drohung, eine erschreckende Aussicht. Die Flucht nach vorn bedeutet die Umkehrung dieser Aussicht: wo die Strafe so empfindlich, die Unlust so stark ist, muß die Lust nahe sein. Schließlich verschwimmen für das Bewußtsein die Grenzen: die Unlust, der Schmerz, die Beschämung werden selbst zur Lust«[8]. Der Schmerz, mit dem wir für die Lust zahlen müssen, holt die Lust am Ende ein, ja er überholt sie. Die Prämie für den Schmerz ist nun nicht mehr allein die Lust, sondern die Lust als Schmerz, der Schmerz als Lust. Damit ist wiederum nicht sogleich der Makel der »Reproduzierbarkeit« gegeben wie in der ausgeprägten Perversion, vielmehr verstärkt sich zunächst nur die Neigung, wiederkehrende Konstellationen aufzusuchen. Entsprechend reich ist die Palette der Frauengestalten z.B. noch bei August Strindberg oder bei Knut Hamsun, die den Übergang von der unbewußten zur bewußten Inszenierung masochistisch eingefärbter Phantasien vielleicht am differenziertesten dokumentierten. Von der Monotonie der unrettbar indifferenten, kalten oder sadistischen »Herrin« finden sich zwar regelmäßig schon Züge, aber ebenso regelmäßig sind sie Bestandteil unverwechselbarer – »nicht reproduzierbarer« – Charakterbilder. Die Mädchengestalten der Erzählungen »Pan« (1894) und »Victoria« (1898) von Knut Hamsun sind in sich so widersprüchlich, so verletzlich und zugleich so süchtig nach Verletzung, daß sie der planen masochistischen Phantasie kaum schon Modell stehen können. Dennoch ist die Konstellation in beiden Erzählungen annähernd die gleiche, und die Nähe zu entwickelteren Formen der paradoxen Triebbefriedigung oft nicht zu übersehen. Ein Beispiel für viele:

»Er wollte ihr Diener und Sklave sein und ihren Weg mit seinen Schultern reinfegen. Und er wollte ihre beiden kleinen Schuhe küssen und ihren Wagen ziehen und an kalten Tagen Holz in ihren Ofen legen. Vergoldetes Holz wollte er in ihren Ofen legen, Victoria!«[9]

In »Pan« und in »Victoria« taucht neben dem den Affekt und die Liebesqual anheizenden Rivalen – wie in manchen Erzählungen Sacher-Masochs – jeweils eine zweite, eine Ersatzgeliebte auf, welche die Promiskuität des Liebhabers – und damit dessen Strafwürdigkeit – verstärkt. Wird für solche Promiskuität in der »Gottesmutter« Sacher-Masochs brutal die Kreuzigung verhängt, so ereilt den Leutnant Glahn in Hamsuns »Pan« immerhin eine tödliche Kugel, die ein weiterer Rivale in einer weiteren Geschichte auf ihn abfeuert. Auch ist die ödipale Situation immer wieder mit Händen zu greifen, so in dem Traumsymbol vom »großen bellenden Fisch«, hinter dem Victoria steht[10], so in dem banalen *Stock* des Rivalen, den dieser vergißt, als er eine Gesellschaft verläßt... in »Pan«[11]. Mit demselben Rivalen, einem Arzt, identifiziert sich der Erzähler in unbewußter Mimikry so gründlich, daß er sich eine Kugel durch den Fuß schießt, nur um wie dieser zu hinken. Natürlich wird ihm die Wunde dann von demselben Arzt – der sich auf diese Weise sozusagen von ihr *überzeugen* kann – verbunden[12].

Der hohe Grad an Differenzierung vermag über die ähnliche Grundkonstellation beider Erzählungen umso weniger hinwegzutäuschen, als solche »Arbeit der Phantasie« für die Inszenierung der masochistischen Szene, wie alle Beobachter bezeugen, besonders charakteristisch ist. Das wird schon durch das Paradox dieser Art der Triebbefriedigung – und die ihm entsprechende widersprüchliche Komplexität – nahegelegt. Schon bei Hamsun erreicht es eine Grenze, hinter der seine plane Reproduzierbarkeit beginnen müßte. Als Victoria dem Jugendgeliebten eines Abends ihren Verlobten vorstellt, heißt es von jenem: »Eine unendliche Verzweiflung legte sich auf ihn, sein Gesicht wurde leichenblaß. Hatte sie ihm wirklich einmal weh getan, so war das nun reichlich wieder gut gemacht, und er war getröstet worden. Er war ihr aufrichtig dankbar«[13].

Verstehen läßt sich diese Logik nur, wenn wir ihr bereits die spezifisch *masochistische* zugrunde legen. Diese besteht in der handfesten Verselbständigung eines Affekts, der das Leiden durch das Leiden selbst zu »heilen« sucht, um ihm je schon zuvorzukommen. In der Verlängerung dieser Linie liegt notwendigerweise der Tod, aber es ist gerade der Tod, der die definitive Entspannung – die Endlust – inauguriert und der sie so wieder mit der Lust verknüpft. Diese letzte Konsequenz der masochistischen Phantasie läßt an jenen »primären« oder »Urmasochismus« denken, den Freud im Wirken des Todenstriebs erblickte... im Gegensatz zu seinen sekundären, aus einem primären Sadismus abgeleiteten Formen[14]. Es ist vermutlich diese Rückbindung, es ist der archaische Rest, es ist diese »Regression«, die dem quälerisch-selbstquälerischen Akzent des Liebesaffekts bei Hamsun die Tiefendimesion verleiht. Deswegen wohl schwingt in ihm – wie eine obligate Stimme – die Nuance der Empörung, der Revolte, der Kritik an der Gesellschaft mit. Deutlich genug hebt sich bei Hamsun die Liebe von ihrer bürgerlichen Mumifizierung ab... besonders eindringlich in der bösen Parabel von der Ehe, als der Ehemann dem Geliebten seiner Frau – statt wie gewöhnlich umgekehrt – »Hörner« aufzusetzen vorschlägt[15]. Die Parabel macht die Ehe an ihrer schwächsten Stelle, an ihrer Bruchstelle, an der Fatalität des Ehebruchs fest, der paradox zur Bedingung dafür wird, das der auf seinem Leiden bestehende Gatte sie überhaupt annehmen kann. Denn dieses »Leiden« – der inszenierte Betrug an ihm – ist seine einzige »Freude« an der Ehe. Erst die Domestikation, erst die Normalisierung der Liebe in der Ehe, so könnte man schließen, scheint aus der Liebe jene Krankheit gemacht zu haben, die gegen die Ehe zwanghaft revoltieren muß.

Die Radikalisierung der Liebe durch ihre Gegenerfahrung, durch den Haß, den Schmerz und durch den Genuß daran, hat im neuen Jahrhundert natürlich noch weitere Schübe erfahren, die sich z.B. im Werk Franz Kafkas studieren ließen. Ein besonders schönes Beispiel sind die »Gespräche mit Leuko« von Cesare Pavese, weil Pavese das Paradox in die klassische und transparente Form des Mythos einzutragen gewußt hat. Deutlich genug beginnt bei ihm die finale Obsession, die Todesobsession, zu schielen und zweierlei zu visieren bzw. zu »programmieren«: die Lust und den Schmerz, die Liebe und den Tod. Die Doppel-Lust, die Todeslust verrät, daß sich der Betroffene vom Objekt seiner Leidenschaft heimlich abzukoppeln im Begriff steht. Erzählt wird von einer Begegnung Endymions mit Artemis. Endymion berichtet: »Fast zögernd berührte sie mich, und ein Lächeln kam ihr, ein unglaubliches, tödliches Lächeln. Ich war im Begriff, ihr vor die Füsse zu fallen – ich dachte all ihre Namen – doch sie hielt mich zurück, wie man ein Kinde zurückhält, mit der Hand unter dem Kinn. Ich bin groß und kräftig, du siehst mich, sie war stolz und hatte nur jene Augen – ein mageres wildes Mädchen – ich aber war ein Kind. Du mußt nie erwachen, sagte sie. Mußt dich nicht bewegen. Ich werde dich wieder besuchen. Und fort ging sie über die Lichtung«[16].

Endymion, als ihm Artemis begegnete, weiß »um das vergossenen Blut, das zerfetzte Fleisch, die gefräßige Erde, die Einsamkeit«. »Als die Helligkeit kam«, erzählt er, »...sah ich von hoch auf die Erde hinab, auf diese Straße, wo wir einhergehen, Fremdling, und ich begriff, daß ich nie mehr leben würde unter den Menschen. Ich wartete auf die Nacht«[17]. Die Zeichen lassen sich schwerlich mißdeuten. Daß Artemis Endymion, als er ihr vor die Füsse fallen wird, zurückhält, »wie man ein Kind zurückhält«, läßt zweifeln an ihren göttlichen und wirft ein Licht auf ihre mütterlichen Qualitäten. »Rauh und mütterlich« ist ihre Stimme, und doch ist sie zugleich ein mageres Mädchen im kurzen Gewand. Offensichtlich birgt das Kostüm der Göttin die tabuisierte Doppelgestalt von Mutter und Schwester. Der Schrecken, der »immer zwischen uns blieb«, läßt als der ödipale sich erkennen und bezeugt, daß Artemis zugleich die Patriarchenwelt vertritt. Ihre Unwiderstehlichkeit hält ihrer Unzugänglichkeit die Waage, und solchem doppelt quälenden Affekt bleibt einzig noch, den Tod zu wünschen – und ihn nicht bloß »in Kauf zu nehmen«. »Was ist es also, das du von ihr verlangt hast?« fragte Endymions Begleiter, und die Antwort ist: »...diesmal als Blut vor sie hingegossen, Fleisch in der Schnauze ihres Hundes zu sein«[18]. Als wäre die Sensation, welche die Begegnung mit Artemis ausgelöst hat, nur noch um diesen Preis zu haben, wünscht Endymion gleich einem Urteil zu *vollstrecken,* was im Mythos von der Göttin – übrigens nicht über Endymion – verhängt ist. Es ist diese Wendung, die Paveses Text mit einer Affektlage verbindet, wie sie erstmals in den Romanen und Erzählungen von Sacher-Masoch manifest geworden ist.

Gleichsam entdeckt der Betroffene das Sensationelle an der Sensation, und das Interesse, die Aufmerksamkeit verschieben sich auf diese. Das Einmalige, das Unwiederbringliche, die keine Voraussagbarkeit gestatten, die von einem *Schicksal* nicht zu trennen sind, werden in ein Erfahrungsfeld eingebracht, das ihre Reproduzierbarkeit garantiert. Die einzelne Erfahrung löst sich vom einmaligen Objekt und diffundiert zur Erfahrungspartikel, die beliebig abgerufen werden kann, die geeignete Versuchsanordnung vorausgesetzt. Was einmal »Ereignis« war, wird so zum Spiel der Wiederholung eines »Liebestods«, der sich in der Quallust endlos dehnen läßt. Sacher-Masochs so häufig wiederholte Bitte an seine Geliebte, doch endlich »Ernst zu machen« und ihn der Folter »im Ernst« – und nicht bloß im Spiel – zu unterziehen, visiert die Erfahrung der Endlust, die Erfahrung der Liebe, als deren Parodie, die sich »im Ernst« das Spiel vorstellen muß, das sie ersetzt hat. Ursprünglich eine explosive Mischung aus Liebeslust und Todesfurcht, hat die Phantasie es umgekehrt in die nicht minder explosive Mischung aus Liebesfurcht und Todeslust.

Die obsessionelle Liebe über eine Grenze zu treiben, hinter der sie zur wesentlich objektunabhängigen, narzißtischen und beliebig reproduzierbaren Perversion wird, könnte als Tribut für eine Leidenschaft betrachtet werden, die sich nicht aufzugeben willens ist und die daher die Paßform annimmt, in die die Umstände sie zwingen. Aber noch in dieser bleibt erhalten, was sie einmal gewesen ist: die Sensation der Grenzüberschreitung von der Lust in den Schmerz, vom Unwiederbringlichen des Liebesaffekts, der keine Übersteigerung gestattet, in den Tod. Im Begriff der »Transgression« hat Georg Bataille die gleiche Sensation zu radikalisieren gesucht.[19]

Anmerkungen

1 »Ewige Jugend«. Nach den Akten des Prozesses der Gräfin Elisabeth Nadasny. In: »Liebesgeschichten«. Novellen v. Sacher-Masoch. Neue Folge, 3. Aufl., Berlin o.J., S. 71.

2 »Afrikas Semiramis«. Roman v. Leopold v. Sacher-Masoch, hrsg. v. C.F. Schlichtegroll, Dresden 1901, S. 25f.

3 »Die Gottesmutter« v. Sacher-Masoch. Neue Ausg. Berlin o.J. S. 203.

4 Albrecht/Böttcher/Greiner-Mai/Kron: Lexikon deutschsprachiger Schriftsteller. Von d. Anfängen bis z. Gegenwart. Kronberg/Ts. 1974, Bd. 3, S. 241.

5 Gilles Deleuze, »Présentation de Sacher-Masoch«. Ed. du Minuit 1967. S. insbes. S. 122ff.

6 A.a.O. S. 127.

7 Goethes Werke, Hamburger Ausg. (1960), I, S. 242f.

8 Theodor Reik, »Aus Leiden Freuden«. Masochismus u. Gesellschaft. Frankfurt/M. 1983, S. 157.

9 Knut Hamsun, »Victoria«. »Schwärmer«, München o.J. S. 31.

10 A.a.O. S. 74.

11 Knut Hamsun, »Pan. Aus Leutnant Thomas Glahns Papieren«. Berlin (Fischer) o.J. S. 73.

12 A.a.O. S. 75f.

13 »Victoria« a.a.O. S. 92.

14 Siehe dazu Sigmund Freud: Ges. Werke (London) XIII, 59 (»Jenseits des Lustprinzips«) und XIII, 377 (»Das ökonomische Problem des Masochismus«).

15 »Victoria« a.a.O. S. 142ff.

16 Cesare Pavese, »Gespräche mit Leuko«, Hamburg 1958, S. 74f.

17 Ebd.

18 A.a.O. S. 76.

19 Georges Bataille, »L'histoire de l'érotisme«, Oeuvres complets, Ed. Gallimard 1976. Siehe u.a. VIII, S. 108ff.

Edgar Morin

Liebe als Verklärung, Verblendung, Verwunderung

Bevor ich von der »Verklärung«, »Verblendung« und »Verwunderung« durch die Liebe handle, möchte ich Voraussetzungen und Grenzen meiner Ausführungen benennen. Man kann sich über die Liebe nicht wie über irgendeinen Gegenstand in allgemeinen Begriffen und in objektivierender Weise austauschen; wir alle sind Subjekte der Liebe und ihr als solche unterworfen. Dem müssen wir in der Behandlung des Themas, dessen Komplexität unausweichlich ist, gerecht werden. Unter »Komplexität« im etymologischen Sinne des Wortes »complexus« versteht man ein Gewebtes, das aus mehreren verschiedenen Fäden eine vielfältige Einheit bildet. Angesichts ihrer erhebt sich die Frage, ob es nicht in der Liebe eine mythologische Komponente gibt und wie man mit dieser umgeht. Denn von der Klärung unseres Verhältnisses zum Mythos hängt unsere Beziehung zur Liebe ab. Man kann daher über die Liebe nur in einer binokularen Sichtweise reden. Man schaut mit zwei Augen: das eine Auge ist distanzierend und objektivierend; das andere Auge ist auf das Erlebnis und die Erfahrung gerichtet.

Die Liebe kann uns als ein Phänomen erscheinen, das sich geschichtlich wenn schon nicht konstituiert, so doch wenigstens entfaltet hat, dessen Entstehungsdatum sich jedoch nicht eindeutig angeben läßt. Doch müssen alle Konstituentien der Liebe, – wenn sie in einem bestimmten Augenblick entsteht –, bereits vorher existiert haben. Daher ist die Liebe ein wenig der Nation vergleichbar, deren moderne Erscheinung eine historische Schöpfung ist, die zunächst in Frankreich, in England, in Spanien und dann in Deutschland entstand. Sobald sich die Nation erst einmal herausgebildet hat, kann man ihre Genese nachzeichnen und darlegen, daß es Konstituentien gab, die ihr vorhergingen. Solche finden sich bereits in den griechischen Städten, in den großen Reichen Mesopotamiens und sogar in den Stammesverbindungen der Frühgeschichte. Ein konstitutives Element der Nation besteht in dem gemeinschaftlichen mythischen Band, das aus den Kindern eines Vaterlandes in mythischer Weise Brüder macht, wobei es zugleich eine väterliche und eine mütterliche Entstehungslinie gibt.

Man muß die Liebe als eine historisch jüngere Erscheinung ansehen, doch zugleich als etwas betrachten, das weit in die Frühzeit der Menschen zurückweist. Man kann sogar einen animalischen Ursprung ausmachen, und zwar dort, wo man intensiven Paarbildungen im Tierreich begegnet. Manche Vogelarten z.B., die man die »Unzertrennlichen« nennt, verbringen ihre Zeit damit, sich andauernd und intensiv zu »küssen«. Wenn man diese Vögel als Paare trennte, gingen sie zugrunde. Solche Phänomene weisen auf eine Gemeinschafts- und eine Intensitätsbeziehung hin. Zwar können wir diese nicht Liebe nennen, doch ist es eine Verbindung zwischen einem Männchen und einem Weibchen; zudem wissen wir, daß der Ursprung der Liebe in der körperlichen *Wärme* liegt, der animalischen, mit unserer Natur als Säugetiere zusammenhängenden Wärme. Wir sind Säugetiere, haben Muttermilch getrunken, wurden schlafen gelegt, haben Berührungen und Kontakt erfahren und erinnern uns Zeit unseres Lebens intensiv daran. Weiter wissen wir, daß z.B. Hunde den Menschen, mit denen sie eng zusammenleben, ein hohes Maß an Anhänglichkeit zeigen. In Maeterlincks »Der blaue Vogel« wird der Hund, einmal zum Sprechen gebracht, seinem jungen Herrn ständig sagen: »Oh mein kleiner Gott, oh mein kleiner Gott, oh mein kleiner Gott!« Es ist also durchaus denkbar, daß eine animalische Quelle der Liebe existiert, aber auch, daß es einen anthropologischen Ursprung dieses Gefühls gibt. Ethnologen wie Luc de Heusch haben nachzuweisen versucht, daß es in archaischen Völkern keine Liebe gibt. Doch möglicherweise bedarf dieser Nachweis einer erneuten Überprüfung. Denn häufig gibt es Dinge, von denen außenstehende Beobachter keine Kenntnis erlangen, die für sie nicht faßbar sind und über die es daher auch keine Literatur gibt, die aber dennoch als nicht-gesagte existieren.

Damit habe ich den Punkt erreicht, der die Behauptung von la Rochefoucauld berührt, daß es keine Liebe gäbe, wenn es keine Liebesliteratur gegeben hätte. Das heißt: Man macht gewisserweise aus der Liebe *das Produkt* der Liebesliteratur. Mir scheint diese Deutung etwas überzogen: Man sagt, es gäbe keine Intelligenz, wenn es keine Sprache gegeben hätte. Und doch gibt es prälinguistische, sublinguistische Erkenntnisformen. Außerdem kann man sich vorstellen, daß es subliterarische Formen eines äußerst starken Gefühls zwischen Mann und Frau gibt, ohne daß dieses von Anthropologen erfaßt werden kann. Denn ein unsere Gesellschaft untersuchender Anthropologe sähe kaum jenen verborgenen Lebensteil, der in den Phantasmen existiert, in den unterirdischen Bereichen des Alltagslebens, in denen wir diese oder jene geheime Verbindung eingehen, in denen wir von der Liebe mit Personen träumen, auch wenn wir mit ihnen niemals gesprochen haben. Warum sollte dieser geheime Teil, von dem wir wissen, daß es ihn gibt, und daß er einen bedeutenden Teil unseres Alltagslebens bildet, nicht gleichermaßen ein geheimer Teil jener archaischen Gesellschaften sein?

Auch in den archaischen Gesellschaften gibt es Bedingungen, die ich anthropologische Konstituentien der Liebe nennen möchte. Unter bestimmten Bedingungen des Tanzes, der Trance, des Ritus sind die Gemeinschaften in der Lage, Ekstaseformen hervorzubringen, die mit denen des Liebesaktes verwandt zu sein scheinen, die aber aus einer kollektiven Kommunion hervorgehen. Francesco Alberoni vertritt die These, daß der Akt, durch den man in Liebe fällt, dieser Akt der Kommunion, eine kollektive Ekstase zu zweit anstatt eine gelebte Ekstase zu mehreren darstellt. Dieses ekstatische Element der Liebe ist mit dem Ritus, mit dem Kult und mit der Magie verbunden; es ist dem »homo sapiens« eigen und steht mit dem Auftauchen göttlicher Genies und Mythen in Zusammenhang. Auf der einen Seite finden wir den entwickelten »homo sapiens«, auf der anderen die Kulturen, aus denen er sich herausbildet, die aber schon über die Voraussetzungen der Liebe verfügen.

Zweifellos gibt es historische Entwicklungen, die zu dem geführt haben, was man als den »bi-cameralen Geist« bezeichnet hat. Darunter versteht man die Trennung des menschlichen Geistes in zwei »Kammern«. In der einen »Kammer« sorgt sich jeder Mensch um seine kleinen Affären, sein Privatleben, sein tägliches Brot, seine Kinder. Die andere »Kammer« gleicht einem Tempel, der von

Göttern bewohnt ist und in dem diese nachdrücklich ihre transzendenten Befehle geben. In einem bestimmten Augenblick der menschlichen Entwicklung kommt es zu einem Bruch des Bi-Cameralismus; durch ihn wird die hermetische Trennung zwischen der mythologischen Transzendenz der Götter und dem Privat- und Alltagsleben aufgelöst. Im Athen des 5. Jahrhunderts entsteht z. B. ein solcher Bruch: die Götter ziehen sich zurück; man spricht von ihnen nur noch in allegorischer Weise. Im Athen dieser Zeit, in dem Philosophie und Demokratie entstehen, wird auch die Liebe zum Thema philosophischer Erörterungen. Damit wird die Trennung zwischen den beiden »Kammern« aufgehoben. Das Heilige, das Religiöse, das Mythische suchen neue Formen, sich in den Beziehungen der Menschen zu zeigen. Die in den privaten Beziehungen möglich werdende *Liebe* gehört zu diesen. Für ihre Entstehung sind zwei aufeinander verweisende widersprüchliche Bedingungen kennzeichnend.

Zwischen Mythos und Sex gibt es Verbindendes und Trennendes. Wie bei ekstatischen Zuständen, in denen der Kult und die Droge diese gemeinsam schaffen, gibt es zwischen Mythos und Sex eine Verbindung. Auch hier umfaßt die ekstatische Beziehung, die im sexuellen Moment die Intensität der sexuellen Beziehung ausmacht, mit Mythos und Sex zwei miteinander kommunizierende, in einer Symbiose stehende Elemente. So könnte man sagen: Die Liebe entsteht aus der Verbindung zwischen dem Mythischen, dem Kulturellen und dem Religiösen einerseits und der sexuellen Beziehung andererseits.

Aber es bedarf der Trennung zwischen beiden Elementen, damit sich die Idee und der »Mythos« der Liebe entfalten können. Dies hat Denis de Rougemont richtig gesehen, der zeigte, daß sich die Liebesidee zusammen mit der Idee der Höfischen Liebe entfaltete, eine Liebeskonzeption, die einzig auf das Sublime, Wunderbare, Andere gerichtet ist. Unabhängig davon, ob nun die Frau ihren Ritter und der Ritter seine Frau liebt, untersagt die Noblesse den Ehebruch, so daß sich die Liebe nur spirituell entfalten und steigern kann.

Darüber hinaus ist die abendländische Zivilisation stark von der Imago der Frau als Schwester, der sublimen Frau, der Jungfrau

Maria geprägt, die in gewisser Weise den Prototyp der vollendeten Weiblichkeit darstellt und die unter Ausschluß jeder Libido und jeden Verlangens zur Verehrung auffordert. Anläßlich dieser Gestalt kommt es zur Dissoziation libidinöser Gefühle. Als Gattin wird die Frau zur respektierten Schwester, mit der der Mann den Sexualakt allerding nur »à la papa« vollziehen kann. Die wirkliche Libido sucht ihre Befriedigung im außerehelichen Liebesverhältnis oder bei Prostituierten. Hier besteht die Möglichkeit, die Bestialität der Liebe zu leben, bei der es zu einer Begegnung zwischen allem kommt, was als unsauber gilt, aber dennoch begehrt wird.

Wir streben nach einer Liebe, die eine Synthese aus der Anziehung der Seele und aus der physischen Anziehung darstellt; doch zugleich wissen wir, daß beide Formen der Anziehung sich nicht immer verbinden; wir können ein gewaltiges Verlangen und sexuelle Ekstase erleben, ohne daß es zur Liebe käme. Liebe beruht nicht nur auf der Verbindung von Mythos und Sex, sondern zur gleichen Zeit auch auf ihrer Trennung. Wenn Hegel etwa sagt: Identität ist die Vereinigung der Identität und der Nicht-Identität, dann kann man analog dazu formulieren: Liebe ist die Vereinigung der Union und der »Nicht-Union« zwischen dem Verlangen und dem Mythos.

Nach diesen Ausführungen können wir uns nun dem Zusammenhang von Verklärung, Verblendung und Verwunderung zuwenden. Verklärung und Verwunderung können im Verlangen und sogar bei der käuflichen Liebe entstehen. Wenn ein Mann auf der Straße der Prostitution herumstreift, denkt er nur daran, eine noch unbekannte ihn antreibende Lust zu befriedigen; er denkt nur daran, einen Akt zu vollziehen, dessen merkantilen Charakter er kennt und bei dem er weiß, daß er und die sich prostituierende Frau zum Objekt werden. In dem Moment, indem das Verlangen befriedigt wird, kommt es allerdings häufig dazu, daß diese Frau als Objekt geheiligt wird, ihr Gesicht, ihre Formen sich verklären und Worte der Liebe über die Lippen des Mannes kommen; vielleicht sagt er zu ihr schließlich sogar: »Chérie...« Wenn sie geschäftstüchtig und handelserfahren ist, wird sie ihm die Worte zuflüstern, die man in diesem Augenblick einfach sagen muß. Die während des Liebesaktes selbst stattfindende Verklärung löst sich nach dem

Koitus auf und läßt nicht selten einen wütenden Mann zurück. Liebe ist die dem Koitus folgende Verklärung und Verwunderung; sie ist die Verblendung, die nach dem Koitus aufs Neue aufblüht; sie verhindert die Traurigkeit post coitum, die den Mann nach einem lieblosen Akt erfaßt. Eine Quelle der Verklärung existiert also im Verlangen und in der Begegnung im Akt selbst; eine zweite Quelle andauernder Verklärung, die sich durchaus mit der ersten verbinden kann, soll nun erörtert werden.

Kehren wir noch einmal zum Thema des *Verliebtseins* zurück. Ich möchte Alberonis These ein wenig entstellen, um Dinge zur Sprache zu bringen, die er nicht berührt. Alberoni stellt das Sichverlieben, die Begegnung, die Entdeckung, das Erstaunen, also die Liebe im wunderbaren revolutionären, aufrührenden Entstehungszustand im Gegensatz zu jener Situation, in der sich die Gefühle festigen, verdichten, institutionalisieren und schließlich in die Ehe münden. In diesem Stadium verfallen die Fähigkeiten der Verwunderung und der Verklärung. Dessen ungeachtet besteht das Wesen der Liebe darin, das Erstaunen und die Verklärung des Entstehungszustandes noch lange danach andauern zu lassen. »Lange« – ich weiß wohl, daß dieses Stadium nur wenige Tage dauert. Wenn die Liebe entsteht und in ihrer ganzen Sublimität aufscheint, wird sie von dem verändert, was man das zweite Gesetz der Thermodynamik, das Gesetz der Korrosion, des Verfalls und der Zersetzung nennen kann, das alles und damit auch unser Leben und zuweilen auch unsere Seele betrifft. In diesem Augenblick taucht als großes Problem auf, wie sich das Wesen der Liebe mit ihrem, sich in die Zeit einreihenden, das Erstaunen und die Verklärung periodisch neu belebenden poetischen Charakter mit der trivialisierenden und banalisierenden Prosa des Alltagslebens vertragen kann.

Im Hinblick auf das Phänomen der Verklärung der Figur und des Gesichts ergibt sich die Frage, wie überhaupt eine Vereinigung zweier Dinge möglich ist. Nehmen wir als zwei wichtige Bestandteile des Gesichts Augen und Mund, die überdies – durch den Blick und das Sprechen – Kommunikation ermöglichen. Da Augen und Mund in mythischer Hinsicht auf das Thema der Seele hinweisen, verfügen Auge und Mund in mythischer Hinsicht über eine außergewöhnliche Ambiguität. Zahlreiche anthropologische Studien befassen sich mit der über die Augen ausgedrückten Seele. In mehreren Kulturen wie der griechischen und der hebräischen finden wir die Vorstellung, daß der Atem die Seele sei. In der Tat sprechen Augen und Mund von der Seele. Die Augen sind offen und auf das äußere Unendliche gerichtet; sogleich üben sie eine Faszination aus, die der der Schlange auf das Kaninchen vergleichbar ist und hemmen rücksichtslos das Verlangen. Der gravierende Unterschied besteht jedoch darin, daß es sich nicht um eine Beziehung zwischen Schlange und Kaninchen sondern um eine zwischen zwei Schlangen oder zwei Kaninchen handelt; einer der wesentlichen Aspekte des zweiten Zustands, den das Verlangen hervorruft oder das Verlangen bewirkt, liegt im Blick auf den Mund mit allen seinen Feuchtigkeitskonnotationen, seinen Anspielungen auf Grotten und Innerlichkeit. Der Mund verweist auf Sex; daher hat sich im 20. Jahrhundert ein großes mythisches Symbol entwickelt: der Kuß auf den Mund, den besonders das Hollywood-Kino universalisiert und in andere Kulturen wie die japanische getragen hat, in der bis dahin der Kuß auf den Mund unbekannt war. Der Kuß, mit dem fast alle Filme der fünfziger und sechziger Jahre enden, dieser Finale-Kuß, dieser Kuß in Großaufnahme war exakt der symbolische Ausdruck der Versöhnung, der Vereinigung der Seele und des Sexes.

Viele Elemente des Heiligen, Religiösen, Mythischen, Mystischen, Kultischen sind in der Liebe gegenwärtig und erwecken sie zum Leben. In extremen Fällen, wie der »Besessenheit«, offenbart sich die Wirklichkeit der Liebe. Der triviale Satz »Liebe, wenn du uns heimsuchst...« drückt aus, daß man »besessen« ist. Man kann zwei Typen von Besessenheit annehmen: die glückliche Besessenheit, die sich einstellt, sobald die angerufene Gottheit sich verkörpert, sobald das Genie, das man gerufen hat, eintrifft, in uns ist und durch uns spricht; und die andere Besessenheit, die der vergleichbar ist, von der das Evangelium spricht und die gegeben ist, wenn man etwa von Dämonen besessen ist. Dieser letzte Typus inspiriert übrigens eine umfangreiche Literatur, derzufolge die Liebe zu einer infamen Frau oder zu einem infamen Mann denjenigen, der ihr Opfer wird, zutiefst degradiert. Die Liebe ist wie in der Oper Carmen ein Bohemien-Kind.

Man spricht im Französischen vom Blitzschlag der Liebe, obwohl ich den Begriff des Blitzens vorziehen würde. Viele glauben, den Blitzschlag selbst erfahren zu haben. Doch schon bald merken sie, daß dies ein Irrtum ist, daß nicht ein Blitz sie getroffen, sondern lediglich eine kleine elektrische Spannung sie erfaßt hat. Denn das Blitzen selbst ist ein Konversionsphänomen; in Erzählungen über solche Umwandlungen, etwa bei Claudel und Fossard, erfährt man z. B.: »Also zunächst war ich ungläubig; ich trat einfach so in die Kirche ein; plötzlich wurde ich vom Blitz getroffen, und *Gott* war wirklich *da*. Er zeigte sich mit einer absoluten Evidenz.« Mit diesem Blitzen beginnt das ganze Leben von neuem; es gibt mithin dieses Phänomen der blitzartigen Umwandlung, die für den, der sie erlebt glücklich oder unglücklich verlaufen kann.

Sobald einem diese Dinge klar werden, bietet sich die Alternative, sich als Subjekt der Liebe auszuschließen und von ihr in einer objektivierenden rationalen Distanz zu sprechen. Von hier aus erscheint es wünschenswert, sich auf kluge und zärtliche Weise zu lieben und die Delirien des Wahnsinns der Liebe zu vermeiden. Man begnügt sich mit der Zärtlichkeit und hält sich von den mythologischen oder göttlichen, den sublimen oder entsetzlichen Elementen der Liebe frei. Zur Vermeidung der Verrücktheit der Liebe verlangt die Haltung »Aufklärer« ein vernünftiges rationales Vorgehen. Dieselbe Einstellung hatten die »Aufklärer« gegenüber der Religion, wenn sie sie lediglich für eine von Priestern erfundene Ansammlung von Aberglauben hielten. Nach dieser Auffassung wäre die Liebe dann nur eine von Literaten erfundene Sammlung von Geschichte.

Dagegen spricht, daß sich das »romantisch« genannte Liebesgefühl einer gelebten Erfahrung nähert, in der die Liebe nicht als ein oberhalb der Wirklichkeit unseres Alltags angesiedeltes surreales Gefühl, sondern als die Wahrheit des Seins selbst empfunden wird. Wahrscheinlich kann man diese Alternativen hinter sich lassen und eine dritte synthetische Position einnehmen. Vielleicht stellt diese eine Art Übergang von einem Gesichtspunkt zu einem Meta-Gesichtspunkt dar, indem man zunächst – wie es das moderne in der Romantik anhebende Denken unternimmt –, die Frage des Mythos aufs Neue untersucht. Nach Bataille, Duran, Corbin und vielen anderen Anthropologen und modernen Denkern ist der Mythos keine Serie von Illusionen oder Erzählungen; der Mythos stellt den halbimaginären, halb-mythologischen Teil der menschlichen Wirklichkeit dar. Dem, was wir Wirklichkeit nennen, verleihen wir schließlich Konsistenz; denn, um alles abzusichern, was wir tun, verspüren wir das Bedürfnis nach dem Mythos des Wirklichen. Indem wir den Mythos ablehnen, gewinnen wir noch keine einfache Beziehung zum Mythos. Denn der Mensch ist nicht nur »homo sapiens«, sondern zugleich auch »homo sapiens« und »homo demens«, d.h. es gibt innerhalb unseres Lebens keine klare Grenzlinie für die Vernunft, keine klare Grenze zwischen bewußter Lebensführung und Wahnsinn.

Sobald man die konkreten Details des Alltagslebens unberücksichtigt läßt, gibt es keine Grenze mehr. Ich möchte sogar behaupten, daß ein »rational« genanntes Leben, da es keinen Sinn hat, reiner Wahnsinn ist. Denn was ist schon vernünftig: etwa sein Leben verstreichen zu lassen, ohne sich seiner zeitlichen Veränderung bewußt zu werden? Oder etwa möglichst lange leben zu wollen, ohne selbst sein Leben zu verbrauchen? Wir können darauf keine befriedigenden Antworten geben. Selbst wenn man von der Liebe ausgeht, begreift man, daß die Liebe zugleich voller Wahnsinn und voller Weisheit ist, ohne daß man angeben könnte, wann die Liebe in Verrücktheit umschlägt. Der Wahnsinn der Liebe ist nicht wahnsinnig; die Surrealisten behaupten in bezug auf die Liebe sogar, daß sich ihre höhere Wahrheit gerade in dem ausdrückt, was als Wahnsinn erscheint. Damit wären wir wieder bei dem, durch den Bruch der hermetischen Scheidewand zwischen den beiden Kammern des Gehirns angenommenen Zusammenbruch des »bikameralen Gehirns«.

Wir brauchen die Kommunikation zwischen unseren »Gehirnkammern«, wir brauchen einen Dialog zwischen unseren beiden Bewußtseinshälften. Das erste Bewußtsein besteht darin, daß wir, weil uns alles zum Objekt werden kann und werden muß, die Liebe als Objekt behandeln können und müssen. Dabei dürfen wir nicht vergessen, daß sich diese Sichtweise auf von Subjekten erfahrene Angelegenheiten und Erlebnisse bezieht, und daß wir selbst Subjekte ähnlicher Erfahrungen sind. Unsere Anschauung sollte allerdings nicht zur Hälfte subjektiv und zur Hälfte objektiv sein; sie sollte vielmehr vollständig subjektiv und vollständig objektiv sein. Darin besteht *die* Spannung zwischen den beiden antagonistischen Anschauungen, aus der es keinen Ausweg gibt.

Ein zentrales auch die Liebe berührendes Problem besteht in der Frage, wie man heute mit Mythen umgeht und lebt. Das Drama des Mythos besteht in folgendem: Sobald wir einen Mythos Mythos nennen, hört er schon auf, Mythos zu sein; denn wir objektivieren ihn und hören auf, an ihn zu glauben. Solange wir einen Mythos leben, sind wir unfähig zu sagen, daß es ein Mythos sei; denn wir gehen davon aus, daß es sich um die Wahrheit handelt. Hier existiert ein Widerspruch; wir bleiben aufgefordert, zu erkennen, daß unser Leben von Mythen durchwoben ist und wir unsere Mythen auswählen, begreifen und mit ihnen leben müssen. Drei grundlegende Probleme ergeben sich daraus. Einmal weist die Liebe, die man zu einem Wesen aus Fleisch und Blut empfindet, nicht dieselbe Natur wie jene Liebe auf, die man einer einem spektralen Universum angehörenden transzendenten Gottheit entgegenbringt. Denn die Götter des spektralen Universums lassen sich nicht herab; erst nach dem Ende der Zivilisation werden sie herabsteigen. Bis dahin müssen wir in der Liebe mit dem Problem der Degradierung leben. Sodann verändert die Zeit jeden Menschen – und nicht nur in physischer Hinsicht. Selbst wenn die Entwicklung zweier Menschen anfangs nur unbedeutend divergiert, erweitert sich bereits eine kleine Divergenz häufig mit der Zeit und führt zu einer starken, die Partner an ihrer wechselseitigen Erkenntnis oder Wiedererkenntnis hindernden Entfremdung. Schließlich gibt es das Problem der Ungewißheit, das sich von der Unsicherheit im mythologischen und religiösen Kontext unterscheidet. Denn innerhalb einer Religion kann sich der Gläubige fragen, ob der Glaube an seinen Gott gerechtfertigt ist. Wenn er jedoch von seiner Religion erfüllt und in ihr geborgen ist, dann dürfte er einen grundlegenden Zweifel kaum kennen. Wer jedoch an der Gewißheit einer Religion zweifelt und daher mehrere verschiedene Religionen untersucht, erkennt schon bald, daß jede Religion ihre Wahrheit behauptet und Absolutheitsansprüche stellt. Im Hinblick auf die Religion der Liebe leben wir jedoch nicht mit verschiedenen Religionen, sondern mit verschiedenen Menschen entgegengesetzten Geschlechts. Sobald es sich um die Art der Liebe handelt, verstehen wir nicht, wie ein Gott (eine Göttin) eine(n) andere(n) ersetzen kann. Es gibt also ein Element der Ungewißheit und des Irrtums in der Liebe. Bin ich es, oder ist sie es, oder sind wir es wohl? Bin ich wirklich verliebt oder täusche ich mich über mich selbst? Die Unentscheidbarkeit dieser Fragen gehört zu unserem Leben.

Die Vorstellung, daß zwei und zwei vier sei, die Idee eines Syllogismus kann uns gleichgültig lassen; gerade das Gefühl der Wahrheit, der Integration der Wahrheit in das Sein ist der Ursprung aller Delirien, aller menschlichen Illusionen. Wir erfahren in der Liebe die Schwierigkeiten des Gefühls der Wahrheit, die in der unsicheren und irrtumsreichen Verbindung von Glauben und Zweifel liegen, die heute nachdrücklich nach Erklärung verlangt. Wer gegenwärtig an eine Religion glaubt, hat auch einen ihm zum Teil unbekannten Bereich in sich, in dem er an seinem Glauben zweifelt. Doch auch jeder Skeptiker, der an keine Religion glaubt, hat eine archaische Grundschicht in sich, in der er glaubt. Wie wir mit unseren Mythen leben, hängt von dem Dialog zwischen Glauben und Zweifel in uns ab. Andererseits bestimmt dieser Dialog den komplementären bzw. antagonistischen Charakter unserer Beziehung zu unseren Mythen. Im Mittelpunkt einer entwickelten Liebe steht die Vorstellung, daß der Andere unsere Wahrheit hat und sie uns enthüllt, bzw. daß der Andere *die* Wahrheit trägt, die wir verloren haben und nicht mehr erkennen können, nach der wir uns aber immer gesehnt haben. Es ist der Andere, der unsere Wahrheit offenbart und in uns ein vom Absoluten abhängendes Gefühl schafft, das uns die Gewißheit gibt, daß wir uns nicht in einem Zustand eines entsetzlichen Irrtums und einer bloßen Halluzination befinden.

Einerseits müssen wir den Mythos der Liebe, ihre Wirklichkeit, die diesen Mythos enthält und überschreitet, annehmen; andererseits müssen wir an ihm leidvoll zweifeln. Mit seiner Idee der Wette hat Pascal die erste moderne Antwort auf das Problem der tragischen Konfrontation von Glauben und Zweifel formuliert. Die Pascalsche Idee der Wette hat einen naiven und einen komplexen weiterführenden Aspekt. Der naive besteht in der Auffassung, man müsse um den Glauben wetten; denn im Falle eines Gewinns gehöre einem das Paradies; im Falle eines Verlusts verlöre man nichts, da man ja schon tot sei, das Leben aber als ehrbarer Mensch gelebt habe. Darüberhinaus besteht die weiterführende Erkenntnis der Pascalschen Vorstellung darin, daß sie im Unterschied zu Perioden der menschlichen Wissensentwicklung, in denen *ein* sicheres Fundament vorhanden ist, deutlich macht, daß es *kein* sicheres Fundament gibt. Man muß im Bewußtsein wetten, daß man Wetten eingeht und keine Dogmen und absoluten Wahrheiten aufstellen kann; zweifellos ist das Risiko der Wette beunruhigend; denn es geht nicht nur um das Risiko des Irrtums oder der Täuschung; es ist das Risiko der Degradierung des Absoluten in die Alltäglichkeit. Im Augenblick der Wette setzen wir nicht nur unser Leben ein, sondern auch das Leben anderer aufs Spiel.

Literatur

F. Alberoni: Verliebtsein und Liebe, Stuttgart 1983.

Jean-Luc Evard

Das Paradoxon in der Liebe

»Jeder ist der Mittelpunkt der Welt, und nur weil die Welt von solchen Mittelpunkten voll ist, ist sie kostbar. Dies ist der *Sinn* des Wortes Mensch: jeder ein Mittelpunkt neben unzähligen anderen, die es ebenso sehr sind wie er.«
E. Canetti

Nicht aus launenhaftem Eigenwillen heraus hat André Breton der Liebe als einer Zentralmacht des Schicksals gehuldigt; einer Liebe, deren Zauberkraft er aus einer alten Vergangenheit, aus dem Mittelalter hervorholte und der er gleichwohl als einem entscheidenden Paradoxon unserer Kultur der Individualisierung gegenüberstand. So unbeschränkt das dem Ich verheißene Reich auch war, so bedingungslos war es ihm auch vorgeschrieben, es solle doch nicht Wirklichkeit werden, wenn es den einzigen Anderen, das andere Ich nicht zugleich zu erkennen vermöge, welches es unumkehrbar als das einzige, der Liebe würdige Ich bestimmen solle. Eben darin lag die genuine Kraft dieses Liebesgesetzes: aus unzähligen anderen Ich herausgehoben, wurde ein Ich dadurch unersetzlich, daß es eine Erlösung besonderer Art versprach: daß nämlich ein anderes Ich sich nicht mehr an seine Stelle werde setzen können. Die Hochzeit der Liebe fällt genau mit jener Fähigkeit zusammen, aus einem jeden ein für ein anderes Individuum absolut einzigartiges Wesen zu machen. Diese Hochzeit war also bestrebt, das Individuum und die entsprechende geschichtliche Kategorie zu verabsolutieren, weil sie sich vornahm, die Zeichen der Leidenschaft des Mannes und der Frau zu verobjektivieren und sie in einem Code der Auserwähltheit festzuschreiben. Objektiv waren diese Zeichen deshalb, weil keiner der beiden Liebenden über seine Leidenschaft verfügen konnte, sondern ihr ohne jedweden Vorbehalt ausgesetzt blieb und sie dennoch als das Eigenste empfinden konnte.

Dieses sorgfältige Hervorheben, dieses Erproben des Einzigen, vor dem ich als derjenige stehe, der ihm wiederum absolut fehlt und ohne den wiederum umgekehrt sein Ich genauso wenig sich rechtfertigen ließe wie mein eigenes – dieses Hervorheben und Erproben geht mit Riten des Erwählens einher, mit Praktiken also, die der begrenzten Seltenheit einen bestimmten Wert, einen bestimmten Sinn zuweisen und die auf das gegenseitige Erkennen zweier füreinander bestimmter Wesen in der Unendlichkeit der mengen- und massenhaften Wesen ohne jede entsprechende Vorherbestimmung, in der endlosen Serie aller möglichen Männer oder Frauen abzielen. Seit dem Mittelalter ist die Lehre von der Liebe als schicksalhaftem Hauptzeichen auch eine Wissenschaft der objektiven Zeichen des Erwählens – auf den Liebenden kommt der Name der Geliebten zu wie die Wahrheit der Erkenntnis auf den Menschen, der die verborgene authentische Bedeutung der Zeichen, der Schriften, der Formen zu entziffern versteht. Immer wieder erinnern die großen Topoi der Auserwählten in der Liebe an den Vorgang der Orakelauslegung, die einem mehrdeutigen Text sein Geheimnis entreißen möchte, damit der Einsichtige als Held, als Subjekt der Wahrheit ausgezeichnet werde, einer Wahrheit, die ihn von dem nicht eingeweihten Gemeinwesen trennt und in sich verschließt: daß eben dies eine Weihung zur unumkehrbaren Individualisierung bedeutet, zeigt sich sodann in der Unmöglichkeit, in die Vielzahl, aus der die Gemeinschaft besteht, zurückzukehren. So wurde uns auch die Auserwähltheit des Liebeshelden auf dem Hintergrund einer Initiationsreise ohne Rückkehr überliefert: Dantes Reise in die Hölle und zum Paradies, Bretons Wanderungen durch Paris, an der Seite Nadjas. Der Liebende besteht die Proben der Reise, wird aufgenommen: erwählt, was indes eine Auswahl voraussetzt, da er ja die bedeutendste Eigenschaft erringt, die ihn von jedem anderen unterscheiden muß und die ihm seinen eigenen Wert verleiht.

In dieser Tradition der unumkehrbaren Individualisierung darf darum die Auserwähltheit in der Liebe als Mythem betrachtet werden, aus dem die Riten des aus der Masse Ausgenommenseins herzuleiten bleiben, die dazu führen, die Seltenheit als Verhältnis innerhalb der gesamten sozialen Verhältnisse hervorzubringen, den

Mangel als das Negative der Einweihung und der daraus folgenden Epiphanie, durch die zwei Individuen ohnegleichen sich gegenübertreten und einander in diesem Augenblick der Fülle und der Erfüllung einen eigenen Wert zuerkennen. Zunächst scheint die ritualisierte Auserwähltheit auf eine, jedes andere denkbare Verhältnis ausschließende Zweierbeziehung abzuzielen, die nun endgültig zwei Individuen von der Unzahl der Männer, von der endlosen Serie der Frauen abhebt.

Merkwürdigerweise bestehen aber die Erzählungen über die Auserwähltheit ständig auf der Tatsache, daß der Erprobung des Mangels und der Einweihung ein bei weitem höherer Rang zuzuerkennen ist als dem monogamischen Gebot. Im Gegensatz zu diesem Gebot, das ein Verbot verhängt, eine Überschreitung impliziert und eine ausgleichende Norm erläßt, will die leidenschaftliche Liebe der Auserwählten (l'amour-passion) das Element des »ohnegleichen« in den Vordergrund rücken. Indem das Gebot über die Gesamtheit der Männer und Frauen ergeht, scheint die »amour-passion« diese Gesamtheit vielmehr als einen Bestand zu betrachten, der der Erfüllung im Wege steht – als würde das Mythem eine Elite des Liebens erstreben, die immer schon in der Gefahr stünde, das Los der zum bloßen Gebot verurteilten Gesamtheit zu teilen und ihm zu verfallen, ohne zugleich jemals aufzuhören, dennoch dem Menschengeschlecht anzugehören. Das Ideal der Seltenheit und der Fülle verdeckt, so ist anzunehmen, einen nicht gewaltlosen Widerspruch, dessen verschlüsselte Bedeutung darin liegt, die Figur eines Individuums ohnegleichen zu zeichnen, das nämlich über das Gesetz, das Gebot hinausgeht – und deswegen auch gegen beide steht. Um so eher läßt sich daher verstehen, warum die Kehre der Einweihung jede Rückkehr in die Gemeinschaft der allein auf das Gebot angewiesenen Menschen verhindert.

Die Erkenntnis ist Gemeingut, daß eine Gesellschaft einzig infolge der Seltenheit zu *einer* Gestalt gelangt, die als Grundlage und Reservoir der Sinnverhältnisse wahrgenommen und interpretiert wird. Sozialwissenschaftlich wird diese Gestalt mit den Begriffen »Wert«, »Wertsystem« gekennzeichnet, mit denen grundsätzliche Handlungsweisen je nach unterschiedlicher, festgelegter Rangordnung versehen sind, die institutionell die Maserungen der Machtverhältnisse ausmachen. Daß Wertsysteme verschiedener Art existieren, heißt allerdings nicht, daß der Wert einfach vorgegeben wäre: im Gegenteil ist jede Gesellschaft, will sie ihre eigene Gestalt bewahren (und dazu hat sie keine andere Wahl), gehalten, unablässig Wert hervorzubringen und zugleich zu zerstören. Wert muß sie unweigerlich hervorbringen, weil gerade dieser die Klassifizierung von Handlungen je nach bestehender Rangordnung ermöglicht und damit Sinn- und Machtverhältnisse stiftet; Wert muß sie unweigerlich vernichten, um sich mimetisch und symbolisch als Ursprung des Werts zu behaupten und somit die Möglichkeit einer Umwertung freizuhalten, ohne die sich überhaupt keine Handlung mehr vorstellen ließe, der es nach wie vor um Wandlung und Verwandlung ginge.

Wie tief die Tradition der Individualisierung in diesem Drama des Werts von Anfang an wurzelt, läßt sich wohl kaum überschätzen. Denn weder das Subjekt noch das Individuum vermögen sich zu konstituieren, ohne gerade dieser Antinomie des hervorzubringenden und des zu zerstörenden Werts zu begegnen: sie müssen einerseits ein Ich als allgemeingültige Klimax des Wahren und als universales Modell des Entscheidungsvermögens thetisch setzen; sie müssen andererseits dieses Ich auch als Signum der Selbsterkenntnis und als Ursprung aller Werte axiologisch festlegen. Während Wert nichts anderes ist als Vernetzung, Austausch, Gemeinschaft, Krieg, Überschneidung, kurzum: *socius*, muß sich das Ich als eigenständige Instanz verabsolutieren. Während der Wert nichts anderes ist als die Differenz, die die Fülle der Dinge dem den Menschen anhaftenden Mangel entgegensetzt und wiederum die Welt der Dinge und die Welt der Menschen dem gleichen Prinzip entsprechend weiter ausdifferenziert, bleibt das Ich einer völlig fiktiven Einheitlichkeit verhaftet. Im wesentlichen weist »Wert« auf die Vielzahl hin, auf das Aus-zählen, auf das Vergleichen, wodurch erst die Seltenheit als Extremfall der Wertzirkulation begriffen werden kann, also als paradigmatischer Zustand des Wertsystems, wie ihn etwa ein vorhandener Geldbestand oder ein Meisterwerk darstellen. Deshalb läßt sich der Wertzyklus in allen Bereichen der sozialen Institution wiederfinden: die Schatzkammer der Banque de France, das Kunstwerk in der Sphäre des Herstellens, der Held in der mythischen Ordnung, der Star – oder eben der Einzige der auserwählenden Liebe, der sich der endlosen Serie aller möglichen Männer und Frauen entzieht. Zur Geltung kommt der Begriff des Einzigen unter dem Zeichen des Mangels, den er aufhebt, da er ihn mit dem Signum der Ausnahme versieht und als Inbegriff kennzeichnet, als Inbegriff dessen, was jenseits des Werts, des Vergleichbaren, des Zählbaren schlechthin steht.

Inwiefern können wir jedoch die Ausnahme als die bis zum Äußersten gesteigerte Wertform bestimmen? Und inwiefern können wir das, was keinesfalls seriell ist, als Grenzpunkt jener Serie betrachten, die die Wertformen untereinander bilden? Anders formuliert: strebt die auserwählende Liebe danach, den Wertzyklus zu durchbrechen oder ihn aber auf seinen höchsten Punkt zu treiben und dort zu erhalten? Bricht der Wertzyklus zusammen, wenn sich der grundlegende Gegensatz des Überflusses und der Seltenheit offenbart, oder aber wird er trotz dieses Gegensatzes dadurch gerettet, daß man von der Seltenheit zur Ausnahme aufsteigt und daß Norm und Gebot einer höheren Instanz, der exklusiven Anerkennung des Anderen nämlich untergeordnet werden?

Gewiß werden die Kulturen von den Sozialwissenschaften nach ihrem jeweiligen Verhältnis zur Seltenheit und zum Mangel eingeordnet; es besteht aber *eine* Gesellschaft, die die Seltenheit nicht nur immanent strukturiert, sondern auch dramatisch transzendiert: unsere Gesellschaft nämlich, deren solide Tradition mit einem ständige Prozeß der Individualisierung einhergeht und die deshalb auf das folgende Paradoxon verwiesen bleibt: dem Unzähligen, dem Endlosen, dem Immergleichen, dem Menschen als Einzelwesen der endlosen Serie der Menschen jedoch eine ontologische, eine ästhetische, eine rechtliche Qualität zuerkennen. Innerhalb der Logik des Werts läßt sich dieses Paradoxon nicht auflösen, da die Menschen nicht gleichzeitig über ihre Qualität und ihre Zahl verfügen können. Erstreben sie die Zahl, die Menge als Masse, verlieren sie an Wert – erstreben sie die Qualität, können sie nicht umhin, sich zu differenzieren, in hierarchische Verhältnisse einzuordnen und sich zu deklassieren, Eliten zu bilden, Geheimgesellschaften zu fördern, deren Funktion es ist, Abgrenzung und Erlösung gleichzusetzen. Auf die anthropologische Qualität wird verwiesen, wo das Menschliche gegen das Nicht-Menschliche zur Geltung gebracht wird; auf die soziologischen Bestimmungen aber, wo der Mensch gegen den Menschen auf den Plan tritt. Entsprechend kommen auf den Gesellschaftsbegriff gegensätzliche Bedeutungen zu. Was sich sozialwissenschaftlich auf solche Weise auseinanderlegen läßt, dem kann keine Praxis mehr gewachsen sein. Eben daher bleibt es beim mythischen Bewußtsein, ohne je dem grundlegenden Paradoxon ausweichen zu können, da unsere Gesellschaft sich nun einmal herausgebildet hat, die all ihre Handlungs- und Wandlungsmöglichkeiten auf ein Individualisierungspotential abstellt, um dessen willen sie die Qualität des Einzelnen gegen die der Serie ausspielt. Daher können sich Sinn und Geschichte in unserer Tradition allein auf dem Gipfel des Wertsystems versöhnen: Höhepunkt der notwendigen Gottesgnade bei Augustinus, Höhepunkt der erlebten Heiligkeit bei den großen Mystikern, Gipfel des »verfemten Teils« und der »inneren Erfahrung« bei Bataille – als könne sich innerhalb der endlosen Serie der Menschen der Wert nicht erhalten und als ließe er sich erst auf der höheren Stufe, erst als Ausnahme, erst an der Systemgrenze wiederfinden, an der die Dinge und die Menschen (Seelen, Namen, Waren) tatsächlich zu Einzelwesen werden, weil sie nun der Domäne des Werts entgangen sind, in die sie nie wieder zurückkehren sollen.

So fällt der Wille zum Jenseits des Werts mit einer Rettungsstrategie zusammen, die dafür sorgt, daß das Individuum nicht in die Masse aller Individuen abstürzt, die undifferenzierbar sind, sobald sie sich für ebenbürtig bzw. identisch halten (es läßt sich gleichfalls feststellen, mit welchem Begriff das theologische Denken die Antinomie von Qualität und Serie auflösen wollte: der Sündenfall ist nur die musterhafte Peripetie eines unendlichen Differenzierungsvermögens, das Paradigma der Verkettung, weshalb Differenzen sich als Kategorien fixieren lassen – Gott/Mensch, Gott/Engel, Engel/Satan, etc.).

Diese Rettungsstrategie setzt jedoch voraus, daß der kulturelle Prozeß der Individualisierung in Wirklichkeit eine radikale Entwertung umfaßt.

Greifen wir nun noch einmal unsere Frage auf: versucht die auserwählte Liebe, den gesamten Wertzyklus zu durchbrechen oder aber das Individuum zu retten, indem sie es von diesem Zyklus fernhält und die Ausnahme als dritte Kategorie außerhalb des Überflusses und der Seltenheit einführt? Nimmt man mit Goblot[1] an, daß jede Individuation aus einer Sperrung (*barrière*) und einer Nivellierung (*niveau*) folgt, so kann die auserwählende Liebe als jenes Verhältnis betrachtet werden, das Sperrung und Nivellierung gerade nicht unterscheidet: »Alle Menschen sind gleich, weil ein Einziger wertvoll ist«, könnte gleichsam der geheime Satz der auserwählenden Liebe lauten, womit die ursprünglich in die Skala der Wertigkeiten eingeführte Differenz keine mehr ist, sondern nur eine Ausnahme, unter deren Zeichen der Einzige kein Mensch mehr sein kann, der sich mit anderen Menschen vergleichen ließe. Daß zumeist die Erzählungen über die auserwählende Liebe mit dem Tod der Liebenden enden, entspricht jenem Mythem, das von Beginn an die Weihe zum ganz-Anderen dem *socius* eindeutig entgegensetzte und mit dem Topos des Todes die Unmöglichkeit jeder Rückkehr in die Welt der ungenügend differenzierten, umtauschbaren Individuen verbildlichte.

In dieser Hinsicht darf auch nach Meinung der Surrealisten rechtens von der subversiven Kraft der »amour-passion« die Rede sein, wenn man sich auf den Entwurf einer unbeschränkten Souveranität besinnt, die dazu tendiert, das Individuum der Nivellierung zu entreißen, ohne es deshalb in die »solipsistische« Position eines Anderen leugnenden Einzigen (so etwa Stirner) hineinzudrängen. Noch deutlicher bekundet sich dieser Entwurf, wenn erinnert wird, wie begeistert die Surrealisten Sade und Fourier rezipierten. In der Tat war keiner sich je dessen bewußter als Sade, daß auch die Individuation in ein System gehört, daß also das Individuum eine nur begrenzte Einheit ist und diese Unvollkommenheit aufzuheben vermag, indem es die Vollkommenheit der Serie, der es angehört, ausspielt: das systematische Auszählen der Teile, sei es der zu erobernden Frauen oder der zu überschreitenden Verbote, wird der nach wie vor beschränkten Qualität des Individuums gegenüber favorisiert. Das Verhältnis der Surrealisten zu Sade, das Verhältnis der Liebe zu der zum System erhobenen Libertinage entspricht genau dem Verhältnis eines Modells zum einschlägigen Gegenmodell: es geht um die äußerste Steigerung einer auf alle Fälle dramatischen Individuation, die schlußendlich den Einen einzig unter dem Zeichen des Anderen verabsolutiert, da sie ihn *seriell* subsumiert: »Alle Menschen sind die besten, weil keiner reicht« – ein Satz, der nun die Individuation als Ergebnis der Sperrung bestimmt.

Indem sich die Surrealisten auf Sade beziehen, bestätigen sie nicht gerade freiwillig die in der »amour-fou« wurzelnde Verzweiflung, selbst wenn Nadja es Breton möglich machte, den trüben Schmerz des objektiven Zufalls zu lindern, und ihm gestattet, sich von einem schlimmeren Wahn kraft ihrer eigenen Surrealität freizuhalten. Trotz seiner behutsamen Egeria kann ihn allein der Frevel à la Sade vom Zweifel entlasten, der dazu führt, die Serie der anderen macht-, lust- und leidvoll zu durchqueren, insofern sich der unvergleichliche, der nicht-serielle Andere nie in gänzlicher Gewißheit erkennen läßt. Seit die Surrealisten die erhabene und die luziferische Seite des Begehrens, die nicht-serielle Qualität und die bis zum Ekel ausgezählte Quantität miteinander verbanden, klaffen das Diesseits und das Jenseits des Werts nicht mehr auseinander, sondern zeigen eine Art Nullgrad des gesamten Zyklus an, an dessen Ende jeder geworden ist, was er war. So haben die Surrealisten Sperrung und Nivellierung gegeneinander ausgespielt: Nadja als Sperrung, die das Nirgendwo der wahren Liebe abgrenzt, Sade und Fourier als Nivellierung, als integrales Buchstabieren aller Elemente der Serie.

Folglich gilt auch die Annahme, daß die Surrealisten das alte Drama der Individualisierung abrupt beendeten, indem sie sich die beiden bislang unvereinbaren Riten zu eigen machten: den Ritus der Auserwählten nämlich und das orgiastische Buchstabieren der vollständigen Serie. Der Einzige, der einzige Andere, der sich wiederum auf mich als auf den absoluten Anderen bezieht, der ihm nun den Orakelspruch des objektiven Zufalls verkündet, verliert seine Konsistenz und vermag nicht länger der Zauberei der Seele zu widerstehen. Denn nicht weniger wirksam als der Ritus der Auserwählung vermag sie das Paradoxon der Individualisierung als Mittelwert zweier divergierender Kräfte (Sperrung und Nivellierung) aufzuheben und eine neue Umgangsweise mit dem Wertzyklus zu erschließen. Daß Juliette Nadja beistehen kann, dürfte schließlich ebenso wenig erstaunen machen wie die Lacansche Verbindung von Kant und Sade[2]: doppelte Interferenz, als weise sich das Paradoxon der Individualisierung zunächst intuitiv (Juliette und Nadja), dann theoretisch (Kant mit Sade) aus. Was aber das anfängliche Mythem bereits formuliert hatte, daß nämlich das Individuum die eigene Individualisierung zwar gegen die Serialität des Sozialen, aber nur dank eines-Anderen-als-sich erreichen kann, dem widerspricht die von den Surrealisten, von Georges Bataille und Maurice Heine gefundene Formulierung, die jede Entfernung, Neutralisierung oder Beseitigung des *socius* prinzipiell für unmöglich erachtet: es finde nicht die gegenseitige Epiphanie zweier Individuen statt, sondern es gebe einen sichtbaren oder unsichtbaren Dritten, ohne den das Verhältnis zum Anderen überhaupt nicht entstehe. So lasse sich keine Individualisierung denken, die dem allumfassenden Wertzyklus vorbeuge, denn man sei weder Ein-heit noch Zwei-heit, man sei immer zu dritt, so daß keiner sich einbilden könne, er könne zur Ein-heit werden, wenn er einem Zweiten begegne, der ihm als seinesgleichen erscheine.

Daß diese zweite Formulierung das Mythem der auserwählenden Liebe entscheidend umdeutet, läßt sich anhand zweier Texte belegen, die jeweils vor und nach der surrealistischen Umwandlung des Paradoxons geschrieben wurden, nämlich *Die Prinzessin von Clèves* (1678) und *Messer im Herz, Dreieck im Kopf. Vignetten zu einer Pornographie der Gefühle* (von Bernd Nitzschke, in: Konkursbuch 10).

In der Erzählung des 17. Jahrhunderts ist die dritte Person zwar anwesend, wird aber dennoch von den beiden Liebenden nie wahrgenommen. Sie behindert sie durchaus nicht, sie nehmen sie aber auch nicht wahr und werden es nie tun. In der Erzählung des 20. Jahrhunderts geht es umgekehrt um Männer und Frauen (Lou Andreas-Salomé, Nietzsche, Paul Rée, Freud, Helen Deutsch), die den inzwischen wohl verrufenen Zustand der Zwei-heit erst erlangen, sobald sie sich versichert haben, daß sich in diese Zwei-heit eine dritte Person einschieben wird, die die Begegnung beider Egos unverhohlen steuere. Ließe sich nun die dritte Person als unentbehrliche Möglichkeitsbedingung der Leidenschaft *auch* in der ersten Erzählung erörtern, dürfte man annehmen, daß sich bei aller Variation das Mythem ein und dieselbe Notwendigkeit bekundet.

In der *Prinzessin von Clèves* (Mme. de La Fayette) besteht die ganze Subtilität darin, daß die beiden Protagonisten ihre Liebe zueinander sich um so deutlicher erklären, je mehr sie darüber schweigen. Würden sie gegen die Regel des Schweigens verstoßen, würden sie sogleich der geheimen Neigung entsagen – »sich in Verruf bringen«, wie es Mme. de La Fayette schreibt. Deshalb entlehnt die Erzählung ihre Logik dem Tableau der Begegnung auf dem Tanzfest am königlichen Hof, bei dem der Herzog und die Prinzessin, die einander nicht vorgestellt wurden, doch dem Zufall verdanken, miteinander tanzen zu müssen. Dieser erstmalige Anblick bedarf keines weiteren Worts: je nach Art und Geschlecht verkörpern sowohl der Herzog wie auch die Prinzessin das höfische Ideal der Schönheit, deren blitzartige Selbstbegegnung ebenso verführt wie das Betrachten eines namenlosen Kunstwerks. Die Kunst der Autorin besteht gerade darin, die Gewalt der schweigenden Verführung als Knotenpunkt der Handlung systematisch zu benutzen, insbesondere für die Peripetie des entwendeten Medaillons – der Herzog stiehlt das Bildnis der Prinzessin am hellichten Tag während eines vielbesuchten Empfangs, wobei ihm auffällt, daß sie ihn *in flagranti* gesehen hat: »seine Augen begegneten denen der Mme. de Clèves (...) und er glaubte, daß sie seine Tat bemerkt habe«. So kippt die versäumte Entwendung in eine schweigsame ungewollte Liebeserklärung um. Die Prinzessin findet sich mit diesem Zwischenfall rasch zurecht und verzichtet auf die Forderung der Rückgabe ihres Porträts: »... und war sehr froh, ihm eine Gunst zu gewähren, die sie ihm, ohne daß er recht wußte, ob sie sie ihm erwies, zugestehen konnte. Monsieur de Nemours, der ihre Erregung bemerkte und sich über deren Ursache fast klar war...[3]«.

Schließlich kommt es zu einer Art sprachlos abgemachtem betrügerischen *und* ehrlichem Spiel, in dem das Publikum – der Hof – eine entscheidende Rolle übernimmt, da sich der Herzog zutraut, unter den Höflingen versteckt das Medaillon unauffällig an sich zu nehmen und da die wohl kaum getäuschte Prinzessin ihrerseits an der Täuschung mitwirkt. Die beiden Protagonisten werden zu rivalisierenden Komplizen, die sich untereinander um so tiefer verständigen, je mehr sie der Regel des Schweigens und des Geheimnisses folgen. Der Hof tritt also bereits an die Stelle des ausgeschlossenen Dritten, der in der Novelle von E. A. Poe, *Der entwendete Brief*, das Schweigen brechen wird.

Andererseits aber wird überhaupt nicht geschwiegen, sondern im Gegenteil endlos gesprochen und geschrieben: es spricht die Mutter der Prinzessin, die stirbt, nachdem sie ihre Tochter vergeblich vor der Verführung gewarnt hat (und sich damit ungewollt in die Rolle der Aufpasserin und Initiatorin eingepaßt hatte); es sprechen auch der Vizedom von Chartres, oder auch der Herzog von Nemours selber, der sein Geheimnis derart verrät, daß er den Prinzen von Clèves, den Ehemann seiner Geliebten, zum kummervollen Sterben veranlaßt und eben dadurch die Prinzessin ein für allemal verliert.

Allein aus diesem bis ins Äußerste getriebenen Gegensatz des Schweigens und des Wortes erhält die ganze Erzählung ihre vielfältige Einheitlichkeit. Sie hält an dem Prinzip fest, demzufolge die beiden Liebenden einer dritten Person unabänderlich preisgegeben sind, deren Gegenwart verhängnisvolle Konsequenzen hat und sie zu der selbstverbotenen Liebeserklärung veranlaßt. Daraus folgt die am klarsten entworfene Szene, in der die Prinzessin ihrem Mann gesteht, den Herzog zu lieben, der sich seinerseits in einem Nebenraum versteckt hält, dem kein einziges Wort der Unterhaltung entgeht und der das Geständnis als eine Liebeserklärung mithören kann, die ihm selbst niemals gemacht worden wäre. Gerade in dieser Szene bewahrheitet sich die zweite Fassung des Paradoxons: nie stehen sich zwei Individuen gegenüber, sondern stets drei, mindestens drei. Im übrigen kommt es nicht auf die Zahl an: Drei weist nur auf jede mögliche Zahl hin, *außer* auf *zwei;* drei bedeutet nicht drei, wie etwa im Freudschen Dreieck, sondern jede Zahl *außer zwei*. Die Peripetien der Erzählung folgen aufeinander, um jene Szene einzuführen, in der die Prinzessin mit einer Person (mit ihrem Mann) zu reden glaubt, in Wirklichkeit jedoch zwei Personen, eine sichtbare und eine unsichtbare miteinander sprechen. Nicht anders hatte sie auch während des Tanzfestes mit dem Herzog getanzt: ohne es nämlich zu wissen.

Überspringen wir zweihundert Jahre und betrachten wir ein Zeitalter, das die Regel des auszuschließenden Dritten nicht mehr so drastisch anwendet wie noch das höfische Epos, und zwar das ausgehende 19. Jahrhundert. Hintergrund des Aufsatzes von B. Nitzschke ist das Prinzip der dreieckigen Liebschaften Paul Rées, Nietzsches und Lou Andreas oder die Rekonstruktion der umständlichen Verlobung Freuds und Marthas. Ihr vermag Freud seine Zuneigung vor allem in der Form der Eifersucht zu offenbaren, indem er viel Zeit darauf verwendet, sich imaginäre oder reale Nebenbuhler auszusuchen, deren Namen er ausspricht und deren Gegenwart er ermöglicht, um Martha das Eigene, das geradezu problematische Eigene zu vermitteln.

Später soll ein solches Gefüge noch einmal in Erscheinung treten, wenn der junge Psychoanalytiker V. Tausk, ehemaliger Liebhaber von Lou Andreas, Freud um eine psychoanalytische Behandlung bittet, der ihn aber hinauskomplimentiert und an Helen Deutsch überweist, bis er auch sie auffordert, die Behandlung einzustellen. Daraufhin nimmt Tausk sich das Leben.

Nitzschke sieht Freuds Abneigung gegenüber Tausk als eine Manifestation der schon längst offenbar gewordenen Unfähigkeit an, Körpernähe zu ertragen, insbesondere das Auge des Anderen, wenn ihn dieser zu deutlich, »zu scharf« anblickt. Diese außerordentliche Abneigung, so Nitzschke, hängt mit Freuds Unfähigkeit zusammen, sich Martha ohne die Vermittlung eines anderen Mannes zu nähern, und ist sogar der Grund, weshalb Freud nach der Couch greife, die eine gewisse Entfernung ermögliche, dem Blicken des Anderen unwillkürlich eine andere Richtung gebe und das Sinnesorgan wechsle (das Ohr löst das Auge ab). Andere Spuren dieser panischen Unfähigkeit zu einer Zweierbeziehung erörterte Nitzschke anhand eines Textes, den Freud über ein Märchen von E.T.A. Hoffmann, *Der Sandmann,* zum gleichen Zeitpunkt niederschreibt, zu dem Tausk sich das Leben nimmt.

So wird von Nitzschke die nun manifeste Unmöglichkeit verdeutlicht, daß sich ein Mann und eine Frau je aufeinander beziehen, wenn sie sich keine dritte Person explizit vorstellen, die dann und erst dann ein erträgliches von Angesicht-zu-Angesicht ermögliche.

»Der Dritte im Bundes ist austauschbar oder kann ganz einfach seine Position im Dreieck wechseln: Die Szene als solches bleibt stabil. Das Arrangement dient dem Schutz, den der Dritte gegen den Zweiten bietet, gegen die *schreckliche* Nähe des Einen, des ‹Anderen›«[4]. Ferner:

»Der Dritte kann womöglich die Rückkehr aus der symbiotischen Verschmelzung mit dem Zweiten erlauben; oder aber, vorsichtiger, voraus-sehender: der Dritte wird von vorn-herein in die Zweierbeziehung eingeführt, damit es erst gar nicht zur unauslösbaren Verschmelzung kommen kann. Wird der Dritte in diesem Sinne vorsichtig miteinbezogen, so ist er sicherlich der Störenfried des möglichen symbiotischen Friedens zwischen den Zweien. Doch er ist immer auch Schutzbild, Retter, der durch seine Person und Anwesenheit die Distanz-Nähe-Regulation erst möglich macht, die in der Sozialisation vorgezeichnet ist als die Position des ‹Vaters›, der dem Kind die Möglichkeit bieten soll, sich aus der Symbiose zur Mutter zu befreien. Dies kommt dem Individuationswunsch des Kindes entgegen. (...) Was also den Schrecken der Nähe betrifft, so ist der Dritte die rettende Gestalt. Er ist unentbehrlich, wenn zwei einander über das erträgliche Maß hinaus *zu* nahe kommen.«[5]

Im deutlichen Unterschied zum Herzog von Nemours und zur Prinzessin von Clèves ist Nietzsche und Freud die Regel der dritten Person wohl bekannt; sie berufen sich sogar auf sie, und zwar auf eine derart bewußte und entschiedene Weise, daß sie unter dieser Regel nicht mehr das Fatum der Höchsten Liebe verstehen wollen, sondern sie als die Minimalbedingung der Liebe sans phrase benutzen. Nitzschkes Hypothese, die Psychoanalyse als Therapeutik habe in der Folge dieser Regel getarnt und sie als immanentes Gesetz des ödipalen Dreiecks wiedergegeben, liegt uns fern. Denn die Psychoanalyse hat die Zahl drei ebenso hypostasiert, wie die auserwählende Liebe die Zahl zwei hypostasiert hatte. Dem Wertzyklus ist nämlich jede Zahl tendenziell gleichgültig: für ihn kommt es einzig darauf an, daß Produktion und Vernichtung des Werts niemals aussetzen, daß der Serie keine Grenze gesetzt wird, daß sich überhaupt keine Ausnahme abheben läßt, die die Zirkulation der einzelnen Dinge und der einzelnen Menschen stören oder gar verhindern würde. Dem Wertzyklus erscheint jede stabile Form der interindividuellen Affinität, die ödipale eingeschlossen, als pathologisch, abnorme Lebensform. Gerade diese Botschaft läßt sich aus der zweiten Version des Paradoxons entnehmen: als verbotene Drei-heit oder als unmögliche Zwei-heit bekundet das Mythem die gleiche Fata Morgana der Individualisierung, das gleiche eherne Gesetz einer endlosen Serialität.

Ob die erste Erzählung mit der unvermeidbaren oder die zweite mit der unentbehrlichen dritten Person abschließt: es ergibt sich stets nur ein und dieselbe Notwendigkeit, die die erste Erzählung für ein Verhängnis, die zweite für eine Möglichkeitsbedingung hält. Das Mythem entscheidet nicht, ob die dritte Person »imaginär« oder »real« gegeben ist, sondern verweist allein auf ihre strategische Funktion im Verlauf der Handlung – dem König des Schachspiels ganz ähnlich, der erst im Endspiel real wird, d. h. taktisch eingesetzt werden kann, während er bei der Eröffnung des Spiels eher als eine imaginäre Größe stillsteht, um deren willen sich die anderen Figuren zu bewegen haben. Strategie heißt hierbei, daß sich der gesamte Wertzyklus unter wandelnden Notwendigkeiten und Möglichkeiten erhält und vollständig seine Bahn durchläuft. Dafür aber muß etwas geopfert werden: ein Trauma im Fall der Prinzessin, ein Phantasma im Fall Freuds. Das »nicht-zwei« des Mythems, Chiffre und Verschlüsselung des Paradoxons, weist auf eine Voraussetzung des Sozialen als Voraussetzung des Zusammen-haltens der Individuen hin: um der möglichst kleinen Individualisierung willen unterbindet das Mythem sowohl den Alptraum der seriellen Reproduktion wie auch den Wunschtraum der absoluten Differenz.

Anmerkungen

1 E. Goblot, La Barrière et le Niveau. Paris 1925[1], 1967[2].

2 J. Lacan, Kant mit Sade. In: ders., Schriften II. Olten 1975.

3 Vom Autor veränderte Übersetzung von P. Hausmann (Berlin/München1918).

4 B. Nitzschke, Messer im Herz, Dreieck im Kopf. Vignetten zu einer Pornographie der Gefühle. Konkursbuch 10, S. 54.

5 Ebda., S. 87ff.

Luce Irigaray

Am Anfang war der Frauenraub

Heute befinden sich viele Teile des Rechts im Wandel, darunter besonders derjenige Teil, der die Beziehung zwischen Frau und Mann (genres masculin et féminin)[1] regelt. Von diesem Wandel sind in unserer Kultur vor allem Normen und Gesetze betroffen, die im Zusammenhang mit dem Familien- und Reproduktionsbereich stehen: die Pflicht Kinder zu gebären, das Recht auf Verhütung und Abtreibung, die Namensbestimmung für Frau und Kinder in der Ehe, die freie Wahl des Wohnortes für die Partner, der Lohn für Hausarbeit, die Dauer des Mutterschaftsurlaubs, der Schutz der Frauenarbeit usw.

Die Gesetze sind verbunden mit dem Natur-, Zivil- und Strafrecht, sowie mit dem religiösen Recht. Selten wird die Gesamtheit dieser Einzelbereiche betrachtet, ihre Bedeutung und Aufteilung. Hegel hat versucht, das gesamte Funktionieren einer Gesellschaft, einer Kultur zu interpretieren. Er wollte das Funktionieren des menschlichen Geistes im Individuum und im Staatsbürger beschreiben und denken. Das schwächste Glied in der Kette seines Systems scheint auf der Ebene einer Interpretation des Geistes und des Rechts in der Familie zu liegen. Hegel, der sich sonst immer bemüht, jede undifferenzierte Einheit auseinanderzunehmen, gelingt es nicht, die Familie anders als *Eine* Substanz zu denken, in welcher die einzelnen Individuen ihre Rechte verlieren – außer dem Recht auf Leben? Aber das ist nicht gar so einfach…

Das Kapitel der *Phänomenologie des Geistes*[2], in dem Hegel von der Familie spricht, steht am Anfang seiner Analysen der Beziehung des Menschen zum Geist in der Kultur. Dieses Kapitel erörtert zunächst die Frage der Sittlichkeit und ihres Bezugs zur Moralität. In dieser Passage sagt Hegel hinsichtlich des Rechts der Geschlechter (genres) zwar etwas sehr Wichtiges, scheint es aber später wieder vergessen zu haben. In seinen Ausführungen über den Geist des Volkes, der Völker, hat es nämlich keine Wirkung mehr.

Worum handelt es sich? In diesen Analysen, die sich der Familie in ihrem Bezug zum Staat widmen, erklärt Hegel, daß die Tochter, die den Gesetzen ihrer Mutter folgt, aus dem Gemeinwesen der Gesellschaft ausgeschlossen werden muß. Sie darf nicht gewaltsam umgebracht, soll aber eingesperrt werden, der Freiheit, der Luft, des Lichts, der Liebe, der Ehe, der Kinder... beraubt. Was darauf hinausläuft, daß sie zu einem langsamen und einsamen Tod verdammt wird. Die Figur dieser Tochter ist in *Antigone*[3] repräsentiert. Hegel stützt sich in diesen Analysen auf den Inhalt der Tragödien von Sophokles.

Welches ist die Natur der Gesetze, die Antigone respektiert? Es sind religiöse Gesetze, die das Begräbnis ihres – im Krieg zwischen Männern – getöteten Bruders vorschreiben. Diese Gesetze beziehen sich auf die kulturellen Verpflichtungen gegenüber der Abkunft, dem Blut der Mutter, einem Blut, das den Brüdern und Schwestern der Familie gemeinsam ist, dem gegenüber es Pflichten gibt, die beim Übergang zu einer partiarchalen Kultur mit Verboten belegt werden. Diese tragische Episode im Leben, im Krieg zwischen den Geschlechtern stellt den Übergang vom Matriarchat zum Patriarchat dar. Dieses untersagt der Tochter, die Blutsbande ihrer Mutter zu respektieren. In spiritueller Hinsicht hat diese Bindung zwischen Mutter und Tochter religiösen Charakter. Sie begleitete die Fruchtbarkeit der Erde in ihren Blüten und Früchten, sie beschützt die Liebe in ihrer körperlichen Dimension, sie wacht über die weibliche Fruchtbarkeit in oder außerhalb der Ehe (je nachdem ob es sich um das Reich *Aphrodites* oder *Demeters*[4] handelt), ihr entsprechen verschiedene Perioden des Friedens.

Bei der Institution des Patriarchats wird die Tochter von ihrer Mutter und allgemein von ihrer Familie getrennt. Sie wird in die Genealogie des Ehemanns verpflanzt, sie muß bei ihm wohnen, sie muß seinen Namen tragen, ebenso ihre Kinder usw. Als dies zum ersten Mal geschieht, wird es als Raub einer Frau durch einen Mann/Liebhaber geschildert. Die Männer entfachen einen Krieg, um die entführte Frau wieder zu ihrer Ursprungsgruppe zurückzuholen. Unsere gegenwärtige Moral ist diesen sehr alten Geschehnissen immer noch unterworfen. Das will heißen, daß die Liebe zwischen Mutter und Tochter – durch die patriarchale Herrschaft unmöglich gemacht (was uns übrigens auch von Freud noch einmal gesagt wird) – umgewandelt wird in den Zwangskult der Frau: Kult gegenüber den Kindern ihres rechtmäßigen Ehemannes, Kult ihrem Mann als männlichem Kind gegenüber. In der Tat scheint denn auch der Mann trotz des Inzesttabus die natürliche Unmittelbarkeit seiner Beziehung zur Mutter nicht sublimiert, sondern auf seine Frau, als Muttterersatz übertragen zu haben. Seitdem es nicht mehr zwei Genealogien gibt, eine männliche und eine weibliche, sondern nur mehr eine, die des Ehemannes, spielt sich die Beziehung des Paares so immer zwischen zwei Generationen ab.

Welches auch immer die Regeln einer Moral seien: dieses Verschwinden einer Genealogie in einer anderen, ist ein sittlicher Fehler. Er pervertiert den Geist des Volkes, der Völker, und verhindert die Bildung einer Ethik des Paares.

Die sexuelle Befreiung unserer Zeit hat keine neue sexuelle Ethik hervorgebracht. Sie weist uns jedoch darauf hin, daß diese Thematik von Bedeutung ist, vor allem deshalb, weil Energien zwar freigesetzt, jedoch nicht positiv ausgelebt werden können. Sie fallen in natürliche Unmittelbarkeit zurück: in den Zwang zu gebären, in die gerade noch knapp in sadomasochistischen Szenarien kanalisierte Gewalt, die Regression zum Bestialischen (aber ohne tierhafte Parade?) im erotischen Akt, die Angst und Zerstörung zwischen den Geschlechtern... Gewiß, es geht nicht darum, zu einer noch repressiveren, moralisierenden Auffassung von Sexualität zurückzukehren. Es ist im Gegenteil notwendig, eine Kunst des Sexuellen, eine sexualisierte Kultur auszuarbeiten. Es geht nicht nur um die freie Verfügung des Körpers im Dienst der Reproduktion und der Reduktion von neuro-psychischen Spannungen. Dieser Zwang für die Frauen, in der Genealogie des Ehemannes zu gebären, entspricht historisch dem Beginn eines Nicht-Respektierens der Natur, der Instituierung eines Begriffes von Natur, der die Fruchtbarkeit der Erde, ihren religiösen Charakter, ihre Bindung an die Göttlichkeit von Frauen und die Beziehung von Mutter und Tochter ersetzt. Der Kult der Mutter wird in unserer Kultur paradoxerweise oft von Verachtung oder Vergessen der Natur begleitet. Wahr ist, daß es sich da um die *Mutter des Sohnes* handelt, zum Nachteil der Mutter der Tochter in patriarchalen Genealogien. Der Kult der Mutter des

Sohnes bindet unsere Tradition an den Horizont des Inzests von Mutter und Sohn, und seines Tabus. Unsere Gesellschaften vergessen, daß in der Faszination dieses Inzests die Genealogie der Frau schon längst in die des Mannes eingegangen ist.

Mit dieser Geste der Reduktion einer Genalogie auf die andere wird es unmöglich oder zumindest schwierig, die Definition von zwei verschiedenen Arten (genres), zwei verschiedenen Geschlechtern (sexes), wahrzunehmen – für alle, die nicht ein wenig darüber nachdenken. Der Mann bezieht sich auf seinen Vater, wenn es um Namen und Gut geht, auf seine Mutter in der Frage der natürlichen Unmittelbarkeit. Die Frau muß sich ihrem Ehemann und der Reproduktion unterwerfen. Das bedeutet, daß ihre Art (genre) als zweigeschlechtliche nie ‹sublimiert› wird. Das Geschlecht (genre) wird verwechselt mit der Gattung (espèce), es wird in der patriarchalen Kultur zur allgemein-menschlichen Natur usw. definiert. Diese Gattung entspricht einem Volk von Menschen-Männern, das bewußt oder unbewußt die Möglichkeit eines anderen Geschlechts (genre), des weiblichen, zurückweist. Es gibt nichts mehr als die menschliche Gattung, wenn das Geschlecht keinen wirklichen Wert hat, nurmehr den der Reproduktion der Art. Von hier aus wäre das Geschlecht (genre) immer der Verwandtschaft unterworfen. Der Mann und die Frau kämen nie zu einer Reife im Denken und in der Kultur ihrer sexuellen Differenz. Sie wären mehr oder weniger geschlechts-differenzierte Kinder und Jugendliche, nachher reproduzierende Erwachsene. In dieser Hinsicht steht die Familie im Dienst der Güter, des väterlichen Vermögens und der Reproduktion der Kinder. Sie ist keine Zelle, wo individuelle Differenzen respektiert und kultiviert werden. Was ‹Leben› anbelangt, so ist festzustellen, daß die Rechte ungleich verteilt sind, und daß sie zumeist zu Pflichten vor allem für die Frauen werden: zur Pflicht Kinder zu haben, und zu sexuellen Pflichten.

Keine Rechtsprechung schützt das ‹Leben› der Frauen. Diese Anomalie wird oft im religiösen Moralkodex gesucht, in seiner Autorität über Sitten und Reproduktion. Dieser Einfluß, Überbleibsel von alten gynaikokratischen Traditionen, ist heute von patriarchalen Imperativen gezeichnet: dem Ehemann Güter verschaffen, dem Staat Kinder...

Es ist unerläßlich, den Begriff der Natur, der solche Imperative im Stillen aufrechterhält, neu zu interpretieren. Oft handelt es sich nicht um Leben, sondern um eine Idee des Lebens und um den Stil des richtigen, lebenswerten Lebens. Aber der Wert, die Worte werden auf der Seite des Volkes der Männer gedacht. Sie sind weder Frauen angepaßt, noch sind sie im Recht eingeschrieben, um ihr Leben, ihre Güter zu verteidigen.

Bis heute sind zwar kleine Veränderungen der Rechte der Frauen erreicht worden. Aber sie sind Rückschritten unterworfen. Sie werden durch partiellen und lokalen Druck erreicht, während es nötig wäre, das Gesamte des Rechts zu überdenken, das gerecht sein soll gegenüber zwei verschiedenen Geschlechtern in ihren Bedürfnissen, ihren Wünschen, ihrer Eigenart.

Solchen Problemen wollen heute manche Frauen und Männer mit der Liebe beikommen. Aber Liebe ist nur möglich zu zweit und in einer Beziehung, die nicht einem Geschlecht (genre) untergeordnet, nicht der Reproduktion unterworfen ist. Sie bedingt die Aufnahme der Rechte eines jeden in das Zivilrecht. Diese Aufnahme der Rechte des Paares in das Zivilrecht hätte die Wirkung, Moralität und Sittlichkeit zu verändern, die Beziehung zwischen den Geschlechtern in der Familie (oder ihrem Substitut) in Rechte und Pflichten der Kultur insgesamt zu verwandeln. Die Religion indes kann die Bedeutung der Beziehung zum Göttlichen für beide Geschlechter wiederfinden. Sie befreit sich von der Bevormundung *eines* Geschlechts (genre) und von der einseitigen Verfügungsgewalt über den Besitz. Was nicht sehr göttlich ist!

Weiter hätte die Aufnahme der Rechte beider Geschlechter in die Kultur und Gesellschaft repräsentierenden Instanzen die Folge, daß nicht Staatsrecht von Naturrecht gespalten würde, daß ein konkretes Privatrecht für die Forderungen des Lebens jedes einzelnen instituiert würde. Was bedeutet das Recht auf Privateigentum da noch, wo die Verpestung der Luft, der Lärm, die durch die Medien verbreitete Gewalt etc. in jedem die Wahrnehmungen zerstört, die unabdingbar sind für Leben und Kultur? Doch nichts anderes als eine ziemlich abstrakte Forderung, auf Geld gebaut, ohne große Sorgen um die Körper, Liebe und Intelligenz derer, die diesen kleinen und oft teuer bezahlten Umkreis bewohnen.

Diese Lebensbedingungen tragen nichts bei zur Entfaltung der menschlichen Völker. Im Gegenteil: in ihrem Empfindungsvermögen zerstaucht, entnervt durch eine selten friedliche Existenzweise, gereizt durch den Einsatz des mikro- und makroökonomischen Leistungswettbewerbs, sind sie außer sich, zum Krieg gedrängt, als würde dieser ein klein wenig Ordnung bringen oder einen neuen Horizont öffnen. Das war oft so, und es wird nur allzu wahr bleiben, solange es keine Ethik des Paares gibt, die Individuen, Völker und Staaten verbindet. Kriege entstehen da, wo diese sich zu sehr von ihren natürlichen Möglichkeiten entfernen, und wo die darauf folgende Akkumulation von abstrakter Energie nicht mehr von Menschen beherrscht wird, niemand mehr konkret dafür verantwortlich ist. Der Wahnsinn bestimmt nunmehr das Ausmaß der Opferbereitschaft, um die wachsende Abstraktion zu reduzieren.

Mit der Perspektive einer gesellschaftlichen und kulturellen Sittlichkeit, die geschlechts-differenziert wäre, könnte die Geschichte eine kontinuierlichere Entwicklung finden und wäre weniger den periodischen und unkontrollierten Expansionen und Reduktionen unterworfen.

Anmerkungen der Übersetzerin

1 Die Übersetzung des Wortes ‹genre› ist sehr schwierig, weil es sowohl das Geschlecht als Spezies, Gattung bezeichnet, als auch das Geschlecht im Sinne von weiblichem und männlichem Geschlecht. Die französischen Originalbegriffe sind deshalb jeweils in einer Klammer aufgeführt. Allgemein hat der Begriff ‹Gattung› in philosophischer Sprache seit dem altgriechischen ‹genos› die Bedeutung der Gattung, des Oberbegriffs im Unterschied zur Art, Spezies, wie zugleich auch die des Geschlechts, der Geschlechterdifferenz, der Reproduktion des Geschlechts, der patriarchalen Geneaolgie.

2 Vgl. Kapitel 6a, der Geist, die sittliche Welt, das menschliche und göttliche Gesetz, der Mann und das Weib.

3 Antigone: Tochter des Oedipus und der Iokaste. Sie bestattete gegen das Verbot ihres Onkels, des Königs von Theben, die Leiche ihres Bruders Polyneikes, wurde entdeckt und lebendig in ein Felsengrab gesperrt.

4 Aphrodite: altgriechische Liebesgöttin, im klassischen Griechenland Geliebte des Kriegsgottes Ares. Sie verweist auf die altsumerische (matriarchale?) Isthar oder Inanna. Demeter: altgriechische Fruchtbarkeitsgöttin, im klassischen Griechenland zugleich Göttin der bürgerlichen Ordnung. L. Irigaray hat wiederholt den Demeter-Mythos in Verbindung mit ihrer Tochter Persephone, die von Hades beraubt wird, interpretiert.

IV
Überschreitungen

Gunter Gebauer

Liebeswahrheit/Wahrheitsliebe

Die Liebe wird in der europäischen Tradition als ein privilegiertes Terrain angesehen, wo man die Wahrheit über sich und die Anderen in Erfahrung bringen kann, über die kostbarsten Eigenschaften des Subjekts: seine auf einen Anderen gerichteten Empfindungen und Gefühle. Der Prüfstein der Liebeswahrheit gilt als entscheidende Instanz bei der Abwägung dessen, was man für den Anderen und der Andere für einen selbst bedeutet. Mit diesen Überlegungen soll der Blick darauf gelenkt werden, daß in einem historischen Prozeß das Ereignis der Liebe unter die Kategorie des Wahren und Falschen gebracht wurde. »Prozeß« soll hier soviel heißen, daß die Verknüpfung von Wahrheit und Liebe einen historischen Beginn (vermutlich sogar mehrere zeitlich verschiedene Anfänge), eine Entwicklung, die Höhepunkte dieses Denkens ausformt, und ein – vielleicht vorläufiges – Ende hat. In Fragen eines bestimmten historisch genau festgelegten Anfanges, Höhepunktes und Schlusses wird man, wie immer bei prozeßhafter Betrachtungsweise, auch andere Festlegungen treffen können; dies muß nicht zu Kontroversen über die Sache selbst führen. Wichtiger ist Übereinstimmung darüber, daß die Verknüpfung von Liebe und Wahrheit eine geschichtliche (also keine begrifflich-notwendige) ist, daß sich also Epochen finden lassen, in denen man *beginnt*, Fragen nach der Wahrheit der Liebe zu stellen.

Man fragt beispielsweise danach, ob mit Liebe zugleich Wahrheit einhergeht oder ob die eine die andere verdrängt, ob eine bestimmte Person in Wahrheit liebt, ob ihre Beziehungen zu einer anderen Person die einer wahrhaft Liebenden sind, ob sie die Wahrheit der Liebe kennt... Fragen dieser Art verfolgen die Absicht, den Bereich *wahrer* Liebe möglichst genau von demjenigen *falscher* Liebe abzugrenzen, Klarheit über die Natur der Liebe einer bestimmten Person zu bekommen. Wenn man die Tür zu Fragen der Liebeswahrheit aufstößt, hat man den Raum verlassen, wo Liebe in voller Indifferenz gegenüber der Wahrheitsproblematik erfahren und ausgelebt wird, und blickt gleichsam in ein neues Kabinett, in dem die Liebe als Gegenstand von Wissen und Erkenntnis dargestellt wird.

Im Grunde handelt es sich um einen verdoppelten Raum, denn am Ende des ersten, dem der Wahrheit, beginnt ein Umkehrraum, derjenige der Falschheit: des Betrügens, Hochstapelns, der Schauspielerei, des Unwissens und Zweifelns, der Prostitution und der Enttäuschung. Die Architektur beider spiegelbildlich aufeinander bezogenen Räume erfordert eine besondere Epistemologie, eine ‹Erkenntnistheorie› der Liebe, die selbst nicht auf Liebe begründet ist. Wie aber soll eine ‹Erkenntnis› von wahrer Liebe begründet werden? Welche Fundamente vermögen die Doppelraum-Konstruktion zu tragen? Versuche, sie zu legen, durchziehen die ganze Geschichte der Liebe im Okzident. Das Vorhaben dieses Beitrags verlangte eine umfassende Auseinandersetzung mit ihnen und eine eingehende Diskussion der Frage, inwieweit überhaupt von einer solchen Geschichte – die in der Literatur allerdings behauptet wird – die Rede sein kann. Unbestreitbar gibt es einige Tendenzen, auf die sich meine Überlegungen stützen.

Die erste Tendenz besteht darin, Wahrheit zu einem Bestandteil von Liebe zu machen und zugleich Liebe zu einem Bestandteil von Wahrheit, Wahrheitssuche und Liebe teilweise miteinander zu verschmelzen; sie wird am reinsten vom Platonischen Sokrates im »Phaidros« verkörpert. Die zweite Tendenz führt zu einer bedingungslosen Unterordnung der Empfindungen unter wissenschaftstheoretische Prinzipien der empirischen Wissenschaften; historisch war Descartes der erste, der diesen Weg, in »Les Passions de l'Âme«, beschritt. Mit der dritten Tendenz gelangt die Verbindung von Liebe und Wahrheit an ein Ende; ihr totales Scheitern wird konstatiert, am eindrucksvollsten in Ludwig Wittgensteins Zurückweisung der Annahme einer »Privatsprache«.

Alle drei Tendenzen ergeben, aufeinander bezogen, den (oder einen) Rahmen des historischen Prozesses: Sokrates steht in meinen Überlegungen für den Anfang, Descartes für den Höhepunkt und Wittgenstein für das Ende der Unterordnung von Liebe unter die Wahrheit. Aber es muß auch ein gegenläufiger Prozeß erwähnt werden: Es gibt entlang der Geschichte von Liebe und Wahrheit keine geringe Zahl von Protesten gegen die Verknüpfung von beiden: Versuche, die Liebe aus der Umklammerung der Epistemologie zu befreien und sie unabhängig vom Wahrheitsbegriff, allein aus sich selbst heraus zur Entfaltung der in ihr angelegten leidenschaftlichen, mystischen, wahnsinnigen, orgiastischen Züge zur Geltung zu bringen. Der europäische Liebesroman, insbesondere der französische des 19. Jahrhunderts, kann als Ausdruck einer tiefen Krise der dem Wahrheits-Begriff unterworfenen Liebe gelten.

Mein Ausgangspunkt, der Sokrates Platons, steht auf beiden Seiten, auf der Seite der Wahrheit und auf der Seite der Leidenschaft. Einerseits führt er selbst den Wahrheits-Begriff in die Betrachtung der Liebe ein. Aber andererseits zeichnet sich, wenn er Wirkungen der Liebe auf den der Wahrheit sich nähernden Menschen darstellt, das Bild seiner tief berührten Seele ab, so daß man leicht errät, wie sehr er selbst liebt. Seine eigene Liebe steht so weit außer Frage, daß sich das Problem der Wahrheit seines eigenen Gefühls im »Phaidros« nicht einmal stellt: Die Liebe existiert bei ihm in diesem Augenblick nur als Wahrheitsliebe, und die Wahrheit ist diejenige des Liebenden.

Die Wahrheit des Liebenden

Im »Phaidros« zeigt uns Platon einen Sokrates, der auf wunderbare Weise von dem Thema seines Dialogs – der Liebe und Schönheit – ergriffen wird: von der Rede des – nicht-präsenten – Sophisten Lysias, die ihm berichtet wird, und vor allem von seinem Gesprächspartner, dem jungen und schönen Phaidros. Selten bietet ein Platonischer Dialog ein so liebliches Bild: An einem wahrhaften locus amoenus, einem einsamen Plätzchen am Ufer des Ilissos, im »Gras am sanften Acker« nebeneinander barfuß »hingestreckt«, in der schönen »Umschattung« einer »prächtig belaubten« Platane, wo die Luft »willkommen und süß weht und sommerlich und lieblich in den Chor der Zikaden säuselt«[1], diskutierten Sokrates und Phaidros die großen Probleme, die entstehen, wenn man die

Liebe unter dem Aspekt der Wahrheit betrachtet. Eine entspannte Szene vom äußeren Anblick her, innerlich aber ein Moment außerordentlicher Spannung bei Sokrates; seine Art zu diskutieren ist nervös, angeregt bis aufgeregt, manchmal sogar exzessiv, voll Sanftheit und Poesie andererseits. Sokrates überrascht sich selbst dabei, wie er seiner Rede fast die Form von Dithyramben gibt.[2] In die Beobachtung seines Gesprächspartners vertieft, lockert er, noch während er seine Wirkungen berechnet und den Anderen zu beeindrucken sucht, vorsichtig immer mehr die Zügel, mit denen er seine Empfindungen kontrolliert und läßt seiner offenkundigen Zuneigung und Erregung immer freieren Lauf, bis sie enthusiastische Formen gewinnen. Kein Zweifel, er ist selbst Liebender: »Jedoch, lieber Phaidros, scheint auch dir, wie mir selbst, daß etwas Göttliches mich angewandelt? – Allerdings, o Sokrates, hat ein ganz ungewöhnlicher Fluß der Rede dich ergriffen. – ... Davon nun bist du Ursache.«[3]

Der Dialog taucht in eine sehr reine Erotik ein, aber an keiner Stelle werden die eigenen Gefühle zur Sprache gebracht: es sind nicht die eigenen Empfindungen der Gegenstand des Dialogs, jedenfalls nicht dessen explizites Thema. Was sich in Sokrates' ‹Inneren› ereignet, wird nicht den Begriffen der Sprache anvertraut: im Zentrum des Dialogs, der alle Züge des Hellen, Heiteren, Liebevollen und Beredten hat, befindet sich ein unsichtbarer und stiller Mittelpunkt, das Innere eines Wortsturms, den Sokrates gegen die Thesen des Sophisten Lysias entfacht. Die geäußerten Meinungen, das Gesagte, nicht das Empfindungsgeschehen und das Atmosphärische, sind es vor allem, die die Philosophiegeschichte von diesem Dialog in Erinnerung behält. Dessen Thema wird jedoch auf zwei Weisen entwickelt: in allgemeinen Begriffen demonstrierend, in die konzeptuellen Formen der Sprache gegossen und auf der anderen Seite verschwiegen, in ein beharrliches Nicht-Reden über die eigenen Gefühle eingeschlossen, das die Liebe durchscheinen läßt.

Das im Dialog diskutierte Thema enthält im Keim ein Bündel von Problemen, denen eine lange Zukunft vorherbestimmt ist. Welches Recht nimmt sich Lysias mit seiner Behauptung heraus, Phaidros *nicht* zu lieben, und mit welchem Recht leitet er daraus einen Anspruch ab, nämlich den auf bevorzugte Behandlung? »Vertraue eher mir als einem Liebhaber«, sagt er zu Phaidros. Der Wahrheitsanspruch, erwidert Sokrates, ist die beste Täuschung; wenn Lysias auf Wahrheit pocht, hat er nur die Absicht, seine Unwahrheit zu verbergen. Sokrates legt den Finger auf die List der Strategie des Lysias: »Es war einmal ein Knabe oder vielmehr ein halberwachsener Jüngling, der war gar schön und hatte der Liebhaber sehr viele. Unter diesen war einer sehr listig, welcher den Knaben, in den er nicht minder als irgendeiner sonst verliebt war, dennoch überredet hatte, er sei es nicht; und einmal, als er in ihn drang, überredete er ihn eben dazu, daß er den Nichtverliebten vor dem Verliebten begünstigen müsse«[4].

Die Rede, die Lysias für Phaidros angefertigt, aber auch hintergründig an ihn gerichtet hat, ist nichts anderes als ein Verführungsversuch; seine These, man solle seine Gunst eher demjenigen schenken, der nicht liebt, erlaubte es ihm, das Spiel mit der Falschheit der Gefühle in Szene zu setzen. Lysias agiert unter der Maske der Wahrheit, um sich die Gefühle des schönen Knaben Phaidros zu erschleichen. Wenn das Problem der Wahrheit der Liebe, der Gefühle allgemein, nicht geklärt ist, bleibt den falschen Seelenleitern, was Lysias im Urteil des Sokrates ist, Tür und Tor geöffnet.

Den Bereich der Gefühle vor Mißbrauch zu sichern, war allerdings das vorgeschobene Anliegen des Lysias. Wahrheit über die Liebe und den Liebenden zu sagen, sei nur dem Nicht-Liebenden gegeben: die Neutralität des unbeteiligten Beobachters, sein uninteressierter Blick nur sei imstande, der Wahrheit und damit dem Wohl des Liebenden zu dienen. Platon, der selbst bei vielen Gelegenheiten den Geltungsbereich des Wahrheitbegriffs ausdehnt[5], zeichnet das Vorhaben des Lysias als Karikatur. Liebe, so sagt er hier jedenfalls, ist kein Gegenstand von Erkenntnis, ist nicht Wahrheit und Falschheit unterworfen; vielmehr entwirft er seinerseits im weiteren Verlauf des Dialogs die Liebe als eine Art energetischen Impuls der Seele auf dem Wege zur Erkenntnis des Wahren und Guten.

So wird Sokrates als wahrhaft Liebender sprechen. Lysias hingegen, als falscher Nicht-Liebender, hat seinerseits ein lamentables

Bild von der blinden und blendenden Liebe gezeichnet, das alle Untugenden enthält, deren man die täuschende Liebe anklagen kann – nicht alle Fehler allerdings, denn Sokrates, der auf die Lysiassche Argumentation einzugehen scheint, trägt – mit verhülltem Haupt (wegen der Schande, wie er später sagen wird) – noch eine ganze Reihe weiterer Fehler nach: Liebe ist ein flüchtiger Seelenzustand, ihre Wechselhaftigkeit macht jede Seelenkonstanz zunichte; der Liebende handelt allein seinen amourösen Interessen gemäß; er übt einen verderblichen Einfluß auf den Geliebten aus, weil er diesem schmeichelt. Verliert er aber sein Interesse an jenem, so verläßt er ihn treulos. Die Seele des Geliebten ist Kampfplatz von Leidenschaften, was diesen Urteilsstörungen erleiden läßt. Der Liebende macht ihn zum Objekt von Besitzwünschen; er zielt letztlich auf die Schwächung des Geliebten. Am Ende versinkt die Liebe in Eifersucht, in Lüge und übler Nachrede.

Die Liebe kann in Grenzfällen der geschilderten Art, die der Philosoph jedoch sucht, in die Rolle des Wahrheitsfälschers gesteckt werden. Dies ist nur die Nachtseite der Bilanz. Es gibt auch eine Tagseite: die Liebe kann *wahr* sein, sie ist dann dauerhaft, verläßlich, gerecht in ihrem Urteil, treu, sie kann den Geliebten besser machen. Später wird genau dies, das Preisen der Liebesglorie, zu einem bedeutenden Thema der Literatur; Sokrates – man wartet darauf, daß er damit beginnt – tut es nicht. Insofern reagiert er auf überraschende Weise: warum antwortet er dem Lysias nicht, indem er dessen Bild umdreht, indem er die Vorteile der Liebe lobt? Die einfache Umkehrung würde jedoch nichts lösen; das Problem sitzt tiefer: die *mögliche* Wahrheit der Liebe ist von ihrer *möglichen* Falschheit bedroht.

Sobald man die Liebe unter dem Aspekt der Wahrheit betrachtet (und man darin übereinstimmt, daß sie nicht tautologisch ist), werden Aussagen über sie, als kontingente, wahr oder falsch sein entsprechend der Bedingungen, nach denen ihnen ein Wahrheitswert zuerteilt wird. Die Liebe wird also zu einem der Bereiche des Spiels von Verifikationen und Falsifikationen, der Suche nach *wahren* Gefühlen und des Entdeckens von *falschen,* von Verführung, von Nachahmung und Spiel, Trick und Zweifel, von Nicht-Wissen und Verdächtigungen.

Wenn man so die Liebe der Bestimmung von Wahrheit und Falschheit unterwirft, wenn man auf diese Weise die Epistemologie erweitert, vollzieht man stillschweigend, ohne besondere Rechtfertigung einen Schnitt zwischen wahrer (oder falscher) Liebe und der Wahrheitsliebe. Liebe wird zu einem Begriff, der wie jeder andere Gefühlsbegriff behandelt wird. Unbedingte Wahrheitsliebe würde Verdacht und Fragen nach der Wahrheit des Liebens gar nicht erst aufkommen lassen; sie würde den Liebenden zu unbezweifelbaren Äußerungen geradezu zwingen; sie würde eine solche Sicherheit besitzen, daß jede Form der Überprüfung überflüssig wäre. Die von der Wahrheitsliebe vorangetriebenen affektiven Beziehungen zwischen den Menschen ließen eine Liebesliteratur, wie sie sich später entwickelte, gar nicht entstehen.

Aber erst einmal wird dem Sophisten die Schuld zugeschoben. Sokrates denunziert die Armut von dessen Liebeskonzeption und stellt dieser seine eigene gegenüber. Arm ist sie vor allem in ihren Vorstellungen über den Seelenzustand des Liebenden: »Unwahr ist jene Rede, welche behauptet, daß, wenn ein Liebhaber da sei, man vielmehr dem Nichtliebenden willfahren müsse, weil nämlich jener wahnsinnig sei, dieser aber bei Sinnen. Denn wenn freilich ohne Einschränkung gälte, daß der Wahnsinn ein Übel ist, dann wäre dies wohlgesprochen«.[6] Aber weit entfernt davon, ein schädlicher, armseliger Zustand der Weltentfremdung zu sein, »entstehen uns die größten Güter aus diesem Wahnsinn, der jedoch durch göttliche Kunst verliehen wird«.[7] Er ist jedoch »etwas Schönes, wenn er durch göttliche Schickung entsteht«.[8] Das Gegenteil ist zu erweisen: »daß zur größten Glückseligkeit die Götter diesen Wahnsinn verleihen, und dieser Beweis wird den Vernünftigen unglaublich sein, den Weisen aber glaubhaft«.[9]

Im Wahnsinn entzieht sich die Liebe total der Epistemologie; sie liegt außerhalb der Reichweite von wahr und falsch. Ebensowenig ist sie ein Seelenzustand oder eine Empfindung; sie wirkt wie eine göttliche Energie, die den Menschen in Richtung auf die Welt der Ideen antreibt. Sokrates rechnet, nach seinem eigenen Bekenntnis, nicht damit, die Vernünftigen von seiner Sichtweise zu überzeugen. Die Moderne jedenfalls, selbst da, wo sie sich vom Platonismus inspirieren läßt, wie zum Beispiel in der Wissenschaftstheorie,

Logik, Sprach-, Erziehungs- und Staatstheorie, kehrt der Sokratischen Skepsis gegenüber dem Wahrheitsbegriff im Bereich der Liebe den Rücken zu. Sie neigt, im Gegenteil, viel eher dem Standpunkt des Lysias zu. Eines der ersten Programme der Moderne wird darin bestehen, eine vernunftgemäße Weise zu entwickeln, wie die Leidenschaften, Gefühle, Empfindungen, die Liebe unter anderen, zu behandeln seien; und das heißt: in analoger Weise zu den Wissenschaften – *more geometrico*.

Der Begriff der Leidenschaften oder Die Liebe zur Geometrie

In der Abhandlung über die »Passions de l'Âme«[10] sieht Descartes ein riesenhaftes, noch unerschlossenes Areal vor sich: das Gebiet der menschlichen Leidenschaften. Unverstand und Aberglauben haben die Philosophen vor ihm auf alle möglichen Irrwege geschickt. Erst sein Programm sei fähig, einen rationalen Zugang zu eröffnen, einen Weg in das streng umgrenzte, klar aufgeteilte Innere der menschlichen Psyche. In keinem Gebiet sei so deutlich, »wie unzulänglich die Wissenschaften, die wir von den Alten haben, sind«, wie in dem der Leidenschaften. Woraus nährt sich das Selbstbewußtsein, das sich in dem ersten Satz der Abhandlung ausdrückt? »...was die Alten darüber gelehrt haben, ist so wenig und zum größten Teil *so wenig glaubhaft*, daß ich nur darin die Hoffnung setze, mich der Wahrheit zu nähern, daß ich mich von den Wegen, denen sie gefolgt sind, entferne«. Die neue Leitmaxime wird sein: die Alten vergessen, als hätten sie nie etwas zu diesem Thema gesagt – »als behandelte ich eine Materie, die nie jemand vor mir berührt hatte«.[11] (Diese Art der Wahrheitsfindung auf Kosten der Anderen, zugunsten der eigenen Person, könnte vielleicht eher selbst als eine Leidenschaft angesehen werden, eine passion de soi, die sich hier mit der Wahrheitsliebe verbindet.)

Mit der Konzeption der Leidenschaften verfolgt Descartes denselben Ehrgeiz und denselben Weg wie in seinen Abhandlungen über die res extensa der physikalischen Wissenschaft. Sie ist systematisch und axiomatisch; die Abhandlung enthält 212 Artikel, die vom Allgemeinen ausgehen und mit dem Besonderen enden; die Leidenschaften werden zergliedert, mit Hilfe definitiver Setzungen scharf voneinander getrennt, aufgezählt und in Form einer Ordnung gegliedert und hierarchisiert. Das Vorgehen ist deduktiv; aus Grundleidenschaften werden weitere Passionen abgeleitet und kombinatorisch »vermischte Empfindungen« (wie Lessing später sagen wird) gebildet. Es erhebt Anspruch auf Vollständigkeit: alle Leidenschaften werden allen ihren Ableitungs- und Kombinationsmöglichkeiten nach betrachtet. Die Abhandlung untersucht »die Leidenschaften im Allgemeinen und dabei die ganze Natur des Menschen« (wohl weil sie den das Ganze des Menschen repräsentierenden Kern bilden). Ihr Ziel ist Beherrschung der Menschen-Natur. Vollständiges Wissen legt die Fundamente zur Herrschaft über die Leidenschaften, wenigstens also zur Selbst-Beherrschung. Descartes erklärt am Ende der Abhandlung sein Ziel für erreicht; im Artikel 211 (»Ein allgemeines Heilmittel gegen die Leidenschaften«) konstatiert er: »Und nun, da wir sie alle kennen, haben wir viel weniger Grund, sie zu fürchten, als wir vorher hatten...«[12]

Die epistemologischen Grundlegungen und Werkzeuge, die Descartes in seinen physik- und erkenntnistheoretischen Schriften entwickelt hat, werden in das Gebiet der menschlichen Seele transportiert. Neben den anderen Leidenschaften wird die Liebe von Wahrheits- und Erkenntnistheorie viviseziert und erscheint hier als definiertes und kombinationsfähiges Objekt mit kalkulierbaren ‹Valenzen›, als eine feste Position in einem Ordnungsschema – ein beherrschter Wissensgegenstand. Keine Spur mehr verrät ihre Naturgewalt, ihre Unberechenbarkeit, ihre zerstörerische oder konstruktive Energie, sie ist ein Kästchen auf der Tafel der Seelenkräfte, ein sauberes Konstrukt des rationalistischen Geistes: »... die Liebe und der Haß kommen aus der Erkenntnis und gehen der Freude und der Traurigkeit vorher... Und wenn diese Erkenntnis wahr ist, d.h. wenn die Dinge, die sie uns lieben macht, wirklich gut sind und diejenigen, die sie uns hassen macht, wirklich schlecht, dann ist die Liebe unvergleichlich viel besser als der Haß«.[13]

Die Wahrheit des »ich liebe« ist begründet in der unbezweifelbaren Wahrheit des »ich denke«. Auf die Wahrheitsliebe des einzelnen, den man wohl kaum noch als »Liebenden«, eher als »Affizierten« bezeichnen möchte, kommt es nicht an, denn von ihm hängt nicht viel ab. Die Täuschungsmanöver, die bei Platon Angelegenheit verschlagener Sophisten waren, sind bei Descartes die ungleich gefährlicheren, ja existenziellen, die vom bösen Geist ausgehen. Gott selbst muß als Garant der Wahrheitsliebe einspringen, zwar nicht er selbst, aber der Begriff des Gottes, der in seiner Perfektion frei von Täuschungswillen und Bosheit ist. Gott verleiht die Erkenntnisfähigkeit (»faculté de connaître«), »die wir natürliches Licht nennen«, die »niemals ein Objekt wahrnimmt, das nicht darin wahr wäre, worin sie es wahrnimmt, d.h. worin sie es klar und distinkt erkennt«.[14]

Die Definitionen der Leidenschaften werden in ein Netz von Interdependenzen mit anderen seelischen und geistigen Prozessen eingeknüpft. »Nachdem betrachtet worden ist, worin die Leidenschaften der Seele von allen anderen Gedanken (pensées) unterschieden sind, scheint es mir, daß man sie allgemein definieren kann als Perzeptionen oder Gefühle (sentiments) oder als Emotionen der Seele, die man insbesondere auf diese bezieht und die von gewissen Bewegungen des Geistes (esprit) verursacht, erhalten und gekräftigt werden.«[15] Die Leidenschaften sind kausal mit Wahrnehmung und inneren geistigen Prozessen verbunden. Die Gefühle werden »in der Seele auf dieselbe Weise empfangen wie die Objekte der äußeren Sinne und nicht anders als durch diese erkannt«. Daher verlangt die genaue Kenntnis des seelischen Geschehens eine umfassende Analyse der Beziehungen zwischen Innen (Seele und Denken) und Außen einerseits sowie der innerseelischen Kausalverhältnisse andererseits. Das innere Universum wird direkt von dem empfindenden Individuum eingesehen; es bietet sich ad oculum interiorem direkt und ohne Erkenntnisschranken an.

Das innere Auge verfolgt die psychischen Ursache-Wirkungs-Ketten der Seelenmechanik, die ausgehend von der Außenwahrnehmung quer durch den Organismus verlaufen und zur Erzeugung von Leidenschaftskräften führen. Was geschieht im liebenden Organismus? Der Verstand stellt sich einen Gegenstand der Liebe vor und ruft im Gehirn einen Eindruck hervor. Durch die Nerven des 6. Paares leitet dieser die »esprit animaux« in die »Muskeln, die sich um die Därme und um den Magen herum befinden«. Dies bewirkt, daß »der Saft des Fleisches« sich in »neues Blut verwandelt« und direkt, »ohne in der Leber anzuhalten«, »mit größerer Kraft vorangedrückt als dasjenige, das sich in den anderen Körperteilen befindet«, in das Herz strömt. Dorthin gelangt es »in größtem Überfluß und ruft eine größere Wärme hervor, weil es dicker als dasjenige ist, das schon mehrfach dadurch, daß es immer wieder durch das Herz geströmt ist, verdünnt wurde«. Dies hat zur Folge, daß auch das Herz »esprits« »in das Gehirn aussendet«, dessen Teile nun »dicker und aufgeregter als normalerweise sind«. Diese »esprits« verstärken den Eindruck, »den der erste Gedanke des liebenswerten Gegenstandes dort gemacht hat und zwingen so die Seele, bei diesem Gedanken zu verharren; und genau darin besteht die Liebesleidenschaft«.[16]

Die Bewegung des Bluts und der »esprits« äußert sich in organischen Veränderungen: Der Organismus wird in Ereigniszonen mit symptomatologischen Bedeutungen aufgeteilt – beschleunigter Transport, Blutbildung, Verdickungen, Rotfärbungen werden zu Zeichen von Leidenschafts-Vorgängen. Eine naturwissenschaftlich fundierte Zeichenlehre und Hermeneutik soll es ermöglichen, die Seele zu entziffern. »Die Bewegungen der Augen und des Gesichts, die Farbveränderungen, das Zittern, die Schwäche, die Ohnmacht, das Lachen, das Stöhnen und die Seufzer«[17] sind nichts anderes als Zeigerausschläge auf den Meßinstrumenten, deren Konstruktionsprinzipien in der Abhandlung entworfen werden.

Die Cartesianische Psychologie wird kaum größere, allerdings auch – denkt man an die physiologische Psychologie – kaum geringere Spuren in den empirischen Wissenschaften hinterlassen als Descartes' Medizin. Das Wichtigste ist aber, daß in der Abhandlung ein entscheidender Schritt vollzogen wird: In das moderne Denken werden die grundlegenden Auffassungen darüber eingeführt, in welchen Zusammenhängen, gemäß welcher methodischer Prinzipien und mit welchem Ziel menschliche Empfindungen wissenschaftlich zu betrachten seien. Liebe kann dabei nur so viel gelten wie jeder andere seelische Vorgang auch; alle Empfindungen werden der gleichen Analyseweise unterzogen. Unter epistemologische Prinzipien gestellt, zu Gegenständen von Erkenntnis geworden, sind die leitenden Ziele in der Auseinandersetzung mit ihnen: Erklärbarkeit und Beherrschbarkeit. Ideal der Beschäftigung mit den Leidenschaften wird die empirisch-wissenschaftliche Untersuchung; nicht-begriffliche Formen von Empfindungen werden aus der Betrachtung ausgeschlossen; die Mythen und die Geschichte, erst recht ekstatische Äußerungen von oder über Liebe werden Sache von Außenseitern, die letztlich kein Recht auf Seriosität haben. Die Dichotomie von Innen und Außen wird bestimmend für alle späteren Sichtweisen der Liebe und der Empfindungen allgemein, wobei auch für den Bereich des Innerpsychischen immer wieder ein Zugang gesucht wird – ein mehr oder weniger wörtlich verstandenes inneres Auge –, der zur Erfüllung des Wahrheitsanspruchs für notwendig gehalten wird.

Nicht nur das wissenschaftliche Denken, sondern in gewisser Weise auch die Romanliteratur über Liebe verfolgt diese Grundsätze, die in Descartes' Auffassungen über die Leidenschaften zum ersten Mal und mit größter Klarheit ausgesprochen worden sind. Während in den Wissenschaften die Fundiertheit der Cartesianischen Prinzipien außer Frage steht und auf diesen Voraussetzungen Theoriebildungen vorgenommen werden, handelt die Romanliteratur, vor allem die französische des 18. und 19. Jahrhunderts, von den Schwierigkeiten, letztlich von der Krise der modernen Konzeption der Leidenschaften, insbesondere der Liebe. Romanautoren wie Rousseau, Choderlos de Laclos, Stendhal, Flaubert und noch Proust stellen im Zusammenhang des erzählten Geschehens, bezogen auf fiktive Personen, Fragen nach der Wahrheit – und der Falschheit – der Liebe und der Liebesobjekte, der richtigen und falschen Erkenntnis der Liebenden, nach den Beweisen für diese Wahrheit und für den wahren Besitz der geliebten Person, Fragen nach der Verläßlichkeit von Zeichen für die Liebe des Anderen und nach dem Wahrheitscharakter ihrer Hermeneutik. Ihre Antworten werden mit wachsender Modernität immer komplizierter – am komplexesten und geradezu quälend bei Proust – und entfernen sich unendlich weit von der Fülle der Liebe, die – wenn überhaupt – nur in seltensten Augenblicken, zufälligen Ausnahmezuständen aufbricht, ein nervöses und folgenloses modernes Gegenbild zur Gottesliebe und mystischen Liebeserfahrung früherer Epochen.

Die große Liebesliteratur der Moderne bildet umfassende Codices des Liebes-Zweifels aus: die Idee der potentiellen Falschheit von Liebe zerfrißt immer mehr das Glückhafte, den Gefühlsreichtum und die Sinnlichkeit, die sich in der Vergangenheit (und noch in der modernen Trivialliteratur) mit Liebesleben verband. Die moderne Liebesliteratur – deutlich wird dies schon in Rousseaus »Nouvelle Héloïse« – dreht allmählich und wenig merklich ihre Thematik von Grund auf um: Die Suche nach der *wahren* Liebe des Anderen wird zu einer Schöpfung des Anderen, zu einer Art Neu-Erzeugung seines Inneren, also des als normalerweise verborgen und unzugänglich gedachten Bereichs seiner Gefühle. Eines der bevorzugten Mittel dabei wird die Pädagogik sein. Die Lehrer-Lieben des Saint-Preux zu Julie und des Pädagogen zu Emile verraten viel über die Pygmalion-Strategie des modernen Liebenden. Kierkegaards Verführer verwendet pädagogische Techniken, um den Genuß seines sorgfältig präparierten Liebesabenteuers mit Cordelia zu steigern. »Was tue ich? Betöre ich sie? Keineswegs; damit wäre mir nicht gedient. Stehle ich ihr Herz? Keineswegs, ich sehe es auch lieber, daß das Mädchen, das ich lieben soll, ihr Herz behält. Was tue ich dann? Ich bilde mir ein Herz nach ihrem Herzen. Ein Künstler malt seine Geliebte, das ist jetzt seine Freude, ein Bildhauer formt sie. Das tue ich auch, aber im geistigen Sinn. Sie weiß nicht, daß ich dieses Bild besitze, und darin liegt eigentlich mein Betrug. Geheimnisvoll habe ich es mir beschafft, und in diesem Sinn habe ich ihr Herz gestohlen...«

Die Epistemologie der Liebe wird für alle Liebenden ein schreckliches Instrument, weil allein ihre Existenz sie schon dazu nötigt, die Wahrheit über sich selbst und die geliebte Person zu entdecken, die Gefühle bloßzulegen und, von ihrem kalten Licht beleuchtet, zu untersuchen. In einer Gesellschaft, die von der liebenden Frau im Namen der Tugend und Schicklichkeit verlangt, aus ihrer Liebe ein absolutes Geheimnis zu machen, verrät der nicht kontrollierte Blick in einem Sekundenbruchteil das wahre Gefühl dem Anderen, vor dem dieses gerade verborgen werden muß. Den Geliebten die eigene Liebeswahrheit sehen zu lassen, bringt Schande über die Frau; die Entdeckung der Wahrheit raubt ihr die Tugend: Madame de Chasteller, die Lucien Leuwen auf dem Ball des »Chasseur Vert«

mit ihren Blicken erwidert hat: »Ich liebe wie Sie«, verurteilt sich als jemand, der sein Innerstes zum Schauspiel gemacht hat. Die Zeichen der Augen, selbst wenn ihre Botschaft im Nachhinein bitter bereut wird, bilden wenigstens noch einen Mininal-Code zwischen den Liebenden. Aber auch diese Sprache, die noch in der Lage war, Gefühle zu transportieren, versiegt in der »Education Sentimentale«; die Liebenden sprechen nicht mehr, sie finden ihren einzigen gemeinsamen Ausdruck im Miteinander-Schweigen und haben sich schließlich nichts mehr zu sagen. Nur hat dies Schweigen nichts zu tun mit dem des Sokrates über seine eigenen Gefühle. In Platons Dialog herrscht Fülle, die nicht auf Ausdruck in der Sprache angewiesen ist; hier entspricht der Mangel der Zeichen dem der Gefühle. Unter dem wahrheitssuchenden Blick verflüchtigt sich die Empfindung, die sich als wahr erweisen soll, zur Unkenntlichkeit.

In den Hauptpersonen der großen Liebesromane gibt es noch einen rebellierenden Gefühlsrest, der sie unberechenbar und für die Gesellschaft vorübergehend unbrauchbar macht, aber außer Dysfunktionalitäten keinen Weg findet, aus dem Inneren hervorzubrechen. Lucien Leuwen sitzt des Nachts auf einem Stein gegenüber dem Fenster von Madame de Chasteller und wartet ohne Hoffnung, ohne genaues Ziel, in einer Art bewegungslosen Streunens, von Zeit zu Zeit an seiner Zigarre ziehend, die Augen auf ihr Haus gerichtet. Dort, hinter den Fensterläden steht Madame des Chasteller und wartet: »In der tiefen Dunkelheit unterschied Madame de Chasteller von Zeit zu Zeit das Feuer der Zigarre Leuwens. Sie liebte ihn bis zum Wahnsinn in diesem Moment.« Keiner der beiden weiß von der Sehnsucht des anderen, jeder bleibt mit dem Geheimnis seiner Wahrheit allein. Stendhal findet kein literarisches Mittel, die abgerissene Liebe mit der Romanform zu vereinen. Der Zwang zum Verschweigen führt zum Abbruch des Romans. In der »Education Sentimentale« zerbröckelt die Liebe unter der Sprachlosigkeit. Am Ende des Romans betrachtet Frédéric die vormals so sehr geliebte Madame Arnoux mitleidslos; er entkleidet sie ihrer Absichten, ihres Reizes und ihrer Hoffnung; so meint er sie wirklich zu kennen. *Seine* Wahrheit bedeutet den Tod der Liebe.

Die Schachtel ohne Käfer oder Der Bankrott der Innerlichkeit

In der späteren Phase seiner Philosophie schließt Ludwig Wittgenstein die wesentlichen Probleme, die in der Erkenntnistheorie entstehen, wenn man sie auf das Gebiet der Empfindungen überträgt, in die Falle eines einzigen Arguments ein, das man gewöhnlich das »Privatsprachen-Argument« nennt. Es handelt sich um eine Kette sehr einfacher Gedanken, die man intuitiv versteht, wenn sie metaphorisch ausgedrückt werden. Die begriffliche und argumentative Präzisierung ist freilich eine andere Sache. Hier geht es aber vor allem um die Folgerungen, die man in bezug auf die Probleme von Wahrheit und Falschheit der Liebe aus ihm ziehen kann. Es wird sich als das schärfste Argument herausstellen, das gegen die Annahme wahrer Erkenntnis der Liebe, der Empfindungen überhaupt, gerichtet worden ist, aber in einem ganz anderen Sinn als vorhergehende Versuche – der Wahrheitsbegriff wird nach Wittgensteins Überlegungen als irrelevant aus dem Bereich der Empfindungen entfernt.

Als »Privatsprache« wird eine Sprache aufgefaßt, die sich nicht auf intersubjektiv wahrnehmbare Tatsachen bezieht, sondern auf innere Zustände des Sprechers, und die von niemandem anders als diesem verstanden werden kann: »Wäre... eine Sprache denkbar in der Einer seine inneren Erlebnisse – seine Gefühle, Stimmungen etc. – für den eigenen Gebrauch aufschreiben oder aussprechen könnte? – Können wir denn das in unserer gewöhnlichen Sprache nicht tun? – Aber so mein ich's nicht. Die Wörter dieser Sprache sollen sich auf das beziehen, wovon nur der Sprechende wissen kann; auf seine unmittelbaren, privaten Empfindungen. Ein Anderer kann diese Sprache also nicht verstehen«.[18] Die Annahme einer solchen Sprache enthält ein zeichentheoretisches Problem: »Wie beziehen sich Wörter auf Empfindungen?... Wie wird die Verbindung des Namens mit dem Benannten hergestellt?«[19]

Die Privatsprachen-Annahme ist vermutlich nie in dieser Form wirklich behauptet worden, aber sie faßt alle wesentlichen Schwierigkeiten zusammen, die die Betrachtung von Empfindungen unter dem Wahrheitsgesichtspunkt aufwirft. Im Zusammenhang meiner Überlegungen läßt sich Wittgensteins Problem wie folgt formulieren: Kommt Wahrheit einer Liebe zu, die als einem privaten, also strikt persönlichen und nur vom Liebenden selbst einsehbaren und mit niemandem geteilten Bereich angehörig aufgefaßt wird? Ist nur uns allein unsere Liebe zugänglich? Wenn sich die Wahrheit über unsere eigenen Empfindungen von allen anderen Wahrheiten, wie zum Beispiel über empirische Sachverhalte der äußeren Welt, unterscheiden soll, so müssen wir mit »ja« antworten. Auch Descartes hatte eine solche Auszeichnung »innerer« Zustände vor »äußeren« mit der Annahme des »inneren Auges« behauptet. *Daß* Empfindungen überhaupt dem Bereich des Inneren zugerechnet und dem Äußeren entgegengesetzt werden, geht auf Descartes' Scheidung von Innen und Außen zurück. Wir geben damit zu, daß es eine Privatsprache für unsere Liebeswahrheit geben müsse. Tatsächlich ist durch die gesamte europäische Geschichte der Liebe hindurch – mehr oder weniger explizit – die Privatheit der Liebe und ihrer Wahrheit behauptet worden. Liebe ist in den verschiedensten Epochen als beweispflichtig angesehen worden; ihre Wahrheit bedarf des Schwurs, kann aber immer, wenn auch nur winzigste

Indizien vorliegen, bezweifelt, geprüft und schließlich für nichtig erklärt werden; erwiesene Falschheit von Liebe wird verfolgt und bestraft. Könnte die Wahrheit der Liebe dem Anderen unmittelbar evident gemacht werden, so bedürfe es nicht der Mittel der Wahrheitsfindung, als handle es sich um ein Gerichtsverfahren. Bis zum Beweis ihrer Wahrheit bleibt die Liebe in der Rolle des potentiellen Angeklagten. Nicht einmal der Tod der (des) Geliebten vermag den Prozeß zu beenden – im Gegenteil kann, wenn ein Verhör nicht (mehr) möglich ist, der Kläger, wie Marcel nach dem Tod Albertines, auf die Zeugnisse im Leben des Beklagten verwiesen und damit die Zahl der potentiellen Indizien vervielfacht werden.

Wittgenstein antwortet in metaphorischer Sprechweise auf diese Vorstellungen mit dem Gleichnis von dem Käfer in der Schachtel: »Angenommen, es hätte Jeder eine Schachtel, darin wäre etwas, was wir ‹Käfer› nennen. Niemand kann je in die Schachtel des Anderen schaun; und Jeder sagt, er wisse nur vom Anblick *seines* Käfers, was ein Käfer ist. – Da könnte es ja sein, daß Jeder ein anderes Ding in seiner Schachtel hätte. Ja, man könnte sich vorstellen, daß sich ein solches Ding fortwährend veränderte. – Aber wenn nun das Wort ‹Käfer› dieser Leute noch einen Gebrauch hätte? – So wäre er nicht der der Bezeichnung eines Dings. Das Ding in der Schachtel gehört überhaupt nicht zum Sprachspiel; auch nicht einmal als ein *Etwas*: denn die Schachtel könnte auch leer sein. – Nein, durch dieses Ding in der Schachtel kann ‹gekürzt werden›; es hebt sich weg, was immer es ist.« Und Wittgenstein setzt erläuternd hinzu: »Wenn man die Grammatik des Ausdrucks der Empfindungen nach dem Muster von ‹Gegenstand und Bezeichnung› konstruiert, dann fällt der Gegenstand als irrelevant aus der Betrachtung heraus«.[20]

Dietmar Kamper äußerte zu diesem Gleichnis die Vermutung, daß Metaphern nicht beliebig gewählt werden. Die Schachtel der Empfindung läßt sich tatsächlich als ein erotisches und sexuelles Symbol, das tiefenpsychologischer Deutung fähig ist[21], auffassen. Vom Shakespeareschen Kästchen-Motiv scheint es nicht sehr weit entfernt zu sein: das Kästchen ist bei Shakespeare Unterpfand sowohl wahrer als auch erfolgreicher Liebe, aber letzteres nur, weil das wertlose, mit Blei gefüllte Kästchen gewählt worden ist. Bei

Wittgenstein ist die Schachtel möglicherweise sogar leer – ihre Füllung ist beliebig, es kommt einzig und allein auf ihre *korrekte Verwendung* an. Das behauptete private Objekt, unsere nur uns allein gehörende und nur von uns erkennbare Liebe, ist ein Phantom; es ist für alles, was wir in bezug auf unsere Liebe tun, sagen, denken ohne Bezug; es wird unserem eingeübten Umgang mit der Liebe einfach durch Behauptung hinzugesetzt. Es gibt nichts, was dafür spricht, daß es dieses überhaupt gibt. Die Rolle, die ihm für die Behauptung, die Erkenntnis, die Prüfung und den Beweis der Liebeswahrheit zugedacht war, wird von ihm nicht erfüllt. Schlimmer noch: es erfüllt überhaupt keine Rolle. Alles, was in unseren Handlungs-, Sprech- und Denkkontexten mit der Liebe zusammenhängt, vollzieht sich vollkommen unabhängig von einem solchen privaten Objekt. Wir hätten also, so lange wir uns auf dieses stützen, um Liebeswahrheit zu behaupten, keinerlei Garantie für eine solche Behauptung; mithin bliebe diese leer. Es gibt dabei nichts, was im Argument der unmittelbaren Zugänglichkeit »innerer Zustände« das private Objekt ersetzte: die ganze Konstruktion von der Wahrheit der Empfindungen ist daran aufgehängt. Mit dem Nachweis der Beliebigkeit des privaten Objekts fällt auch die Wahrheitskonzeption der Liebe in sich zusammen; sie beruht auf nicht mehr als einem innerpsychischen Taschenspielertrick. »Warum kann meine rechte Hand nicht meiner linken Geld schenken? – Meine rechte Hand kann es in meine linke geben. Meine rechte Hand kann eine Schenkungsurkunde schreiben und meine linke eine Quittung – aber die weiteren praktischen Folgen wären nicht die einer Schenkung. Wenn die linke Hand das Geld von der rechten genommen hat, etc. wird man fragen: ‹Nun, und was weiter?› Und das Gleiche könnte man fragen, wenn Einer sich eine private Worterklärung gegeben hätte; ich meine, wenn er sich ein Wort vorgesagt und dabei seine Aufmerksamkeit auf eine Empfindung gerichtet hat.«[22]

Der grundlegende Fehler bei der Annahme der Liebeswahrheit liegt in unseren Vorstellungen darüber, wie sich Zeichen auf Empfindungen beziehen. Wir glauben, etwas müsse den Zeichen Leben geben, *wahre* Liebe würde die Zeichen, die sie anzeigen, mit Bedeutungen anfüllen. Aber *hinter* den Zeichen treffen wir immer wieder nur auf weitere Zeichen; wir gehen in die falsche Richtung: Es gibt kein »vitalisierendes« Zentrum der Liebe, das aus sich heraus Wahrheit erzeugte oder, umgekehrt, Falschheit. Das Scheitern der Wahrheitskonzeption der Liebe eröffnet wieder eine Chance, Liebe von Wahrheit zu scheiden; die in diesem Komplex zusammenfallenden Probleme könnten dann voneinander getrennt werden. Dabei können zwei Wege verfolgt werden; der erste Weg schließt bei Wittgenstein an, der zweite, der weiter unten erwähnt werden soll, weist wieder auf Sokrates zurück.

Auch wenn man Wittgensteins Argument anerkennt, verlieren Fragen nach Bestehen und Nicht-Bestehen von Liebe, nach der Art einer Liebe, nach Täuschung, nach Prüfung nicht ihren Sinn. Die umfangreichen und wichtigen »Sprachspiele« der Liebe, komplexe Sprach- und Handlungszusammenhänge, werden gespielt; ihr normales Funktionieren, das Wittgenstein als selbstverständliche Voraussetzung annimmt, muß erklärt werden. Sprachspiele der Liebe werden, wie alle Sprachspiele, von Außen geregelt, nicht von einem imaginären Innen: eine »Grammatik« mit einem System expliziter und impliziter Regeln, die alle Mitglieder der Sprachgemeinschaft erlernt haben, bestimmt unsere Weisen, mit Liebe umzugehen, sie wahrzunehmen, zu beurteilen, sie zuzuschreiben; ihr kommt nach Wittgensteins neuer Konzeption die zentrale Stellung zu. »... die Harmonie zwischen dem Denken und der Wirklichkeit muß in der Grammatik der Sprache gefunden werden.«[23] Was uns unauflöslich an intime Empfindungen gebunden zu sein schien, ist eine Angelegenheit der Sprache. Die erste Person in unserem Ausdruck der Liebe ist rein grammatikalischen Charakters. Die – vorher als unmittelbar genommene – Erfahrung zeigt sich jetzt als entpersönlicht. Wittgenstein löst im Bereich der Gefühle den Primat des Subjekts auf: der Eine ist vom Anderen nicht durch seinen Gefühlsbesitz unterschieden. Niemand verfügt über seine eigene Liebeswahrheit noch über die anderer Personen. Die Sprachspiel-Grammatik führt nicht zur Erkenntnis von Wahrheiten, sie dient einer Beurteilung *korrekten* und *unkorrekten Regelfolgens*.

Die Wittgensteinsche Idee des korrekten Regelfolgens setzt der Annahme des durch seine besondere Gefühlswelt ausgezeichneten Subjekts ein Ende. Damit wird die historische Domäne des bürgerlichen Subjekts, seine Gefühlswelt, mit einem Schlag sozialisiert. Mit dem Anspruch auf Wahrheit verliert das Ich, in dem diese Gefühle verankert waren und das aus ihnen den Adelsbrief erhielt, seine ausgezeichnete Individualität. Man kann sich Gefühle vorstellen, die nicht mehr an ein Ich gebunden sind.[24] Die Wahrheit der Liebe kann auch nicht länger über den Besitz eines Anderen, der im Namen der *wahren* Liebe genommen wird, entscheiden.

Festgesetzt wird die Korrektheit von Liebe, wie auch die der anderen Empfindungen, durch gesellschaftliche *Normen* innerhalb der umfassenden Verhaltensgrammatik einer Gesellschaft. Die Normen wachsen ständig an, vermehren sich und dringen in immer neue Bereiche vor. Sie ermöglichen als »normaler Gebrauch« eine Verhaltenskontrolle, die umso wirkungsvoller ist, als sie kaum sichtbar wird. Wittgenstein berührt hier einen Gedanken, der später bei Foucault ausformuliert wird, bei diesem aber, obwohl zu einer Methode der »Diskursanalyse« geformt, den Zusammenhang mit der Untersuchung des Funktionierens von Sprache verliert.

Die »Philosophischen Untersuchungen« zeigen uns dies: Wenn man den Bereich der Erkenntnistheorie auf die Liebe ausdehnt, verliert man deren Wahrheit und gelangt letztlich zu Problemen des Verhaltens, der Grammatik, der Normenkonformität und Kontrolle. Wittgenstein bringt nur das ans Ende, was der Sophist Lysias begonnen, Descartes systematisiert und an das wissenschaftliche Denken angepaßt hat. Dieser Weg ist weder durch die Aufklärung noch den Prozeß der Zivilisation noch von gesellschaftlicher Macht determiniert worden, sondern von einem »Willen zum Wissen«, von einem Wahrheitsstreben in allen Dingen, die die Beziehungen von Ich und Anderen betreffen, aber nicht so sehr vom Streben nach Wahrheit als nach Expansion von Wahrheit.

Es gibt eine *zweite,* andere Form der Liebe, die *nicht* dem Wahrheitsbegriff unterworfen ist. Sie entzieht sich der Bewertung und legt keine Rechenschaft ab: sie besteht für den Liebenden als unbezweifelbares Faktum, wirft keine Fragen auf und stellt kein Problem dar. Wittgenstein zeichnet in den »Vermischten Bemerkungen« eine strikt persönliche, freilich nicht private Liebesweise, die – typisch für ihn und für das Problem – mit religiösem Glauben verschränkt ist.[25] Der Glaube ist von »allgemeinen Vernunftwahrheiten« unabhängig; daher berührte ihn der mögliche Nachweis der Falschheit der historischen Berichte der Evangelien überhaupt nicht: »Diese Nachricht (die Evangelien) wird glaubend (d.h. liebend) vom Menschen ergriffen. *Das* ist die Sicherheit dieses Für-wahr-Haltens, nicht *Anderes*«.[26] Von »Für-wahr-Halten« spricht Wittgenstein hier in einem ganz anderen Sinn als in dem des Wahrheitsbegriffs: eine persönliche Wahrheit, in der Glaube und Liebe sich vereinigen. »Glaube« ist *seine* (des Menschen) Fähigkeit, zu Gewißheit zu gelangen, und er entspringt aus *seiner* (religiösen) Liebe. Eine liebende Passion allein ist in der Lage, diese Art der Wahrheit hervorzubringen: Liebe *aus* Wahrheit anstelle von Wahrheit *über* Liebe. »Die Weisheit ist etwas Kaltes und insofern Dummes. (Der Glaube dagegen, eine Leidenschaft.) Man könnte auch sagen: Die Weisheit *verhehlt* Dir nur das Leben. (Die Weisheit ist wie kalte, graue Asche, die die Glut verdeckt.)«[27] Dies trifft auf den Sokrates des »Phaidros« ebenso zu; die großen, lebensbestimmenden Überzeugungen bilden sich in uns im Enthusiasmus; Sokrates behauptet sogar: im Wahnsinn. Auch dieser ist Wittgenstein im Zusammenhang seiner Empfindungen offenbar nicht unvertraut: »Ob es eine unerfüllte Sehnsucht ist, die einen Menschen wahnsinnig macht? (Ich dachte an Schumann, aber auch an mich.)«[28] Wahnsinn ist Bedrohung, aber Wittgenstein billigt ihm auch eine andere Seite zu: »Den Wahnsinn muß man nicht als Krankheit ansehen«.[29] Es ist unklar, ob er für Wittgenstein zugleich einen Aufschwung der Seele bedeutet hat; erkennbar ist nur, daß er diesen offenbar in einem Zustand suchte, der ihn von der Erde abheben würde: »... wenn du dich nicht mehr auf die Erde stützt, sondern am Himmel hängst.«[30]

Wahrheitsliebe oder Das Gefieder des Liebenden

Am Himmel hängen – das ist der höchste Wunsch dessen, der die Geschichte der Liebe unter dem Wahrheitsbegriff zum Abschluß bringt. Hierin steht er Sokrates, von dem dieser Weg ausgeht, über alle philosophischen Verschiedenheiten hinweg nicht sehr fern.

Kehren wir noch einmal an den Ausgangspunkt zurück. Ohne den geringsten Versuch, seine Liebe durch das feine Sieb der Wahrheit zu filtern, nimmt Sokrates sie vollständig an, läßt sie mit ihrer hohen Energie in seine Wahrheitsliebe einschmelzen und in deren Inneren Bewegung freisetzen. Wahrheitsliebe, von Liebe zu einem Anderen erhitzt, ergreift die ganze Seele und gestaltet sie in einen Vorgang mit außerordentlich intensiven körperlichen Zügen um: in Erwärmen, Schmelzen und vor allem Wachsen. Seit langem dem Menschen verloren gegangene Fähigkeiten wachsen wieder aus dem Inneren der Seele heraus. Liebe ist hier viel mehr als ein Gefühl, eine Empfindung oder ein psychischer Zustand: eine Menge körperlicher Prozesse in der Seele. Auch der Dialog selbst macht ein analoges Wachstum durch: die Rede des Sokrates schwillt, gewinnt in ihren Bildern und Ausdrücken physische Züge, sie nähert sich immer enger an Phaidros an, ohne ihn allerdings zu berühren. Die Liebe verwandelt die ganze beschriebene Situation, indem sie alles zufällig in ihr Anwesende verändert. Sie läßt auch den Leser nicht unberührt – Liebe kann nicht ohne Liebe betrachtet werden. Auch – metaphorische – Fruchtbarkeit besitzt diese Liebe, denn sie erzeugt das Wachstum des Gefieders der Seele. Früher einmal, als sie die Götter bei ihrer Annäherung an den überhimmlischen Ort begleiteten, besaßen die Seelen Gefieder, die sie jedoch verloren, wenn sie vom Wahren nichts mehr zu sehen vermochten. »Von Vergessenheit und Trägheit angefüllt«, verloren sie ihr Gefieder, fielen auf die Erde und wurden »in den Keim eines Mannes« eingepflanzt.[31]

Der Liebhaber, der die Schönheit liebt, wird der vierten von Sokrates dargestellten Art des Wahnsinns teilhaftig: Beim »Anblick der hiesigen Schönheit (wird er), jener wahren sich erinnernd, neubefiedert.«[32] Die wenigen, deren Erinnerung noch stark genug ist, »werden entzückt und sind nicht mehr ihrer selbst mächtig, was ihnen aber eigentlich begegnet, wissen sie nicht, weil sie es nicht genug durchschauen«.[33] Selbstbeherrschung und Selbsterkenntnis, obwohl ständig in der Sokratischen Philosophie gegenwärtig, werden hier auf merkwürdige Weise durchlässig. Die Leidenschaft der Liebe durchdringt sie in äußerst produktiver Tätigkeit, indem »die ganze Seele des Liebenden von allen Seiten gestachelt umherwütet und sich abängstet, aber auch wieder im Besitz der Erinnerung an den Schönen frohlockt«.[34] Freilich ist dieser Zustand eine »Geistesverwirrung« – aber wie positive Züge verleiht ihr Sokrates: Vorbehalten ist sie demjenigen, der noch eine frische Erinnerung an »das Damalige« in sich trägt, »ein gottähnliches Angesicht erblickt oder eine Gestalt des Körpers, welche die Schönheit vollkommen darstellen«.[35] Die Beschreibung des Wachstumsvorgangs bringt Sokrates in eine eigentümliche lyrische Stimmung (Schleiermacher, der getreu der hermeneutischen Maxime die seelischen Prozesse des Autors in seiner eigenen Psyche nacherzeugt, steht ihm hierin kaum nach): »Und hat er ihn gesehen, so überfällt ihn, wie nach dem Schauder des Fiebers, Umwandlung und Schweiß und ungewohnte Hitze. Durchwärmt nämlich wird er, indem er durch die Augen den Ausfluß der Schönheit aufnimmt, durch welchen sein Gefieder gleichsam begossen wird. Ist er nun durchwärmt, so schmilzt um die Keime des Gefieders hinweg, was schon seit langem verhärtet sie verschloß und hinderte hervorzutreiben. Fließt aber Nahrung zu, so schwillt der Kiel des Gefieders und drängt, hervorzutreten aus der Wurzel überall an der Seele, denn sie war ehedem ganz befiedert.«[36]

Das frische Gefieder ist der Anfang eines neuen Lebens. Nach ihrem Tod haben die Liebenden, »schon befiedert und leicht geworden, von den drei wahrhaft olympischen Kampfgängen schon in einem gesiegt«.[37] Man versteht jetzt, warum Sokrates sich damit begnügt, zu Phaidros zu *sprechen:* Während er den Mythos des wachsenden Gefieders und des Schicksals der Liebenden erzählt, beginnt das Wachs zu schmelzen und unter der Wirkung seiner Liebe das eigene Gefieder zu wachsen. Sokrates ist am Ende seiner Erzählung bereit fortzugehen, oder eher: fortzufliegen.

Anmerkungen

1 Platon: Phaidros, 230 b–d.
2 Ebd. 238 d.
3 Ebd. 238 c–d.
4 Ebd. 237 b.
5 Vgl. H. Koller, der in anderem Zusammenhang, der Interpretation von Platons Sprachtheorie im »Kartylos«, auf eine analoge Strategie verweist: »Für Platon

aber stellt sich von allem Anbeginn die Frage nach der Wahrheit, die, an die Sprache gerichtet, nur von seiten der Sprache als Bezeichnung, ja sogar nur für das Urteil in ihr, berechtigt ist. Sowohl Platon als Aristoteles mußten fast notwendigerweise den Standpunkt des Kratylos und seiner Richtung verkennen und ablehnen«. (S. 50)

6 Platon: Phaidros, 244a.
7 Ebd. 244a.
8 Ebd. 244c.
9 Ebd. 245b–c.
10 René Descartes: Les Passions de l'Âme, von 1649, wird hier, wie auch weitere Werke Descartes, zitiert nach der Ausgabe in der Bibliothèque de la Pléiade.
11 Ebd. S. 695.
12 Ebd. S. 793.
13 Ebd. Artikel 139, S. 67.
14 R. Descartes: Les Principes de la Philosophie, Première Partie, 30. Prinzip, S. 584.
15 R. Descartes: Les Passions de l'Âme, Artikel 27, S. 708f.
16 Ebd. Artikel 102. Die Bewegung des Blutes und der Geister bei der Liebe, S. 742f.
17 Ebd. Artikel 112, S. 747.
18 L. Wittgenstein: Philosophische Untersuchungen, § 243.
19 Ebd. § 244.
20 Ebd. § 293.
21 Vgl. Sigmund Freuds 1913 veröffentlichte Studie: Das Motiv der Kästchenwahl.
22 L. Wittgenstein: Philosophische Untersuchungen, § 268.
23 L. Wittgenstein: Zettel, § 55.
24 Philosophisch wird dieser Gedanke bei Ernst Mach entwickelt, literarisch wird er bei Arthur Schnitzler erprobt, später konsequent von Robert Musil im »Törless« und im »Mann ohne Eigenschaften« angewendet. Vgl. hierzu auch J. Bouveresse.
25 L. Wittgenstein: Vermischte Bemerkungen, zitiert nach dem Jahr ihrer Niederschrift.
26 Ebd., 1937.
27 Ebd., 1946.
28 Ebd., 1941–44.
29 Ebd., 1941–44.
30 Ebd., 1937. Wittgenstein fährt fort: »Dann ist *alles* anders und es ist ‹kein Wunder›, wenn Du dann kannst, was Du jetzt nicht kannst«.
31 Platon: Phaidros, 248c–d.
32 Ebd., 349d.
33 Ebd., 250a.
34 Ebd., 251d.
35 Ebd., 251a.
36 Ebd., 251a–b.
37 Ebd., 256b.

Literatur

J. Bouveresse: Le mythe de l'intériorité. Expérience, signification et langage privé chez Wittgenstein. Paris 1976.

R. Descartes: Oeuvres et lettres. Hg. von H. Bridoux. Bibliothèque de la Pléiade. Paris 1953.

S. Kierkegaard: Tagebuch des Verführers. Übers. von H. Ritzerfeld. Frankfurt/M. 1983.

H. Koller: Die Mimesis in der Antike. Nachahmung, Darstellung, Ausdruck. Bern 1954.

Platon: Phaidros. In: Sämtliche Werke, nach der Übersetzung von F. Schleiermacher, hg. von W. F. Otto, E. Grassi, G. Plamböck, Bd. 4. Reinbek 1958.

L. Wittgenstein: Philosophische Untersuchungen. Oxford 1953, Frankfurt/M. 1960.

L. Wittgenstein: Vermischte Bemerkungen. Frankfurt/M. 1977.

L. Wittgenstein: Zettel. Oxford 1967.

Stephan Sting

Vom Schmecken und Lieben

– Die Versuchung des hl. Antonius, Vision 1–4

Die Liebe ist untrennbar vom Wahren. Als »wahre« Beziehung zum geliebten Anderen stellt sie die Frage nach der Erkenntnis des geliebten Anderen – und die Frage nach dem Reiz der Liebe für die Liebenden. Zur Aufhellung dieser Fragen dient mir eine Auseinandersetzung mit den Begriffs- und Erscheinungsformen ihrer Gegenspielerin, der Versuchung, die ihre Anziehungskraft aus einer Reizung der Sinne gewinnt und ebenfalls eine Beziehung konstituiert, die eine Erkenntnis des Anderen beinhaltet.

Die Versuchung als sinnlich wahrnehmbare Lockung oder Reizung führt den Erkennenden in die sinnliche Nähe seines Erkenntnisobjektes, sie bringt eine sinnlich-körperliche Verbindung von Erkennendem und Erkenntnisobjekt hervor. In älteren Begriffsbedeutungen erscheint sie in Gestalt der die Körper am stärksten annähernden Form der sinnlichen Wahrnehmung: in Gestalt des Schmeckens.[1] Als ein »mit der Zunge untersuchen, kosten, schmecken« vollzieht sie die sinnliche Vereinigung des Erkennenden mit seinem Objekt. Und es ist nicht die Wahrheit der Dinge, die diese sinnliche Erkenntnis zutage bringt, sondern ihr Geschmack. Die Erkenntnis des Geschmacks hebt den Zusammenhang von Erkennendem und Welt hervor, die Verschlungenheit der Existenz, indem sie den Akt des Verschlingens, das Schmecken/Versuchen ins Bewußtsein treten läßt. Ihre exponierte, ritualisierte Form ist das Opfer, das eine Beziehung herstellt zwischen Schmecken/Erkennen und Verschlingen/Vernichten. Die Opferung ist demnach ein bewußter Erkenntnisakt, eine vor aller Augen vollzogene Geschmacksprobe und Versuchung, zu deren Zweck das Opfer aus dem Zusammenhang der Erscheinungswelt herausgehoben wird, um genau diesen Zusammenhang, die Verschlingung als Erhaltung/Vernichtung, zu reflektieren. Das alltägliche Opfer des Essensaktes wird legitimiert durch das geheiligte Opfer als Erkenntnisakt, in dem sich eine Gemeinschaft ihres Geschmacks versichert und sich die Vergänglichkeit der Existenz vor Augen hält.

Vielleicht liegt darin die Weisheit der Schlange: in der Tödlichkeit ihres Bisses. Und um diese offensichtliche Erkenntnis geht es, wenn in der Geschichte vom Sündenfall das Essen vom Baum der Erkenntnis dem ewigen Leben im Wege steht. Die Tödlichkeit des Bisses, der den Apfel kostet, läßt die Versuchung angesichts der Ewigkeit als verwerflich erscheinen.

Antonius schmeckt die Sache nicht mehr, das Schmecken ist nicht nach seinem Geschmack. Sein Gang in die Wüste markiert die sinnlich-körperliche Trennung von Subjekt und Objekt. Nicht die Erkenntnis des Geschmacks hat es ihm angetan; das Ziel seiner Versuchung ist die geschmacklose, ewige Wahrheit. Während ihn die Wüste vor drei Versuchungen bewahrt: »der des Hörens, der des Redens, der des Sehens«, hat er sich selbst – neben der Anfechtung durch die eigene Sinnlichkeit – vor einer weiteren schwerwiegenden Versuchung zu schützen: »Neben die leibliche Entsagung tritt, sie überbietend, das Bewahren der Zunge«.[2] Die Zunge, der Sitz des Geschmackssinns, ist es, vor der sich der Eremit zuallererst zu hüten hat. Als körperliches Organ des Schmeckens und des Sprechens stellt sie die Verbindung von Geschmack/Erkenntnis und Sprechen her. Antonius, der Geschmacklose, hat sich vor ihr in doppeltem Sinne zu hüten: im Sinne des Schmeckens und im Sinne des Sprechens nach dem Geschmack. Erst die Schrift und die Offenbarung einer »Wahrheit« führen die Möglichkeit der »gespaltenen Zunge« ein, des Sprechens ohne Geschmack.

Die Abkehr von der Sinnlichkeit wird nur erreicht durch ein radikales Ausbrechen aus der vertrauten sozialen Umgebung. In der Wüste entsteht das Projekt einer neuen sozialen Beziehung und einer neuen Beziehung zur Welt, deren Figur sich an einem Ausspruch des Antonius charakterisieren läßt. Auf die Frage, in welcher Entfernung voneinander die einzelnen Zellen der anwachsenden Mönchsschar errichtet werden sollen, erhält ein Schüler des Antonius folgende Antwort: »Erst nach der gewöhnlichen Stunde der Mahlzeit, am Nachmittag brechen sie auf und bezeichnen den bei Sonnenuntergang erreichten Platz mit einem Kreuz. Die so betimmte Entfernung zwischen den einzelnen Zellen ist groß genug, um jedem die ungestörte Einsamkeit zu sichern, und erlaubt doch die ungefährdete Rückkehr nach Hause, wenn einer dieser Wüstenbewohner den Nachbarn aufgesucht hatte zu brüderlichem Austausch und abschließendem Imbiß«.[3] Im Zentrum der neuen Beziehung zum anderen steht der einsame, in sich zurückgezogene Mönch, das isolierte Individuum. Um das Zentrum herum breitet sich das Netz der Verbindungen aus, die den Transport und die Kommunikation vom Selbst zum anderen erwirken können. Erst an dritter Stelle steht das Zusammensein selbst, die Zeit der Gemeinsamkeit. Wüste und Zelle schützen den Mönch zwar vor dem direkten sinnlichen Kontakt zur Welt, sie bewahren ihn aber nicht vor der im eigenen Innern auffindbaren Sinnlichkeit, den Versuchungen durch »aufsteigende böse Gedanken«. Antonius weiß wohl, daß er der Versuchung nicht entgehen kann; so lebt er sündhaft bis an sein Lebensende und erwartet die Versuchung »bis zum letzten Atemzug«.[4] Immer wieder sieht er sich dieser in seinem Innern aufsteigenden Lockung ausgesetzt, der gegenüber ihm einzig die Negation der Versuchung und das Absehen von der Sinnlichkeit bleibt, um die Erkenntnis als wahre zu erhalten. Unausgesprochen bleibt dabei die Versuchung, der er selbst mit seinem Streben verfällt, der erhoffte Lohn seines asketischen Lebens, der Geschmack der Ewigkeit. Dieser unaussprechliche Geschmack ist es jedoch, der sich hinter dem Leben des Büßers verbirgt.

Tatsächlich richtet sich das Streben des Asketen vor allem gegen das mit der Versuchung verbundene Opfer – die Vergänglichkeit. Gegen die Versuchung, den Rhythmus von Schmecken und Opfern, setzt er eine völlig neue Lebensform: »Es ist die Einführung der Arbeit, die im Rhythmus das Gebet ablöst und die innere Rettung bedeutet«.[5] Die Arbeit ist der Kern des asketischen Lebens, das sich dem Opfer entgegenstemmt. Die Konzentration auf die Möglichkeiten der Schöpfung aus eigener Kraft läßt absehen von der Verschlingung zugunsten des Hervorbringens. Der auf das Wahre gerichtete Blick sieht ab von der Erkenntnis des eigenen Opfers: so sehr sich der Asket dem Opfer entgegenstellt, ist es doch überall präsent. Seine ganze Lebensweise erscheint als ein peramanentes, verinnerlichtes Selbstopfer zugunsten der Erkenntnis der Wahrheit. Kleine partielle Abspaltungen gegen die offensichtliche Tötung. Die Tötung der eigenen Sinnlichkeit gegen die Vergänglichkeit der Existenz.

An die Stelle des Schmeckens setzt Antonius das Gebet, den an Gott gerichteten Wunsch, Die körperlich-sinnliche Beziehung zur Welt wird damit ersetzt durch eine höhere, unsinnliche – durch eine »wahre« Beziehung zum Heiligen: durch die Liebe zu Gott.[6] Die Liebe zu Gott setzt die Trennung von der Welt voraus und ermöglicht sie gleichzeitig. Sie ist das Positive in der Negation der Welt, die Lockung, die Antonius anzieht und die Welt vergessen läßt. Wie die Wahrheit ist sie voll und ganz geschmacklos, von unaussprechlichem Geschmack. Und während sie Antonius alle Opfer übersehen läßt, enthüllt sie ihm die Wahrheit seines eigenen Lebens: die unsterbliche Liebe zu sich selbst, zum ewigen Leben.

Letztendlich befreit der Tod Antonius von der permanenten Versuchung, erlöst ihn von seiner unumgänglichen Sündenverfallenheit. Das Ende seiner sinnlich-körperlichen Existenz beschert ihm eine Art ewige, geistige Existenz – der Eremit wird als Heiliger Objekt einer Verehrung, Objekt einer Liebe. Die Aufhebung des Todes in der Verehrung des Heiligen ist es, die das Opfer negiert. Das Verharren im Gedächtnis der Nachfolgenden negiert das Opfer seiner Sinnlichkeit, indem es die Reste seiner sinnlich-körperlichen Existenz auslöscht. Athanasius vollbringt in seiner »Vita Antonii« die gewaltsame Umgestaltung, die den sinnlich wahrnehmbaren Antonius einem Ideal-Antonius opfert, einem von der Schrift abgeleiteten Bild des wahren Christen. Es ist die Versuchung des Hl. Athanasius, sein Geschmack der Wahrheit, der ihn zu dieser Gewaltausübung, zu diesem Angriff auf das Leben des Antonius veranlaßt. An diese Stelle gewinnt eine zweite, historisch neuere Bedeutung der Versuchung Gestalt. Es geht nicht mehr um die sinnliche Lockung, sondern um ein aggressives, angreifendes Versuchen, nicht mehr um ein Schmecken/Verschlingen des Erkenntnisobjektes, sondern um ein gewaltsames Eindringen und Durchstoßen zum »wahren« Kern der Sache.[7] Athanasius' »Versuch über das Antoniusleben« führt zu dessen Vernichtung – und zur Produktion eines »Paradigmas« des Menschenbildes des Athanasius: »Aus dem Büßer, der vor den Versuchungen der Welt in die Wüste floh, ist der Streiter gegen die Dämonen geworden, der von Sieg zu Sieg schreitet, der Versuchungen zwar ausgesetzt bleibt, aber sie sicher besteht und zum Führer der ihm Nachstrebenden wird.«[8]

Das Absterben des sinnlich-körperlichen Lebens ist also die Voraussetzung der heiligen Liebe, der Verehrung eines idealisierten Bildes des Heiligenlebens, das von einer abstrakten, unsinnlichen Wahrheit abgleitet wird. Und indem Athanasius in der Vita Antonii seine Liebe zu dem Heiligen bezeugt, bezeugt er gleichzeitig die Liebe zu sich selbst, zur Wahrheit und zum Vor-Bild seines eigenen Lebens. Die Beschreibung einer unsinnlichen »Wahrheit« bringt eine unsinnliche, abstrakte Liebe zum Vorschein, die gerade von der körperlichen Abwesenheit des Liebesobjektes zehrt und die genauso sich selbst meint wie den anderen: sie bezieht sich auf eine gemeinsame Wahrheit.

Die Liebe (er)kennt keinen Geschmack und kein Opfer. Während ihr Geschmack unaussprechlich ist, sind ihre Opfer unbeschreiblich; als Negation des Opfers gehen sie auf in der Vermehrung der Liebe. Die geheiligte Beziehung der Liebe läßt die negierte sinnlich-körperliche Existenz eine unbeschriebene Gewaltanwendung erfahren. Die Anziehungskraft der Versuchung kehrt sich um in die aggressive Energie des Versuchs, in das unsinnliche Eindringen in das Objekt der Liebe. Die Flucht des Antonius in die Wüste erscheint nicht mehr als Flucht vor der Versuchung, sondern als ein Versuch, als ein feindlicher Vorstoß ins Territorium der Dämonen. »Tag und Nacht sind erfüllt vom Streit gegen die unsichtbaren Gewalten, bis dann der Sieger hervortritt, um nun auch andere in die Kampfesregeln einzuweisen.«[9] Der auf die Wahrheit gerichtete Blick blockiert die Erkenntnis der Sinnlichkeit; als unsichtbare Gewalt« wird sie das Ziel einer unscheinbaren Zerstörung. »Schriftworte sind... die Waffen im Kampf gegen die Angriffe der Dämonen. ... Neben und über der Erfahrung steht die Schrift, wenn Antonius seine Mönche unterweist.«[10]

Ziel des Angriffs ist zuallererst der eigene Körper. Er erfährt zentral die Gewalt der Liebe zur Wahrheit. Schon die erste schriftliche Klosterregel des Christentums, die Regel des Pachomius[11], enthält eine detaillierte Anweisung zur Militarisierung und Disziplinierung des Körpers, der in einen »göttlichen Kriegsdienst« eingespannt wird. Jede andere Erscheinung des Körpers wird abgewehrt, ausgeschlossen und negiert. Antonius, der Büßer, erkennt noch im Bekenntnis seiner Schwäche, seinem Versagen angesichts der Versuchung, eine heilende Kraft. Für Antonius, den Dämonenkämpfer, hat dieses Versagen nicht mehr zu existieren. Jenseits jeder Öffentlichkeit verschwindet es in einem »Tagebuch von Sünden..., das die Stelle beschämender menschlicher Zeugen vertreten soll.«[12] Das Sündentagebuch eröffnet den Weg ins eigene Innere und ermöglicht die Abkapselung eines Teils des Selbst, der nicht in die gemeinsame Wahrheit der Liebenden eingeht. Das Besondere des Selbst ist es, das einer »unsichtbaren« Gewalt verfällt und aus dem Blickfeld des Bewußtseins heraustritt – in das an diesem Punkt entstehende Unbewußte.

Bei Anthanasius ist es nicht mehr die versuchende, lockende Welt, die den Heiligen anzieht (eine Welt, vor der er sich zu hüten hat); der kämpferische Asket bemüht sich im feindseligen Angriff selbst um eine Annäherung und Umgestaltung der Welt. Der Versuch als Anti-Versuchung kommt jeder möglichen Versuchung zuvor. Seine Opfer erscheinen nicht mehr als Verlust, als Anti-Opfer dem Blickfeld entzogen dienen sie einzig der Erhaltung und Vermehrung des Wahren. Das auf die Wahrheit der Welt gerichtete Leben des Einsiedlers gibt sich als unablässige Anstrengung zu erkennen, das Objekt der Liebe weniger zu umzüngeln, als vielmehr zu umzingeln. Die Einführung der Liebe in die Welt geschieht in der Figur eines Zurückdrängens der Welt der sinnliche-körperlichen Erscheinung.

Das Szenario der heiligen Liebe: Im Zentrum steht das Ideal-Bild des Liebesobjekts, das sich im »Herzen« des Selbst, im eigenen Innern widerspiegelt. Es ist umstellt von einem bedrohlichen Innen und Außen, die den Liebenden zur Anstrengung eines lebenslänglichen Kampfes veranlassen. Es gibt keinen Moment der Ruhe, kein Nachlassen. Sie sind sich gegenseitig unerreichbar – bis daß der Tod sie vereint. Das Leben ist ein mühsamer Kampf der Trennung, der Spaltung; die Vereinigung ereignet sich erst im Tod. Von dort winkt noch immer, aus dem Leben gedrängt, der Geschmack der Versuchung. Bis dahin muß der zerbrechliche Bruch aufrechterhalten werden, der die Trennung der Liebenden vollzieht und die Bilder der Liebe hervorbringt. Und wehe, sie geben sich vorher zu erkennen.

Die Liebe ist immer unglücklich. Sie lebt von der Trennung; glückt die Vereinigung, stiehlt sie sich unmerklich davon. Die »Versuchungen des Hl. Antonius« von Hieronymus Bosch sind von einer unglücklichen Liebe inspiriert. Der Tod einer geliebten Gattin läßt die Liebe zu ihr rein erhalten und die Trauer um den Verlust in die aggressive Energie eines bildhaften Racheversuchs verwandeln. Boschs Gemälde lebt genau von der beschriebenen Spannung: Ein unglücklich Liebender, der vom Objekt seiner Anbetung getrennt ist, führt einen feindlichen Angriff gegen die ihn umgebende Welt aus. Jedes sinnlich wahrnehmbare Detail der umgebenden Welt wird Gegenstand des bildhaften Versuchs, seine Wahrheit ans Licht der Erscheinung zu zerren und die darin steckende Versuchung zu diffamieren. Im Verborgenen und unscheinbar bleibt das Objekt des Begehrens, seine Existenz liegt außerhalb der sinnlich wahrnehmbaren Welt.[13]

Im Zentrum der Kunst Boschs steht die Einbindung der heiligen Liebe in die Welt der alltäglichen, zwischenmenschlichen Beziehungen, in die Beziehung zwischen Mann und Frau. Während Bosch und seine Freigeister dieses Projekt im Alltag esoterischer Bruder- und Schwesternschaften zu verwirklichen suchten, setzt sich Bosch in seiner Kunst bildhaft mit der Problematik der Einbindung der Liebe in die Alltagswelt auseinander.[14]

Das Projekt einer heiligen, sündlosen Geschlechterliebe umfaßt die Problematik der geschlechtlichen Vereinigung. Es läßt den Blick wieder um den Körper kreisen und führt die drohende Versuchung vor Augen. Während Bosch sich für eine Heiligung des Geschlechtsaktes als schöpferischer Vorgang, als Zeugungsakt, einsetzt, packt er die bedrohliche sexuelle Lust bei eben diesem Akt auf den Tisch der Versuchung. Die Geschlechtlichkeit muß vom Geschmack der Versuchung befreit werden. Zu dem Zweck wird ihr eine Wahrheit untergeschoben, die Zeugung, die den Blick auf die produktive Energie des Sexuellen richten läßt. Ein produktives, »reines« Eindringen soll an die Stelle der körperlichen Lust und des Geschmacks am Sexuellen treten und so die schon von Athanasius angestrebte »Vergottung des Leibes« fortsetzen. Der reizvolle Körper der Versuchung wird ersetzt durch den sexuellen Körper, der der Reinigung vom Geschmack des Sexuellen bedarf.

An die Stelle der Versuchung als Zusammenspiel von Schmekken/Erkenntnis/Opfer setzt Bosch die zu bekämpfende sexuelle

Versuchung, das Zusammenspiel von sexueller Lust/Nichtigkeit/Selbstzerstörung, die der Wahrheit des Sexuellen entgegensteht: dem Zusammenspiel von Liebe/Wahrheit/sexueller Produktionsenergie. Er heiligt eine »wahre«, sexuelle Natur des Menschen und setzt diese in Opposition zu allen unwahren, widergöttlichen sexuellen Praktiken, die bei ihm in keiner Verbindung mehr zu irgendeiner Erkenntnis des Körpers stehen, sondern Resultat eines baren, heillosen Nichts sind. Als Ausdruck der Nichtigkeit und Selbstzerstörung sind sie das Negativ zur Wahrheit der Zeugung. Die von Bosch verzeichneten sexuellen Versuchungen sind also nicht Resultat einer besonderen Erkenntnis, eines besonderen sexuellen Geschmacks seiner Zeitgenossen, sondern das »Abfallprodukt«, das bei der Produktion der Wahrheit des Sexuellen entsteht. Der seit der Einführung des Sündentagebuchs entstehende unbewußte Innenraum des Selbst tritt bei Bosch ins Blickfeld der Auseinandersetzung. Er erscheint, um von Bosch seine Wahrheit, oder vielmehr das Zeugnis seiner Unwahrheit und Nichtigkeit, verpaßt zu bekommen. Das Unbewußte wird zum Zerrspiegel des wahren Selbst, es wird sexualisiert und dämonisiert.

Erst mit der Einbeziehung der Geschlechtlichkeit als Zeugungsakt in die heilige Liebe wird die Liebe verallgemeinerungsfähig. Die zunächst besondere (mönchische) Beziehungsform wird ausgeweitet zum Beziehungsideal der christlichen Existenz schlechthin. Die Einbeziehung der Geschlechtlichkeit in die heilige Liebe und die Einführung der Liebe in den Alltag läßt jedoch die Liebenden nicht ungeschoren: Sie lieben nicht sich, sondern das Bild ihrer selbst, ihr Ideal oder ihre Wahrheit. Das von der Wahrheit Abweichende des Selbst geht mit der Einführung des Körpers in die Wahrheit quer durch das Bewußtsein. In diesem Sinne ist Boschs »Auseinandersetzung mit dem Unbewußten«[15] im wahrsten Sinne des Wortes eine Auseinandersetzung des Selbst, seine Spaltung. Die Produktion der sexuellen Wahrheit des Körpers ist begleitet von der Produktion des Abfalls von dieser Wahrheit, der ziel- und heillosen sexuellen Begierde. Das Unbewußte Boschs ist nicht mehr der Ort einer Erkenntnis des vom Wahren abweichenden, besonderen, sinnlich-körperlichen Lebens; als Produkt, das bei der Produktion des wahren Bewußtseins entsteht, erhält es eine wahre, allgemeine

Gestalt. Als negiertes Bewußtsein ist es wie das wahre Bewußtsein Resultat einer »Offenbarung«, einer Einbildung und Verbildlichung der Wahrheit der Schrift, und nicht Resultat einer sinnlichen Wahrnehmung.

Ein letzter Blick auf Boschs »Versuchungen des Hl. Antonius«: Der unglückliche Liebende ist von Tischen umstellt, auf denen ihm zweifelhafte Kostproben dargeboten werden. Die Speise, von der er versuchen soll, ist die Versuchung der sexuellen Lust – was ihn bedrängt, ist der Geschmack des Sexuellen. Und während Antonius in der Mitte des Bildes unanfechtbar im Zentrum der Wahrheit verharrt, zeigt er sich rechts außen an den Rand verschoben, mit »fernschweifendem Blick nach dem Ort der Reinheit« (Fraenger). Das Ins-Auge-fassen der Wahrheit läßt Bosch die Versuchung nicht übersehen. »Umringt von diesen abgöttischen Scheußlichkeiten... kauert sich St. Antonius auf einer Felsenbank zu einem leibseelischen Widerstand zuammen, den Bosch mit spürsinniger Kennerschaft fixiert: Man sieht dem Heimgesuchten an, wie ihm der Andrang der Gesichte ‹auf den Magen schlägt›.«[16]

In dieser Verdauungsstörung, in diesem Ekel vor dem Geschmack der sexuellen Lust verrät sich Bosch. Seine Wahrheit ist ein Geschmack. Der Geschmack der Liebe läßt Bosch vor der sexuellen Lust erschauern. Bosch, der die Versuchung als sexuelle Lust diffamiert, entgeht nicht der Versuchung der Liebe, ihrem Geschmack, der sich hinter der Einbildung der Wahrheit verbirgt.

Anmerkungen

1 Vgl. hierzu die Beschreibung der Begriffe versuchen und Versuchung in: Jacob und Wilhelm Grimm Deutsches Wörterbuch, Ausgabe Leipzig 1862.

2 Vgl. die Antonius-Apophthegmen 11 und 6 in der Darstellung von Hermann Dörries, Die Vita Antonii als Geschichtsquelle, in: Nachrichten der Akademie der Wissenschaften, I Phil.-hist. Klasse, 1949/14, S. 366 und S. 364.

3 Vgl. Antonius-Apophthegma 34 nach H. Dörries, a. a. O., S. 371

4 Antonius-Apophthegma 4, a. a. O., S. 364.

5 Antonius-Apophthegma 1, a. a. O., S. 363.

6 In Apophthegma 32 löst Antonius unter Berufung auf Joh. 4, 18 die Gottesfurcht durch die Gottesliebe ab. Vgl. a. a. O., S. 371.

7 Vgl. hierzu die Beschreibung der Begriffe Versuch und versuchen in: Jacob und Wilhelm Grimm, Deutsches Wörterbuch, Ausgabe Leipzig 1862.

8 Hermann Dörries, a. a. O., S. 388.

9 A. a. O., S. 384.

10 A. a. O., S. 380.

11 Vgl. hierzu Graf v. Montalembert, Die Mönche des Abendlandes, Band 1, Regensburg 1880, S. 64.

12 Hermann Dörries, a. a. O., S. 383.

13 Vgl. hierzu den Kommentar von Wilhelm Fraenger zu den »Versuchungen des Hl. Antonius«, in: Wilhelm Fraenger, Hieronymus Bosch, Dresden 1975, S. 341–S. 417. Fraenger führt das Gemälde Boschs auf die geistige Urheberschaft eines Jacob van Almaengiens zurück. Als dessen Inspiration zum Konzept des Altarbildes deckt er den von einem verschwörerischen Komplott begangenen Mord an der geliebten Ehefrau Almaengiens auf. Auf einer zeitgenössischen Kopie des Gemäldes findet sich das im Original nicht sichtbare Antlitz der Verstorbenen.

14 Fraenger rückt Bosch in die Nähe der »Brüder und Schwestern des Freien Geistes«, der »Homines intelligentiae«, die seit dem 13. Jahrhundert in Mitteleuropa verbreitet waren. Es handelte sich dabei um christliche Gemeinschaften, die sich gegen die Lehren der katholischen Kirche wandten und vorreformatorische Ideen in Umlauf brachten. Als »Inkorporation des Heiligen Geistes« ging es ihnen darum, in ihren Gemeinschaften ein neues Leben frei von Sünden zu praktizieren. Der Kern ihrer Anstrengungen war eine sündlose Liebeskunst und damit verbunden eine neue, sündlose Körperlichkeit.

15 Wilhelm Fraenger in seinem Kommentar zu Boschs Tafelbild »Die Versuchung des Hl. Antonius«, in: A. a. O., S. 306.

16 Wilhelm Fraenger, Die Versuchungen des Hl. Antonius, a. a. O., S. 411.

Hans-Dieter Bahr

Eine interessenlose Liebe

Das Flötenspiel

Gerüchte über ein Gastmahl liefen um in Athen; niemand schien Genaueres zu wissen, jeder aber war begierig, mehr darüber zu erfahren. Da sollen Sokrates und Alkibiades und andere sich neulich beim Agathon über die Liebe unterhalten haben. Jemand habe dem Glaukon davon erzählt, der es von Phoinix gehört habe, dieser von einem gewissen Aristodemos, der selber dabei gewesen sei. Appolodoros schließlich wußte Bestimmteres zu berichten; er hätte einiges direkt von Aristodemos und teilweise auch von Sokrates darüber vernommen. Aber mitnichten hätte das Gastmahl neulich stattgefunden, sondern *schon vor vielen Jahren*.

Lange also hielten sich diese Gerüchte in lebendiger Stimmung und ließen das Ereignis nicht altern und, – so will ich wenigstens behaupten, – sie haben nie aufgehört zu (dis)kursieren. Was aber ist dieses unvergängliche Begehren, über die Liebe zum Schönen zu reden? Wie, – so will ich herausfordernd fragen, – wie, wenn sich dieses Thema längst, schon damals erschöpft hätte und es daher um so rätselhafter ist, daß man fortfährt, einen mit Wasser gefüllten Eimer in einen leeren Brunnen hinabzulassen, um ihn ständig wieder herauszuziehen?

Die Gespräche hatten so begonnen, daß alle nach dem Mahl dem Vorschlag des Eryximachos zugestimmt hatten, die eben eintretende Flötenspielerin wieder wegzuschicken und sich mit Reden zu unterhalten und zwar über die Frage, die Phaidros, der nicht anwesend war, einmal gestellt hatte, warum eigentlich keiner der Dichter einem so herrlichen Gotte wie Eros Loblieder gesungen habe.

Die folgenden Gespräche darüber waren eben beendet worden, als der angetrunkene Alkibiades, bekränzt mit Efeu und Veilchen, und von der Flötenspielerin am Arm gehalten, an der Türe erschien, laut nach Agathon schrie und ihm eifersüchtig vorhielt, er allein besetze ständig den Platz neben Sokrates. Und dann beginnt Alkibiades in leidend, spöttisch, liebender Weise diesen großen Verführer zum Schönen als flötenspielenden Satyr mit Marsyas zu vergleichen: »Jener... (Marsyas) verzauberte vermittels des Instruments die Menschen durch die Gewalt seines Mundes... Du aber, (Sokrates), zeichnest dich um soviel vor jenem aus, als du ohne Instrument durch bloße Worte dasselbe ausrichtest« (215 c)[1]. »Von diesem Marsyas aber«, fährt Alkibiades, Sokrates meinend, fort, »bin ich oft so bewegt worden, daß ich glaube, es lohnte sich nicht zu leben, wenn ich so bliebe, wie ich wäre... Er nötigte mich einzugestehen, daß mir selbst noch gar vieles mangelt und ich doch, mich vernachlässigend, der Athener Angelegenheit besorge. Mit Gewalt also, wie vor den Sirenen die Ohren verstopfend, fliehe ich aufs eiligste, um nur nicht immer sitzen zu bleiben und neben diesem alt zu werden« (216 f). »Durch sein Flötenspiel also ist mir und vielen anderen so mitgespielt worden von diesem Satyr« (216 e). Am Herzen oder an der Seele sei er so verwundet von den Reden der Weisheit, die sich heftiger als eine Natter ansaugten (218 a).

Alkibiades also hatte sofort begriffen, daß diese ehrenwerte Gesellschaft die Flötenspielerin nur weggeschickt hatte, um sich ein Flötenspiel von größerer Verführungskraft einzuhandeln. Und von einem derart ungleichen Tausch wußte Alkibiades aus eigener Erfahrung zu berichten: vergeblich habe er einmal versucht, sich gegen den großen Verführer dadurch zu wehren, daß er ihn seinerseits zu verführen gesucht hatte. Aber Sokrates habe nur spöttisch bemerkt: »Wenn du... in Gesellschaft mit mir treten und Schönheit gegen Schönheit austauschen willst: so gedenkst du ja, mich nicht wenig zu übervorteilen und suchst für den bloßen Schein derselben das wahre Wesen der Schönheit zu gewinnen und denkst, in Wahrheit Gold für Kupfer einzutauschen. Aber, du Guter, überlege es nur besser, ob du dich nicht irrst und eigentlich nichts an mir ist« (218 e). Wie ein Vater oder Bruder habe er daraufhin Sokrates umarmt und so umschlungen die Nacht neben ihm gelegen.

Es mag verwundern, wenn ich behaupte, Imanuel Kant, – und gewiß nicht nur er, sondern alle, die die Philosophie lieben, befinden sich immer wieder in dieser Lage des Alkibiades. Aber vielleicht mehr als andere Denker hatte sich Kant in der ‹Kritik der ästhetischen Urteilskraft› die Frage gestellt, worin diese verführerische Liebe zum Diskurs bestehe, die beizeiten sogar stärker, stets aber dauerhafter als die nur sinnliche Liebe sei, und wieso jede Rede über das Schöne immer schon dazu neige, sich zur Schönheit des Redens zu wenden. Und gleichwohl, um das zu begreifen, gält es, sich aus den Verstrickungen des Begehrens zu befreien und zwar nicht nur vom sinnlichen Begehren des Schönen, sondern sogar vom Begehren, es wie eine Sache erkennen zu wollen. – Es ist kaum zu vermuten, daß Kant, als er den seltsamen Ausdruck »interesseloses Wohlgefallen« prägte, die Akademiereden von Yves-Marie André kannte.[2] Er hätte wohl begriffen, daß André die übliche Verschiebung vom sinnlichen zum moralischen Interesse am Schönen zu betreiben scheint, zu der er selbst neigte, wohinter sich jedoch ein ganz anderes Problem meldet. Man wird sofort stutzig, wenn André, sich gegen die »Epikureer« ereifernd, ausruft, es läge nicht das geringste *Verdienst* darin, ni devant Dieu, ni devant les hommes, wenn die Tugend nur um des Vergnügens willen, das sie selbstschmeichlerisch zur Folge haben könne, geliebt werde (p. 370). Auf diese Art opfere man nur ein Vergnügen eines anderen wegen. Aber man irrt sich, wenn man meint, der Priesterphilosoph André predige den reinen Verzicht. Es geht ihm, – listig wie alle diese sokratischen Abendländler, – um den ungleichen Tausch, in welchem wahrhaft Schönes gegen dessen bloßen Schein eingehandelt werden soll, also um die Vorzüge eines ‹plaisir de la raison›: »Voila donc un amour qui a pour son principal motif la beauté de l'ordre...« (p. 373). – Man achte sehr genau auf den Schwindel, der hier geschieht: man will uns glauben machen, die Sinnlichkeit werde einer Liebe zum ‹rein Geistigen› geopfert. Es wird nicht geleugnet, daß man bei diesem Tausch gewinne: »Plaisir de réflexion qui est la récompense naturelle d'un amour de raison« (p. 378). Aber man versucht zu vertuschen, was man doch nicht aufhören kann zu sagen, daß die gewonnene größere Schönheit nur durch ein heimliches Zurückstehlen der im Tausch weggegebenen Sinnlichkeit auftaucht, nämlich durch eine *Versinnlichung* der ‹rein geistigen Dinge›, von denen André sagen kann: »Je veux dire qu'ils nous plaisent *par le charme de leur mérite avant* que de nous plaire *par le sentiment du plaisir* que nous en reçevons« (ibd., H. v..m.). Doppeltes Vergnügen also, auch wenn die Liebe zu bestimmten Dingen zunächst, aber nur vorläufig etwas ‹desinteressiert› werden muß, um in der Liebe des *Diskurses* zu ihnen zusätzlich den Charme ihrer *Zeichen* lieben zu können. – Kant begriff das so gut, daß er auf die Struktur dieses momentanen ‹Opfers›, das sich hier den Namen ‹Desinteresse› gibt, aufmerksam wurde. Was ist verführerischer als dieses moralische Flötenspiel, um eine gelungene Überlistung zu verdecken! Und Sigmund Freud, insofern er die Schönheit als eine sublimierte Wiederkehr des Verdrängten beschreibt, wiederholt selbst nur diese verführerische Ablenkung, zwar nicht mit den Mitteln eines moralischen, wohl aber mit denen eines therapeutisch epistemologischen Flötenspiels. Gleichwohl entdeckt er dabei, wie Lacan zeigte, eine tiefere *Liebe des Zeichens.* Nun, ich denke, daß Kant ihr bereits auf der Spur war: was sich da wie ein moralisches Opfer zu legitimieren versucht, ist in der Tat eine vorläufig geforderte, gewisse *Zurückhaltung* affektiver Ausbrüche; denn der Affekt soll be-*stimmt* werden. Aber ebenso soll von der linearen Strenge des Diskurses um so viel nachgelassen werden, daß die Stimme *ihre* Lust auszuspielen vermag. Dann können Affekt und Stimme sich in jener ästhetischen *Stimmung* finden, welche Kant uns als das Phänomen der Geschmacksurteile beschrieb. Voilà das Geheimnis des Flötenspiels, dem ich nun etwas ausführlicher, das heißt, in der Vorläufigkeit des Opferns, nachgeben will.

Der Schluckauf und die Freundschaft der Götter

Jener Betrug, durch welchen die geopferte Sinnlichkeit zurückerschlichen wurde, ist allerdings bereits während des berühmten Gastmahls verraten worden: durch einen Schluckauf oder, wenn man so will, durch ein Zeichen, das aus tieferen leiblichen Regionen als denen der Lunge, des beflügelten Herzens, zum Ort der Stimme aufgestiegen war. Wie konnte es anders sein, da die anderen

Stimmen schon zu sehr ein anders woher bestimmtes Desinteresse simulierten, denen gegenüber natürlich ein Schluckauf zur Inkarnation des ‹Niedrigen› und der Banalität werden mußte: Gerade als Pausanias seine These vom zweifachen Eros, dem gemein-sinnlichen und dem himmlischen, mit der Bemerkung beschloß, angenommen, man habe die Schönheit eines nur scheinbar Tugendhaften geliebt, der sich am Ende als wenig würdig erweise, so sei doch diese Täuschung schön, eben weil man das Tugendhafte geliebt habe (185b); – da überfiel den Aristophanes, der hätte weiterreden sollen, ein beharrlicher Schluckauf. An seiner statt fuhr Eryximachos fort, der diese Ansicht vom zweifachen Eros weiterentwikkelte zu einem kosmischen – oder sagen wir ohne Ironie: zu einer kosmetischen Theorie. Als er abschließend in eine Hymne auf jene Glückseligkeit ausbrach, welche uns sogar ermögliche, mit Göttern befreundet zu sein (118d), nieste Aristophanes und befreite sich dadurch vom Schluckauf. Aufgefordert mit der Lobpreisung des Eros fortzufahren, stellte er zunächst verwundert fest, es sei doch seltsam, wie das Wohlgeordnete des Leibes solche Geräusche und solchen Kitzel begehre, wie es das Niesen sei, um sich vom Schluckauf zu heilen (189a). In feiner Anspielung bemerkte dazu Eryximachos, Aristophanes solle ihn nicht zum Aufpasser darüber machen, daß er nichts Lächerliches sage. Desungeachtet aber beginnt Aristophanes seine Ansicht über den Eros preiszugeben, in welcher alle anderen Theorien, auch die der Diotima, spiegelbildlich verkehrt erscheinen. Anfänglich seien die Menschen kugelförmig und dreigeschlechtlich gewesen, männlich, weiblich und hermaphroditisch. »Diese drei Geschlechter gab es aber deshalb, weil das männliche ursprünglich der Sonne Ausgeburt war und das weibliche der Erde, das an beidem teilhabende aber des Mondes, der ja auch selbst an beiden teilhat. Und kreisförmig waren sie selbst und ihr Gang, um ihren Erzeugern ähnlich zu sein« (190b). Als Kinder früherer Götter, so läßt sich folgern, waren sie selbst göttlich und begannen, den olympischen Göttern, mit denen sie ja die Eltern gemeinsam hatten, den Himmel streitig zu machen. Diesen Aufstand bestrafte Zeus dadurch, daß er sie teilte. Eros, alles andere als ein Gott, – und darin ist sich Aristophanes immerhin mit Sokrates und Diotima gegen Phaidros, Agathon und die anderen einig, – ist nur der Name des Begehrens jener Entzweigeschnittenen, sich wieder zu vereinigen. »Und so kamen sie zusammen, umfaßten sich mit den Armen und schlangen sich ineinander, und über dem Begehren zusammenzuwachsen starben sie aus Hunger und sonstiger Fahrlässigkeit, weil sie nichts getrennt von einander tun wollten« (191 a). – Alles andere als Freundschaft mit den Göttern! Liebe als Kampf gegen jene erhabenen, indifferenten, interesselosen Wesen da oben, die ‹schicksallos wie der schlafende Säugling atmen› (F. Hölderlin, Hyperions Schicksalslied); oder sagen wir besser: Liebe als Kampf um ein *liebevolles Zeichen* von jenen. Und Zeus enthielt es ihnen am Ende nicht vor; er erbarmte sich und verlegte ihnen die Schamteile nach vorne, ‹denn vorher trugen sie auch diese nach außen und erzeugten nicht eines in dem anderen, sondern in die Erde wie die Zikaden› (191 c). Aber es ging nicht nur um Zeugung, die ja nur den ehemaligen Hermaphroditen derart zugewiesen sein kann. Die anderen, – Aristophanes erwähnt nur die Männer untereinander, – hätten aber immerhin Befriedigung durch ihr Beisammensein und könnten ‹erquickt sich zu ihren Geschäften wenden und, was sonst zum Leben gehört, besorgen› (191 c). – Eine Geschichte also der Dekadenz, herab vom heiligen Eros zur profanen Sexualität, die Aristophanes gleichwohl nicht abwertet, denn sie lebt nur von der unentwegt wiederholten Erinnerung an ihre göttliche Herkunft. Wie für Diotima-Sokrates ist auch für Aristophanes ‹Eros› der Name nicht nur eines Mangels und einer Bedürftigkeit, sondern ebenso einer überströmenden Kraft, die Menschen zum Göttlichen hinaufzutragen vermag. Es gibt nicht zwei, sondern dieser eine Eros ist zwiefältig. Aber nur eine platte Metaphorik kann deshalb behaupten, er sei weiblich oder die Weiblichkeit unterwerfendes männliches Geschlecht; er kann vielmehr weder als eines von beiden, noch überhaupt als verschiedenes identifiziert werden. Doch welche Möglichkeit hat der Diskurs dann, über ihn reden zu können?

Natürlich konnte Sokrates, zumindest in der Darstellung Platons, einem Aristophanes nicht verzeihen, daß dieser im mythologischen Bild dasselbe wie Diotima und er sagte, aber eine Geschichte des *Abfalls* von Göttern statt des *Aufstiegs* zu ihnen erzählte. Bis auf eine kleine, entscheidende Anspielung, auf die ich nun eingehen will, schweigt er zu Aristophanes. Kein Zweifel, Diotima ist ungleich listiger. Beide, sie und Aristophanes sprechen vom Spiel der Stärke und Schwäche, vom Spiel des Sinnlichen und Geistigen, des Mangels und Überflusses. Aber die Schilderung einer Dekadenz verliert in ihr selbst, in ihrem eigenen Fortgang die Lust an ihrem Objekt. Aristophanes kann daher nur mit dem *Ende* seiner Ansicht über die Liebe *anfangen* zu reden, mit dem Schluckauf und dem Niesen. Der Aufstieg zum Göttlichen aber kann immer nur mit seinem Anfang enden; er ist der unendlich verliebte Diskurs. Und ein Schluckauf verriet diese Motive einer Freundschaft mit den Göttern.

Das Ganze, das mehr als das Ganze ist

Die Bewegung der Liebe, wie Diotima-Sokrates sie beschreiben, zeigt einen seltsamen Knick. Wie man sich erinnern wird, klärt Diotima Sokrates über eine entscheidende Differenz auf: gewiß müsse ihm Eros ‹wunderschön› und göttlich erscheinen, wenn er ihn als das Geliebte darstelle. Eros sei aber vielmehr selbst das Liebende (204c). – Dieser Einschnitt bewahrt die Oberfläche des Diskurses davor, seine eigene, sich ‹narzißtisch› verzehrende Verliebtheit wahrzunehmen, in welcher er von und in einer Liebe zur Liebe reden würde. Aber er bewahrt ihn auch davor, Eros nur auf die Struktur ‹bürgerlicher Ehe› zu reduzieren, in welcher sich auf jeder Seite der Beziehung Liebendes und Geliebtes austauschen, um sich auf diese Weise ‹vereinigt› zu finden. Das Liebende, von dem Diotima redet, ist kein Subjekt, sondern daimon, ‹Zuteiler› eines Schicksals. Während die Vereinigung der Subjekte nur die Bewegung von einem bedürftigen Begehren zu seiner Erfüllung beschreibt, worin die überströmende Verliebtheit eine momentane Turbulenz darstellt, die durch den ‹narzißtischen› Rückbezug rasch wieder nivelliert wird, so weist Diotima vielmehr auf eine ganz andere ‹Erfüllung› hin, die jenseits des Überströmens liegt, aber allein den Göttern, den schönen und glückseligen, vorbehalten sei. – Was bleibt dem verliebten Diskurs anderes übrig, als zu versuchen, sich diesen ‹anzunähern›? Aber welche Nähe ist hier gemeint? – Wenn Sokrates rethorisch die These Agathons aufnimmt, daß nämlich die Angelegenheit der Götter sich durch die Liebe zum Schönen geordnet hätte, ihm aber gleichzeitig die Zustimmung abgewinnt, wenn Eros der Schönheit bedürfe, könne er nicht selbst schön sein, so zeigte sich, was bereits Homer offenbarte: den Göttern muß Liebe zugleich zu- und abgesprochen werden. Ist das die von Menschen begehrte Nähe, so liegt sie jenseits einer Entscheidbarkeit in Bejahung und Verneinung, (und wir sind dem Kantischen Begriff der Einbildungskraft sehr nahe). – Die Götter drängen das Schicksal, Eros, von sich weg, um den Preis, daß sie in dieser Geste zum Gesetz werden und Eros zu dessen Botschafter und Übersetzer. Dieser gesetzte Eros ist den Sterblichen *Ehrfurcht*. Diotima aber begehrte eine gefährlichere Nähe zu den Unsterblichen. Die Repulsion durch die Ehrfurcht, so begreift sie, ist zugleich das zu enge Gesetz des Narzißmus, die Liebe zum Eros selbst, dieses aber das blinde Schicksal der Sterblichkeit. Ihr Begehren der Unsterblichkeit ist nicht das christliche eines ewigen Lebens, sondern Begehren des Todes als Ende der Sterblichkeit. Damit durchbricht sie das Gesetz einer biologisch linearen Zeitlichkeit, wonach die Bewegung aus der Bedürftigkeit emporzusteigen versucht, um sich zu erfüllen, wobei die Götter vielleicht manchmal eine überströmende Glückseligkeit gewähren. Diotima begehrt einzig das Überströmen über die Erfüllung, welches als Paradox eines Ausschöpfens bis zur Neige geschieht. Daher kann sie sagen, was Sokrates wie eine Kritik an Aristophanes einflicht: »Meine Rede aber sagt, die Liebe gehe weder auf die Hälfte, Freund, noch auf das Ganze...« (205e). Man darf also die These, daß die Liebe immer das Gute haben wolle (206a), nicht als eine letztlich doch teleologische Linearität deuten, um das Gesetz des Begehrens, – seine Gerichtetheit als Verurteilung zu einer Richtung, – zu retten. Zwar neigt Sokrates zu dieser Auslegung, was wohl ein Grund dafür ist, daß das Christentum sich ‹seinen Platonismus› prägen konnte. Aber noch ist das Begehren nicht nur als Geschoß, als linearisierte Explosion, vorgestellt, von wo aus alle anderen Weisen nur als schweifende, launische Unruhe, als objektloser Drang oder repetitive Zwangsneurosen erscheinen müssen. Zwischen den

Gesetzen der Aufmerksamkeit und der Zerstreutheit, zwischen der Konzentration und Unkonzentriertheit wird im Diskurs der Diotima eine seltsame *Lust der Zeichen* andeutlich, bevor sie sich in einem reflektierten Begehren nach den Bedeutungen verfängt.

Ich will für diese Ergänzung über das Ganze hinaus den von Lacan verwendeten Terminus des Mangels oder Fehlens vermeiden, nicht weil er diese Struktur übersah, sondern weil dieser Ausdruck sich der alten, ständigen Wiedervergesetzlichung des Begehrens zu wenig widersetzen konnte. Mir scheint der Kantische Ausdruck der Stimmung geeigneter, wobei nicht primär an die athmosphärische Weite eines Gefühls sondern an das zu denken wäre, was dieser Weiterung vorausgeht: Eine Abstimmung der *Lust* der Zeichen mit der Stimme, durch welche jene mitgeteilt werden will.

Genauer als Kant begriff jedoch Diotima, daß das Schöne *als Ziel* eines Begehrens nicht es selbst, sondern nur ein bevorzugtes, erstrebtes Gut wäre. Das *Schöne* ist vielmehr der Name jener Ergänzung über das Ganze hinaus, weswegen es vom Aspekt einer wie auch gearteten Vor-stellung des Gutes zugleich als *Schein* hinter die Wirklichkeit des Empfangens und Erzeugens zurückfällt wie über diese hinausgeht. Wenn Diotima meint, der Eros gehe nicht auf das Schöne, sondern auf die Erzeugung *im* Schönem (206 e), so kann diese mediale Immanenz nicht als gegen eine Transzendenz beschränkte dargestellt werden. Das Schöne ist noch nicht bestimmt, mehr: es muß zunächst die Stimme des gesetzten Diskurses in der sprachlosen Schau des Schönen selbst zum Schweigen bringen, ehe es seine Sprache findet. Das erste ‹Wort› des Schönen ist, nach Diotima, die ‹Ähnlichkeit›, – aber nicht als Resultat eines vergleichenden Urteils, sondern als Wiederholung der vergänglichen Schönheit des Alten im Neuen. Und Diotima betont sogar, gegen eine substanzialistisch metaphysische Mißdeutbarkeit, dies geschehe nicht so, ‹daß es durchaus immer dasselbe wäre› (208 a). Indem, bezüglich der Teilhabe der Sterblichen an der Unsterblichkeit, die Ergänzung als das Ähnliche be-stimmt wird, zeigt es sich als *vergangene Zukunft,* in welcher das Unähnliche, das Individuum, als *zukünftige Vergangenheit,* das heißt, durch seinen Tod bestimmt ist. Das erste Wort der Schönheit ist immer schon gesprochen und noch nie gesagt worden.

Gleichwohl sucht Diotima sich dieser anwesenden Absenz anzunähern, wenn auch nicht in der bescheidenen, früh abbrechenden Weise, die sich in einer Erfüllung schon für glückselig hält. Unüberhörbar ist dennoch auch bei ihr eine gewisse ‹aristophanische› Tendenz, durch das Gesetz der Hierarchie hindurch, beginnend beim geliebten Individuum, das Begehren in der Schau des göttlichen Schönen zu vollenden, – und alle Liebhaber des Schönen der folgenden Jahrhunderte werden ihr diese ‹vollendete Schönheit› nachreden, und andere werden dabei wieder den Schluckauf bekommen. Dennoch ist diese Annäherung nicht nur als die alte Geschoßlinie bezüglich eines Ziels zu verstehen. Es gibt eine Art des Überfließens, welche sich nicht einfach, bezüglich des Orts der Erfüllung, zerstreut und auseinanderfließt, sondern selbst *verdichtet*. Eine Annäherung aber, die den Fluß des Überströmens selbst noch zu verdichten sucht, ist von keinem Ziel mehr geleitet: sie überdichtet das In-der-Nähe-Sein der Schönheit. Man hat das, sehr ungenügend und überfrachtet mit den alten Spielen des Empfangens und Erzeugens, das ‹Kunstwerk› genannt. Gleichwohl hat man immer seit Diotima gewußt, daß die ästhetische Ergänzung sich nie in einem Ganzen vollenden wird. Daran ist die Liebe wirklich interesselos.

Die Stimme des Schönen

Es scheint, – wie bereits das Poetische im Reden Diotimas nahlegt, – daß ein im Schönen sich erlebendes Begehren über ‹das Ganze› hinausströmt und (etwas und sich) mitzuteilen wünscht, daß also dieser Fluß des Schönen ausufert und in seinem Rhythmus sich artikulieren will und eine Stimme findet. Aber nicht nur sendet das Schöne Botschaften an Andere, in welchen es auf sich als schönes Phänomen verweist und anderer-seits auf sich als Gefühl des Schönen zurückverweist. Zunächst schien mir, als wolle das Schöne durch eine Weitung seiner Stimme die Anderen in diese Stimmung hineinziehen. Und liegt nicht darin das Einladende und Verführerische? Und doch: suche ich nur begehrend dieses wahrgenommene

Schöne, dieses weite Gefühl an ihm auf die Anderen zu übertragen, dann habe ich mich doch zugleich als Subjekt schon gegen sie zurückgehalten. Im Schönen will ich ‹mehr› als Ich sein und fürchte doch, mich zu verlieren, fühlte ich das Fühlen des Anderen in mir. Davor schützt mich die Metapher: möge der Andere, – und dies wünsche ich zutiefst, – das Schöne fühlen *wie* ich! – Aber ich hinterlasse ihm nicht nur die einladenden Zeichen meines Wunsches, sondern lese in diesem auch eine *andere* Spur, in welcher ‹der Andere› schon vor meinem Wissem im Schönen sich mir mitgeteilt hat. Schon zu Anderem gehörend suche ich die Einstimmung des Anderen in diese mein Bewußtsein transzendierende Gestimmtheit des Schönen. Was das wahrnehmend-wahrgenommene Schöne als Anderes *in* sich aufnehmen will, um sich über das Ich *aus*zuweiten, ist schon was über das Bewußtsein ausuferte und von woher das ästhetische Gefühl nur als momentaner Aufschub eines Begehrens bewußt wird, aber als ein Aufschub, der im Unterschied zum ‹Realen› und den Gesetzen, die das bewußte Begehren ausrichten und verurteilen, immer schon begonnen hat, sein Ich richtungslos auszuweiten und zu verlieren. Immer schon entspricht so der Teilnahme am Schönen eine *Hingabe* an es.

Aber etwas, das wir heute gewiß leichter zu überschauen vermögen als diese Fragen nach einer Ästhetik des Unbewußten ist bereits schwer genug, in seinen Differenzen und phänomenologischen Schattierungen zu beachten. Ich werde einige Schritte in diese oder jene Richtung, tastend, zu gehen versuchen.

Das ist zunächst der Unterschied zwischen dem Begehren des Schönen, sich und etwas mitzuteilen und sich durch die Hineinnahme seines Adressaten auszuweiten, und dem Begehren, das Schöne als Etwas und als Gefühl anzuschauen und zu verstehen. Daß das Schöne sich *be-stimmen* will, – was auch immer diese Stimme wird vernehmen lassen, – ist etwas ganz anderes, als sich über das Angeschaute verlauten zu lassen; mögen wir auch vermuten, unser Begehren, das Schöne zu bestimmen, begegne an einem Ort der Zustimmung des Schönen. Um diesen Ort der Begegnung wird es mir gehen. Aber in einer Haltung, das Schöne näher wissen zu wollen, werden wir wohl immer nur an die Stelle kommen, an welcher es sich die diskursive Stimme ausleihen wird, um sie völlig verändert zurückzugeben. Und solches nannte Kant das ‹Spiel der Erkenntniskräfte›.

In einer Differenz zwischen ästhetischer und epistemologischer Be-stimmung des Schönen bewegen sich also Kants Fragen an das Geschmacksurteil; er hatte bemerkt, daß sich die Weisen ästhetischen Begehrens weder den Gesetzen des natürlichen noch des moralischen Begehrens unterwerfen lassen. – So müssen wir also eingestehen, daß unser mögliches Erkennen nicht einfach mit ihm übereinstimmen wird, daß es sich in der Schwierigkeit des Übersetzens befindet. Ich werde versuchen, wenn auch nicht ohne phänomenologische Verschiebungen, die Fragen Kants nach der Stimme des Schönen zu wiederholen, und vielleicht wird es nur darum gehen, bis in jene Region des Übersetzens zu gelangen, wo die Stimme *über* das Schöne unruhig wird und zu stottern beginnt, ehe sie das Spiel begreift.

Verweist der Wunsch, die Strukturen ästhetischer Gefühle als schon be-stimmte Bewußtseinsweisen zu verstehen, nicht bereits auf den vorgängigen Wunsch einer Lust des Schönen, sich mitzuteilen und sich eine Stimme zu geben? wie anders wäre verständlich, daß selbst Gefühle der Trauer und des Schrecklichen gleichsam subversiv vom Schönen unterlaufen sein können? Auf welche Weise setzt die Lust des Schönen die Einstellung und Gesetze des Begehrens außer Kraft? – Der Diskurs spricht nicht die Sprache des Schönen, die er vernimmt und die ihm zuspricht; wohl aber kann er die Effekte beschreiben, durch welche die Stimme des Schönen seine alten Ordnungen, seine Regeln und Intentionen stört, um schließlich umgekehrt die Worte und Sätze, die Bilder und ihre Zeiten ins Spiel zu bringen.

Nicht der *Affekt* ist die Stimme des Schönen, denn er ist, wie Kant ihn beschreibt, nur die der Überlegung geraubte Stimme, ein liebender oder genötigter Aufschrei, eine explosive Streuung, welche die Linearität der Rede erschreckt und verstummen läßt. So erregt die ausgebrochene Freude oder der Zorn sein mögen, wie vielfältig sie sich ausbreiten und nuancieren werden: sie folgen dem Gesetz von Anspannung und Auslösung, von Höhepunkt und

Ausklang, welches aber nicht das der Lust ist, die sie begleiten mag. Und selten wollen die Affekte auch nur ihren Namen wissen, die wohl eher einmal beschwörende Antworten und Zurufe auf ihre Ausbrüche waren. – Der Affekt wird sich zur Stimmung weiten, um das ästhetische Urteil zulassen zu können.

Aber die Lust des Schönen liegt noch unterhalb dessen, was gewöhnlich die Lust und Unlust der Gefühle genannt wird. Nicht einmal das Häßliche korrespondiert ihr als äquivalenter Unlust, denn selbst dieses kann die Ästhetik zur schönen Darstellung bringen. Dem Häßlichen entspricht nur das Gefällige. Wir werden also die Unlust des Schönen nicht mit dem Schmerz, mit dem Unbehagen und den Abneigungen verwechseln dürfen: sie drückt nur das Fehlen einer gefühlten Lust des Schönen aus, deren Abwesenheit vom leeren Geschmacksurteil transportiert werden kann. Nicht ein Gefühl ist der Grund des Schönen; in ihm *fällt* das Schöne nur *auf* und wird uns bewußt. Als Phänomen bietet es nur die Möglichkeit an, ein Wissen dem Schönen zu nähern. Dabei ist wichtig, das Gefühl nicht immer schon durch die Richtungen des Begehrens, durch die Intentionen seines Hinausdrängens oder Schrumpfens zu sehen, vielmehr auf dem Modus seines *pulsierenden Verweilens* zu achten. Das Gefühl ist nicht selbst der Trieb, sondern dessen Wahrnehmungsweise, wie auch immer diese sich an Bejahungen oder Verneinungen, an Liebe und Haß anschließen mögen. Im Augenblick des Verweilens, jenseits von Hoffnung und Furcht, vergessen die Gefühle zugleich, was sie mit ihren Antworten auf unser Befinden in der Welt bezwecken, und erst im Vergessen der auseinandergehaltenen Unterschiede von Gabe und Nahme, von Aktivem und Passivem, werden wir Gefühle nicht mehr ‹haben› sondern erleben.

Aber mitnichten wird es darum gehen, irgendeine stumme, erfüllte ‹Sprache des Gefühls› gegen den Diskurs ihres Erkennens geltend zu machen. Der ‹Irrationalismus› leugnet ja nicht nur die Übersetzbarkeit, die er kümmerlich selber noch betreibt; er hat zudem ignoriert, daß auch das wissenschaftlichste Erkennen von bestimmten Gefühlen begleitet sein wird. Und ich meine damit nicht nur die Gefühle von Anstrengung und Einsicht, Erfolg und Mißerfolg:

Wenn wir auf unser emotionelles Erleben aufmerksam werden, wenn wir uns seine Weise durch Kon-zentration verdeutlichen und unterscheiden, spaltet sich das Gefühl, welches zuvor unser Dasein als Einstellung eröffnet hatte, in einen fast theatralischen Vorder- und Hintergrund. Im verdeutlichenden Vordergrund beginnt sich abzuzeichnen, was man das ‹Gegebene einer Anschauung› nennen und hinter welchem erst als mitpräsentes auftauchen wird, was die Tradition das Vage, Verschwimmende, undeutlich Nebelhafte, das unkontrollierbar wogende Konfuse der Gefühlsregungen nannte und nachträglich zum Ursprünglichen eines andämmernden Bewußtseins erklärte, weil es ihr um die Formbarkeit, um eine Unterdrückung oder Förderung bestimmter Gefühlshaltungen ging und darin auch um die Bildung des ästhetischen Geschmacks.

Diese Aufspaltung versuchte Kant als die Differenz von Empfindung und Gefühl zu fixieren, wobei es darum ging, vom Empfundenen die bejahenden oder verneinenden Einstellungen fernzuhalten und das Spiel von Lust und Unlust, in welchem das Objekt der Erkenntnis unruhig blieb, zu neutralisieren. – Natürlich gelingt das nicht, aber diese Strategie hat entscheidende Konsequenzen für den Diskurs wissenschaftlichen Erkennens:

Es geht um den Nullpunkt des Gegebenen einer scheinbar neutralisierten Empfindung, welcher absehen soll vom Geben und Empfangen, vom Gefundenen und Gemachten, damit beim unbekannten X des Faktums angefangen werden kann. Zwar wird dieses X vom großen Schauspiel der Gefühle begleitet, in welchem wir es entweder als das Unumgängliche erleiden, uns über das Entdeckte freuen oder es als Umgehbares hinnehmen, als zu Veränderndes angreifen; – aber all diese bestimmt antwortenden Gefühle können nunmehr, *im Gefühl* der Indifferenz von Lust und Unlust, als bloß ‹subjektive Zutaten› vom Erkenntnisbegehren ferngehalten werden.

Man versteht sofort die Schwierigkeit der Psychologie: indifferent die Strukturen der Gefühle bestimmen zu wollen, die eben durch diese Haltung erst un-bestimmt wurden. Der Begriff des Gefühls wird dessen Natur das Gesetz vorschreiben, das er von ihm zu vernehmen meint. So lassen sich Gefühle nach den Weisen ihrer Ausdehnung bestimmen, nach denen ihres Auftauchens und Vergehens und den Graden ihrer Intensitäten; manche haben einen gleichsam übergreifenden, andere einen stockenden Atemrhythmus. Über einem andauernden Grundtonus spüren wir oft einen wogenden Wechsel, der manchmal von seiner Geschichte, von der Ordnung seiner Folgen weiß und nach seinem Grund fragt, der seine gestörten oder bestimmenden Koexsistenzen mit anderen Gefühlen wahrnimmt, vielleicht seine Orte und Zeiten kennt. Die Gefühle können bejaht oder verneint werden, direkt oder mittelbar einem Drang oder Streben unterworfen sein, sie zu bewahren oder zu verändern. – Ich breche diese Andeutungen ab; denn man wird bereits die Verschiebung spüren: als repräsentierte Vorstellungen geben die Gefühle nur noch einen, zu meinem Eigentum gemachten Zustand meiner psycho-somatischen Leiblichkeit an, wogegen sie zunächst vielmehr die Weise eines eröffneten In-der-Welt-Seins waren, worin das Düstere oder Heitere einer Landschaft so viel oder so wenig etwa ‹bloß Subjektives› waren wie ihr Grollen oder ihr silbriges Blaugrün.

Kehren wir zur Frage nach der Lust des Schönen zurück, das sich in allen Gefühlen mitzuteilen sucht. Kant bemerkte sehr wohl, daß das schöne Gefühl sich nicht auf das Meine beschränken läßt, daß sein Anruf nicht nur über uns hinausklingt. Schönheit ist ‹allgemein› in dem Sinne, daß sie niemandem ‹gehört› und nicht, wie die Vorstellungen, Bilder und Gefühle, gleichsam um uns herumgelagert werden kann. Sie will sich mitteilen, indem sie *hinreißend* ist und die deutlichen Grenzziehungen zwischen Bewußtsein und dem Wahn-Sinn der Wünsche mißachtet. Sie färbt nicht nur die verschiedensten Gefühle ein, auch die Lust des Entzückens ist nur das Auffällige ihrer Oberfläche, an der wir ihre Stimme vernehmen. – Da Kant aber nur die Anschlußstelle sucht, wo sie sich mit dem Diskurs des Erkennens berührt, so meint er, daß dieser Wunsch der Mitteilung nur in der Form des Urteilens selbst, nämlich in seinem Ansinnen auf Zustimmung liege. Er vermeidet auszuführen, was unter dem ‹Spiel der Erkenntnis-Kräfte› genauer zu verstehen sein könnte. Aber es läßt sich mit seinen Mitteln skizzieren:

Beginnen wir zunächst mit der Form des analytischen Urteils, dessen Grundmerkmal die *Entscheidbarkeit* ist: wäre nun die

Bestimmung des Schönen die Einheit in der Mannigfaltigkeit oder die Mannigfaltigkeit, der überströmende Reichtum der Einheiten? Beruht das Schöne im Hervortreten oder Zurücktreten der stofflichen Phänomene oder im Ausdruck hinterlassener Spuren? Liegt das Wesen des Schönen in der Ausprägung seiner Stile oder hält es sich als Idee in einem ewig begehrten, letztlich immer verfehlten Hintergrund? Ist es die Simulation einer Wirklichkeit oder die Wahrheit bloßen Scheins? – Es hat viele Entscheidungen nach der einen oder anderen Richtung gegeben, die sich wechselseitig zu widerlegen suchten. Wenn wir annehmen wollen, Kant sei sich dessen bewußt gewesen, so hätte das Folgen für die Schematisierungen durch die Einbildungskraft. Anstatt von einem punktuell Gegebenen ausgehend sukzessiv dessen Bild, dessen Beziehungen und Verlaufsformen aufzubauen, käme es vielmehr nie zu einer Entscheidung darüber, ob es sich hier, beim Schönen, um dieses oder jenes handle.

Kant durchschlägt einfach den gordischen Knoten, indem er gegen seine eigene, großartige Entdeckung der Phänomenalität der Welt verstößt und die Existenz dem Schönen abspricht. Die Welt erscheint wieder aufgeteilt in äußere, sinnliche Dinge, zu denen das Schöne nicht gehören könne und in bloß innere, subjektive Gefühle, als gehöre unsere Leiblichkeit nicht mehr zu den Phänomenen der Welt. – Aber es war immer schon die Größe seines Denkens, die Spuren möglicher Verschiebungen gegen solche Entscheidungen selbst hinterlassen zu haben:

Schönheit, so bestimmt er, existiere nicht als Gegenstand und nicht einmal als nur vorgestelltes Bild; es sei nur *Form* und, so müßte man hinzufügen: Form der Unmöglichkeit einer definitiven Bildvorstellung. – Erinnern wir uns: die Zeit war als Form der Anschauung bestimmt worden. Diese Form ist zunächst nur als die quantitative der Zeitreihung, – Jetzt, Sukzession, Kontinuum, – vorgestellt. Aber die weiteren Schematisierungen zu einem Begriff der Sache decken zugleich weitere Zeitformen auf: Entstehen-Vergehen-Werden; Dauer und Wechsel; die unumkehrbare Ordnung der Folge; die Gleichzeitigkeit; die mögliche und wirkliche Zeit sowie die Zeitlichkeit aller Erscheinungen überhaupt. – Nur an einer Stelle in der ‹Kritik der reinen Vernunft› taucht eine Umkehrung auf: nämlich die Frage nach der Anschauung der reinen, ungegenständlichen Form: in ihr bestimmt Kant die Zeit als *ens imaginarium*. Wohlgemerkt: nicht als imago, sondern als imaginär. Sollte man sie nun als das ‹eingebildete› Einbilden bezeichnen? Wieso ist plötzlich die Bestimmung der angeschauten Zeit diesselbe wie die des Schönen? Anders gefragt: Kant warnte vor einem amphibolischen Gebrauch der Reflexionsbegriffe: sie zielten korrekterweise nicht auf das Gegebene einer Anschauung, sondern nur auf eine Ordnung der Vorstellungen untereinander. Es scheint nun diese Ordnung durch das Imaginäre des Schönen in das Spiel des Mehrdeutigen zu geraten, in welchem auftauchende und verschwindende Bedeutungen sich mit fremdartigen Mosaiks und halbfertigen Bildern, Kleidern, Spuren – und Bildfragmenten sich zu seltsamen Gebilden vermischen und wieder auflösen, ein Sinn einem anderen überlagert wird, so daß schließlich jede Überlegung, anstatt zum klaren Bild gegebener Phänomene zu gelangen, zur Über-Legung, zum Fluß der Verdichtungen und ihrer mehrdeutigen Vielstimmigkeit wird. Diese Phantasie- und Traumgebilde scheinen jedoch nur chaotisch, wenn sie an der begrifflichen Logik der Verzeitlichung gemessen werden. Bekanntlich begann Freud die große Entdeckung der ihnen eigenen Strukturen, deren *Schematisierung durch eine Zeit jenseits der Präsenzzeit* geschehe: durch die *Zeitlichkeit des Wunsches,* die sich als *Lust des Schönen* meldet.

Man spürt wohl, daß ich mit dieser Wendung Freuds These vom Schönen als einer Sublimierung verdrängter Triebstrukturen widerspreche, wenn auch in seinem eigenen Sinne, in welchem ja der Eros des Wunsches alles andere denn als grob und primitiv gelten kann; er wird es nur durch die nichtverarbeitete Unterwerfung unter die *Gesetze* des Begehrens. Bedenken wir auch, daß Freud gerade da, wo er die Lust als eine anwachsende Erregungsspannung zu definieren suchte, welche kulminiere und rasch abklinge, zugleich zögernd die Vermutung äußerte, ob sie nicht vielmehr eine davon ganz verschiedene Rhythmik sei, die keineswegs notwendigerweise solche Erregungsverläufe begleiten müsse.

Die von der Lust der Wünsche schematisierten Gebilde des Schönen sind dichter, vielschichtiger, ‹textueller› als es je das Bild aufgrund einer ‹gegebenen Empfindung› zu sein vermag, und von dieser Dichte ist ebenso das Gefühl zutiefst ergriffen, berührt und betroffen wie sie umgekehrt gerade die Gerichtetheit des Begehrens spielend nach allen möglichen Richtungen weitet, sie aber im Unterschied zu den Affekten in eine ‹Stimmung› bringt.

Also macht der Verstand sich auf, diese rätselhaften Mitteilungen des Schönen zu dechiffrieren, wobei er entdecken kann, daß nicht er allein seine Formen in Bewegung setzte und sich entschied, dem Schönen seine Stimme zu leihen. Es scheint vielmehr zugleich, als habe das Schöne sich seiner Stimme angenommen, um die ‹eigenen› zu vermehren. Und wie wird der erkenntnisbezogene Diskurs in ihm selbst durch die Vielstimmigkeit des Schönen überrascht! Vielleicht mag er dann kritisch das Gesetz seiner Richtung zurückgewinnen, vielleicht auch nur geschwätzig mit seinen Geschmacksurteilen einer Lust des Schönen hinterherreden, wo diese schon nicht mehr erklingt. Dann würden ästhetische Urteile, anstatt Dichtung zu sein inmitten der Logik, nur noch ihre endlose, verzweifelte ‹narzißtische› Zugehörigkeit zu einem Abwesenden dokumentieren.

Aber damit wird auch eine Ambiguität deutlich in der Mitteilung des Schönen durch jene Stimme des Verstandes, die es in sich hineinnahm. Denn der Diskurs begehrt zugleich, sich der Verführungskraft seiner eigenen Spuren zu entziehen, um den Bericht über das Schöne abzuschließen. Die Struktur ist komplex und unendlich verletzbar, denn die Mitteilungen der ästhetischen Urteile sind von anderer Art als die der Lust des Schönen:

Letztere, wie bemerkt, strömen über jede Erfüllung hinaus, welche nur jene momentanen Anschwellungen des Imaginären sind, die uns den Schein eines Objekts des Schönen zu- und wieder wegspielen; nicht die imaginären Staus, nicht diese haltlosen Spiele mit unvollendbaren Repräsentationen will das Schöne mitteilen, sondern seine Lust an ihnen; in seine Stimmung will es das Ich und das Ich des Anderen hineinreißen und es zerfließend indifferenzieren. Aber eben dadurch verlöre sich das Schöne als bewußt erlebbares Phänomen. Die Gesten der ästhetischen Urteile, indem sie wie auch verfehlend dem Auffälligen des Imaginären den Status von Bildern und unterschiedlichen Beziehungen geben, verzögern so auch das Unbewußtwerden des Schönen, das sich dieser Verzögerung günstig zeigen kann. Dann wird die Artikulation des Diskurses sich mit der Lust des Schönen am Spiel der Differenzen treffen, wenn auch so wenig wie Sprache und Musik übereinstimmen. Wie wäre aber die Differenz bestimmbar, wenn in der ästhetischen Stimmung die Stimme des Diskurses nicht mit der des Schönen einfach zu einer indifferenten Einheit verschmelzen? – Wir wissen, wie der Diskurs es liebt, sich vom Gefühl des Schönen weiterschwemmen zu lassen, aber dieses leidet zugleich an den festgehaltenen Differenzen, und sofern es der Verstand bemerkt, taucht es ein in eine unendliche Beredsamkeit, als wolle er mit *seinem* Fluß den gestörten des Schönen versöhnen. So übernimmt es das ästhetische Urteil, alle Welt zu veranlassen, am Schönen teilzunehmen, wo die Lust seiner verführerischen, einladenden Mitteilungen zu stocken beginnt. Und vielleicht ist diese Welt schön, heiter, jauchzend, glücklich. Aber wir leiden daran, daß *sie* es uns nicht *sagt*. Und wir warten darauf, ob sie nicht wie die teilnahmslosen Götter und Menschen doch wenigstens manchmal ein Zeichen gebe, daß sie nicht gleichgültig gegen das mitteilsame Schöne sei. Daher lieben wir diese Zeichen, obgleich sie nur von der Abwesenheit der ewig sich ergänzenden Ganzheit des Schönen sprechen. Die Welt aber spricht nicht von der Schönheit ihres Glücks oder ihrer Trauer, weil sie das, was sie sein mag, nicht durch eine Überlegung in die Falten des Wissens zieht, um uns ohne Unterlaß die Zeichen ihrer Schönheit zu senden; sie winkt sie nur von Zeit zu Zeit und wenn wir Glück haben, fällt es uns auf. So gesehen spricht im ästhetischen Urteil, in welchem das Wissen sich vom Begehren nach Schönheit gestimmt und begleitet weiß, auch dann eine Sehnsucht, wenn uns die Gunst einer Schönheit einlud.

Aber auch die Lust des Schönen will nicht die Stimme des ästhetischen Urteils preisgeben, um in eine Welt der Affekte zurückzukehren, deren Überraschungen, wie Kant meinte, noch in der Freude tödlich sein könnten; ihre Ausgelassenheit drohe dem Leben und man könne aus den Sterbelisten ersehen, ‹daß doch mehr Menschen durch die Freude als durch den Gram der Traurigkeit plötzlich ihr Leben gelassen hätten› (‹Anthropologie›). Es scheint, als wisse der ästhetische Diskurs von der Tödlichkeit des Schönen oder von ihrem drohenden Wahnsinn. Daher behütet er sich, der doch in ihrem Namen redet, letztlich vorm Anblick dessen, was er als göttliche Schönheit fürchtet und begehrt, vor der er aber, wie Semele vor Zeus, verginge. Inmitten der Stimme des Schönen hat es sich nie ganz ausgesprochen, inmitten seiner Stimmung verstimmt es.

Und doch, widerspräche nicht alles Gesagte nun dem Kantischen Gedanken einer *interesselosen* Liebe zum Schönen? Wird da nicht gewaltsam ignoriert, was in seiner Schönheit zugleich sich über jede Stimme hinaus verschwieg? Leugnet sie nicht das Begehren des Schönen sich mitzuteilen? Geht es nur um seine distanzierte Betrachtung, um theoria, Schau, contemplatio? – Wie aber, wenn gerade dieser Wille zur Distanz mehr von der verführerischen Gefährlichkeit des Schönen weiß als alles *Reden* vom Dionysischen, Rauschhaften und Hinreißenden? – Verfallen wir nicht in die Banalität zu sagen, ‹interesselos› meine, daß wir das Schöne nicht verzehren wollen, wo wir vielmehr fürchten müssen, daß es uns verzehren könnte.

Aber selbst wenn wir die Geschichte des Aristophanes von der Dekadenz einer Liebe zum Schönen fortschreiben müßten: vom ‹Wahnsinn› der ekstatischen Feste zur mystischen Begeisterung, über die enthusiastische Erregung hinab zur Freude am Schönen, zur bloßen Gerührtheit, die sich an seiner Betrachtung beruhigt; läge nicht auch dann der Irrtum darin, ‹Interesselosigkeit› als ‹Teilnahmslosigkeit› zu deuten? Ein ‹indifferentes Wohlgefallen› wäre für Kant, der das Schöne vom belanglos Wählerischen des Angenehmen zu unterscheiden suchte, wohl kaum der passende Ausdruck gewesen.

Wohl ist, wie ich tat, umgekehrt an jene göttliche Teilnahmslosigkeit des Schönen an den menschlichen Belangen zu erinnern, unter der wir leiden. Wie leicht schlug das Glück der Götter um in ihre grausam teilnahmslose Selbstgenügsamkeit, an deren Allmacht, wie an der schicksalslosen Indifferenz der Massen oder Herrscher, die Revolutionen scheiterten. Und die Teilnahmslosigkeit am Leiden der Anderen, an der wir selbst schicksalhaft teilnehmen, ist die gewaltigste Macht der Geschichte, die wie die

Götter keinen Finger zu rühren braucht, um zu wirken. Bestreiten wir also nicht die Berechtigung weder einer Liebe zum Schönen noch des zeitweiligen Zorns gegen sie. Und doch kann gerade das Schöne oft mehr Teilnahme am Leiden zeigen als jede andere Form des Wissens.

Es gibt durchaus einen anderen Wink, um den Begriff der Interesselosigkeit zu verstehen: ‹Interesse› meinte ursprünglich und noch zu Zeiten Kants nicht den Zins als Profit, sondern sowohl die Ersatzpflicht des Schuldners wie die berechtigte Forderung. – Mir scheint, die späteren Theorien über das ästhetische Erleben als Suspension von der Bedürftigkeit oder der Anstrengung des Begriffs, als momentane Befreiung vom Druck des Willens und Daseins als Entlastung von Sorge etc. enthalten, wenn auch ohne Emphatik, diesen Grundzug einer *Schuld-* und *Gesetzlosigkeit des Schönen*. Nur wo es gilt zu fordern, kann diese Schuldlosigkeit des Schönen, wo es seine Gunst nicht dem Leiden zuwandte, teilnahmslos erscheinen. Aber vergessen wir nicht: liegt die Macht der Schönheit in einer ‹interesselosen Liebe›, in der Befreiung der Wünsche von Schuld und Opfer: dann ist die ›Undankbarkeit‹ ihre größte Gunst.

Für G. Ch. Tholen, – dem Freund des Vorspiels auch im Nachspiel.

Literatur

1 Platon, Sämtliche Werke, Phaidros, im folgenden zitiert nach der Stephanus-Numerierung.

2 André, Yves-Marie, Sur l'amour désinteréssé, Ouevres Philosophiques, Genève 1969, p. 360f.

Marc Le Bot

Liebe als Liebe und Kunst als Kunst

Was »Liebe« genannt wird, besteht in einem Geflecht von Beziehungen zum anderen, die in spezifischen Formen institutionalisiert worden sind. Die historische Anthropologie zeigt die Unterschiedlichkeit dieser Praktiken und dieser Institutionalisierungen. Sie haben dennoch eine Konstante, die ihnen einen gemeinsamen Namen zu geben erlaubt: sie stellen sozusagen das Verlangen in Frage. Das verliebte Verlangen besteht darin, eine bestimmte Erfahrung des Anderen zu machen. Das wäre eine Erfahrung des Anderen in seiner Differenz. Die Liebe wäre dieser Antrieb, der sich an den Anderen richtet, um seine Andersheit zu beweisen. Seine Beständigkeit gestattet die Frage nach dem Schicksal der Liebe im Verlauf einer Geschichte der Praktiken und der Institutionalisierungen.

Der konkrete Einsatz dieser Erfahrung der Andersheit des Anderen bestünde darin, dem sterblichen Schicksal des Menschen zu entgehen. Die Perspektive des Todes verschließt das menschliche Schicksal in sich selbst; läßt dieses Schicksal zur Einsamkeit werden. Die Perspektive der Liebe als Erfahrung der Andersheit wäre ein Ausweg aus dem einsamen Schicksal. Sie wäre ein Ausweg zu einem anderen Leben, eine symbolische Erfahrung der Unsterblichkeit. Dieser symbolische Ausweg wird gemeinhin metaphorisch als Überschreitung der eigenen Person beschrieben, d.h. als eine Vereinigung mit dem Anderen.

Die Liebeserfahrung wird in ihren unterschiedlichen Formen beschrieben. Und gewöhnlich gründen sich diese Beschreibungen auf die Dauerhaftigkeit psychischer Wirkungen der vielfältigen Formen der Liebe so wie ebenso auf die Dauerhaftigkeit ihrer Zielrichtung oder ihres Einsatzes. So besteht das Wesentliche oder das den Diskursen über die Liebe gemeinsame Element in einer psychologischen Theorie des Verlangens.

Neben der Finalität und den psychischen Wirkungen als Konstanten der Liebe gibt es noch eine weitere Konstante. Diese andere

Konstante besteht in der Liebespraktik selbst als Praktik. Wenn das zutrifft, muß die konkrete Analyse dieser Konstante innerhalb der Ordnung der Praktiken logischerweise den psychologischen Theorien des Verlangens vorausgehen.

In dieser Hinsicht kann man sicherlich nicht empirisch vorgehen: die Liebespraktiken sind zahllos, weil sie prinzipiell im Laufe der Geschichte erfinderisch entstanden. Dennoch ist es aus denselben prinzipiellen Gründen möglich, eine Behandlung zum Modell der Analyse, zu einem selbst geschichtlichen Modell zu machen, die sich als eine modellhafte Behandlung vorstellt.

Das Reflexionsprinzip besteht darin, daß die Liebe eine zum Anderen eingegangene Beziehung darstellt. Doch jede Beziehung ist sprachlicher Natur: der weiteste Sinn des Wortes »Sprache« umgreift alle Beziehungen, in denen Ausdruck und Kommunikation durch Verwendung von Zeichen eine Rolle spielen.

Die in der Sprache geknüpften Beziehungen haben einerseits eine praktische Finalität: es geht darum, ein Wirkliches durch Zeichensysteme zu beherrschen, um Gebrauch von diesem Wirklichen zu machen. Diese Finalität existiert in der Kommunikation und dem Ausdruck der Liebe. Doch mit dieser Zielrichtung auf die Nutzorientierung tritt in der Liebe eine andere Sprachfinalität in Konflikt zur nutzorientierten Zweckmäßigkeit. Diese andere sprachliche Finalität beherrscht den Liebesaustausch und will ihn auf absolute Weise steuern. Anstatt Fähigkeiten der Sprache zu verwenden, um das Wirkliche zu bezwingen und es zwecks Nutzungsanwendung zu verändern, benutzt man die Sprache, um mit dem Wirklichen eine ungewöhnliche Beziehung einzugehen. Diese andere Beziehung besteht in der Gegenwart gegenüber dem Anderen. Sie begründet die Gegenwart des Gegenwärtigen.

Sobald man die Sprache auf nutzbringende Weise verwendet, will man die Andersheit des Anderen reduzieren, d.h. aufheben. Der andere Gebrauch der Sprache in der Liebe überhöht diese Andersheit, weil sie die Unbrauchbarkeit des Wirklichen behauptet. Diese zweite Vorgehensweise wirkt in dem, was man in der Allgemeinheit und Unendlichkeit ihrer Formen Liebe nennt. Weil sie überdies eine Form der Sprache darstellt, die nicht am Nutzen orientiert ist, kann man sagen, daß sie deren »reine« Form liefert.

Die nicht nutzorientierten Formen der Sprache werden seit drei oder vier Jahrhunderten »Kunst« genannt. Diese Formen sind in allen Bereichen der Existenz im Spiel: in der Sexualität und in den Liebeskünsten mit ihren Regeln, im Alltagsleben wie in den im eigentlichen Sinn »Künste« genannten sprachlichen Einrichtungen. Die im eigentlichen Sinn »Kunst« genannte Kunst würde also den Ort der Sprache bilden, an dem sich in einer reinen Form die nutzlose Beziehung zum anderen inszenierte, die »Liebe« genannt wird.

Vom Standpunkt der Geschichte aus ist es bemerkenswert, daß die Kunst im gleichen Augenblick als Kunst begriffen werden konnte, in dem das Schicksal der Liebe die Liebe dazu veranlaßte, auch ihrerseits ihre »reine« Form zu entwickeln. Gegen Ende des Mittelalters bewirkte der Verlust bestimmter mythischer Überzeugungen und bestimmter Formen des religiösen Lebens die Einrichtung der höfischen Liebe, der Liebe als Liebe. Wenn es wahr ist, daß die Entstehung der Kunst als Kunst geschichtlich mit der Entstehung der Liebe als Liebe zusammenfällt – so wie auch wir noch die Liebe und die Kunst auffassen –, kann es nicht länger erstaunen, daß die Kunst von den Figuren der Liebe heimgesucht wird.

Die Malerei offenbart diese gemeinsame Entstehung des Denkens der Kunst als Kunst und der Liebe als Liebe. Diese Verbundenheit wird sogar ausdrücklich, sobald die Werke der Malerei die Sexualität inszenieren.

Andererseits weist diese Verbundenheit in der zeitgenössischen Kunst einzigartige Aspekte auf. Diese Einzigartigkeiten bezeichnen etwas vom geschichtlichen Schicksal der Liebe in seiner gegenwärtigen Vollendung. Die aktuelle Kunst hätte die geschichtliche Aufgabe, die reine sprachliche und in diesem Sinne abstrakte Form hervorzubringen, die die Liebes-Wirkung, die Leidenschafts-Wirkung herzustellen vermag: das Aufgeben jeder Beherrschungsbeziehung angesichts des Anderen und folglich eine Beziehung der Überhöhung seiner Andersheit.

Das bedeutet, daß die gegenwärtige Kunst ihre Existenz in einer von einer neuen politischen Ideologie beherrschten Gesellschaft einsetzt: die Ideologie der verallgemeinerten Kommunikation dessen, was »Informationen« genannt wird. In diesem Zusammenhang beweist die Kunst, daß der Liebes-Effekt, der Leidenschafts-Effekt in der Sprache der eines gewaltsamen Bruchs mit der nützlichen Kommunikation von Informationen ist.

Die sprachliche Form, die die Leidenschafts-Wirkung hervorruft und deren Modell die gegenwärtige Kunst offenbart, kann die »reine« Form der Beziehung zum Wirklichen genannt werden. Diese reine Form zeichnet sich durch ihre Finalität aus, die Gegenwart des Wirklichen als gegenwärtig hervorzurufen. Sie widersetzt sich den gebräuchlichen Formen der Sprache – Sprachen des Wissens und Sprache des Alltagslebens – , deren Zweck im Gebrauch des Wirklichen besteht.

Doch es gibt keine rein leidenschaftliche Form der Beziehung zum Wirklichen, wie es auch keine rein nützliche Form gibt. Einige Kennzeichen der klassischen Kunst erlauben durch einen Vergleich mit der gegenwärtigen Kunst den Nachweis, daß die zwei Beziehungsformen, die eine leidenschaftlich, die andere nützlich, zusammen bestehen und in der Geschichte tendenziell widerstreiten. Dieselben Vergleiche zeigen, daß der Kampfplatz dieses Gegensatzes zu dem geworden ist, was wir »Kunst« nennen.

Die klassische Kunst hat ihr Denken auf das Problem der wahrscheinlichen Repräsentation zentriert. Darin widerstreiten zwei Tendenzen. Geschichtlich markiert ihr Widerspruch, was in jeder Kunst auf dem Spiel steht. Einerseits ist das klassische künstlerische Denken realistisch; andererseits will die Kunst das Wirkliche idealisieren. In den Darstellungen der Liebe setzen die einen den Akzent auf die der Sexualität gemeinsamen Aspekte und idealisieren die anderen den Körper, indem sie die antike Statuen zu zeitlos geltenden Modellen erheben.

Diese geschichtliche Debatte enthüllt und droht gleichwohl zu maskieren, daß die leidenschaftliche Beziehung zum Wirklichen als dem Einsatz jeder Kunst sich nicht im Widerspruch zwischen dem vorgeblichen Realismus und der vorgeblichen Idealisierung der Körper einstellt.

In seinem Bild *Venus im Spiegel* idealisiert Velasquez den Körper seines Modells. Oder einfacher noch: Er erwählt dieses Modell, weil sein Körper dem geschichtlichen Kanon der idealisierten Schönheit entspricht. Andererseits situiert er diesen Körper in einen Zusammenhang, der die bekannten Erzählungen über die Göttin Venus evoziert: die Erzählung ist also die der geschichtlichen Veränderung der Darstellung der Göttin als Modell der Weiblichkeit. Wenn man sich das Werk von Velasquez heute anschaut, wird das Modell der Venus-Schönheit durch das ganze Zubehör aus Bett, Vorhängen, Spiegel und einer direkt auf den griechischen Mythos verweisenden Eros-Darstellung denotiert. So werden hier alle Weisen der gängigen und gebräuchlichen Signifikation ins Spiel gebracht: ein vollständiges, allgemeines oder gebräuchliches Wissen vom Kanon der körperlichen Schönheit und auch der Erzählungen, der die nackte Gegenwart der Nacktheit erzählbar macht.

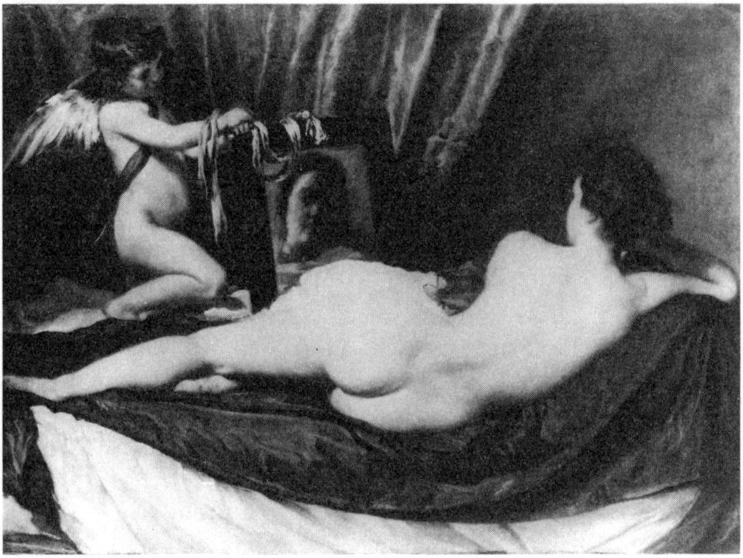

Dennoch ereignet sich in diesem Bild, das die Leidenschafts-Wirkung oder die Kunst-Wirkung hervorruft, etwas anders. Irgendetwas bricht mit der geschichtlichen Modellierung des Körpers und bricht mit der Eroberung der nackten Gegenwart des Wirklichen durch eine Erzählung, durch eine Geschichte, in der die nackte Gegenwart vom Denken beherrschbar wird. Die Kunst, jede Kunst bricht mit dem Denken des Wirklichen, indem sie es vom Denken der Geschichte und vom Sinn der Geschichte befreit. Die Kunst bricht mit dem Denken des Sinns, der stets der Sinn der Geschichte ist. Sie denkt das Wirkliche außerhalb des Sinns und außerhalb der Geschichte. Darin besteht die leidenschaftliche Form der Beziehung zum Wirklichen.

In der *Venus* von Velasquez sind im Grunde zwei Kunstgriffe sprachlicher Natur der Ursprung der Kunst-Wirkung.

Der erste Kunstgriff besteht darin, Venus von ihrer Rückseite her darzustellen und ihr Gesicht im Spiegel zu zeigen. Diese Position der Venus scheint in der Geschichte der Malerei einzig, obwohl es viele Darstellungen der Venus im Spiegel gibt. Doch hier findet sich die Venus in einem Körper und in ein Gesicht verdoppelt, die voneinander getrennt sind. Das mythische Thema des Doppelgängers bricht in das erotische Bild ein; und seit jeher wird dieses Thema mit den Phantasmen des Todes verbunden. Die Erotik und der Tod sind zwei Gegner, die gemeinsam im Bild gegenwärtig sind. Dieser Fall ist nicht einzig – nichts ist einzig –, aber er ist einzigartig und wiederbelebt sehr deutlich eine universelle Angstvorstellung. Ein Sinn ist vorhanden, gegenwärtig in der Art und Weise des Eros-Gottes, und dieser Sinn zerstört seinen gegnerischen Sinn, gegenwärtig in der Art und Weise des Doubles und des Todesgedankens. Die Zerstörung ist wechselseitig.

Das Bild kippt also in den zeitlosen Außer-Sinn um. Es entgeht dem Denken der Geschichte und des Sinns. Wenn das Wirkliche hier also außerhalb des Sinns existiert, entgeht es dem Denken als Beherrschung. Es wird als unbezwingbare Gegenwart gegeben. Der vom Denken nicht bezwingbare Körper der Venus wird als ein Glorien-Körper hingestellt.

Ein zweiter Kunstgriff führt zum selben Effekt. Er besteht in der formalen Struktur des Bildes im Raum des Gemäldes: vier Farbzonen folgen von unten nach oben aufeinander, so daß die klaren und dunklen Bedeutungen wechseln. Diese Zonen bezeichnen das Tuch, das Bett, den weißen Körper der Venus, die dunklen Vorhänge und die Mauer. Diese Elemente übernehmen die bekannte Erzählung über die Venus und geben ihr einen Sinn. Doch der Wechsel zwischen den übereinander gelagerten klaren und dunklen Zonen ist zu nichts da. Er steht außerhalb des Sinns. Der Wechsel des Klaren und des Dunklen zieht die Aufmerksamkeit auf die Qualitäten des Gemäldes als visuelle »Sprache«. Das Gemälde spricht hier nicht nur von der Venus, es spricht von der Malerei selbst. Es präsentiert die Malerei als ein anderes Wirkliches als die brauchbare Realität und es spricht mithin auch von der Unbrauchbarkeit alles Wirklichen, weil es das Gemälde ist, das vom Wirklichen spricht.

Diese und andere Kunstgriffe entreißen das Sichtbare des Bildes dem gängigen und gebräuchlichen Sinn. Der Bruch mit dem Denken der Kunst, die mit dem Denken des Sinns und des Wissens der Geschichte bricht, gibt das Gegenwärtige als Gegenwart zu denken. Die Beziehung zum Wirklichen als Gegenwart und nicht als Wissen oder als Sinn, eingeschlossen in eine Geschichte, ist die leidenschaftliche Beziehung, die die Kunst zum Wirklichen unterhält und die hier aus dem Körper des Verlangens einen Glorien-Körper macht.

Die Geschichte und die historische Anthropologie, die das geschichtliche Schicksal der Liebe erzählen, sprechen die historische Wahrheit der Liebe als Institution und als Praktik aus. Sie sagen aber nichts direkt von ihrem Einsatz: die Wirkung der Gegenwart oder des leidenschaftlichen Auge-in-Auge mit dem Wirklichen, dessen reine Form die Kunst entwickelt.

Sie behaupten, daß die geschichtliche Wahrheit der *Venus* von Velasquez nicht dieselbe Wahrheit wie die der *Mademoiselle O'Murphy als Haremssklavin* zeige, die François Boucher zweihundert Jahre später gemalt hat. Die Sitten haben sich gewandelt, sie sind »leichter« geworden. Die Bezugslegenden, die Erzählungen haben ebenfalls gewechselt: von der griechischen Venus ist man zur morgenländischen Haremssklavin übergegangen, und schließlich hat sich der Kanon der Schönheit des weiblichen Körpers verändert. Doch die formale Struktur des Gemäldes von Boucher ist der des Bildes von Velasquez sehr nahe: dasselbe Spiel der klaren und dunklen Zonen, die in der Horizontalen abgestuft werden, und einen der Aspekte der formalen Arbeit der Malerei darstellen, die sehr empfindlich für die eigene Sprache des Wirklichen ist, die das Wirkliche als etwas anderes als die brauchbare Wirklichkeit darstellt und alles Wirkliche, von der sie spricht, auf seine rätselhafte und wesentliche Unverwendbarkeit verweist.

Die Aktualität des künstlerischen Denkens beginnt gegen Ende des 19. Jahrhunderts. Die *Olympia* von Edouard Manet bezieht sich ausdrücklich auf eine *Venus* von Tizian, die ihr formales Modell gewesen sei. Bei dem lebenden Modell des Bildes handelt es sich um eine »leichte Frau«, wie es schon Mlle. O'Murphy war, die im Bild von Boucher figuriert. Insoweit beweist die diskursive Erzählung den gleichen Einfluß auf den Geist der beiden Maler, von denen der eine als klassisch gilt, der andere als modern. Andererseits ist der Kunstgriff der klaren und dunklen Zonen, die das Bild von Manet formal strukturieren, durchaus vergleichbar mit den Kunstgriffen von Velasquez und Boucher. Darin besteht keineswegs die Modernität Manets.

Ein anderer formaler Zug – um sich hier nur an das Wesentliche zu halten – erscheint dort, wo sich die Andersartigkeit des gegenwärtigen künstlerischen Denkens kundtut: die klaren und dunklen Zonen fallen nicht mehr mit der Natur der dargestellten Objekte zusammen. Klar sind das Tuch, der nackte Körper der Olympia, die Bekleidung der Nachfolgerin und das Blumenbouquet, obwohl diese vielfältigen Objekte im Gemälde eine ungewöhnliche Einheit bilden. Dasselbe gilt für die dunkle Zone, die weiter oben den Hintergrund des Bildes mit dem Gesicht der schwarzen Frau vereint. Die Körper der Wesen und der Dinge sind voneinander getrennt und durch die Farbgebung und die Bedeutung wieder mit anderen Dingen verbunden. Sie verlieren ihre Identität in der Beziehung leidenschaftlicher Begeisterung, die die Kunst zum Sichtbaren unterhält.

Wenn sich vom Standpunkt der Malerei aus über das Sichtbare sagen läßt, daß es der Körper des Verlangens ist, dann ist der verlangte Körper hier im zeitgenössischen künstlerischen Denken ein zerstückelter Körper. Das zeitgenössische künstlerische Denken zerstört in sich symbolisch den eingerichteten Sinn, z.B. denjenigen, der auf unterschiedene Weise die Dinge voneinander trennt. Es zerstört den Code körperlicher Ausdrücke des Psychismus, den anatomischen Code, den Code der klassischen Darstellung als legendäre oder geschichtliche Inszenierung.

Im wesentlichen läßt sich sagen, daß die aktuellste Kunst in allen Fällen dieselbe Denkweise offenbart. Die Kunst erscheint als eine Erotik durch ihre Wirkungen und als eine Theorie der erotischen Wirkung, sobald sie auf ihren eigenen formalen Vorgehensweisen besteht. Die formalen Vorgehensweisen der gegenwärtigen Kunst sind vielfach, und täglich erfindet sie neue.

Wenn man Bilder nackter, begehrenswerter Körper als Beispiel nimmt, erkennt man, daß in unserer gegenwärtigen Kunst das Bild des Körpers als ein Körper gedacht wird, der auf vielfache Weise dem kanonischen oder gewöhnlichen Denken des Körpers entgeht. Zuweilen wird mit dem Körper und seiner Umgebung wie mit einem Körper-an-Körper gespielt. Ohne diesen Inszenierungstypus zu privilegieren, so ist es doch für die allgemeine Haltung des Denkens gegenüber dem Wirklichen, wie die Formen aktueller Kunst sie einführen, recht symptomatisch. Die leidenschaftliche Beziehung, die Liebesbeziehung, die man zum Wirklichen (sei es nun ein Wesen oder eine Sache) unterhalten kann, beruht auf der Aufgabe des äußersten Wissens, auf das sich die ganze Maschinerie des unklaren Sinns gründet: die Kunst nimmt dem Betrachter und dem Betrachteten, dem vorgeblichen Subjekt und dem vorgeblichen Objekt des Verlangens ihre Identität, die somit auch aufhören, Subjekt oder Objekt mit einer stabilen Identität zu sein.

Die von Balthus gezeichneten Körper von Jugendlichen sind in ihren Haltungen wie gevierteilt und ihre Begrenzungen beginnen sich aufzulösen: das Innen und das Außen des Körpers durchdringen sich. Hans Bellmer entwirft Frauenkörper, deren Glieder er abtrennt und die er gemäß einer Logik, die er selbst mit der der Anagramme, d. h. mit einer Logik der Durchdringung von Worten vergleicht, aufs Neue zusammenfügt. Francis Bacon bemüht sich, in großen Farbflächen und manchmal in abstrakten geometrischen Strukturen Körper zu schaffen, deren Identität er durch verschiedene Kunstgriffe zerstört. Diese Kunstgriffe bringen den Zufall ins Spiel: Klekserei mit frischer Farbe; Projektion dick aufgetragener Farbe; absichtliche Verwendung von Pinseln, die für die Details eines Gesichts zu groß sind. Die Gewalt, die sich in diesen Zufallsbehandlungen kundtut, entstellt den Blick, den man gemeinhin auf das Sichtbare des Körpers wirft.

Die Beziehung zum Wirklichen, durch kein Wissen zu bezwingen, besteht in dieser leidenschaftlichen Gewalt, die ein Triptychon von 1970 inszeniert, das den Titel trägt *Drei Studien über den menschlichen Körper*. Von diesen Figuren, die Francis Bacon verbunden darstellt, von diesen beiden vermischten und gegeneinander schlecht unterschiedenen Körpern sagt er: »...Ich wußte, daß ich zwei Figuren auf ein Bett legen wollte und in einem bestimmten Sinn vorhatte, sie zu malen, während sie kopulieren oder sich arschficken – oder wie Sie das nennen wollen – doch ich wußte nicht, wie man das macht, damit es die Kraft der Sensation bekommen hätte, die ich diesem sujet zudachte... Ich bin ganz im Leeren und vollkommen den Zufallsmarkierungen ausgeliefert geblieben, die ich dauernd mache.«

Was hier »Zufall« genannt wird, ist die Niederlage des in den repräsentierbaren Ritualen eingelagerten Sinns und die Wirkung seiner leidenschaftlichen Beziehung zum Sichtbaren.

Ein neues Bild von Leonardo Cremonini, das *Fragmente des geliebten Körpers* heißt (und von 1977/1978 ist), offenbart in seinem Titel, daß der Künstler sich dessen bewußt ist, was in der Kunst wirklich auf dem Spiele steht. Der verlangte Körper des anderen wird durch den Gesichtspunkt desjenigen zerstückelt, der sieht; und zwar in Funktion der Stellung der beiden Körper im imaginären Raum. In diesem Bild wird der geliebte Körper durch ein vielfaches Spiegelspiel zerstückelt: Gläser und Fliesen reflektieren Fragmente eines weiblichen Körpers und reflektieren wechselseitig ihre Reflexe.

Auch die gegenwärtige Kunst stellt Liebeskörper dar. Es sind Körper, die begierig sind, sich zu öffnen oder sich vierzuteilen, um ihr Außerhalb aufzunehmen, damit Drinnen und Draußen sich gegenseitig durchdringen. Es sind Körper, die Anagrammen gehorchen; oder aber sie bilden nur ein und dieselbe materielle Masse zusammen mit der lokalen Materie, in der sie sich befinden; oder aber es sind schließlich zerstückelte Körper wie die Liebeskörper es stets füreinander sind.

Dies wird ausdrücklich dargestellt, sobald das im Bild dargestellte Wirkliche der Körper der sexuellen Liebe ist. Dies trifft aber auch für das Verhältnis des künstlerischen Denkens zu allem

Wirklichen zu. Darin scheint die wesentliche Wahrheit des aktuellsten künstlerischen Denkens zu bestehen. In der Kunst des unmittelbar Gegenwärtigen wird das Wirkliche in eine Beziehung gestellt, in der sich alles Wissen auf symbolische Weise zerstört findet, in der jeder Sinn zum Objekt eines symbolischen Sterbens wird. So sehen sich die Liebesbeziehung und das, was das Schicksal der Liebe begründet, in der Kunst symbolisch verwirklicht: die Gegenwart des Wirklichen außerhalb des Sinns, in einer Beziehung Auge in Auge, Körper gegen Körper.

Im geschichtlichen Schicksal der Kunst ist der Augenblick für die Behauptung gekommen, daß jede Kunst in allen Momenten der Geschichte sich auf diese Beziehung zum Wirklichen eingelassen hat, die wir »Liebe« nennen, da sie das Andere der Beziehung des Bemächtigens und des Gebrauchs darstellt, der wir auch die Realität unterwerfen möchten.

In der Geschichte der Kunst wird dieser Augenblick vorübergehen. Und vorübergehen wird die Zeit, die sich gegen Ende des Mittelalters öffnete, als die Liebe als Liebe gedacht wurde. Wie auch immer in Zukunft die Denkformen beschaffen sein werden, sie werden nicht aufhören, sich an der rätselhaften Gegenwart des Wirklichen und der unreduzierbaren Andersheit zu stoßen. Vielleicht wird man aufhören, diese unzeitliche Begegnung »Liebe« und »Kunst« zu nennen.

André Stoll

Beatrice im Versteck

Zur ästhetischen Produktivität von Bretons »Nadja«

»Un éclair... puis la nuit! – Fugitive beauté
Dont le regard m'a fait soudainement renaître,
Ne te verrai-je plus que dans l'éternité?«
(Baudelaire, *A une passante*)

Rezeptives

Schwerlich dürfte sich ein Werk der surrealistischen Bewegung finden lassen, das in dem gleichen Maße wie André Bretons *Nadja* aus dem Jahre 1928 die Begeisterung breiter Leserschichten, die Kommentier- und Paraphrasierlust berufener und unberufener Analytiker, das Verlangen nach Imitation ausgelöst hat. Die Passage einer faszinierenden Frauengestalt durch das Labyrinth dieses Werkes, einer lichtvollen und gebrechlichen, durch die Magie ihres Blicks fesselnden, nicht faßbaren Erscheinung bot sich in der Tat auf eklatante Weise dazu an, die Moden zu brüskieren: den metallenen Glamour der androgynen Lack-Puppen des Art Déco ebenso wie den wenige Jahre später – namentlich aus deutschen Sümpfen – hochgespülten, rassistischen Mythos von der Frau als Gebärmaschine des Krieges, als Inkarnation chthonischer Dumpfheit. So sehr bemächtigte sich Popularität dieser Gestalt, daß jahrzehntelang die Mädchen zwischen Rue de Rennes und Rue Saint-Jacques (vorbildhaft für ihresgleichen in ganz Frankreich und anderen Kulturnationen) zu vagierenden Doubles dieses Idols sich zurechtstilisierten, daß aber nicht minder eifrig die *dragueurs* der Pariser Boulevards das Netzwerk der überraschenden Begegnungen des Autors mit jener *femme-éclair* als Regieanweisung für ihre eigene, durchaus systematische Straßen-Jagd zu usurpieren pflegten. (Man sagt, diese Wirkung *Nadjas* habe erst seit Beginn der feministischen Revanche nachgelassen: deutsche Touristinnen in Paris mögen da anderer Meinung sein.) Faszinierend aber auch die Rätselhaftigkeit des Werkes selbst, das mit seinen disparaten Stilelementen, seinen nur momentan aufleuchtenden Montagen/Collagen und (allerdings erst wesentlich später eingefügten) Photos modellhaft den Ausbruch der Literatur aus dem rigiden Normenkorsett des akademischen, hierarchischen Stils vorzuführen antrat und trotzdem noch lesbar scheint.

Denn die Beliebtheit dieses Textes verdankte sich maßgeblich seiner vermeintlichen Zwischenstellung im Kräftefeld der zeitgenössischen Provokationen. Eruptiv, gewiß, schien er andererseits doch nicht so abstoßend hermetisch wie die »wahnsinnigen«, oftmals kollektiven Experimente der *écriture automatique:* die frühen *Champs magnétiques* von Breton/Soupault, Bretons *poemes en prose* genannter *Poisson soluble* (1924) oder seine gemeinsam mit Eluard verfaßte *Immaculée Conception* (1930); nicht so kryptisch wie die Bildsprache eines Chirico, Max Ernst, Tanguy, Dalí, usw.; nicht so unverhüllt politisch radikal wie das Manifest *Légitime Défense* (1926), nicht so brutal tabuverletzend wie *Un cadavre,* Bretons folgenreiches Pamphlet gegen Anatole France (1924), oder die Filme *Un Chien andalou* (1929/30) und *L'Age d'or* (1930) von Buñuel und Dalí. Provokativ also und beruhigend zugleich: gerade an der Grenze des Zumutbaren, dort, wo allein das Neue von der Gesellschaft und ihrem *Juste Milieu* bemerkt zu werden möglich erscheint.

Und in diesem Grenzbereich hat sich die Literaturkritik eingerichtet: bedrohlich massiv, weil die Tendenzen der populären »Rezeption« im letzten meist bestätigend, die Ästhetik des Werkes mit dem Weihrauch ihrer Metadiskurse vernebelnd. Wie jedesmal, wenn ein Schriftsteller/Künstler in seiner Empörung über den Obskurantismus des ihn umgebenden Kulturbetriebs das eigene Werk in einem anti-literarischen, anti-künstlerischen Affekt der Öffentlichkeit entgegenschleudert, um es vor der Vereinnahmung durch die Hüter des (ästhetisch, politisch, moralisch) Normativen antizipatorisch in Schutz zu nehmen – man braucht nur einmal Flauberts Ausfälle gegen die *bêtise* und ihre Statthalter in seinen Briefen aus der Zeit seiner Arbeit an *Salammbô* nachzulesen, zwischen 1858 und 1862![1] –, so hat auch im Falle *Nadjas* die Mehrzahl der Kritiker und »Interpreten« diesen Widerstandsgestus des Autors gründlich mißverstanden: als ausdrückliche Autorisierung ihres umständlichen Unterfangens, das poetische Werk (aufgrund seiner ästhetischen Mittel: Collage, usw.) auf ein gesetzloses Konglomerat aus Fragmenten jener *tabula-rasa*-Ideologie zurechtzustutzen, die sie, dem Guillotinierakt der Großen Revolution(en) gleich, offensichtlich für die wesentliche Wirkkraft der ästhetischen Revolutionen halten, um es deshalb von seiner ästhetischen Vergangenheit abzuschneiden. Sei es, daß sie die ästhetischen Innovationen des Surrealismus mit der Elle ihres Konstrukts einer politischen Avantgarde messen, die sie – Progressivität verpflichtet – selbstverständlich nur in der »Moderne« diagnostizieren, um jenes Neue nicht in einer über diese ihre »Moderne« hinausweisenden Geschichte aufspüren zu müssen, sei es, daß sie, wie es eine Flut von psychologischen Veröffentlichungen seit Ende der 60er Jahre (auch im deutschen Sprachraum) belegt, die subversive Leistung der surrealistischen Kunst und Literatur in deren Analogien zur Hervorholung des Unbewußten durch den (wissenschaftlichen) Freudschen Diskurs der Traumdeutung bzw. zu den erratischen Artikulationen psychopathologischer Subjekte vermuten[2] – obwohl gerade Breton die Psychoanalyse für inkompetent zur Darstellung der in *Nadja* verhandelten Probleme erklärt: Die einen wie die anderen sind dem wild gestikulierenden Breton auf den Leim gekrochen, haben dem Provokateur jenes *tabula-rasa*-Bedürfnis untergeschoben, das sie offensichtlich selber bewegt.[3]

Wenn nicht dort: worin aber liegt dann das Revolutionäre *Nadjas?*

Versuchen wir, einer Spur dieses Werkes in die Geschichtlichkeit seiner ästhetischen Wahrnehmung und Organisation zu folgen.

Grenz-Öffnungen

»Qui suis-je?« (»Wer bin ich?«): Prägnanter als mit jenem ersten Satz *Nadjas* dürften Intention und Gegenstand eines Textes wie auch seine Antezedentien, nicht zu benennen sein. Als Textbestandteil ist diese Frage keine »naive«, auf den funktionalen Augenblick beschränkte gleich dem Fragment eines beliebigen Alltagsdia-

logs, sondern eine emphatische, in einen weiteren, textlich begründeten Bedeutungszusammenhang eingebundene. Als solche führt sie unverzüglich auf das ästhetische Manifest Arthur Rimbauds zurück, der in seinem Brief vom 13. Mai 1871 an G. Izambart und in der berühmten *Lettre du Voyant* (vom 15. Mai 1871 an Paul Demeny) seinen Bruch mit der normativen Descartesschen Subjektkonstruktion (*Cogito ergo sum*) auf die revolutionierende Formel brachte: *Je est un autre.* Diese Abgrenzung galt dem *Moi,* dem identischen Ich im Sinne der teleologischen Geschichts- und Subjektkonzeption des Rationalismus, aus welchem das *Je* als Ort des »Wilden« ausgegrenzt ist. Indem Rimbaud aber die Aufbrechung der rationalistischen Subjektkonstruktion als ihre Objektivierung forderte – »... es ist falsch zu sagen: Ich denke. Man müßte sagen: Man denkt mich« –, forderte er jenes im Logos tabuisierte *Je* als Gegenstand ästhetischer Wahrnehmung und Darstellung.

Das *Incipit* des Bretonschen Textes sucht diese Forderung einzulösen: Es verspricht, sich auf die Suche nach diesem von Rimbaud als ästhetischen Gegenstand proklamierten »Anderen als das *Moi*« zu begeben, und zwar in einem autobiographischen Verfahren. Das aber ist ein gewagtes Novum: denn der Prozeß der Ich-Suche ist bisher nie anders zu vertexten gewesen als in den Kategorien der fest kodifizierten Gattung Autobiographie, das heißt: vom Standpunkt eines souveränen *Moi* aus, das aus der Erinnerung/Retrospektive den Prozeß seiner Ich-Werdung nachzuvollziehen beansprucht. »Moi, seul« (»Ich, und zwar: allein«) – so eröffnete Rousseau seine *Confessions* (»Lebensbeichte«) und signalisierte damit sowohl das Subjekt wie das Objekt seines Buches: nämlich, daß das abgeschlossene, souveräne *Moi* als Autor diesem Buch präsidiert und weiter, daß das scharf gegenüber jedem anderen *Moi* abgegrenzte Ich den ausschließlichen Gegenstand dieses Buches bildet. Aus der Beziehung zu dem einen wie zu dem anderen, zu Rimbaud und zu dem Prototypen der »modernen« Autobiographie, tritt die historische Revolution *Nadjas* als mehrfache neue Bedeutung des *Incipit* zu Tage: Zwar geht es hier immer noch ausschließlich um Subjekthaftes, aber das der Schrift vorausgehende Moi (Rousseaus) ist suspendiert, und es beginnt die autobiographische Befragung jenes *Je* als des Anderen (des *Moi*) gemäß dem Rimbaudschen Postulat.

Wie aber verläuft die Niederschrift dieses Ich-Prozesses?

Zunächst einmal, entgegen der Erwartung des Lesers, die sich auf Erzählerisches richtet, als gewissermaßen erratische Negativform einer ästhetisch-philosophischen Exposition des mit dem *Incipit* eröffneten Problems. Da die Suspendierung des rationalen *Moi* die teleologische Ordnung der traditionellen Autobiographie auflöst, finden sich hier die unterschiedlichsten Kategorien des Seienden und der Erfahrung – Wahrgenommenes und Imaginiertes, Erinnertes und Beschriebenes, Bewußtes und Unbewußtes, Innenwelt und Außenwelt, usw. – gleichwertig und austauschbar beisammen, ebenso wie die verschiedenen Arten ihrer rhetorischen Darlegung als Text.

Seine Suche nach Orientierungen außerhalb des von Logik, Funktions- und Wahrscheinlichkeitsgesetzen gemaßregelten, »organischen Lebensplans« führt das Subjekt »in eine gleichsam verbotene Welt ein, die der plötzlichen Annäherungen, der versteinernden Koinzidenzen, (...) der Blitze, die sehend machen würden, aber wirklich *sehend*, wenn sie nicht noch schneller wären als die anderen«. Die ästhetische Produktionsstätte (der Wirklichkeit, der Wahrnehmung, der Darstellung beider: unterschiedslos) ist der plötzliche Augenblick[4], mehr noch: der alle Vorstellungen von Momentanität sprengende, surreale »Blitz« der Erleuchtung, in welchem die entlegensten Elemente jener entgrenzten Wirklichkeit zu Figuren der Koinzidenz zusammenprallen, aber nicht zerstörerisch, im Gegenteil: um sich als das unerhört Neue, das unvergleichlich Wunderbare dem Schauenden zu erkennen zu geben. Aber eine Trennung von Subjekt und Objekt, von Wahrgenommenem und Wahrnehmenden (wie unter dem Gesetz des Logos) findet ja hier nicht statt: das »Kreierte« koinzidiert (im Erkenntnis-»Blitz«) mit der Erfahrung des ek-statischen (des von dem Fundament seiner »dogmatischen« Wirklichkeitsverankerung hinweggerissenen) Sehers, des *Voyant.*

Auch diese ästhetische Figur hat ihre Geschichte.

Paradoxales

Über die ästhetische Theorie der Romantik führt sie geradewegs zurück auf die Manifeste des italienischen und spanischen Manierismus aus der ersten Hälfte des 17. Jahrhunderts, insbesondere auf deren »Summe«, die *Agudeza y arte de ingenio* (etwa: »Geistesschärfe und geniale Kombinationskunst«) des spanischen Jesuiten Baltasar Gracián (1642, Titel nach der Neuauflage 1649). Nahezu wörtlich scheint Breton seine Formulierungen bisweilen diesem Arsenal der rhetorischen, allegorischen Kombinationsfiguren des Barockzeitalters entliehen zu haben, welche ausnahmslos in der Produktivitäts- und Erfahrungsfigur des *concepto* (des kreativen Moments; uns eher unter seinem italienischen Namen *concetto* geläufig) aufgehoben sind.[5] Die Sinnfiguren der para-doxalen (wider das Dogma der Teleologie im aufkommenden bürgerlich-reformatorischen Rationalismus gerichteten) Erschaffung von Wirklichkeit sind (auch) bei Garcián synonym, austauschbar mit denen der poetischen/künstlerischen Phantasie: *concepto, paradoxon,* usw. koinzidieren mit *agudeza, ingenio, artificio.* Tasso,

Guarini, Marino in Italien, Góngora, Tirso de Molina, Quevedo in Spanien haben, neben zahlreichen anderen Initiierten der manieristischen Dichter- und Künstlerschulen im gegenreformatorischen Europa, die extremen Möglichkeiten paradoxaler Koinzidenzen »unvereinbarer« Phänomene der Wirklichkeit zu sondieren versucht und dabei wahre Feuerwerke von verblüffenden, syllogistischen Sinnfiguren ihres brillianten Geistes abgeschossen.

Die Korrespondenzen sind frappierend. Deshalb aber sind sie noch lange nicht willkürlich. Die Mühe, die jene Dichter des *concetto* auf die Produktion ihrer Kunst-Figuren verwandt haben, dürfte sich durchaus in der Arbeit Bretons an ihnen, d.h. an ihrer Integration in den eigenen, konzeptistischen Ich-Text, wiederfinden lassen. Dennoch aber bedeutet die Erschaffung des Bretonschen Textes aus dem *concetto* in mehrfacher Hinsicht eine Revolution.

Zunächst eine gegen die Tradition gewendete: Sie begehrt gegen das logozentrische Regelsystem auf, das den sprachlichen Verkehr innerhalb der französischen Gesellschaft zu einem funktionalistischen Verlauf zwingt, seitdem in der ersten Hälfte des 17. Jahrhunderts – also gleichzeitig zum spanischen Manierismus – Malherbe, Vaugelas und die von Richelieu eingesetzte Académie Française es für den absolutistischen, zentralistischen Staat modelliert, schlimmer noch: es zur diktatorischen Auflage für die ästhetische Produktion gemacht haben. Die genetische Opposition zwischen französischer *bienséance*-Systematik und spanischer manieristischer Subversion hat sich, über die romantischen Umwälzungen hinweg, ungeschmälert bis ins 20. Jahrhundert hinübergerettet, so sehr, daß der normativen französischen Ästhetik noch heute das *concetto* als Manifestation der »spanischen Krankheit«, des Wahnsinns, suspekt bleibt. Also ist Bretons Revolution eine anti-nationale.

Sie ist aber auch eine gegen die Moderne gerichtete: gegen den Totalitarismus des zeitgenössischen Maschinenkultes, der alles Irrationale, jegliche Dysfunktionalität, aus der Geschichte der Menschheit verjagt zu haben wähnt. Breton zieht die letzte, ästhetische Konsequenz aus der Vernichtungs-Maschinerie des Ersten Weltkrieges, die diese »Progressivität« der Maschine mit allen ihren Folgen für die Menschheit unter Beweis gestellt hat. In seinem *concepto*, dem »Blitz« des kreativen Moments, leuchtet die revolutionäre Widerständlichkeit der universellen Wirklichkeit gegen den Blitz der zerplatzenden Riesenbombe auf, in welchem der Kult der Maschine und ihres Fortschreitens zur Ekstase gelangt.

Wie aber ist die Erfahrung dieses Kreativitätsmoments mit den Erfordernissen einer Ich-Verschriftung in Einklang zu bringen, die doch stets ein Stückchen Kontinuität – eben als Schrift, als Text – zu erfordern scheint, selbst wenn sich die innere Ordnung, die Chronologie des Lebens schon aufgelöst haben mag? Die Dichter des Manierismus – seine Theoretiker ohnehin – haben sich stets wohlweislich davor gehütet, den Prozeß ihres Lebens selbst, und sei es auch nur in einem Abschnitt, zum Produkt ihrer eigenen *conceptos* zu machen, da diese sich unweigerlich als die Stätten ihres Ursprungs erwiesen hätten: im Feuerwerk wäre ihr Leben versprüht. Stets bedienten sie sich eines Alter ego, um Autobiographisches in Gestalt ihrer Sinnfiguren transparent werden zu lassen: Quevedo seines *pícaro* (in seinem konzeptistischen Roman *Lebensgeschichte des Buscón, genannt Don Pablos*, 1626). Hingegen bringt der Bretonsche Lebens-Text eine Figur hervor – nicht ein ‹Alter *ego*›, wohl aber eine andere Facette des *Je* –, die selbst die Kreativität des *concepto* als Produzentin einer Serie von wunderbaren Koinzidenzen (gemäß dem Prinzip des Feuerwerks) inkarniert (insofern es hier überhaupt statthaft ist, von Fleisch zu reden), gleichzeitig jedoch stets als das vom Ich-Text produzierte *concepto* sich erweist, da sie jeweils nur im blitzartig aufleuchtenden Moment der Paradoxie zu Tage tritt: Nadja.

Eine weitere Revolution also.

Aber auch diese ästhetische Figur hat ihre Geschichte.

Woher aber kommt Nadja?

Epiphanie

»Letzten 4. Oktober, am Ende eines jener völlig mäßigen und sehr öden Nachmittage, wie ich sie zu verbringen das Geheimnis besitze, befand ich mich in der rue Lafayette (...), ohne Ziel verfolgte ich meine Straße in Richtung Opéra.

(...)
Plötzlich, als sie vielleicht noch 10 Schritt von mir entfernt ist, im entgegengesetzten Sinne kommend, sehe ich eine junge Frau, sehr ärmlich gekleidet, die auch ihrerseits mich sieht oder mich gesehen hat. Sie geht erhobenen Hauptes, im Gegensatz zu allen anderen Passanten. So gebrechlich, daß sie sich beim Schreiten kaum aufstützt. Ein unmerkliches Lächeln irrt vielleicht über ihr Gesicht. Sonderbar geschminkt, wie jemand, der, nachdem er bei den Augen angefangen hat, nicht mehr die Zeit gefunden hat, zum Ende zu kommen, doch den Augenrand so schwarz für eine Blonde.

(...)
Ich hatte noch nie solche Augen gesehen. Ohne Zögern richte ich das Wort an die Unbekannte (...). Sie lächelt, aber auf sehr mysteriöse Weise, und, so würde ich sagen, gleichsam *in Kenntnis der Hintergründe*...«[6]

(Bitte haben Sie ein wenig Geduld mit den Unebenheiten dieser versuchten Interlinear-Übersetzung, Sie werden gleich sehen warum.)

Moment mal: Ist das nun ein Porträt oder ist es keines, was man da vorgesetzt bekommt? Was soll man denn mit folgendem Detail anfangen: »...den Augenrand *so* schwarz für eine Blonde«? Heißt das nun: »*zu* schwarz«, und wie weit glaubt denn der Erzähler, daß das Schwarz am Augenrand einer blonden jungen Frau gehen dürfe? Und dann dieses irre Hin und Her: Hat er sie nun zuerst gesehen, oder hat sie ihn zuerst gesehen, ja was denn eigentlich? Und was soll dieses »vielleicht«? Irrt nun ein Lächeln über ihr Gesicht oder nicht? Verdammt noch mal, reingefallen: Diese Frage kannst du dir schenken, denn in jedem Fall ist ja das Lächeln dieser Dame »unmerklich«. Also jetzt mal raus mit der Sprache: Was soll denn die Erwähnung des Lächelns einer Dame, wenn da, an deren Stelle auf der Straße, überhaupt kein Lächeln zu sehen ist? Was soll also der ganze Unsinn? Unter so was kann ich mir keine echte Frau, so hier und heute, vorstellen!

Eben.

»Neunmal schon war seit meiner Geburt der Himmel des Lichtes beinahe zu demselben Punkte seines eigenen Kreislaufs wiedergekehrt, als meinen Augen zum erstenmal die glorreiche Herrin meines Geistes erschien, die von vielen, welche nicht wußten, wie sie sie nennen sollten, Beatrice genannt wurde. (...) Sie erschien, in ein Gewand von edelster Farbe gekleidet, demütig und ehrbar, blutrot, gegürtet und geschmückt nach der Weise, die ihrem allerjugendlichsten Alter geziemte.

(...)

Und da sie durch eine Straße ging, wendete sie ihre Augen nach der Stelle, wo ich furchtsam und schüchtern stand, und in ihrer unaussprechlichen Holdseligkeit (...) grüßte sie mich sehr tugendlich, daß ich das Endziel aller Seligkeit zu schauen meinte.»

Was soll denn diese verrückte Assoziation? Nun sage mir mal einer, was diese Holde hier, die doch ein wenig nach verflossenen Zeiten aussieht, mit dem Phantom da oben zu tun haben könnte! Ich sehe da nur Gegensätzliches.

Eben.

Schaut man nämlich noch ein wenig genauer hin, so wird man verblüfft erkennen, daß sämtliche Details der Inszenierung Nadjas konsequent auf ein gegenläufiges Moment in der Inszenierung Beatrices durch Dante zu beziehen sind – denn dessen Jugendwerk *La Vita Nuova,* dem einzigen, das der Dichter der *Divina Commedia* noch vor seiner Verbannung im Jahre 1301 verfaßte, entstammt die oben zitierte Textstelle. Aus diesem kontrastiven Vergleich geht Nadja gewissermaßen als negative Version des positiven Erscheinungsbildes der Danteschen Frauengestalt hervor. Der »edlen« (das soll heißen: aristokratischen) Aufmachung der einen opponiert die ärmliche der anderen, der »blutroten« (das heißt: lebensvollen) Erscheinung die gebrechliche, der demütigen Haltung Beatrices das hoch erhobene Haupt Nadjas, der durch eine offensichtlich magische Zahlenkombination determinierten Epiphanie der einen der plötzliche Auftritt der anderen, usw. Zu was aber dienen diese und alle weiteren, negativen Korrespondenzen?

Versteht es der Leser, die einzelnen Artikulationen der Bretonschen Text-Figur auf entsprechende (mit umgekehrter Qualität) im Danteschen Text, und zwar innerhalb des ganzen Textes, zu beziehen, so wächst ihm in diesem Verfahren eine Fülle an Erkenntnissen hinsichtlich der Bedeutung *Nadjas* zu. Im Augenblick der gelungenen Annäherung solcher entlegener Text-Artikulationen –

einem konzeptistischen Akt folglich – fällt soviel Licht auf den Ausgangstext (den anderen natürlich auch, aber dessen eigener Bedeutung können wir hier aus Zeitgründen nicht nachgehen), daß sich dessen vermeintliche Widersprüche auflösen, die Fragen, die er hinterläßt, eine Antwort finden, sein Un-Sinn kohärentem Sinn Platz macht, seine Lücken sich füllen, sein Schweigen zum Reden gebracht wird.

Aber wie denn?

Kryptisches

Eines ist sicher im Falle Beatrices: diese Lichtgestalt war schon als »glorreiche Herrin« im Geiste des Text-Subjekts Dante vorhanden, bevor sie sich auf wunderbare Weise vor dessen Augen »produzierte«. Auch ihren Namen erhält sie nicht erst in diesem Augenblick, sondern führt ihn schon vorher aufgrund eines kollektiven Benennungsaktes: »die Glückseligkeit Spendende« ist der Gattungsname eines kollektiven Ideals. Aus weiteren Textstellen wissen wir, daß dieses Kollektiv die Dichterschule des *Dolce Stil Novo* ist, der »Süßen Neuen Stils«, aus welcher auch Dante hervorgegangen ist. Auf dem Hintergrund dieser Text-Vergangenheit erscheint Nadja in einem unverhofften Licht.

Zwar manifestiert sich Nadja mit den umgekehrten Qualitäten Beatrices, aber die Plötzlichkeit ihres Erscheinens verrät noch nichts Genaueres darüber, *wo* diese Erscheinung stattfindet. Lediglich das Subjekt gibt die Richtung seines eigenen, ziellosen Gehens an. Nichts aber besagt ausdrücklich, daß diese Erscheinung sich auf der Straße realisiere; die Entfernungsangabe »vielleicht noch 10 Schritt (...) entfernt« erlaubt alles andere als eine präzise Lokalisierung. Diese Ungewißheit beseitigte der Prä-Text: er sagt ausdrücklich und eindeutig, daß das Kollektiv-Ideal aus dem Geiste des Subjekts hervortritt und sich seinem sehenden Auge manifestiert (vgl. Rimbauds *Seher*). Alles spricht dafür und nichts dagegen, daß es im Falle Nadjas ebenso geschieht. Für sich allein genommen, führt der Text den Leser eher in die Irre.

Und Nadjas Name? »Sie sagte mir ihren Namen, den sie sich ausgesucht hat: ‹Nadja, weil das im Russischen der Anfang des Wortes Hoffnung ist, und weil dies nur der Anfang davon ist›.« Wiederum ist äußerste Vorsicht geboten. Denn: »... den sie sich ausgesucht hat«, muß ja nicht heißen, daß sie ihn sich selbst zugelegt habe, kann aber bedeuten, daß sie ihn unter anderen Namen, die man ihr vorgeschlagen hat, ausgewählt hat. Dafür spricht erneut die Eindeutigkeit des Prä-Textes: er führt den Namen der Idealfigur auf einen kollektiven Benennungsakt zurück. Aus der weiteren Textur *Nadjas* wissen wir, welche Bedeutung für die Surrealistenfreunde und Breton die Hoffnung auf das (kulturelle) Werk der russischen Oktoberrevolution besitzt. Aus dieser Perspektive also ist selbst der Name des Ideals ein vor dessen Erscheinung dem Sehenden bekannter.

Der Text versteckt seinen sinnstiftenden Prätext.

Mehr noch: er verdaut ihn. Wenn er die Alternative offenläßt, wer wen zuerst wahrgenommen hat, dann nimmt er gleich zwei verschiedene Möglichkeiten der Inszenierung Beatrices auf einmal in sich auf, und dies zu Recht. Denn der oben zitierte Textauszug ist eine Montage aus zwei zeitlich getrennten, auch sonstwie unterschiedlichen Epiphanien der Danteschen Idealfigur. Beim ersten Mal inszeniert das Subjekt sie als eine von ihm wahrgenommene; beim zweiten Mal fügt es hinzu, daß Beatrice ihm ebenfalls ihre Blicke zugewandt habe: »... und eines Weges dahergehend, wandte sie die Augen jenem Bereich zu, wo ich sehr furchtsam verweilte...«. Der Sinn der Alternative in *Nadja* ergibt sich folglich aus dem Bestreben des Textes, alle gegenläufigen Vorlagen der Danteschen Ideal-Konzeption als gleichwertige in sich aufzunehmen.

Schließlich umgekehrt: der Text erläutert seinen Prätext, füllt ihn auf. Wenn er Nadja als Blonde charakterisiert, dann hat das seinen Sinn in dem Schönheitskanon der Renaissance, dem gemäß eine Idealgestalt des Geistes (vgl. Botticellis Frauengestalten in *La Primavera*, seine *Venus anadyomene*, usw.) nur von blonder Haarfarbe sein kann. Dante freilich schreibt dieses »Statusmerkmal« seiner Beatrice nicht ausdrücklich zu: deshalb holt Breton dies explikatorisch nach, trägt allerdings gleichzeitig dafür Sorge, daß der Leser seine Nadja nicht mit einer solchen Renaissance-Schönheit verwechseln kann: er gibt ihr ein Make-up »*so* schwarz«, daß es mit einer Ideal-Blonden eben nicht mehr vereinbar ist, sie vielmehr zu deren Antipodin bestimmt (*coincidentia oppositorum*).

Nadja ist also ein kryptischer Text, der seinen mit negativen Qualitäten ausgestatteten Prätext als Mysterium in sich birgt. Seine Entzifferung, die Initiation in sein Mysterium ist nur demjenigen vergönnt, der, mit Dantes *Vita Nuova* vor Augen, den Prozeß dieser Prätext-Aufnahme nachzuvollziehen versteht.

Doch listig gesteht der Text in wohlweislich ambivalenten Fragmenten eines Metadiskurses sein eigenes Versteckspiel ein. Wer einmal die richtige Spur gefunden hat, der begreift dann plötzlich in einem neuen Lichte, was der Hinweis »in entgegengesetztem Sinne kommend« sonst noch meint, da er dem »Porträt« Nadjas vorausgeschickt ist: die Beschreibung nämlich der Beziehung der ganzen Text-Figur zu ihrem Vor-Bild in der Ferne. Deutlicher noch die (auch typographisch schon auffällige) Bemerkung, das Lächeln Nadjas sei *»in Kenntnis der Hintergründe«* so mysteriös, evoziert sie doch unter zweierlei Aspekten den mysteriösen Charakter der Textfigur als einer, die im Bewußtsein ihrer eigenen Text-Vergangenheit enigmatisch dem Leser entgegentritt.

Ist das denn Nadjas einziges Geheimnis?

Perseus/Medusa

Ihre Passage durch den Text verspricht noch Anderes. Dieses faszinierende Pendant der Danteschen Beatrice ist – unter Einschluß weiterer Illuminationsfiguren der Kunst/Poiesis: Baudelaires *Passante,* Mallarmés *Hérodiade,* Moreaus *Salomé* etc. – auf nicht minder revolutionäre, weil paradoxale Weise eingebunden in die Moderne, das heißt, in die Leitbilder jener geschichtlichen Aktualität des Industriezeitalters, unter dessen Bedingungen ihre Genese als Text-Figur stattfindet. Es zeigt sich nämlich, daß ihre Epiphanien in der entgrenzten Wirklichkeit des Werkes ein Feuerwerk von Illuminationen über die zeitgenössischen Ideale versprühen.

Ihr Blick, magisches Zentrum ihrer Faszination, ist nicht nur ein erschauter, sondern – die Partikel »vielleicht« besagt hier Additives genau so wie in bezug auf Beatrice – zugleich auch ein schauender, die faszinierende Kreativität selber produzierender, besser: er ist als solcher dem anderen schon voraus. Aber in welcher Geschichte? Spätestens, seitdem Manets *Olympia* (1863) in die Geschichte der Kunst eingetreten ist: dem Blick des (abwesenden) Voyeurs (oder etwa nur: des *Voyant?*) enthüllt sich das zeitgenössische (Männer-) Ideal (die Prostituierte als Odaliske), gewiß, aber über den eigenen, provokativen Blick als das schon *vor* jenem besitzergreifenden Schau-Akt des Anderen dagewesen.[7] Nicht ist dieser Blick Olympias reziprok, sekundär: als der primäre suspendiert er den Herrschaftsanspruch jenes anderen, Zu-spät-Gekommenen. Also auch der Blick Nadjas.

Und dann ihre Verlaufsformen im Text. Diese *âme errante,* eine »umherirrende Anima«, enthüllt sich als vielfältig schillernde, produktive Gegenfigur zu den Irrungen der Massen durch die Geschichte der kapitalistischen Produktionsweise. Indem ihre erratischen Manifestationsweisen unerwartetes, wunderbares, freies Leben produzieren, entlarven sie die beanspruchte Rationalität des Maschinenkultes der Metropolen als barbarischen Irrationalismus, die vermeintliche Teleologie des kapitalistischen Fortschritts als lebenszerstörerischen Irrsinn. Auch in diesem Sinne ist die auf Nadja bezogene Bemerkung »im entgegengesetzten Sinne kommend«, ebenso wie jene andere: »im Gegensatz zu allen anderen Passanten«, zu verstehen.

Deshalb auch muß Nadja im Irrenhaus, dem Gegen-Ort ihres Lebens, der Stätte der Verdunklung ihrer Epiphanien, enden. Der Irrationalismus des Maschinenkultes kann die Produktivitätsfigur des wunderbaren Lebens nicht dulden: als Wahnsinnsfigur grenzt er sie aus dem fatalen Territorium seiner Herrschaft über das Leben aus.

Aber die selbsternannten Vorposten der »Moderne«, denen ihre exegetische Schlichtheit selbst da nur »Realistisches« wahrzunehmen erlaubt, wo evident Fiktionales geschieht, glauben die »Gleichgültigkeit« des Dichters Breton gegenüber dem Schicksal seiner »schizophrenen Geliebten«, seine »krasse Inhumanität«

beklagen zu müssen.[8] Ihre sentimental-moralischen Wallungen (Emanationen ihres kleinbürgerlichen Normenbewußtseins) gründen in Ignoranz: den letzten Satz des Werkes haben sie ebensowenig verstanden wie den ersten (d.h. sie haben gar nichts begriffen):

»Die Schönheit wird konvulsivisch sein oder wird nicht sein.«

Was meint denn hier so plötzlich »konvulsivisch«? (jedenfalls nicht das, was eine törichte deutsche »Übersetzung« darunter vermutet: »Ein Beben«!). Nichts Geringeres wird doch hier mit dem ehernen Klang des biblischen Dekalogs gefordert als die Integration des Konvulsivischen in die Schönheit, also die Kunst (gemäß der romantischen Terminologie), und zwar als deren essentielle Qualität, ansonsten es Kunst nicht gäbe.

Aber ist nicht gerade die radikalste Verkörperung des im traditionellen Sinne Konvulsivischen, die Figur der erratischen, subversiven Lebens-»Wildheit«, Nadja, soeben aus der Gesellschaft vertrieben worden?

Eben. Aber deshalb nicht aus dem Text.Der Text, das heißt: das sich selbst befragende Text-Subjekt (»Qui suis-je?«) ist in seinem Schlußsatz unverkennbar an sein Ende gelangt. Aber dieses Ende ist nicht etwa der Endpunkt in irgendeinem teleologischen Koordinatensystem, sondern koinzidiert mit dem Topos der apodiktischen Definition von Kunst. Im verblüffenden Augenblick der äußersten Paradoxie (des Textes) verschmilzt das Text-Subjekt mit der Kunst selbst.

Damit aber konstituiert es sich als souveränes.

Auf der topographischen Karte des Lebens ist dieser Ort seiner Souveränität dem eingegrenzten Ort der gesellschaftlichen Herrschaft, der Identität, als antipodischer, exterritorialer zugeordnet.[9]

Weiterhin: Das in der Epiphanie der »Schönheit« erfüllte Text-Subjekt erlangt diese Souveränität aber nur dadurch, daß es ihm gelingt, *auf Dauer* das aus jeglichem Identitätskonzept ausgegrenzte Konvulsivische als eigene Qualität in sich aufzunehmen. Es tut dies, indem es jenes als idealische, ihrer Kontingenzanteile entledigte Produktivkraft paradoxalen, »surrealen« Lebens in sich wirken läßt, seine erratischen Manifestationsweisen in die ständig sich regenerierende Figur der Produktivität des *concetto* überführt.[10]

Es ist also nötig, daß Nadja stirbt (insoweit ihre Einkerkerung im Irrenhaus ja ihren gesellschaftlichen Tod bedeutet), damit das Werk, das Neue, das Souveräne, die Kunst: *Nadja* werde.

Vergessen wir nicht, daß auch Beatrice starb, sterben mußte, damit sie im kommenden Kunstwerk die Souveränität der Kunst, die Vollendung des *Neuen Lebens*, zur immerwährenden Anschauung bringen konnte: als Paradieses-Figur der *Divina Commedia*.

Und spätestens seit dieser »Zeit« Beatrices, der Renaissance, hat die Kunst aus ihrer Arbeit am antiken Mythos eine weitere Souveränitäts-Figur ihrer selbst hervorgebracht, die auf ideale Weise das in ihr aufgehobene Konvulsivische zum Vorschein bringt: *Perseus/Medusa*.

Cellinis *Perseus*, der über dem getöteten Körper Medusas sich erhebt, indem er ihr abgeschlagenes Haupt demonstrativ emporhält, um es der eigenen Geschichte fürderhin als permanent revolutionierende Wirkkraft des neuen Lebens zu verbinden und so *Perseus/Medusa* zu werden:

Das ist *Nadja*.

Aber diese Figur der Souveränität in der Kunst, diese Figur des Unerschöpflich revolutionierenden, gewalttätigen Zusammenpralls der Paradoxien des *erleuchteten* Lebens in der *ékstasis*[11], ist die unversöhnliche Gegenfigur einer jeden mit Guillotine, Bajonett oder Bomben hantierenden, »gesellschaftlichen« Revolution.

Medusa ist tot: Es lebe *Perseus/Medusa!*

Nadja ist tot: Es lebe *Nadja!*

Digression

Verheerend, daß gerade Walter Benjamin von der »Kunst des Faschismus« gesprochen hat, wo er diese doch anläßlich ihrer Definition schon als Propaganda denunziert.[12] Man muß annehmen, daß er, hätte er länger gelebt, diesen fatalen Kausalnexus irgendeinmal zerschlagen hätte. Aber auch ein komfortables Leben hindert nunmehr eine Reihe von Epigonen nicht daran, alle Spielarten der Annäherung von Kunst und Propaganda durchzuexerzieren und sich um so glücklicher zu fühlen, je unterwürfigere Anbiederungen der Kunst an die Ideologeme der politischen Bewegungen ihre Blindheit ausgemacht zu haben vermeint.

Natürlich gibt es keine »Kunst des Faschismus«, ebenso wenig es eine »proletarische«, »bürgerliche«, »elitäre«, »kretinistische«, »avantgardistische« oder »reaktionäre« Kunst gibt. Es gibt die Kunst hier und die (Klassen-, Rassen-, Gruppen-, Cliquen-, usw.) Propaganda dort: dazwischen aber gibt es nichts. Jeder Versuch einer auch nur minimalischen Annäherung dieser Antipoden unterschlägt zynisch die essentielle Differenz der Kunst *aller* Zeiten von den interessierten Artikulationen der Herrschaft, sucht die subversiven Leistungen der Kunst: die Produktion des Heterogenen, zu usurpieren. Der Ort der Kunst ist immer schon gewesen: das Exil von der Herrschaft; dieses aber bestimmt ihn zum alleinigen Ort der Souveränität.

Aus demselben Grunde auch überlebt die Kunst die Geschichte nur im Mysterium.[13]

Anmerkungen

1 Vgl. das Nachwort von Monika Bosse und Vf. zu Gustave Flauberts *Salammbô.* Frankfurt/M. ^{4}1987, S. 401–448 (»Die Agonie des archaischen Orients«).

2 Selbst so wohlmeinende Hinweise auf Bretons wissenschaftliches Interesse an den empirischen Manifestationen der Psychopathologie und deren vermeintliches Aufgehen in bestimmten literarischen Werken, wie sie Roger Cardinal ausbreitet, pflegen zu unterschlagen, daß nicht der noch so »produktive« Wahnsinnige, sondern der (illuminierte) Dichter selbst der »surrealistische Prototyp par excellence« ist (»André Breton. Wahnsinn und Poesie«, in: B. Urban und W. Kudszus: *Psychoanalytische und psychopathologische Literaturinterpretation.* Darmstadt 1981, S. 300–320).

3 Anders als Walter Benjamin, dessen früher Essay »Der Sürrealismus« (1929) immer noch zu dem Illuminiertesten gehört, was je auch über Breton gesagt wurde, da er über ein weites Territorum europäischer Literatur und Kunst ausgreift (in der Werkausgabe W. Benjamin: *Gesammelte Schriften,* Bd. II,1, hrsg. v. R. Tiedemann und H. Schweppenhäuser. Frankfurt/M. 1980, S. 295–310).

4 Über Vorkommnis und Funktion des Plötzlichen in der Literatur des 19. und 20. Jahrhunderts hat Karl Heinz Bohrer Grundlegendes angesprochen (*Plötzlichkeit. Zum Augenblick des ästhetischen Scheins,* Frankfurt/M. 1981, bes. S. 29–41). Vgl. ders.: *Die gefährdete Phantasie, oder Surrealismus und Terror.* München 1970.

5 Nicht von ungefähr hat in unserem Jahrhundert selten jemand mit der gleichen sensiblen Luzidität wie Walter Benjamin in seiner großartigen Habilitationsschrift *Ursprung des deutschen Trauerspiels* (entworfen 1916, verfaßt 1925) die epistemologische und semiotische Begründung des barocken Stils erfaßt (a. a. O., Bd. I,1, S. 204–430). – Eine kompetente Einführung in die Rhetorik von Graciáns *Agudeza y arte de ingenio* vermittelt Benito Pellegrín im Vorwort seiner französischen Auswahlausgabe *Art et figures de l'esprit,* Paris 1983. – Eine willkommene Klärung der Gravitationszentren der Graciánschen Ästhetik vollzieht die gewichtige Arbeit von Emilio Hidalgo-Serena: *Das ingeniöse Denken bei Baltasar Gracián. Der ‹concepto› und seine logischen Funktionen.* München 1985.

6 Übersetzung der Zitate, auch im folgenden, vom Verfasser.

7 Zwangsläufig ist jede sog. feministische Annäherung an die surrealistischen Sinnfiguren im Gefolge von Xavière Gauthiers *Surréalisme et sexualité,* Paris 1971 (dtsch.Berlin 1980) dazu verurteilt, für diese Dialektik blind zu sein, da sie die vermeintliche »Erzählung« *Nadja* auf die schiere Inszenierung von Diskurselementen wie »Mythen der Weiblichkeit« reduziert (z. B. Baren Kroymann: »*Déchiffrer la femme.* Eine Lektüre von Bretons *Nadja*«, in: *Lendemains* 25/26, 1982, S. 168–176).

8 Eine solche Art der »Rezeption« des Surrealismus und *Nadjas* im besonderen wird zur Genüge durch Peter Bürger in dem von ihm herausgegebenen Band *Surrealismus* (Darmstadt,1982) belegt. Eine der wenigen weiterführenden Per-

spektiven entwirft Hans Holländer in seinem überzeugenden Beitrag von 1970: »*Ars inveniendi et investigandi.* Zur surrealistischen Methode« (das., S. 244–312): als ästhetische Produktivitätsformel für *Nadja* macht er u. a. die kombinatorische Kunst des kryptischen Scholastikers Raymond Lull ausfindig. – Eine Vielzahl anregender Exkurse in das Territorium der praktischen und theoretischen Inventionen Bretons eröffnet ebenfalls die dem Surrealismus gewidmete Nummer 184 (octobre – décembre 1981) der *Revue des Sciences humaines,* insbesondere die Untersuchung über die *trouvaille* von Jacqueline Chenieux-Gendron (»Versants et versions du Surréalisme français«, S. 11–31) sowie Jean-Luc Steinmetz' Frage nach der Semantik der subversiven »Macht«, die Breton den Wörtern zurückzuerstatten beansprucht (»Le Surréalisme interdit«, S. 33–58).

9 Weiterhin unübertroffen zur Einsicht in den ästhetischen Parcours der Souveränität bleibt der fundamentale Aufsatz von Georges Bataille: »Die Souveränität« (1956), deutsch mit einem sehr illustrativen Nachwort ausgestattet von Rita Bischof, in: *Die psychologische Struktur des Faschismus. Die Souveränität.* München 1978, S. 45–86, bes. 73–86.

10 Jean Decottignies spricht angesichts der analogen Negativformel in *Nadja:* »La beauté, ni statique ni dynamique« entsprechend von einem »refus (sc.: de Breton) de céder à l'exigence des dilemmes« (»Le Poète et la statue«, in: *Revue des Sciences humaines,* a. a. O., S. 107/108).

11 Einen ausführlicheren Versuch, die ästhetische Produktivität der *ékstasis* – des Hinweggerissenseins des Subjekts vom Fundament seiner sozialhistorischen Diskursbefangenheit – exemplarisch im Wirkungsfeld geschichtlicher Symbol- und Imaginationssysteme aufzuzeigen, unternimmt Vf. im Kommentar (»Poetische Rückeroberung der irdischen Paradiese des Ichs«) zu der von ihm herausgegebenen deutschen Erstübersetzung (1649) der hymnischen Schrift *Von der Liebe Gottes* der spanischen Mystikerin Teresa von Avila (Frankfurt/M 1984, S. 86–176).

12 Walter Benjamins Rede von der »Kunst des Faschismus« begegnet man u. a. in seinem »Pariser Brief. André Gide und sein neuer Gegner«, in: *Angelus Novus.* Frankfurt/M. 1966.

13 Unumstößliche Beweise für die Verankerung solcher Mysterien (wie der hier gemeinten) in den ikonographisch und rhetorisch objektivierbaren, höchst rational organisierten Symbolsystemen ihrer Zeit erbringt beispielsweise Edgar Wind in seinen richtungsweisenden Forschungsergebnissen *Heidnische Mysterien in der Renaissance.* Engl. 1958, dtsch. Frankfurt/M 1981.

Autorenverzeichnis

Bahr, Hans-Dieter, Dr., geb. 1939, Professor für Philosophie in Wien. Letzte Veröffentlichungen: Über den Umgang mit Maschinen, Tübingen 1983; Sätze ins Nichts, Tübingen 1985.

Evard, Jean-Luc, Dr. phil., geb. 1949 in Paris, Studium der Geschichte an der Sorbonne, arbeitet zur Zeit am Institut für Soziologie der Freien Universität Berlin. Er hat mehrere Aufsätze in Sammelbänden veröffentlicht, zuletzt in D. Kamper (Hrsg.), Macht und Ohnmacht der Phantasie, Darmstadt, Neuwied 1986, sowie in verschiedenen Zeitschriften (Tumult, Confrontation, Traverses u.a.). Er arbeitet an einer Darstellung des Schicksalsbegriffs.

Flitner, Elisabeth H., Dr. phil., geb. 1951, wissenschaftliche Mitarbeiterin am Lehrstuhl für Sozialarbeit der Universität Freiburg/Schweiz. Interessenschwerpunkte: Frauenforschung, Familie, Sozialpolitik.

Gebauer, Gunter, Dr. phil., geb. 1944, Studium der Fächer Philosophie, Literaturwissenschaften, Linguistik und Sport in Kiel, Mainz und Berlin, 1975 Habilitationsarbeit »Analytische Sprachphilosophie und das Verstehen«, seit 1978 Professor für Philosophie und Sportwissenschaft an der Freien Universität Berlin mit den Arbeitsschwerpunkten Sozialphilosophie und Sprachtheorie sowie Soziologie und Philosophie des Sports. Hauptveröffentlichungen: Sprachgebrauch – Wortbedeutung, München 1971; Der Einzelne und sein symbolisches Wissen, Berlin/New York 1981; (Hrsg.), Das Laocoon-Projekt. Pläne einer semiotischen Ästhetik, Stuttgart 1984; (Mithrsg.), Sport-Eros-Tod, Frankfurt a.M. 1986.

Hocquenghem, Guy, Wissenschaftler und Schriftsteller in Paris. Letzte Veröffentlichungen u.a.: La colère de l'agneau. Paris 1985. 1987 mit seinem Roman »Ève« auf der Vorschlagsliste für den Prix Goncourt.

Irigaray, Luce, Philosophin, Psychoanalytikerin, Linguistin und Schriftstellerin, Wissenschaftlerin in leitender Funktion am CNRS; Veröffentlichungen in deutscher Sprache: Waren, Körper, Sprache. Der ver-rückte Diskurs der Frauen, Internationale Marxistische Diskussion 62, Merve Verlag 1976; Unbewußtes, Frauen, Psychoanalyse, Internationale Marxistische Diskussion 66, Merve Verlag 1977; Speculum, Spiegel des anderen Geschlechts, Frankfurt/M. 1980.

Jung, Thomas, Dipl.-Päd., geb. 1946, z.Z. Lehrbeauftragter an der Universität Osnabrück, Abteilung Vechta; Veröffentlichungen u.a.: »Vom Verlassen des Planeten« in: Kamper/Sonnemann (Hrsg.), Atlantis zum Beispiel, Neuwied/Darmstadt 1986; mit K.D. Scheer und W. Schreiber (Hrsg.), »Vom Weiterlesen der Moderne«, Bielefeld 1986; z.Z. Rekonstruktionsarbeit zum Thema: Der Andere.

Kaempfer, Wolfgang, Dr. phil., Professor für deutschsprachige Literatur an der Universität Triest. Veröffentlichung zahlreicher Aufsätze in deutschen und italienischen Zeitschriften, vor allem zur literarischen Moderne; Buchveröffentlichungen: Ernst Jünger, Stuttgart 1981; Hrsg. zs. mit C. Magris, Probleme des Nihilismus, Mailand 1981; in Arbeit: Die Endlichkeit der Geschichte. Portraits eines Jahrzehnts im Spiegel seiner Literatur 1930–1940.

Kamper, Dietmar, Dr. phil., geb. 1936, zunächst Professor f. Erziehungswissenschaft in Marburg, derzeit Professor f. Soziologie, Forschungszentrum für Historische Anthropologie, FU Berlin; Veröffentlichungen u. a.: Zur Geschichte der Einbildungskraft, München 1982; Zur Soziologie der Imagination, München 1986; mit Wulf, Ch. (Hrsg.): Die Wiederkehr des Körpers, Frankfurt/M. 1982, 2. Aufl. 1986; Das Schwinden der Sinne, Frankfurt/M. 1984; Der Andere Körper, Berlin 1984; Lachen – Gelächter – Lächeln, Frankfurt/M. 1986; ders. (Hrsg.): Macht und Ohnmacht der Phantasie, Darmstadt 1986; mit van Reijn, W. (Hrsg.): Die unvollendete Vernunft, Frankfurt/M. 1987.

Le Bot, Marc, Professor für Geschichte der zeitgenössischen Kunst an der Sorbonne Paris, Forschungen über die Geschichte der Kunst des 20. Jahrhunderts, allgemeine Ästhetik und Poetik; 10 Bücher, darunter die beiden letzten: L'oeil du peintre, Paris (Gallimard) 1984; ders.: Images du corps. Aix, présence contemporain 1986.

Morin, Edgar, Soziologie, Mitherausgeber der Zeitschrift Communication. Forschungsdirektor am Centre de Recherches Sociologiques (CNRS); Forschungsschwerpunkte: Methode, Anthropologie, Gesellschaft, Politik. Wichtigste der ca. 200 Publikationen: La Nature de la Nature (la méthode I), Paris (Seuil) 1977, ^{2}1981; La Vie de la Vie (la méthode II) Paris (Seuil) 1980, ^{2}1985; La Connaissance de la Connaissance (la méthode III), Paris (Seuil) 1986; L'Homme et la Mort, Paris (Seuil) 1951, ^{2}1977; Le Paradigme perdu: la nature humaine, Paris (Seuil) 1973, ^{2}1979; L'Esprit du temps, Paris (Grasset) t.1 1962, t.2 1976, ^{2}1983; Pour sortir du XXe siècle, Paris (Nathan) 1981, (Seuil) 1984.

Schérer, René, Professor an der Universität von Paris VIII (Saint-Denis), Autor von Werken über Kommunikation, über Phänomenologie (Husserl, Heidegger) und über Charles Fourier; darüber hinaus widmete er sich Problemen der Kindheit und der Pädagogik (Emile perverté, Une érotique puérile, L'Emprise). Publikationen u. a.: Das dressierte Kind. Sexualität und Erziehung: Über die Einführung der Unschuld, Berlin 1976; zs. mit G. Hocquenghem, Co-ire. Kindheitsmythen, München 1977; zs. mit G.Hocquenghem, L'âme atomique. Pour une esthétique d'ère nucléaire, Paris 1986.

Schlesier, Renate, Dr. phil., geb. 1947, Hochschulassistentin am Institut für Religionswissenschaft der Freien Universität Berlin, Arbeitschwerpunkte: Antike, griechische Religionsgeschichte; Theorie der Affekte; Antikenrezeption. Veröffentlichungen u. a.: Konstruktionen der Weiblichkeit bei S. Freud, Frankfurt/M. 1981; (Hrsg.): Faszination des Mythos, Frankfurt/M. 1985; (Hrsg.): zs. mit R. Faber, Die Restauration der Götter, Würzburg 1986.

Sting, Stephan, geb. 1958, lebt in Berlin und arbeitet an einer Dissertation über den »Mythos des Fortschreitens«.

Stoll, André, geb. 1941, Dr. phil., Professor für Romanistik/Literaturwissenschaft an der Universität Bielefeld. Schwerpunkte: Ästhetik des spanischen Barocks und Imaginationsgeschichte des 19. Jahrhunderts (Frankreich, Spanien). Letzte Publikationen: Übers. (gem. m. R. Werner) und Hrsg. von G. Flaubert, Reise in den Orient, Frankfurt/M. 1985 (it 619); Hrsg. Ausstellungskatalog: Die Rückkehr der

Barbaren – Europäer und »Wilde« in der Karikatur Honoré Daumiers, Hamburg 1985. Erweit. ital. Fassung: Milano 1987.

Tacussel, Patrick, geb. 1956, promovierte in Soziologie, lehrt am Institut für Sozialwissenschaften der Universität Toulous-le-Mirail. Mitglied des Centre de Recherches Sociologiques (CNRS), widmet sich dort insbesondere dem Schwerpunkt »Espaces-Temps et Imaginaires«. Veröffentlichungen u.a.: L'Attraction Sociale, Paris (Librairie des Meridiens) 1984.

Treusch-Dieter, Gerburg, Dr. phil., geb. 1939, freie Schriftstellerin und Wissenschaftlerin; Veröffentlichungen u.a.: Wie den Frauen der Faden aus der Hand genommen wurde. Die Spindel der Notwendigkeit, Bln 1983; Mitherausgeberin von Konkursbuch Nr. 12: Frauen Macht, Tüb. 1984; dies.: Ferner als die Antike. Machtformen und Mythisierung der Frau im Nationalsozialismus und Faschismus, in: Mythos Frau, hrsg.: B. Schaeffer-Hegel u. B. Wartmann, Berlin 1924.

Wulf, Christoph, Dr. phil., geb. 1944, Studium der Erziehungswissenschaft, Philosophie und Geschichte in Berlin, Marburg, Paris und in den USA; Professor für Allgemeine und Vergleichende Erziehungswissenschaft, Forschungszentrum für Historische Anthropologie, FU Berlin; Veröffentlichungen u.a.: Theorien und Konzepte der Erziehungswissenschaft, München ^{3}1983; Mit Kamper, D. (Hrsg.): Die Wiederkehr des Körpers, Frankfurt/M. 1982, 2. Aufl. 1986; Der Andere Körper, Berlin 1984; Das Schwinden der Sinne, Frankfurt/M 1984; ders. (Hrsg.): Wörterbuch der Erziehung, München ^{6}1984; ders. (Hrsg.): Lust und Liebe, München/Zürich 1985; mit Kamper, D. (Hrsg.): Die erloschene Seele, Berlin 1988.

Zink, Michel, geb. 1945, Professor an der Universität von Toulouse; Arbeiten mit Schwerpunkt mittelalterlicher französischer Literatur und Zivilisationsgeschichte. Publikationen neben zahlreichen Artikeln vor allem die Bücher »La prédiction en langue romane avant 1300« (1976) »Roman rose et rose rouge« (1979) und »La subjectivité littéraire autour du siècle de saint Louis« (1985).

Bildnachweis

Titelseite:	Dante Gabriel Rossetti. *The Blessed Damozel.* (Detail) 1875–1878. Cambridge, Harvard University, Fogg Art Museum, Grenville L. Winthrop Bequest.
Seite 33:	Angela M.F. Räderscheidt. *Mondschatten.* 1980.
Seite 59:	Collage von ‹Joseph› auf der Ausstellung in der Potsdamer Orangerie 1985. *Venus von Giorgione mit Polizist.*
Seite 117:	Félicien Rops. *Die Versuchung.* Stedelijk Prentenkabinet Amsterdam.
Seite 158:	Lukas Cranach der Ältere. *Venus und Amor.* London, National Gallery.
Seite 186:	Elisár von Kupffer. *Klarwelt der Seligen.* Erschienen im Katalog der Kunsthalle Basel. Hrsg. von Ch. Ammann. 1979.
Seite 214:	Susan Hall. *Zwei Köpfe.* 1984.
Seite 232:	Errò. *Gemini Twins.* Editions Galilée Paris.
Seite 272:	Auguste Renoir. *Venus Vitrix.* Museum Boymans-van Beuningen, Rotterdam.
Seite 292:	Watteau. *Liegender Mann und am Boden sitzende Frau.* Verwaltung der Staatlichen Schlösser und Gärten, Schloß Charlottenburg, Luisenplatz, Berlin.
Seite 310:	Hieronymus Bosch. *Die Versuchung des Hl. Antonius.* (Detail) Museo del Prado, Madrid.
Seite 340:	Diego R. Velazquez. *Venus im Spiegel.* London, National Gallery.
Seite 351:	Solvejg Albeverio-Manzoni. *L'uomo saddisfatto.*

Literaturnachweis

Der Beitrag von Luce Irigaray «Am Anfang war der Frauenraub» erscheint in dem Buch «Sexes et parentés» 1988 bei «Les Éditions de Minuit» unter dem Titel: «La nécessité des droits sexués». © Les Éditions de Minuit.

Danksagung

Herzlich möchten wir Prof. Dr. Horst Hombourg von der Universität Toulouse – Le Mirail für die Kooperation bei der Durchführung des deutsch-französischen Kolloquiums zum Thema «Das Schicksal der Liebe» im Frühling 1986 in Toulouse danken. Dank schulden wir auch der Stiftung zur Förderung der Philosophie, dem Goethe-Institut, Toulouse und dem deutsch-französischen Jugendwerk für die finanzielle Förderung dieser Veranstaltung. Karin Schulz und Walli Rackow haben mit ihrem Engagement dazu beigetragen, daß das Kolloquium ein Erfolg wurde.

Dr. Bernhard Dieckmann besorgte die Übersetzungen aus dem Französischen, Dr. Roswith Väth-Szusdziara besorgte die redaktionelle Bearbeitung der Texte; Uta Lehnert unterstützte uns bei der Illustrierung des Bandes. Auch ihnen sei hier gedankt.

Logik und Leidenschaft

Internationale, transdiziplinäre Studien zur historischen Anthropologie – herausgegeben von Dietmar Kamper u. Christoph Wulf

Die Wiederkehr des Körpers, Frankfurt, Suhrkamp Verlag 1982, 2. Aufl., 1986
Das Schwinden der Sinne, Frankfurt, Suhrkamp Verlag 1984
Der Andere Körper, Berlin, Verlag Mensch und Leben 1984
Lachen – Gelächter – Lächeln. Reflexionen in drei Spiegeln, Frankfurt, Syndikat Verlag 1986
Das Heilige. Seine Spur in der Moderne, Frankfurt, Syndikat Verlag 1987
Die sterbende Zeit, Darmstadt/Neuwied, Luchterhand 1987
Die erloschene Seele. Disziplin, Geschichte, Kunst, Mythos, Berlin, Reimer Verlag 1988
Der Schein des Schönen. Zur Strategie der Differenz, Göttingen, Steidl Verlag 1988
Das Ende der Welt, in Vorbereitung
Das Schweigen, in Vorbereitung